A ECONOMIA LATINO-AMERICANA

Retrato de Celso Furtado por Samson Flexor, feito a bordo do Le Jamaique, *em 1948.*

CELSO FURTADO

A economia latino-americana

Formação histórica e problemas contemporâneos

Edição definitiva

COMPANHIA DAS LETRAS

Grafia atualizada segundo o Acordo Ortográfico da Língua Portuguesa de 1990, que entrou em vigor no Brasil em 2009.

Coordenação
Rosa Freire d'Aguiar

Capa
Mariana Newlands sobre *Homenagem a Léger* (1955), de Flexor, óleo s/tela, 38 x 61 cm. Coleção particular

Índice remissivo
Luciano Marchiori

Preparação
Denise Pessoa

Revisão
Valquíria Della Pozza
Carmen S. da Costa
Eduardo Russo
Paula B. P. Mendes

Esta obra teve quatro edições anteriores, publicadas pela Lia Editora, pela Companhia Editora Nacional e pela Companhia das Letras.

Dados Internacionais de Catalogação na Publicação (CIP)
(Câmara Brasileira do Livro, SP, Brasil)

Furtado, Celso
A economia latino-americana : formação histórica e problemas contemporâneos / Celso Furtado. — 5ª ed. — São Paulo : Companhia das Letras, 2019.

Bibliografia.
ISBN 978-85-359-1092-6

1. América Latina - Condições econômicas
2. América Latina - Política econômica I. Título.

07-7448 CDD-338.98

Índice para catálogo sistemático:
1. América Latina : Política econômica 338.98

[2019]

EDITORA SCHWARCZ S.A.
Rua Bandeira Paulista, 702, cj. 32
04532-002 - São Paulo - SP
Telefone: (11) 3707 3500
www.companhiadasletras.com.br
www.blogdacompanhia.com.br
facebook.com/companhiadasletras
instagram.com/companhiadasletras
twitter.com/cialetras

Aos meus alunos da
Universidade de Paris

Sumário

PARTE OITO

POLÍTICAS DE RECONSTRUÇÃO ESTRUTURAL

Apresentação

Quando era pesquisador do Economic Growth Center da Universidade Yale, onde passou, já no exílio, o ano letivo de 1964-5, Celso Furtado escreveu um longo artigo intitulado "A hegemonia dos Estados Unidos e o futuro da América Latina".[1] Nele, estudava as novas estruturas da economia norte-americana e a crescente implantação das multinacionais no continente. Era imperativo fortalecer o arcabouço político dos países latino-americanos e seus mecanismos de controle econômico: sem entender os Estados Unidos como sistema mundial de poder não se entenderia a América Latina. Em setembro de 1965, Celso se mudava para Paris, onde iniciaria sua trajetória acadêmica como professor da Sorbonne. Uma das primeiras visitas que fez foi ao diretor do *Le Monde*, Hubert Beuve-Méry, que conhecera quando dirigia a Superintendência do Desenvolvimento do Nordeste

1. A versão em inglês, "The United States Hegemony and the Future of Latin America", está datada de Woodbridge, agosto de 1965.

(SUDENE). Queria lhe agradecer o generoso artigo a seu respeito[2] e comentou com ele o trabalho recém-escrito, que Beuve-Méry logo se interessou em publicar. No início de 1966 o ensaio saía na primeira página do *Le Monde*. Como era costume nos raros casos em que o jornal decidia divulgar artigos mais extensos, foi publicado em duas edições seguidas.[3]

Há um fio condutor entre o nome de Celso Furtado na primeira página do jornal francês e *A economia latino-americana*, seu livro mais lido no exterior. Esse trajeto começou na virada dos anos 1940 e 1950, em Santiago do Chile. Lá se deu a descoberta da América Latina. Celso fez parte da geração pioneira de economistas da Comissão Econômica para a América Latina (CEPAL), que em torno do argentino Raúl Prebisch ocupou-se do grande projeto do desenvolvimento do continente. Nos quase dez anos em que chefiou a Divisão de Desenvolvimento da CEPAL, morou em vários países da América Latina e dirigiu estudos econômicos que se tornaram clássicos, sobre o Brasil, o México e a Venezuela.[4]

2. Sob o pseudônimo de Sirius, o editor do *Le Monde*, que só escrevia excepcionalmente no jornal, comentara o livro *Le Brésil à l'heure du choix*, de Celso Furtado (CF), recém-publicado na França. Referiu-se à cassação de direitos, lembrou que "as mais famosas universidades dos Estados Unidos disputam a colaboração desse temível 'comunista'", e concluiu: "Por que os franceses não convidariam o sr. Celso Furtado para vir a Paris no próximo outono? Sobre seu país, sobre os aspectos teóricos e práticos do desenvolvimento econômico e social, esse ex-estudante da faculdade de direito em Paris tem muito a nos dizer". (*Le Monde*, 5 jun. 1964)

3. Cf. "I. Le nouvel espace 'thermonucléaire' de Washington" (*Le Monde*, 5 jan. 1966) e "II. L'obstacle des trusts" (*Le Monde*, 6 jan. 1966). Ver também "A hegemonia dos Estados Unidos e o futuro da América Latina", *Jornal do Brasil*, 6 mar. 1966; "La hegemonía de los Estados Unidos y el futuro de America Latina". In: HELIO JAGUARIBE (e outros), *La dominación de América Latina* (F. Moncloa, 1968).

4. Cf. Relatório do Grupo Misto CEPAL-BNDE. Redação preliminar: *Projeções do desenvolvimento da economia brasileira, 1953-62*. Rio de Janeiro: BNDE, 1954.

Na faculdade de direito e ciências econômicas da Sorbonne, onde quase vinte anos antes defendera sua tese de doutorado, Celso deveria ministrar somente a disciplina de teoria do desenvolvimento econômico. No entanto, o ex-ministro do Planejamento de João Goulart e antigo alto funcionário da CEPAL tinha inegavelmente uma visão privilegiada do continente e a necessária familiaridade com os problemas da América Latina. Não surpreende que logo tenha sido convidado a lecionar mais uma matéria — economia latino-americana — por ele, aliás, introduzida nos cursos de economia da Sorbonne.

Já no primeiro ano em Paris, organizou um seminário no Institut des Hautes Études de l'Amérique Latine sobre a influência da CEPAL nas políticas de desenvolvimento da América Latina. Dirigia o IHEAL o geógrafo Pierre Monbeig, membro da missão francesa que, nos anos 1930, ajudara a pôr de pé a USP. Celso foi eleito membro do conselho diretor do instituto. De seu lado, Monbeig foi um incentivador, assim como o historiador Fernand Braudel, do estudo da economia latino-americana na universidade francesa. Conta Celso a um amigo do México, seu futuro editor:

> Consegui que a Faculté de Droit et Sciences Économiques, onde sou professor, criasse uma cátedra de economia latino-americana, a começar no próximo ano escolar. Isso nos permitirá elevar o

---

Versão definitiva: *Esboço de um programa preliminar de desenvolvimento para a economia brasileira, 1955-62*. Rio de Janeiro: BNDE, mai. 1955. Sobre o México: CEPAL, *El desequilibrio externo en el desarrollo económico latinoamericano: El caso de México*. La Paz, 1957. Sobre a Venezuela: CELSO FURTADO, *Ensaios sobre a Venezuela: O subdesenvolvimento com abundância de divisas*. Org. de Rosa Freire d'Aguiar. Rio de Janeiro: Contraponto/ Centro Celso Furtado, 2008.

> nível do ensino, com respeito à América Latina, e beneficiar os nossos compatriotas que vêm por aqui.[5]

No fim do ano, a outro amigo dá notícias da cátedra e menciona o projeto de um livro:

> Tenho trabalhado muito. Demais do curso sobre política de desenvolvimento na América Latina, sou responsável por três seminários. Isso me permite ir lendo e organizando um material de conjunto sobre a América Latina com vistas a elaborar um livro destinado a não latino-americanos que procuram estudar a nossa região.[6]

A América Latina estava na ordem do dia. Entre as centenas de estudantes que todo ano afluíam a Paris em busca de um diploma de estudos superiores, iam chegando levas de latino-americanos que, exilados ou não, fugiam de seus países então sob jugo militar: o Brasil, em 1964; a Argentina, em 1966, com o general Juan Carlos Onganía, por sua vez deposto em 1970 pelo general Alejandro Agustín Lanusse; o Uruguai, em 1972, com Juan María Bordaberry; o Chile, em 1973, com o general Augusto Pinochet. No Quartier Latin o clima era bem diverso: Che Guevara, assassinado em 1967, tinha sua efígie onipresente em postais, cadernos, canetas, camisetas, e a Revolução Cubana alimentava inflamados debates. Os latino-americanos formaram o maior contingente dos estudantes de Celso, embora também houvesse muitos da África e do Oriente Médio, como se observa

5. Carta de CF a Oscar Soberón, Paris, 31 mar. 1966. Esta e todas as cartas citadas são do arquivo pessoal da apresentadora.

6. Carta de CF a Aníbal Pinto, Paris, 31 dez. 1966.

nas listas que ele devia encaminhar à administração da universidade, com as notas de cada um nas provas de fim de semestre.

Fosse no edifício da Sorbonne da Place du Panthéon, no IHEAL, à Rue Saint-Guillaume, no Institut d'Études du Développement Économique et Social (IEDES), no Boulevard Arago, as aulas e seminários de Celso iam atraindo mais e mais alunos. Lendo sua correspondência da época, reconstitui-se um pouco de sua rotina acadêmica. Em meados de 1969, ele escreve a um professor de Ohio:

> Tenho atualmente uns dez estudantes graduados fazendo teses sobre problemas econômicos latino-americanos. Dedico todas as minhas horas a elevar o nível dos estudos latino-americanos e a formar entre os muitos latino-americanos (o maior grupo é de brasileiros) uma consciência regional e a voltar melhor equipados.[7]

Em 1970, a disciplina sobre desenvolvimento econômico na América Latina é proposta não só na pós-graduação mas aos estudantes de *licence*, como optativa. O curso ocupa todo o segundo semestre, com carga horária de três horas semanais. À atividade docente somam-se os artigos que Celso escreve para revistas acadêmicas, os verbetes para a *Encyclopaedia Universalis* — a *Britannica* da França — sobre América Latina e Brasil[8] e a profusão de convites que lhe chegam, em geral recusados. Pinçados na correspondência recebida em 1968, há um congresso sobre América Latina na Finlândia, debates numa paróquia de jesuítas sobre a violência revolucionária na América Latina, con-

7. Carta de CF a José Ricardo, Paris, 21 jun. 1969.

8. Cf. *Encyclopaedia Universalis*, Paris, 1968. Nos anos seguintes, os Livros do Ano da mesma enciclopédia.

ferência na Universidade do Québec sobre "Quo vadis América Latina", cursos sobre o continente no Institut International d'Administration Publique, ligado ao gabinete do primeiro-ministro.

A seus estudantes regulares juntavam-se ocasionalmente brasileiros que viviam em Paris ou estavam de passagem e queriam assistir a uma aula do "professor cassado". Diante dessa afluência, ele teve de trocar a sala-padrão da Sorbonne por um anfiteatro da universidade. Em 1969, as aulas de economia latino-americana eram ministradas no anfiteatro Turgot, na Place du Panthéon. Forrado de lambris de madeira clara, com um bonito afresco mural logo acima da lousa, o Turgot tinha capacidade para 140 pessoas. Era no Turgot que, nas manhãs de sábado, o psicanalista Jacques Lacan dava seus seminários, que atraíam estudantes e uma penca de ouvintes da alta-roda tão elegantes quanto tabagistas. Sim, ainda se fumava em sala de aula. E quando Celso entrava no "amphi", à saída de Lacan, queixava-se da fumaceira. Na correspondência entre Celso e Pierre Monbeig há uma carta em que este lhe pede que receba na Sorbonne estudantes do IHEAL, e Celso sugere, em contrapartida, que frequentem suas aulas na Sorbonne:

> Como eu ministro [o curso sobre América Latina] no anfiteatro Turgot da Sorbonne, não se colocaria o problema de espaço. E embora se trate de um curso para o quarto ano de ciências econômicas, eu o faço acessível aos estudantes de outras ciências sociais e do direito.[9]

Era hábito na França um editor pedir a destacados professores um livro baseado nas próprias aulas. Esperava-se que circulasse não só entre os estudantes, mas junto a um público mais

9. Carta de CF a Pierre Monbeig, Paris, 9 jun. 1971.

amplo interessado em temas da atualidade. No início de 1966, Celso recebeu o primeiro convite. Vinha de Robert Calmann-Lévy, dono da editora que introduzira na França a obra de Hannah Arendt, e que se manteve no comando da casa editorial por quarenta anos. Pedia-lhe para escrever um livro sobre a América Latina "na linha dos artigos" publicados no *Le Monde*.[10] Celso respondeu que a ideia lhe "parece interessante mas que infelizmente já estou com muito trabalho nesse ano".[11] Três anos depois atenderia ao pedido de Calmann-Lévy, enviando-lhe um volume com reflexões mais gerais sobre a América Latina e os obstáculos a seu desenvolvimento, além dos artigos do *Le Monde*, ligeiramente revistos.[12]

No mesmo ano há outro livro em preparação: *Formação econômica da América Latina*, título inicial de *A economia latino-americana*. Escreve-o em Paris. Tem em mente seus estudantes da Universidade de Paris. A eles o livro é dedicado. O fio condutor que vinha da CEPAL alinhavara os artigos, cursos, seminários, e chegava enfim ao livro sobre a América Latina. Ilumina-o uma reflexão de Celso em carta a um jovem economista de Pernambuco:

> De minha experiência com economistas latino-americanos, em particular brasileiros, tirei a conclusão de que o que lhes falta é um adequado embasamento teórico. Da experiência empírica que acumularam muito pouco proveito sabem tirar. Não obstante a

10. Carta de Robert Calmann-Lévy a CF, Paris, 10 jan. 1966.
11. Carta de CF a Robert Calmann-Lévy, Paris, 31 mar. 1966.
12. *Les États-Unis et le sous-devéloppement de l'Amérique Latine* (Paris: Calmann-Lévy, 1970), trad. de C. Deniz da Silva. Em português: *A hegemonia dos Estados Unidos e o subdesenvolvimento da América Latina* (Rio de Janeiro: Civilização Brasileira, 1973).

> rica experiência de desenvolvimento que se vive na América Latina, quase nada se escreve por aí que tenha circulação internacional. Evidentemente isso reflete o baixo nível do ensino universitário e a inexistência de condições para pesquisa nas universidades. Muito poucos são os que conseguem sequer expressar-se em uma linguagem econômica adequadamente rigorosa para penetrar no campo da invenção teórica.[13]

Quando terminava a redação do livro, comentou-o com outro amigo:

> Pus aí muitas das reflexões que me inspiraram vinte anos de perambular e bisbilhotar pela região e um pouco das leituras de meus quatro anos de professor de economia latino-americana por estes lados.[14]

Se o conteúdo refletia os anos em que "perambulou e bisbilhotou" pelo continente, a forma retomava o método histórico-estrutural, gerado entre os economistas da CEPAL. Celso já o aplicara, dez anos antes, ao *Formação econômica do Brasil*; agora, o transpunha à escala do continente. Pela ótica estruturalista, o pensamento crítico devia combinar análise econômica e contexto histórico, sempre num diálogo interdisciplinar que também valorizasse o político e o institucional.

Em *Formação econômica da América Latina*, esse exercício crítico se traduziu numa síntese de quatro séculos da história econômica do continente, detendo-se mais especialmente no século XIX, quando as ex-colônias conquistaram sua independência política, e no XX, quando se sucederam a crise dos anos

13. Carta de CF a Dirceu Pessoa, Paris, 28 mai. 1967.
14. Carta de CF a Luiz Vasconcellos, Paris, 19 set. 1969.

1930 e a industrialização baseada na substituição de importações. O diálogo entre as disciplinas levava, na edição ampliada de 1976, a uma análise comparada das experiências políticas como a Revolução Cubana, o governo socialista de Salvador Allende, as reformas agrárias do México, Bolívia, Chile e Peru.

A primeira edição brasileira saiu em setembro de 1969, por uma pequena editora. Apresentado como o primeiro livro de síntese sobre o desenvolvimento econômico dos países da América Latina escrito por um latino-americano, teve tiragem de 15 mil exemplares, que se esgotou em dois meses.[15] No exterior, foi este, sem lugar a dúvida, o best-seller de Celso Furtado. Ainda em 1969 saíram as traduções em castelhano e em inglês, a que se seguiram as edições em francês, italiano, japonês, sueco e chinês.[16]

15. Carta de Léo Victor a CF, Rio de Janeiro, 20 jan. 1970.

16. *Formação econômica da América Latina* (Rio de Janeiro: Lia Editora, 1969); *A economia latino-americana* (São Paulo: Companhia Editora Nacional, 1976). Em castelhano: *La economía latinoamericana desde la conquista ibérica hasta la revolución cubana* (Santiago do Chile: Editorial Universitaria, 1969), trad. de Angélica Gimpel Smith; *La economía latinoamericana: Formación histórica y problemas contemporáneos* (Cidade do México: Siglo XXI, 1970), trad. de Angélica Gimpel Smith e Stella Mastrangelo; *Breve historia económica de América Latina* (Havana: Guairas, 1972), trad. de Angélica Gimpel Smith. Em francês: *L'Amérique latine* (Paris: Sirey, 1970), trad. de Edouard Bailby. Em inglês: *Economic Development of Latin America: A Survey from Colonial Times to the Cuban Revolution* (Cambridge: Cambridge University Press, 1970), trad. de Suzette Macedo; *Economic Development of Latin America: Historical Background & Contemporary Problems*, ed. revista e ampliada (Cambridge: Cambridge University Press, 1976), trad. de Suzette Macedo. Em italiano: *L'economia latinoamericana dalla conquista iberica alla rivoluzione cubana* (Bari: Laterza, 1971), trad. de Leone Iraci. Em sueco: *Latinamerika ekonomiska utveckling* (Estocolmo: Rabén and Sjögren, 1972), trad. de Tom Hultgren. Em japonês: *Formação econômica da América Latina* (título do original traduzido) (Tóquio: Shinsekaisha, 1975). Em chinês: *La economía latinoamericana* (título do original traduzido) (Beijing, 1983), trad. de Su Zhenxing.

Em castelhano, o livro foi lançado no Chile, por uma editora universitária, em julho de 1969, e, meses depois, no México. Teve mais uma edição, em 1972. Dela Celso só tomou conhecimento dois anos mais tarde, por um amigo que lhe trouxe de Havana um exemplar de *Breve historia de América Latina*. O autor era ele. Comentando a edição "não autorizada", escreveu ao editor mexicano: "Não sei se está informado que os cubanos tiraram, sem me informar e muito menos consultar, uma edição de 16 mil exemplares desse livro".[17] A edição cubana tinha um prefácio de Pelegrín Torras, historiador que, nos anos 1970, foi vice-ministro das Relações Exteriores de Cuba e teve papel ativo nas negociações secretas entre Cuba e os Estados Unidos de Jimmy Carter, em torno de uma agenda de direitos humanos. O prefácio é um hábil equilíbrio entre elogios ao trabalho de Celso e alertas aos leitores sobre o capítulo dedicado à Revolução Cubana. Recomenda-se altamente o livro mas frisa-se que o autor, embora incluído no campo dos economistas progressistas, não é um *revolucionário*, e sim um *reformista*. Visto à distância de quase meio século, o prefácio — o único das edições estrangeiras — ganha um sabor histórico que nos levou a incluí-lo na fortuna crítica desta edição.

Se em Cuba o autor foi censurado por reformismo, no Brasil a censura era mais difusa e delirante. *Formação* começou a circular quando se instalava na presidência da República o general Garrastazu Médici e a ditadura atingia sua fase mais dura. O editor Léo Victor queixava-se da féria das livrarias, que "tem caído assustadoramente, e o pessoal anda se perguntando e procurando causas sem perceber que tudo quanto é gente que lê neste país

17. Carta de CF a Arnaldo Orfila, Paris, 19 dez. 1974.

ou está presa ou está fugindo da polícia".[18] Como outros editores, recorreu a artifícios para driblar a censura militar e a autocensura de livreiros e distribuidores. Armou uma espécie de operação de guerra:

> Já está montado o esquema para o livro sair da gráfica para todas as livrarias do Rio. E depois, São Paulo. Até o fim do mês deverá alcançar Porto Alegre e na primeira semana do próximo deverá estar vendendo nas livrarias de Goiás, Brasília, Belo Horizonte, Norte e Nordeste. Isso, é claro, se o SNI, o Cenimar, Censura Federal, as polícias estaduais tradicionais ou as inventadas a partir da "revolução" de 64, ou até "o pessoal da Vila" permitir. Prepare-se para o sucesso ou malogro total. No momento estamos com 5 presidentes (dois na reserva e três na ativa) cheios de ideias brilhantes. As melhores: o banimento, o confisco e a pena de morte.[19]

No mês seguinte, fechava-se o cerco: "Ontem entrou em aplicação uma nova medida policial. Antes de ser entregue ao editor, toda gráfica deve mandar um livro ao Dops".[20]

Formação nada tinha de panfletário, nem de revolucionário, como bem observou o prefaciador cubano, mas enfrentou percalços. Em fins de 1969, já com a segunda edição circulando, escrevia o editor:

> Em Porto Alegre, esvaziaram um avião para revistá-lo todo, apenas porque um economista chileno trazia na mão o dito *Formação econômica da América Latina*. Em São Paulo o episódio se repetiu

18. Carta de Léo Victor a CF, Rio de Janeiro, 19 dez. 1969.
19. Carta de Léo Victor a CF, Rio de Janeiro, 19 set. 1969.
20. Carta de Léo Victor a CF, Rio de Janeiro, 15 out. 1969.

> e um avião esteve retido durante cinco horas. Isso é o que sei porque uma pessoa conhecida viajava nesse avião. Acredito que tenha havido muitos outros episódios dessa natureza. Pelos jornais não se pode saber rigorosamente nada.[21]

Esse excesso de zelo dos censores e/ ou dos serviços de informação onde Celso Furtado estava fichado contagiava distribuidores. Celso foi informado de que os distribuidores "mais importantes, comercialmente, não veriam com simpatia o seu livro, nem mesmo você".[22] Distribuidores nem sempre distribuíam: "Tenho cartas de toda parte pedindo o seu livro e provando que a distribuição não chegou lá".[23]

A distribuição falha pode ter motivado o fato de a segunda edição ter circulado menos que a primeira. Mas não só. O Brasil vivia o pior dos anos da ditadura, e também vivia de costas para a América Latina, tema de interesse de uns poucos especialistas e praticamente ausente de currículos universitários. Celso fizera seu prognóstico:

> Não é esse um livro tipo *Um projeto para o Brasil*,[24] que pode alcançar um grande público a curto prazo. É livro da natureza dos dois que edita a Editora Nacional [*Formação econômica do Brasil* e *Teoria e política do desenvolvimento econômico*], dos quais todos os anos sai uma edição de seis a sete mil. O meu objetivo é escre-

21. Carta de Léo Victor a CF, Rio de Janeiro, 20 jan. 1970.
22. Carta de Léo Victor a CF, Rio de Janeiro, 20 jul. 1970.
23. Ibid.
24. CF estava no Brasil, a convite da Câmara dos Deputados, quando foi lançado *Um projeto para o Brasil* (Saga, 1968). Era a primeira vez que voltava desde que fora para o exílio. No primeiro ano, seu livro vendeu 35 mil exemplares. Cf. Carta de CF a Bill Whitehead, editor da Doubleday, Paris, 11 mar. 1970.

> ver livros que alcancem o estudante universitário, pois a partir dos 40 anos ninguém lê mais que história em quadrinhos. A estudantada universitária é muito pobre no Brasil, mas compra um ou dois livros por ano. Se um de cada dez estudantes universitários compra um livro meu por ano, estou mais que satisfeito. No começo você vendeu muito porque os *dilettanti* e os curiosos compraram, mas é gente que não se renova, pois o livro ao fim de três meses deixa de ser *novidade*.[25]

Em 1976 saiu, por outra editora, uma nova edição revista e ampliada, agora com o título *A economia latino-americana*. Em seis meses esgotaram-se os 20 mil exemplares. Em seguida, no Brasil, o livro estacionou nas vendas.

No exterior, porém, fez bem-sucedida carreira. Em castelhano, as edições se seguiram com rapidez. Em 1980, Celso era informado de que, desde a primeira edição, *La economía latinoamericana* já vendera mais de 50 mil exemplares.[26] Em 2001, chegava à 24ª edição. Na Inglaterra, a nova edição revista trocou a capa dura pela capa mole, formato em que teve dez reimpressões que venderam, até 2003, 17 mil exemplares.[27] Nesse mesmo ano, passou ao formato digital.

Vale lembrar a divulgação feita pela editora inglesa. A correspondência trocada com o autor informa que cinco mil cópias do press-release foram enviadas aos sócios da Latin American Studies Association, aos membros da Economic History Association e a 630 professores de estudos latino-americanos.[28] Tam-

25. Carta de CF a Léo Victor, Paris, 28 out. 1970.
26. Carta de CF a Stephen Barr, Paris, 11 dez. 1980.
27. Cf. *Statement of royalties*, Cambridge University Press, 31 dez. 2003.
28. Carta de Sandra Steel a CF, Cambridge, 14 jun. 1971.

bém o receberam 27 revistas acadêmicas dedicadas, no mundo de língua inglesa, ao estudo da América Latina, história, geografia. Entre elas, *Journal of Economic History*, *American Historical Review*, *Business History Review*, *American Journal of Sociology*.[29] Desse esforço resultou que "até agora soubemos que seu livro foi adotado em 22 universidades americanas".[30] Numa pasta em que Celso guardava resenhas de seus livros, as das edições estrangeiras de *A economia latino-americana* somam 26 em inglês, cinco em francês, uma em italiano, três em espanhol e quatro em alemão.

Algumas compõem a fortuna crítica desta edição comemorativa. Optamos por resenhas de especialistas de áreas diversas — economistas, historiadores, geógrafos —, e que fossem mais opinativas que descritivas, embora nem sempre coincidentes com as análises teóricas do autor.

No início dos anos 1980 a editora inglesa pediu a Celso que atualizasse os dados estatísticos, em vista de uma terceira edição. Ele argumentou que ainda era cedo, posto que seu estudo sobre o desenvolvimento econômico latino-americano se baseara em fatos e dados quantitativos até praticamente dez anos antes, quando eclodira em 1973 a primeira crise do petróleo. Depois, já não pensou em revê-los. A seu ver, o livro mantinha a atualidade como "introdução ao estudo das vertentes de longo prazo no desenvolvimento da região, mais do que como uma apreciação dos acontecimentos correntes".[31] Cinquenta anos depois, informações estatísticas e dados demográficos estão necessariamente desatualizados. O que fundamenta, porém, a permanência de

29. Carta de Priscilla Oakeshott a CF, Cambridge, 1º fev. 1971
30. Carta de Priscila Oakeshott a CF, Cambridge, 6 abr. 1972.
31. Carta de CF a Elizabeth Wetton, Paris, 13 dez. 1982.

A economia latino-americana é a grande originalidade de ser seu autor "um dos intérpretes de sua própria geração", como ele mesmo reconhece no prefácio desta obra.

Rosa Freire d'Aguiar

Edições de *A economia latino-americana*

Acima à esquerda, exemplar da segunda tiragem brasileira de Formação econômica da América Latina, *título inicial de* A economia latino-americana. *Na sequência, quatro edições em castelhano de* La economía latinoamericana, *as três primeiras comercializadas no México, na Argentina e na Colômbia, e a quarta, em Cuba, sob o título de* Breve história económica de América Latina. *No canto inferior direito, a edição francesa do livro.*

A economia latino-americana *ganhou duas edições em inglês sob o título* Economic Development of Latin America *— a segunda foi revista e ampliada, incorporando novo subtítulo. O livro também foi traduzido para o italiano, o sueco, o japonês e o chinês.*

Celso Furtado e a América Latina

Publicado em 1969, *A economia latino-americana* marcou um novo patamar na obra de Celso Furtado.[1] Dez anos depois de seu livro mestre, *Formação econômica do Brasil*, ele aborda o quadro mais amplo da história e da economia latino-americanas, estudado e pensado desde 1949, após sua integração à Comissão Econômica para a América Latina (CEPAL), no Chile.

Como sabem os leitores de *A fantasia organizada* — "um livro particularmente notável", na opinião de Immanuel Wallerstein —, ao lado da reflexão coletiva elaborada em Santiago, Celso Furtado fez estudos sobre vários países latino-americanos.[2] Na sequência

1. Publicado em 1969 pela Lia Editora, no Rio de Janeiro, o livro saiu em 1970 na França, com tradução de Edouard Bailby, sob o título *L'Amérique Latine*, na coleção "Politiques économiques" da editora Sirey, especializada em livros universitários de direito e economia. O presente livro retoma a edição de 1976, revista e ampliada pelo autor.
2. CELSO FURTADO, *A fantasia organizada* (*memórias*), in *Obra autobiográfica* (Companhia das Letras, 2014); IMMANUEL WALLERSTEIN, "Le cépalisme et Celso Furtado", in *Cahiers du Brésil contemporain*, n. 33-4, pp. 69-71, 1998.

de missões na Argentina, Costa Rica, Venezuela, Equador e Peru, e após o período brasileiro em que dirigiu o grupo misto entre a CEPAL e o recém-fundado BNDE, ele morou no México em 1956, como representante da CEPAL. Ali, com o chileno Osvaldo Sunkel, Furtado elaborou uma densa monografia sobre a economia mexicana. Em seguida, com o economista venezuelano José Antonio Mayobre, analisou o caso da Venezuela, enquanto Raúl Prebisch redigia um grande estudo sobre a economia argentina.

A América Latina conhecia então um dos momentos altos de sua história intelectual. Sob a orientação esclarecida, e venerada, de Raúl Prebisch, um grupo de economistas latino-americanos pensava e planejava os destinos da região. Em algumas circunstâncias históricas, houvera encontros regionais de intelectuais, em que o Brasil era o grande ausente. Após a proclamação da República e o final da singularidade monárquica, o país participou ativamente do trabalho de juristas e diplomatas que desembocou na Conferência de Buenos Aires, em 1910, quando foi criada a União Pan-americana, organização que deu origem, no pós-guerra, à OEA e ao BID.

Nada disso, porém, se assemelhava à reflexão coletiva e ao avanço intelectual proporcionado nos anos 1950 pela CEPAL e pelas iniciativas de Prebisch.[3] Num tempo em que as análises sobre a dependência econômica eram incipientes, quando as nações latino-americanas constituíam um agregado histórico único, distinto do bloco desenvolvido ocidental, do bloco soviético e das sociedades africanas e asiáticas ainda submetidas ao estatuto colonial, os pesquisadores da CEPAL inovaram em vários planos, projetan-

3. Furtado lembra ainda a importância do Instituto Latinoamericano de Planificación Económica y Social (ILPES), em Santiago, criado em 1962 pela CEPAL, sob a direção de Prebisch, e que permitiu maior sistematização e divulgação de estudos sobre a economia regional.

do reformas econômicas e sociais no quadro constitucional. Referindo-se ao estudo seminal de Raúl Prebisch, "El desarrollo económico de América Latina y algunos de sus principales problemas" (1949), Furtado observa:

> Na América Latina o diagnóstico dos problemas do subdesenvolvimento está ligado à tomada de consciência do fenômeno da dependência externa e apoiou-se em trabalho original de seus próprios economistas, trabalho esse que se tornou possível quando, no quadro das Nações Unidas, se formaram equipes com elementos procedentes de diversos países da região.

Todavia, no final dos anos 1960, quando Furtado começou a escrever *A economia latino-americana*, sua vida, o Brasil e a América Latina sofriam grandes mudanças. A cassação de seus direitos políticos e as arbitrariedades da ditadura tinham levado o fundador da SUDENE e ministro do Planejamento do governo João Goulart aos Estados Unidos, à Universidade Yale, e, a partir de 1965, à França e à Sorbonne. Em Paris com sua família, Furtado reencontrou o ambiente universitário em que preparara sua tese de doutorado sobre a economia colonial brasileira. Mas havia bem mais que isso no seu entorno na capital francesa. Numerosos refugiados brasileiros, parte dos quais vindos, como ele, do núcleo dirigente do governo Goulart, procuravam adaptar-se ao exílio e à vida na França. Outros tantos continuavam chegando, prefigurando o que se revelaria em seguida como o maior movimento de exílio intelectual da história brasileira. Paralelamente, o golpe de 1966 na Argentina ampliava a onda de violência política na América do Sul e aumentava a presença de exilados latino-americanos. Dessa forma, Paris reunia nesta época um denso contingente político e intelectual latino-americano.

Recusando propostas para trabalhar em bancos franceses, Furtado também declinou do convite, feito por Fernand Braudel, para se tornar pesquisador do Centre National de la Recherche Scientifique (CNRS, o equivalente do CNPq brasileiro na França). Preferiu ensinar, guardar o contato direto com os alunos da Universidade de Paris, a quem dedica, aliás, *A economia latino-americana*. Como Prebisch, que alternou a carreira de servidor público e de professor, Furtado superava as vicissitudes políticas com o engajamento no ensino e no trabalho universitário. Seu estatuto de ex-ministro brasileiro, personalidade latino-americana e professor da Sorbonne dava-lhe grande destaque. Em seu escritório na faculdade de economia, na praça do Panthéon, ele recebia estudantes brasileiros e latino-americanos em busca de orientação intelectual e, por vezes, à procura de auxílio moral e material. Sua presença era frequentemente requisitada em encontros sobre temas latino-americanos e sobre os países do Terceiro Mundo, termo então muito em voga, cunhado pelo economista francês Alfred Sauvy para designar países da América Latina e novas nações africanas e asiáticas.

Compartilhando as preocupações de seus alunos, amigos e compatriotas, Furtado também esteve exposto às perseguições da ditadura, que — sempre que pôde — vetou suas viagens com passaporte brasileiro e impediu sua participação em conferências internacionais. É nesse contexto de debate mais amplo sobre o subdesenvolvimento e de opressão política no Brasil e na região que começa a ser escrito *A economia latino-americana*. A propósito, cabe ainda lembrar que, afora o Brasil, a Argentina era o país latino-americano que Celso Furtado conhecia melhor e pelo qual tinha mais estima. Pertencia à geração de brasileiros que assistira admirada aos progressos dos países do Prata na primeira metade do século XX. (Feliz com o fim da odiosa ditadura de Buenos Aires e a vitória de Raúl Alfonsín em 1983, que levou Prebisch de novo ao governo, Furtado sofreu em seguida com o fiasco de Alfonsín e as crises que levaram o país à bancarrota em dezembro de 2001. Na ocasião, em Paris, ele marcou sua indignação diante dos comentários pouco generosos que diplomatas e jornalistas franceses e europeus dirigiam à Argentina e aos argentinos.) Quanto ao Chile, país que também apreciava, onde vivera e contava com numerosos amigos e discípulos, Furtado seguiu com ansiedade e depois com revolta o drama da ascensão e queda do governo de Salvador Allende. A inserção da região nos conflitos da Guerra Fria trazia de volta ditaduras ainda mais tirânicas que as das primeiras décadas do século, conduzindo à revisão das teses cepalinas sobre as condições políticas das reformas econômicas na América Latina.[4] A presente edição, revista em 1976, contém parte dessas agruras latino-americanas como pano de fundo.

Desde os primeiros parágrafos de *A economia latino-americana*, Furtado sintetiza o momento crítico da consciência latino-americana contemporânea. Primeira crise sistêmica a estourar no topo do capitalismo, no setor financeiro, e repercutir em toda a cadeia produtiva e nos países periféricos, a crise de 1929 funcionou como uma demonstração da unidade da América Latina na adversidade.

A subsequente depressão econômica ilustrou também a insuficiência da teoria das vantagens comparativas, formulada por David Ricardo em 1817, fundamento da ordem econômica imposta pela burguesia mercantil e pelas oligarquias latino-americanas desde as primeiras décadas do século XIX. Tal foi o ponto de partida da reflexão que levou Prebisch e seus discípulos a formular uma nova escola do pensamento econômico, o estrutu-

4. Na realidade, como observa o autor, desde o final dos anos 1950 a CEPAL já "se encontrava em fase aguda de autocrítica". CELSO FURTADO, *Os ares do mundo*, in *Obra autobiográfica*, cit.

ralismo latino-americano, baseado na teoria da dependência. Como escreve Furtado em sua autobiografia:

> A forma tradicional de desenvolvimento, no quadro da divisão internacional do trabalho surgida na época do Pacto Colonial e ampliada na primeira fase da Revolução Industrial, contribuiu para consolidar a fragmentação regional. A desorganização do comércio internacional que se seguiu à crise de 1929 teve consequências profundas na região. Foram os problemas surgidos a partir de então que abriram o caminho à formação da atual consciência latino-americana.

O livro inicia-se com a explicação sobre as raízes sociais e econômicas dos países da região. Bem mais do que um recurso expositivo, a abordagem da história, da geografia humana e da evolução política (constituições e legislações específicas de vários países são assinaladas e discutidas) destina-se, entre outros objetivos, a demarcar a singularidade latino-americana frente às generalizações implícitas à noção de Terceiro Mundo.

Decerto Furtado escreveu no seu primeiro livro de teoria econômica, *Desenvolvimento e subdesenvolvimento* (1961), e em outros livros de mesmo escopo que a dependência econômica resulta do processo inerente à criação dos mercados mundiais:

> O subdesenvolvimento não constitui uma etapa necessária do processo de formação das economias capitalistas. É, em si, uma situação particular, resultante da expansão das economias capitalistas com o fim de utilizar recursos naturais e mão de obra de zonas de economia pré-capitalista.[5]

5. CELSO FURTADO, *Teoria e política do desenvolvimento econômico*. São Paulo: Paz & Terra, 2000 (1ª ed., Companhia Editora Nacional, 1967).

Resta que os países latino-americanos haviam se constituído como nações independentes desde o início do século XIX, à diferença dos países africanos ou asiáticos recentemente descolonizados. Assim, a longa história política nacional ganha um relevo particular no caso dos países latino-americanos. Em seus cursos na Sorbonne e nas conferências feitas na França e na Europa, Furtado sempre insistiu nesse ponto essencial, e na longa tradição parlamentar brasileira. Sobretudo quando a irrupção de ditaduras parecia reduzir a América Latina a um conjunto de sociedades anômicas submetidas a governos brutais, ou, na versão mais radical da esquerda, a um território propício para insurreições populares que transformariam a cordilheira dos Andes em Sierra Maestra.[6]

Desse ponto de vista, a unidade brasileira — comparada à fragmentação política que desfaz os quatro vice-reinos espanhóis no começo do século XIX — recebe uma explicação original. Analisando esta questão geralmente mal avaliada por historiadores e cientistas políticos, Furtado contrapõe os portos da América espanhola, em que se consolidaram burguesias mercantis regionais associadas ao contrabando inglês, ao Rio de Janeiro e ao Brasil, onde o monopólio comercial português ajudou a manter a hegemonia da corte após a Independência. Ainda a respeito da unidade brasileira, Furtado assinala a importância das redes de comércio internas irradiadas do Rio de Janeiro, do

6. Na época, Douglas Bravo, então comandante guerrilheiro na Venezuela, publicou em *Les Temps Modernes*, a revista de Sartre, um artigo sobre a necessidade da generalização da guerrilha na América Latina. DOUGLAS BRAVO, "Rectification tactique ou stratégique?", *Les Temps Modernes*, n. 288, 1970. Como muitos de seus interlocutores brasileiros e latino-americanos, Celso Furtado manifestou grande perplexidade diante desse manifesto político e das análises subjacentes.

sul, de Minas Gerais e, em particular, do transporte de mulas, tema que será em seguida desenvolvido por alguns historiadores.[7] O livro salienta também o caso da Argentina, que após longas insurreições regionais reuniu-se em torno de Buenos Aires pela força das "autocracias unificadoras" (a expressão é de Gino Germani), bem como o caso da Colômbia, onde nenhuma região conseguia afirmar sua hegemonia, prolongando as guerras civis até fins do século XIX e instalando perenemente a violência política no país.

O processo de inserção da América Latina na nova divisão internacional do trabalho, dominada pela Inglaterra, é explicado por Furtado em três etapas. São discutidas as circunstâncias históricas e econômicas dos países exportadores de produtos agrícolas de clima temperado (Argentina e Uruguai), daqueles que exportavam produtos tropicais (Brasil, Colômbia, Equador, América Central e Caribe, bem como amplas regiões do México e da Venezuela) e dos exportadores de produtos minerais (México, Chile, Peru, Bolívia e Venezuela, integrada ao grupo nos anos 1930, como produtora de petróleo). Os do primeiro grupo, concorrentes de zonas produtoras desenvolvidas e pertencentes a um setor da economia mundial marcado por contínuo avanço técnico, apresentaram altas taxas de crescimento. Os países do segundo grupo, ao contrário, foram desfavorecidos pela concorrência de zonas produtoras coloniais dispondo de mão de obra abundante e baixos salários.

No final do século XIX, quando ocorreu a primeira globalização da era industrial, a América Latina conhece um novo ciclo de expansão. A Argentina, onde a população, o setor ferroviário

7. Ver, por exemplo, ALCIR LENHARO, *As tropas da moderação: O abastecimento da corte na formação política do Brasil — 1808-1842* (Símbolo, 1979).

e o setor de exportação praticamente dobraram entre 1890-4 e 1910-4, ilustra o avanço extraordinário da primeira categoria de países. A respeito da Argentina e do Uruguai, o livro traz uma análise sobre os bancos centrais pouco encontrada em estudos similares. Desse modo, Furtado aponta o caso do Banco Central do Uruguai, o primeiro a ser criado na América Latina, em 1896, e o caso da Argentina, cujo Banco Central, fundado em 1935, obedeceu a uma concepção original adaptada aos efeitos da crise de 1929 e às realidades do país.

Além da forma de inserção nos mercados mundiais, o livro traz outra linha de interpretação e de continuidade histórica que distingue entre si os países latino-americanos: a questão fundiária.

Notando que a reivindicação da terra pelos camponeses indígenas manifesta-se na América Central e nos Andes desde os movimentos de independência, Furtado se apoia nos trabalhos de Stavenhagen e outros para sublinhar que a expansão das fazendas latino-americanas ocorreu sobretudo no século XIX, demonstrando assim o caráter essencialmente capitalista das grandes propriedades. A partir daí, conforme sua análise, duas situações emblemáticas se apresentam. A primeira concerne às regiões em que a grande fazenda coexistiu com as comunidades nativas; a segunda se refere aos países escravistas onde o latifúndio coabita com o minifúndio indiretamente formado pelas grandes propriedades. No capítulo 24 do livro, examinando os movimentos rurais latino-americanos, Furtado mostra que as tensões e a pressão pela reforma agrária foram bem mais fortes nos países do primeiro grupo — nos Andes e na América Central —, onde as comunidades nativas coexistiam com as grandes propriedades.

No que diz respeito ao Brasil, Furtado, como é sabido, sempre considerou a estrutura agrária como o principal fator da forte concentração de renda no país, e mais tarde saudou o

MST como o mais importante movimento social brasileiro desde o abolicionismo.[8]

Outro eixo importante da análise de Furtado que incide diretamente sobre a realidade política e econômica de nossos dias aparece na parte 7 do livro, tratando do processo de integração latino-americano. Nos dois capítulos são examinados os sucessos e fracassos de diversos tratados que precederam e constituíram o Mercado Comum Centro-americano, a Associação Latino-americana de Livre-Comércio (ALALC).

No balanço destas iniciativas, Furtado tece considerações premonitórias sobre os impasses atuais da integração latino-americana e do Mercosul, que está parado no meio do caminho, hesitando entre uma zona de livre-comércio e um verdadeiro mercado comum.

> Os esquemas [regionais] que se limitam à *liberalização do comércio*, na tradição das zonas de livre-comércio e mesmo de uniões aduaneiras, podem ter importância em situações particulares, como foi o caso dos países centro-americanos, que se caracterizavam por um grau de desenvolvimento similar e abordavam a primeira fase da industrialização. Tratando-se de países que já avançaram muito na industrialização, com orientação preferencialmente autárquica, como são os casos da Argentina e do Brasil, e de países com grandes disparidades em seus graus de desenvolvimento, esses esquemas em si mesmos são de escassa valia.

É verdade que o âmbito da reflexão internacional brasileira e latino-americana se situa hoje em horizontes mais vastos. En-

8. Ver, por exemplo, CELSO FURTADO, "Os desafios da nova geração", *Jornal dos Economistas*, junho de 2004, texto incluído no site <http://www.centrocelsofurtado.org.br>, cujo acesso é indispensável para todos os que se interessam pela vida e a obra do autor.

quanto o México é puxado para o norte pelo NAFTA e o Mercosul patina, países da África e da Ásia ganham uma importância crescente no comércio e nas relações diplomáticas da Venezuela, do Brasil, da Argentina, do Chile. Mas a consolidação dos regimes democráticos, a construção de rotas continentais transoceânicas, ligando o Pacífico ao Atlântico Sul, o intercâmbio de turistas, de estudantes, de trabalhadores dão novos foros de continuidade à realidade latino-americana.

Boa parte da reflexão mais ampla de Celso Furtado, em particular sua obra produzida na França, onde, em plena maturidade intelectual, ele se investiu na vida universitária, ficou meio ensombrecida em nosso país pela enorme influência que *Formação econômica do Brasil* granjeia desde sua publicação, em 1959. Com a presente edição, revista com profissionalismo e carinho por Rosa Freire d'Aguiar, o leitor brasileiro se dará conta de que *A economia latino-americana* é uma obra ímpar. Como escreveu Ricardo Lagos, então presidente do Chile, por ocasião da morte de Celso Furtado:

> Suas análises [foram] profundamente convincentes para aqueles entre nós que, no início dos anos 1960, abriam caminho para a busca profunda por aquilo que significávamos como continente e como latino-americanos. Ele não foi o único — mas foi essencial para todos nós conhecer seu pensamento, em artigos, conferências e análises que culminariam com um de seus livros mais brilhantes: *Formação econômica da América Latina*.[9]

9. RICARDO LAGOS, "Celso Furtado e a América Latina", *Folha de S.Paulo*, 28 nov. 2004, p. 3. Vale lembrar que *Formação econômica da América Latina* era o título do presente livro em sua primeira edição brasileira.

Não haverá jamais um tempo como o dos anos 1950 e 1960, quando a realidade latino-americana — ainda meio isolada do resto do mundo — foi tão intensamente pensada por um grupo de intelectuais de tão grande qualidade como os que conceberam a CEPAL e a teoria da dependência. Não houve, igualmente, ninguém que tivesse acumulado tanta experiência nem tanto conhecimento da época, dos intelectuais, dos povos e dos países da região como Celso Furtado.

Não haverá jamais um livro como *A economia latino-americana.*

Luiz Felipe de Alencastro

Prefácio à edição de 1976

A rápida difusão que teve o presente livro[1] veio confirmar a ideia do autor de que existe, dentro e fora do mundo universitário, crescente interesse pela problemática econômica latino-americana e pelas interpretações dessa problemática surgidas na própria região.

Esta nova edição, amplamente reescrita mas conservada em proporções similares à anterior, foi preparada com o objetivo de aprofundar o estudo do quadro institucional que está na base da matriz estrutural que prevalece na região e atualizar a informação relacionada com a evolução econômica recente.

Nos seis anos decorridos desde a preparação da edição anterior, a América Latina saiu de uma fase de desaceleração de seu crescimento econômico para descrever um ciclo de expansão comparável ao da primeira metade dos anos 1950. Demais, o

1. Traduções em espanhol, francês e inglês apareceram um ano após a publicação do original em 1969, e traduções em italiano, sueco e japonês, nos dois anos seguintes.

esforço visando à reforma das estruturas, particularmente no setor agrário, ganhou profundidade, ao mesmo tempo que se introduziam novos modelos de política econômica e se diversificava o embasamento ideológico dessas políticas. A riqueza da experiência histórica latino-americana, decorrente de uma diversidade de situações que cobre toda a gama contemporânea do subdesenvolvimento e todo o espectro de enfoques ideológicos, explica o crescente interesse que desperta a região tanto nos países chamados desenvolvidos como nos do Terceiro Mundo. Um dos objetivos do autor é estimular o interesse pela realidade latino-americana e pela visão dessa realidade que vem sendo elaborada na região.

Seria impraticável referir os nomes de todos aqueles cujas ideias contribuíram para formar a visão da América Latina que o presente livro pretende transmitir. Em todo caso, é essa uma visão elaborada pela geração contemporânea, e o autor não tem mais pretensões do que ser um dos intérpretes de sua própria geração.

Celso Furtado
Paris, abril de 1975

Prefácio de *Formação econômica da América Latina*

O estudo do desenvolvimento econômico dos países latino-americanos vem despertando crescente interesse tanto na Europa e nos Estados Unidos como nos países do Terceiro Mundo em geral. Uma vida política independente, que se inicia praticamente com a Revolução Industrial, e uma experiência ainda mais prolongada de inserção no sistema de divisão internacional do trabalho como exportadores de matérias-primas singularizam esse grupo de países na hoje numerosa família das nações de economias chamadas subdesenvolvidas. A essas razões se adiciona uma consciência, que se generaliza, de que, mais que em qualquer outra área de significação mundial, é na América Latina que os obstáculos ao desenvolvimento são principalmente de natureza institucional, o que torna particularmente complexo todo trabalho de previsão relativamente à evolução da área no futuro mediato. Por outro lado, os problemas que coloca o desenvolvimento econômico em sua fase atual estão levando os povos latino-americanos a se conhecerem de forma mais sistemática e a valorizarem aquilo que neles constitui os traços de uma personalidade cultural comum.

O presente volume foi escrito com o duplo propósito de ajudar o estudioso de fora da área a formar uma ideia do perfil econômico do conjunto da região e de contribuir para ampliar a perspectiva dos estudos de desenvolvimento dentro de cada país latino-americano. Assim, o estudo da formação econômica do Brasil, particularmente a partir de meados do século XIX, requer a sua inserção no quadro regional, da mesma forma que exige uma nítida percepção do comportamento dos polos dinâmicos da economia mundial. Essa observação é válida para todos os países da região e adquire significação decisiva quando se abordam os problemas da política de desenvolvimento na fase atual. Tudo indica que o estudante do desenvolvimento econômico em cada país da região, para compreender a própria realidade nacional, deva fazer apelo, de forma crescente, a referências regionais, e venha a interessar-se cada vez mais pela análise comparativa de experiências nacionais. Para ajudá-lo a abrir esse caminho, que é também o da tomada de consciência da ampla comunidade de interesses que nos une a todos na região, preparamos o presente volume, que esperamos estimule economistas e outros cientistas sociais da América Latina a levar bem mais longe a tarefa que aqui se esboça.

Celso Furtado
Paris, abril de 1969

PARTE UM

DA CONQUISTA À FORMAÇÃO DOS ESTADOS NACIONAIS

1. Introdução, quadro físico e evolução demográfica

DA EXPRESSÃO GEOGRÁFICA À REALIDADE HISTÓRICA LATINO-AMERICANA

A expressão América Latina, vulgarizada nos Estados Unidos, durante muito tempo foi utilizada apenas com um sentido geográfico, para designar os países situados ao sul do Rio Grande. Longe de interessar-se pelo que existia de comum entre elas, as nações surgidas nas terras de colonização ibérica das Américas procuravam dar ênfase ao que era traço próprio de cada uma, num esforço de definição das personalidades nacionais respectivas. À parte o Brasil, de colonização portuguesa, e o Haiti, de colonização francesa, as demais repúblicas possuem uma história colonial em grande parte comum e têm no espanhol uma língua comum. Contudo, o fato de que a herança cultural pré-colombiana haja contribuído de forma tão desigual para a formação dos perfis nacionais atuais faz que as dissimilitudes entre países como a Argentina e o México sejam, possivelmente, tão grandes quanto as similitudes. O mesmo se pode dizer com respeito à contribuição étnico-cultural africana, que se distribui de forma não menos desigual. Mesmo sem considerar o caso do Haiti, cujas origens africano-francesas o singularizam, as diferenças entre os países da região do Caribe, de forte influência africana, e os países andinos, nos quais predominam os elementos étnico-culturais indígenas, são tão grandes quanto as que possa haver entre países que tenham uma parte de sua história em comum. Ainda assim, a ênfase que se dava às dissimilitudes refletia menos a extensão real destas que a consciência da origem comum, como se as novas nacionalidades se sentissem ameaçadas em seu processo formativo por forças superiores que as levariam, mais cedo ou mais tarde, a reintegrar-se no leito de uma história comum interrompida pelas circunstâncias em que se efetuou a ruptura do império colonial espanhol.

A formação de uma consciência latino-americana é fenômeno recente, decorrência dos novos problemas colocados pelo desenvolvimento econômico e social da região a partir da Segunda Guerra Mundial. O desenvolvimento tradicional, apoiado na expansão das exportações, transformara os países da região em economias, em grande medida, concorrentes. Exportando as mesmas matérias-primas e importando produtos manufaturados de fora da região, nenhum vínculo econômico se formava entre esses países. Assim, a forma tradicional de desenvolvimento, no quadro da divisão internacional do trabalho surgida na época do Pacto Colonial e ampliada na primeira fase da Revolução Industrial, contribuiu para consolidar a fragmentação regional. A desorganização do comércio internacional que se seguiu à crise de 1929 teve consequências profundas na região. Foram os problemas surgidos a partir de então que abriram o caminho à formação da atual consciência latino-americana. As dificuldades de abastecimento de produtos tradicionalmente importados, que se agudizaram durante o segundo conflito mundial, deram origem a um comércio mais diversificado dentro da região, o qual veio modificar os padrões tradicionais de intercâmbio entre países exportadores de produtos de clima temperado, como a Argentina, e países exportadores de produtos tropicais, como o Brasil. Se bem que, terminada a guerra e restabelecidas as linhas tradicionais de abastecimento, se hajam manifestado fortes pressões no sentido de restabelecer os antigos padrões de intercâmbio, a experiência serviu para que se criassem os contatos e se explicitassem possibilidades. A partir da segunda metade dos anos 1950, quando a industrialização apoiada na "substituição de importações" começou a evidenciar suas limitações, abrir-se-ia pela primeira vez na América Latina ampla discussão em torno dos obstáculos criados ao desenvolvimento regional pela estreiteza dos mercados nacionais; essa discussão projetaria luz sobre as similitudes e contribuiria para formar uma consciência regional.

Não menos importante na formação dessa consciência regional tem sido a evolução das relações com os Estados Unidos. O controle de grande parte das fontes de matérias-primas regionais, de serviços públicos e de atividades comerciais por firmas norte-americanas criara vínculos de estreita dependência, com respeito aos Estados Unidos, dos países latino-americanos, particularmente dos da área do Caribe. Desde a Primeira Guerra Mundial intensificou-se a penetração dos capitais norte-americanos, tanto sob a forma tradicional de investimentos de carteira como sob a forma de controle de empresas. Esta segunda forma de penetração ganhou grande impulso, a partir dos anos 1930, no setor manufatureiro, exatamente aquele em mais rápida expansão. Assim configurou-se uma clara situação de dominação econômica do conjunto regional pelos Estados Unidos, o que vinha ampliar e aprofundar a tradicional dominação política, institucionalizada no conjunto de órgãos pan-americanos. Essa institucionalização contribuía, evidentemente, para consolidar o regime de tutela, mas também serviria para precipitar a tomada de consciência de que somente um estreitamento dos vínculos latino-americanos permitiria modificar de forma significativa as condições do diálogo com os Estados Unidos.

Processo similar ocorreria no quadro das Nações Unidas, onde os países latino-americanos foram amplamente utilizados pelos Estados Unidos como massa de manobra submissa nos anos da Guerra Fria, época em que representavam cerca de um terço dos votos na Assembleia Geral. O disciplinado bloco latino-americano não tardaria, entretanto, a apresentar reivindicações próprias, como no caso da criação da Comissão Econômica para a América Latina (CEPAL), instituída em 1948 contra forte oposição dos Estados Unidos. Instalando sua sede em Santiago do Chile, em aberto contraste com os órgãos pan-americanos situados em Washington, a CEPAL viria a desempenhar papel de relevo na formação da nova consciência latino-americana. Em síntese: América Latina deixou de ser uma expressão geográfica para transformar-se em realidade histórica como decorrência da ruptura do quadro tradicional de divisão internacional do trabalho, dos problemas criados por uma industrialização tardia e da evolução de suas relações com os Estados Unidos, que, ao se transformarem em potência hegemônica mundial, conceberam para a região um estatuto próprio envolvendo um controle mais direto e ostensivo, e ao mesmo tempo requerendo crescente cooperação entre os países dessa área.

CARACTERÍSTICAS FÍSICAS

As repúblicas latino-americanas formam um conjunto geográfico de mais de 20 milhões de quilômetros quadrados, ou seja, de dimensões equivalentes às da União Soviética ou às do conjunto Estados Unidos-Canadá. Atravessada pelo equador, a América Latina se estende mais no hemisfério sul do que no norte. Seu ponto extremo meridional se situa a 56 graus, ao passo que seu ponto extremo setentrional alcança apenas 32 graus de latitude. Três subconjuntos configuram a região, do ponto de vista geográfico:

a) o México setentrional, no qual se prolongam os elementos de base do relevo dos Estados Unidos;

b) o istmo americano, que se estende por mais de 2 mil quilômetros, estreitando-se na sua parte sul até alcançar setenta quilômetros de largura no Panamá;

c) o continente sul-americano, cujo relevo está dominado pela cordilheira dos Andes, por grandes planícies aluvionais, pelos maciços guiano e brasileiro e pelo platô patagônio.

A frente ocidental de toda a América Latina, estendendo-se por mais de 12 mil quilômetros, está moldada pelas cordilheiras andina e mesoamericana. Na Colômbia, a cordilheira dos Andes se divide em três ramos orográficos, separados pelos grandes vales meridianos do Madalena e do Cauca. À diferença do que ocorre na Colômbia, no Peru e na Bolívia, as altas superfícies planas ocupam grande parte da cordilheira, cuja largura se estende de 250 a quatrocentos quilômetros, e a altura geralmente supera os 4 mil metros. Tanto na região colombiano-equatoriana como na peruano-boliviana, os pontos mais altos da cordilheira alcançam ou superam os 6 mil metros; mas é na região argentino-chilena, onde ela se apresenta como um relevo monoclinal, que se encontra o ponto mais alto: o Aconcágua (7 mil metros).

A região oriental do continente sul-americano está ocupada pelos maciços brasileiro e guiano, fragmentos do continente Gondwana, separados de elementos similares africanos pela abertura do oceano Atlântico.[1] O maciço brasileiro, que se estende por 3500 quilômetros ao sul, de 6 graus de latitude sul, e por aproximadamente 4 mil quilômetros de nordeste a sudeste, de longe é o mais vasto. Entre os dois maciços citados e a cordilheira andina existem grandes bacias sedimentares que servem de suporte às planícies aluvionais constituídas pelos rios Orinoco, Amazonas e Paraná-Paraguai.

A existência de condições gerais extremamente diversas e frequentemente condições particulares de muita significação permitem que se apresentem nos países latino-americanos, considerados em conjunto, as formas mais variadas de clima. A linha equatorial, que corta a região bem próximo à sua largura máxima, e a importância da cordilheira dos Andes e da Sierra Madre do México, graças às quais várias grandes cidades latino-americanas se situam a mais de 2 mil metros de altura (México, 2240 metros; Bogotá, 2591 metros), constituem os dois fatores de maior significação na determinação do quadro climático. O clima tropical úmido predomina em amplas regiões, que são, entretanto, as menos povoadas. O clima tropical, com estação seca, e o clima semiárido quente predominam em regiões não menos extensas e de maior densidade demográfica. Finalmente, os climas de montanha, os subtropicais e os temperados caracterizam as regiões em que se aglomeram os maiores contingentes populacionais.

O QUADRO DEMOGRÁFICO

A população da América Latina, que supera os 300 milhões, corresponde a aproximadamente 7,7 por cento do total mundial e representa cerca de 15 por cento da do conjunto dos países

1. Cf. COLLIN DELAVAUD (e outros), *L'Amérique Latine: Approche géographique générale et régionale* (Paris, 1973), tomo 1, p. 11.

subdesenvolvidos, se não se inclui a China entre estes. Essa população se singulariza, em confronto com outros conjuntos demográficos de importância similar, pelo fato de que conjuga uma baixa taxa bruta de mortalidade — similar à que corresponde em média aos países desenvolvidos — com uma elevada taxa bruta de natalidade — idêntica à que corresponde à média dos países subdesenvolvidos.[2] As taxas de crescimento anual observadas no início do decênio dos 1970, que reunimos abaixo, põem em evidência a situação singular da América Latina:

América Latina	2,8%
África	2,6%
Ásia (exceto China e Japão)	2,4%
China	1,7%
Japão	1,2%
União Soviética	1,0%
Estados Unidos	0,6%
Europa	0,5%

2. A média oculta, evidentemente, diferenças consideráveis de comportamento em distintas sub-regiões. Assim, na Argentina e no Uruguai, tanto a taxa de mortalidade como a de natalidade já declinaram substancialmente, sendo a taxa de crescimento natural da população inferior a 1,5 por cento. Chile e Cuba estão numa posição intermediária, porquanto a taxa de mortalidade declinou substancialmente e a taxa de natalidade começa a declinar: a taxa de crescimento demográfico aproxima-se de 2,0 por cento, mas se encontra em declínio. Em alguns casos especiais (Haiti e Bolívia) a taxa de mortalidade ainda não declinou significativamente, o que, combinado com uma taxa de natalidade alta mas estável, produz um crescimento demográfico de tipo intermediário (2,5 por cento), mas com tendência a aumentar, ao contrário do segundo grupo, cuja taxa apresenta tendência a declinar. Finalmente, nos demais catorze países representando 79 por cento da população regional, uma taxa de natalidade alta e que apenas começa a declinar combina-se com uma de mortalidade que já declinou significativamente, o que produz uma taxa de crescimento demográfico que se aproxima de 3 por cento e em alguns casos mesmo de 3,5 por cento. Ver, para detalhes, CARMEM A. MIRÓ, "The population of Latin America", in CLAUDIO VÉLIZ (ed.), *Latin American and the Caribbean: A handbook* (Londres, 1968).

Em decorrência dessas características, a população latino-americana apresenta uma estrutura de idades com forte predominância dos grupos jovens. A população de menos de quinze anos representa atualmente cerca de 42 por cento do total, porcentagem esta que esteve em ascensão nos últimos vinte anos e apenas agora tende a estabilizar-se.

O rápido crescimento da população latino-americana é fenômeno relativamente recente. Admite-se, hoje em dia, embora as conclusões sobre esse assunto devam ser apresentadas como provisórias, à espera de estudos complementares, que a população da América espanhola era, na época da independência, muito inferior à da época da descoberta.[3] Tende a prevalecer o ponto de vista de que o conjunto da população das áreas ocupadas pelos espanhóis não seria inferior, no momento da conquista, a 50 milhões de pessoas. As circunstâncias particulares dessa conquista e da subsequente ocupação das áreas mais densamente povoadas teriam acarretado verdadeira hecatombe demográfica. Para compreender esse fenômeno, quase sem paralelo na história humana, é necessário ter em conta que, na época da conquista, as populações indígenas encontravam-se concentradas em regiões montanhosas, apoiadas em economias artesanais-agrícolas que utilizavam elaboradas técnicas do uso dos solos e da água,

3. Para uma apresentação de conjunto dos dados relativos à evolução da população na América espanhola, no período colonial, ver ROLANDO MELLAFE, "Problemas demográficos e história colonial hispano-americana", in *Temas de historia económica hispanoamericana* (Paris, 1965). Para dados relativos ao Brasil, ver C. FURTADO, *Formação econômica do Brasil* (Rio de Janeiro, 1959; São Paulo, Companhia das Letras, 2007). Ver também os ensaios de BAILEY W. DIFFIE, WOODROW BORAH e S. F. COOK, PETER BOYD-BOWMAN, WILBUR ZELINSKY e DAURIL ALDEN sobre as estimativas da população antes da conquista e na época colonial, na obra coordenada por LEWIS HANKE, *History of Latin American civilization* (Little, Brown and Company, 1967), vol. 1.

e em complexos sistemas de organização social. A implantação pelos espanhóis de uma economia mineira, exigindo grandes deslocações de população, acarretou a desorganização da produção de alimentos e, além disso, provocou a desarticulação da unidade familiar, no que respeita a uma parte da população. O próprio processo da conquista dava lugar a transferências forçadas de população, particularmente de população adulta masculina, que era praticamente consumida nas marchas e trabalhos forçados exigidos pelo conquistador. Por outro lado, a necessidade de extrair das populações que permaneciam nas regiões agrícolas um excedente em alimentos, destinado a abastecer os que trabalhavam nas minas ou que davam apoio logístico a esses trabalhos, ou simplesmente que permaneciam nas cidades, impunha uma forte pressão sobre o remanescente da população agrícola. Finalmente, o impacto das epidemias, provocadas pelo contato com populações portadoras de novas enfermidades contagiosas, desempenhou papel não menos significativo nessa hecatombe demográfica. Assim, estima-se que a população mexicana, que não seria inferior aos 16 milhões na época da conquista, estava reduzida a cerca de um décimo desse total um século depois.

Pela metade do século XVII, a decadência da economia mineira, o desenvolvimento de atividades agropecuárias de subsistência e certamente a consolidação de novas estruturas sociais e a maior resistência natural às novas enfermidades abriram novo capítulo na história demográfica latino-americana. Enquadrada em comunidades com alguma proteção da Coroa e em grandes domínios agrícolas de terras abundantes, a população voltou a expandir-se. A formação de uma agricultura de exportação, a partir do século XVIII, permitiu que esse desenvolvimento demográfico prosseguisse e mesmo se intensificasse graças à incorporação de um considerável contingente africano.

A história demográfica do Brasil apresenta um quadro distinto do da América espanhola. A população aborígine era relativamente rarefeita[4] no momento da ocupação lusitana, o que determinou que os portugueses promovessem um fluxo migratório de origem africana, que viria a constituir a base de mão de obra da economia de agricultura tropical organizada desde a primeira metade do século XVI na região nordestina do Brasil. A exploração do ouro de aluvião e de pedras preciosas, a partir do começo do século XVIII, deu lugar à formação de um fluxo migratório de Portugal para o Brasil de grande importância. Esse fluxo migratório modificou o quadro demográfico e étnico do Brasil. Até então a população estava concentrada na região situada entre a Bahia e o Maranhão, de agricultura tropical, sendo o contingente africano majoritário. A economia mineira, que na América espanhola provocou o despovoamento de certas regiões, teve no Brasil efeito contrário. Não sendo produção metalúrgica, como ocorria com a prata, mas simples cata de aluviões, o ouro brasileiro abriu possibilidade ao pequeno empresário. O próprio escravo, que trabalhava quase sem supervisão imediata, obtinha condições de vida superiores às que conhecia o trabalhador escravo das plantações. Ao término de um século de predomínio da economia mineira, o quadro demográfico brasileiro havia se modificado significativamente, superando a população de origem europeia o contingente africano e deslocando-se do norte para o centro-sul do país o núcleo populacional maior e em mais rápida expansão. Ao terminar o século XVIII, a população do Brasil alcan-

4. A destruição da população aborígine foi igualmente considerável no Brasil. O jesuíta JOSÉ DE ANCHIETA observa que "a gente que de vinte anos a esta parte (1583) é gastada nesta Bahia parece coisa que se não pode crer" e indica dados locais que põem em evidência uma destruição de população similar à que referimos para o México. Ver J. CAPISTRANO DE ABREU, *Capítulos de história colonial*, 5ª ed., p. 79.

çara os 3 milhões. Pela mesma época, a população da América espanhola dificilmente superaria os 16 milhões.

Durante o século XIX a população da América Latina aumentou a uma taxa duas vezes maior que a correspondente ao crescimento da população mundial.[5] Com efeito, a média decenal relativa à América Latina alcançou 12,8 por cento, enquanto para o conjunto da população mundial essa média foi de 6,4 por cento. Contudo, comparada à taxa de crescimento da população da América anglo-saxônica, que alcançou 30 por cento de média decenal, a latino-americana foi relativamente baixa. Em 1800, a população do conjunto Estados Unidos-Canadá alcançava 6 milhões, enquanto a latino-americana superava os 19 milhões. Em 1900, o conjunto anglo-saxão alcançava 81 milhões, e a América Latina, 63 milhões. Somente no século XX a América Latina assumiria a liderança da expansão demográfica mundial. Entre 1900 e 1930, a taxa decenal de crescimento latino-americana alcançou 20 por cento, enquanto a da América anglo-saxônica foi a 18,6 por cento, e a do conjunto da população mundial, a 7,8 por cento. Entre 1930 e 1960, a taxa latino-americana subiu para 24,8 por cento, superando amplamente a da América anglo-saxônica (14,0 por cento), sendo que esta pela primeira vez colocou-se abaixo da taxa mundial, a qual alcançou 14,3 por cento. Como consequência dessa modificação de taxas de crescimento, a população latino-americana, que ao iniciar-se o século XX era cerca de um quinto inferior à da América anglo-saxônica, atualmente supera esta última em cerca de 20 por cento.

As modificações significativas de tendências, que configuraram o atual quadro demográfico latino-americano, começam a manifestar-se nos anos 1940. Entre 1920 e 1940, a taxa de crescimento da população regional se manteve mais ou menos estável,

5. Para os dados relativos à evolução demográfica mundial a partir do século XIX, ver SIMON KUZNETS, *Modern economic growth* (Yale University Press, 1966).

sendo da ordem de dezenove por mil por decênio. Durante os anos 1920, a população em mais rápida expansão era a argentina (taxa média de 3 por cento anual), graças a um importante contingente imigratório. A população mexicana, sob os efeitos da guerra civil, apresentava a mais baixa taxa de crescimento: 1,35 por cento de média anual. No decênio seguinte reduz-se consideravelmente o fluxo imigratório na Argentina, e no México se observa um processo inverso: parte da população que havia buscado emprego nos Estados Unidos regressa nos anos da Depressão, ao mesmo tempo que desaparecem os efeitos da Guerra Civil. Nos dois países a taxa de crescimento demográfico se situa em torno de 1,8 por cento. A partir dos anos 1940, o processo demográfico latino-americano já não será afetado de forma significativa por fluxos migratórios; a variável decisiva passa a ser o comportamento da taxa de mortalidade, que tende a declinar de forma generalizada. A taxa de crescimento da população (média anual) passa de 1,91 por cento, em 1935-40, para 2,54 em 1945-50, 2,85 em 1955-60 e 2,91 em 1965-70.[6] Nos dois decênios compreendidos entre 1950-5 e 1970-5 a taxa bruta de natalidade (por mil) declinou de 41,31 para 37,21, ao passo que a taxa bruta de mortalidade baixou de 14,51 para 9,28. Dessa forma, a taxa de crescimento natural pôde aumentar de 26,80 para 27,93. Contudo, essas médias ocultam um processo mais complexo que está em marcha. Assim, a taxa global de fecundidade (número médio de filhos que teria uma mulher ao término de sua vida fértil) declinou, no período referido, de 5,69 para 5,29, depois de haver alcançado 5,72 em 1955-60. A modificação dessa taxa constitui o mais importante indicador do comportamento a longo prazo de uma população. Admite-se que o seu declínio, já manifestado nos últimos três quinquênios, persistirá no futuro. O efeito dessa me-

6. Cf. Centro Latinoamericano de Demografía (CELADE), *Boletín Demográfico* nº 10, julho de 1972.

nor fertilidade ainda não se pôde fazer sentir pelo simples fato de que a população latino-americana ainda continua rejuvenescendo: a proporção de indivíduos na faixa etária de menos de quinze anos alcançou seu ponto máximo em 1965-70.

Observando o comportamento demográfico dos três países mais populosos, que conjuntamente contribuem com duas terças partes da população latino-americana, pode-se ver mais claramente as tendências contraditórias que estão por trás das médias. A evolução argentina é similar à observada nos países de elevado nível de renda e com um alto grau de urbanização. Entre 1950-5 e 1970-5, a taxa bruta de natalidade desceu de 25,38 para 21,80 (por mil) e a taxa global de fecundidade, de 3,15 para 2,98. A taxa bruta de mortalidade baixou de 9,16 para 8,76, enquanto a esperança de vida ao nascer subia de 62,72 anos para 68,19. A taxa de crescimento natural passou de 16,22 para 13,04 (por mil), e a proporção dos menores de quinze anos, de 30,64 por cento para 28,82, ao passo que o grupo de população com mais de 64 anos aumentou de 4,52 para 7,56 por cento.

No Brasil o quadro é distinto. No correr dos dois decênios referidos, a taxa bruta de natalidade desce de 41,42 para 37,12 (por mil), e a global de fecundidade de 5,70 para 5,15. A taxa bruta de mortalidade declina de 12,16 para 8,77, e a esperança de vida ao nascer aumenta de 54,15 anos para 61,39. A taxa de crescimento natural baixa de 29,26 para 28,35, a proporção dos menores de quinze anos passa de 42,74 para 43,32, e a dos de mais de 64 anos, de 2,44 para 3,14.

Para o México encontramos os dados seguintes: a taxa bruta de natalidade declinou de 46,62 para 42,00, e a taxa global de fecundidade, de 6,88 para 6,46; a taxa bruta de mortalidade desceu de 15,40 para 8,62, e a esperança de vida ao nascer subiu de 51,63 para 63,22 anos; a taxa natural de crescimento subiu de 30,18 para 32,47; a proporção dos menores de quinze anos passou de 43,54 para 46,18, e a dos de mais de 64 anos, de 3,30 para 3,53 por cento.

Comparando esses dados, vê-se que as taxas de mortalidade são baixas e se encontram praticamente no mesmo nível. Essa semelhança é parcialmente aparente, como se comprova comparando a esperança de vida ao nascer, que é bem mais alta na Argentina do que nos outros dois países. A proporção do grupo de mais de 64 anos é duas vezes maior na Argentina, o que evidentemente influencia a taxa de mortalidade. O que caracteriza Brasil e México com respeito à Argentina — e nisso está a causa básica da chamada explosão demográfica latino-americana — é que a taxa de mortalidade decresceu de forma extremamente rápida. Durante o período considerado, o declínio dessa taxa foi, no Brasil, duas vezes mais rápido que na Argentina e, no México, cinco vezes mais rápido. Fatores de ordem social e econômica respondem por essa aceleração no declínio das taxas de mortalidade. É sabido que nos últimos três decênios reduziram-se consideravelmente os custos do controle das doenças epidêmicas e endêmicas. Demais, o rápido crescimento das classes médias, principais beneficiárias do desenvolvimento econômico no México e no Brasil, foi acompanhado de um processo de modernização dos serviços públicos, inclusive os de saúde, o que repercutiria nas condições sanitárias do conjunto da população. Chama particular atenção o quadro demográfico do México, onde a taxa global de fecundidade se mantém extremamente alta e relativamente estável. Aparentemente, nesse país o processo de urbanização tem afetado relativamente pouco as relações sociais que condicionam o processo de reprodução. Não obstante a forte baixa da taxa de mortalidade, a idade média da população mexicana é hoje menor do que era dois decênios atrás. O índice de dependência — relação entre a população que não está em idade de trabalhar (menos de quinze anos e mais de 64 anos) e aquela em idade de trabalhar (de quinze a 64 anos) — situa-se atualmente em torno de 1,00 no México, ao passo que no Brasil ele é 0,83, e na Argentina, 0,57.

A rápida urbanização constitui outra característica marcante da evolução demográfica recente latino-americana. Ao contrário da urbanização dos países mais avançados industrialmente, que se realizou em condições de relativa estabilidade ou declínio da população rural, na América Latina o rápido crescimento das cidades não impediu que as populações rurais continuassem a expandir-se com relativa intensidade. Se se define como população urbana aquela que habita em núcleos de 20 mil ou mais habitantes, entre 1950 e 1960 esse grupo demográfico cresceu a uma taxa média anual de 5,4 por cento, enquanto a população rural continuava a expandir-se ao ritmo de 1,8 por cento anual. No decênio seguinte (1960-70) essas taxas foram de 5,2 e 1,5, respectivamente. De 25,6 por cento do total em 1950, a população urbana passou a 41,1 em 1970. Em termos absolutos, essa população passou de 40,187 milhões para 112,961 milhões. Deste último total, correspondem ao Brasil 36,7 milhões, ao México 20,6 e à Argentina 15,8. O número total de cidades (de 20 mil habitantes ou mais) passou de 320, em 1950, para 828, em 1970, e o número de cidades de 1 milhão de habitantes ou mais subiu de sete para dezesseis. O número de pessoas vivendo neste último grupo de cidades alcançou, em 1970, 52 milhões.

As características atuais da população latino-americana não permitem duvidar de que a expansão demográfica da região prosseguirá ainda por vários decênios. Por incertas que sejam as previsões neste terreno (particularmente quando se amplia o horizonte temporal), não se pode deixar de reconhecer que as tendências básicas só lentamente se modificam. Se nos atemos às previsões dos especialistas, somos levados a admitir que, pela metade do decênio dos 1980, apenas dois países da região (Argentina e Uruguai) apresentarão taxas de crescimento demográfico próximas de 1 por cento anual. Um outro país (Chile) estaria com uma taxa mais próxima de 1,5 do que de 2,0. Um quarto país (Cuba) estaria mais perto de 2,0 do que de 2,5. Ora, esses quatro países juntos somavam, em 1975, 48,6 milhões de pessoas, ou seja, menos de um sexto do total. O México, cuja população nesse mesmo ano alcançava 59,2 milhões, muito provavelmente estará crescendo, pela metade do próximo decênio, com uma taxa mais próxima de 3,5 do que de 3,0. E o Brasil, que representa cerca de um terço do total, estará mais próximo de 3,0 do que de 2,5. Se as taxas de fecundidade observadas nos diferentes países latino-americanos em 1965-70 se mantivessem estáveis no próximo quarto de século, a população da região alcançaria 711 milhões no ano 2000. Ocorre, entretanto, que essas taxas já estão declinando. O problema fundamental consiste em prever a velocidade desse declínio. Em estudo apresentado à Conferência Mundial de População de 1974, o Centro Latino-americano de Demografia formulou três hipóteses sobre esse comportamento. De acordo com a primeira, a população alcançaria 662 milhões, com a segunda 612 e com a terceira 560. No quadro 1/1 incluímos os dados, por países e sub-regiões, correspondentes à hipótese média. Está implícito aí que a taxa de fecundidade média de 5,54 (observada em 1965-70) declinaria, até alcançar 3,91 em 1995-2000. Como é provável que esse declínio prossiga, também é provável que a população latino-americana venha a estabilizar-se, ainda que em um futuro difícil de prever. Deve-se ter em conta que uma população pode continuar crescendo por um período de 65 a setenta anos depois que é alcançada a taxa unitária de reprodução de 2,0. É pouco provável que essa taxa seja alcançada na América Latina ao cabo de dois ou três decênios. E mesmo que ela o seja no fim do primeiro quartel do século XXI, a população latino-americana não se estabilizaria antes de alcançar 1 bilhão de indivíduos.

QUADRO 1/1 – América Latina: superfície e população total por países e sub-regiões

País e sub-região	*Superfície* (km^2)	*População (000)* 1920	1950	1975	2000 (*previsão*)
Bolívia	1 098 581	1 918	3 013	5 410	10 267
Colômbia	1 138 338	6 057	11 629	25 890	51 464
Chile	741 767	3 783	6 058	10 621	15 842
Equador	270 670	1 898	3 225	7 090	14 773
Peru	1 280 219	4 862	7 968	15 326	30 561
Venezuela	898 805	2 408	5 330	12 213	23 552
Total Grupo Andino	5 428 380	20 926	37 223	76 550	146 459
Argentina	2 766 656	8 861	17 085	25 384	32 860
Brasil	8 511 965	27 404	52 326	109 730	212 508
Paraguai	406 752	699	1 337	2 628	5 592
Uruguai	186 926	1 391	2 198	3 060	3 993
Total Grupo Atlântico	11 685 373	38 355	72 946	140 802	254 953
Costa Rica	50 900	421	849	1 994	3 695
El Salvador	20 935	1 168	1 922	4 108	7 945
Guatemala	lo8 889	1 450	3 024	6 130	11 191
Honduras	112 088	783	1 389	3 037	6 271
Nicarágua	130 000	639	1 133	2 318	4 680
Total América Central	422 812	4 461	8 317	17 587	36 907
Cuba	114 524	2 950	5 520	9 528	15 662
Haiti	27 750	2 124	3 380	5 888	10 742
México	1 969 300	14 500	26 640	59 204	132 243
Panamá	75 650	429	765	1 676	3 218
Rep. Dominicana	48 442	1 140	2 303	5 118	11 767
Total Caribe e resto	2 235 666	21 143	38 608	81 414	173 632
Total América Latina	20 019 000	84 885	157 104	316 353	611 951

Fontes: Superfícies, Instituto Interamericano de Estatística, *Boletín Estadístico*; população de 1920 e 1950, Centro Latinoamericano de Demografía, *Boletín Demográfico*, nº 10, julho de 1972, de 1975 e 2000 (previsão), Centro Latinoamericano de Demografía, *América Latina: situación demográfica alrededor de 1973 y perspectivas para el año 2000*, trabalho preparado para a Conferência Mundial de População realizada em 1974.

2. Bases econômicas e sociais da ocupação territorial

AÇÃO INDIVIDUAL E "ENCOMIENDA"

Os traços essenciais do que seria a estrutura social dos países latino-americanos têm sua origem na forma mesma que tomou a conquista espanhola e nas instituições que espanhóis e portugueses implantaram para criar uma base econômica capaz de consolidar a conquista de novas terras.

As circunstâncias que envolveram o longo processo da Reconquista espanhola haviam permitido a formação de um Estado extremamente centralista, conquanto as distintas regiões da península conservassem características marcadamente feudais. Comparativamente a outras regiões da Europa, o desenvolvimento do capitalismo comercial se fizera tardiamente. Em Portugal, o capitalismo comercial esteve, desde suas origens, intimamente vinculado à monarquia.[1] Ao apoiar-se nas atividades comerciais

1. Ver, a este respeito, a obra luminosa de ANTÓNIO SÉRGIO, *Breve interpretação da história de Portugal* (Lisboa, 1972).

e transformar-se em grande promotor destas, a monarquia portuguesa encontrou uma via de desenvolvimento autônomo na península. Contudo, essa via, ao colocar as atividades comerciais sob a égide do Estado, tenderia a um centralismo não muito distinto do que prevaleceu na Espanha.

Na época da descoberta da América, que se confunde com o término da Reconquista,[2] existia na Espanha uma grande disponibilidade de indivíduos dispostos a lançar-se em aventuras guerreiras que proporcionassem boas recompensas, da mesma forma que a guerra contra os mouros havia atraído de várias regiões da Europa indivíduos com espírito de aventura. A organização da conquista das terras americanas seguiu as mesmas linhas e inspirou-se nos mesmos princípios das longas lutas de conquista das terras da península. A diferença essencial foi que, na Espanha, o inimigo dispunha de recursos técnicos consideráveis para a época, o que tornava a ação individual totalmente ineficaz. A estrutura básica dentro da qual se organizava a luta tendeu a ser a ordem religiosa, na qual se aglutinavam cavaleiros vindos de áreas culturalmente diversas, cujos traços comuns constituíam o ardor religioso e o espírito de aventura. Ordens como a de Calatrava, a de Santiago e a de Alcântara apropriaram-se de extensos territórios reconquistados aos mouros e prepararam as bases patrimoniais e centralistas da futura monarquia espanhola. Ao unirem-se Castela e Aragão, nas pessoas de Isabel e Fernando, e ao conseguir este último impor-se como grão-mestre das ordens religiosas, estavam criadas as condições para a formação de um Estado altamente centralizado, em uma sociedade em que o desenvolvimento do capitalismo comercial apenas se esboçava. Dessa forma, por

2. A conquista de Granada, o mais rico dos reinos mouros, resultado de uma guerra que se estendeu por onze anos, consumou-se em 1492, ano da descoberta da América.

caminhos diversos criaram-se circunstâncias similares, em Portugal e Espanha, para que o Estado viesse a tutelar as atividades econômicas desde os começos da revolução comercial.

Cabe distinguir na Reconquista uma primeira fase, que se estende até o século XI, durante a qual o objetivo fundamental foi ocupar as terras conquistadas aos mouros e prepará-las para a autodefesa mediante a formação de uma milícia de agricultores-soldados. Como esses agricultores-soldados emergiam, em grande parte, dos estamentos inferiores das estruturas feudais visigóticas, a primeira fase da Reconquista reforçou o poder dos reis de Castela, pois contribuiu para a formação de uma classe de homens livres, isto é, não subordinados a vínculos feudais. A partir da conquista de Toledo (1085) assinala-se um declínio relativo do poder muçulmano. As populações urbanas das regiões reconquistadas continuam a deslocar-se para o sul, mas já o mesmo não acontece com a massa rural, que tende a permanecer na terra em que trabalha e a aceitar facilmente a tutela dos senhores cristãos. Desse momento em diante a Reconquista tende a reforçar as instituições feudais. Assim, não parece exato falar de um "feudalismo tardio" na Espanha, e sim de revigoramento dessa instituição nos séculos XIII e XIV.[3]

Na América, a debilidade dos povos a conquistar e a distância do poder central — o que permitia muitas vezes transformar a conquista em simples atos de pilhagem — ensejaram que a ação fosse organizada em bases bem mais modestas que a das ordens religiosas. Na verdade, a ação principal coube à simples iniciativa individual, promovida por pessoas de posses relativamente modestas, que organizavam grupos de indivíduos interessados na partilha dos frutos da pilhagem. O verdadeiro motor da ação que viria a estruturar o novo império seria o interesse privado do

3. Cf. IGNACIO SOTELO, *Sociología de América Latina* (Madri, 1972), pp. 47-8.

conquistador.[4] "*La expresión* hueste indiana", lembra-nos um historiador contemporâneo, "*ha pasado a ser la mejor definición del carácter de las empresas de conquista* [...] *El Estado español comprobó en la práctica que la mejor forma de resguardar sus intereses era ceder a los particulares la posibilidad de descubrir y someter los nuevos territorios por incorporar a la Corona. Las empresas estatales fueron la excepción y cuando tuvieron lugar, causas muy especiales las justificaron.*"[5]

A ação individual, que serviu de base à ocupação dos territórios americanos, realizou-se dentro de um quadro contratual estritamente delimitado pelo Estado espanhol ou português.[6] No caso da Espanha, em que a ocupação territorial quase sempre passou pela conquista e submissão de populações indígenas, cuja

4. Cf. SILVIO ZAVALA, *Los intereses particulares en la conquista de Nueva España* (Madri, 1933).

5. ALVARO JARA, *Problemas y métodos de la historia económica hispanoamericana*, publicação da Universidade Central de Venezuela (Caracas, 1969), pp. 1-2. Acrescenta JARA: "*Se ha establecido que los intereses privados de los conquistadores — los componentes de la hueste indiana — fueron el verdadero motor expansivo del amplio movimiento de ocupación del continente americano*". Para uma versão mais completa consulte-se, do mesmo autor, *Guerre et société au Chili*, tradução de JACQUES LAFAYETTE (Paris, 1961).

6. A inexistência de tesouros de fácil captura reduziu o interesse pelo Brasil na fase inicial, tanto mais que o comércio das Índias Orientais conhecia nessa época o seu mais extraordinário desenvolvimento. A Coroa portuguesa, visando a atrair capitais privados para a sua colônia americana, dividiu-a em doze capitanias hereditárias, cujos donatários seriam investidos de grande parte dos privilégios reais. A inexistência de base econômica, à exceção da região em que se implantou a cultura de cana-de-açúcar, levou a experiência ao fracasso. A Coroa teve de assumir diretamente os custos de defesa de amplos territórios por muito tempo de escassa valia econômica. Ainda que inspirado, em seus aspectos formais, em instituições feudais portuguesas, o regime de capitanias hereditárias deve ser entendido como um esforço para atrair capitais privados para a obra de expansão comercial, assemelhando-se às companhias de comércio que na segunda metade do século XVI surgiriam na Inglaterra e na Holanda.

mão de obra se iria explorar, a articulação entre ação individual e tutela estatal assume maior significação. Por meio de *capitulações* o Estado transferia para o conquistador individual um certo número de prerrogativas, ao mesmo tempo que exigia dele certas obrigações. As recompensas outorgadas pelo Estado espanhol assumiram sua forma definitiva na instituição da *encomienda*.[7] Esta expressão havia sido utilizada na Espanha para designar as terras e as rendas atribuídas ao comandante de uma ordem militar. Na América, encomendava-se, ou confiava-se, a um conquistador um núcleo de população indígena, cabendo-lhe a responsabilidade de cristianizá-la e o direito de utilizá-la como força de trabalho.

O *encomendero*, em razão da tutela que exercia sobre um grupo de população, passava a exercer privadamente funções de direito público, o que o colocava socialmente em posição só comparável à do senhor feudal da Europa medieval. E, como este último, ele tinha responsabilidades no plano militar, cabendo-lhe organizar, por conta própria, a segurança local. Nas regiões onde os índios foram rapidamente "pacificados", as obrigações militares dos *encomenderos* passaram a ser meramente formais. Mas naquelas regiões, como foi o caso do Chile, em que a guerra com os índios perdurou longamente, as obrigações militares dos *encomenderos* transformaram-se em pesado ônus.

Objetivos de segurança levaram a Coroa espanhola a concentrar a população nativa em certas áreas, dando origem ao que viria a chamar-se de "comunidade indígena", na qual coexistem

7. Em ato de 20 de dezembro de 1503, Isabel, a Católica autoriza o "*repartimiento de indios*", dando origem à "*encomienda*". Sobre as capitulações e a *encomienda*, ver a obra clássica de SILVIO ZAVALA, *Las instituciones jurídicas en la conquista de América* (Madri, 1935). Para uma bibliografia sumária sobre a *encomienda*, ver J. LAMBERT, *Amérique Latine: Structures sociales et institutions politiques* (Paris, 1963).

elementos das comunidades preexistentes no Peru (*ayllu*) e no México (*calpulli*) com outros transplantados da Espanha. Como os senhores deviam pagar impostos em função do número de indígenas que lhes eram confiados, a instituição das comunidades contribuiu para defender os interesses da Coroa. A extração regular de um excedente de mão de obra somente foi praticável ali onde a população indígena era relativamente densa. A comunidade, ao permitir a preservação das estruturas tradicionais de dominação, facilitava a extração desse excedente de mão de obra, como no caso da *mita*, pela qual um sétimo da população masculina devia ser apresentado para trabalho nas minas. Contudo, a comunidade contribuiu para que fossem preservados muitos padrões culturais e para que a taxa de reprodução da população não diminuísse ainda mais.

A organização social baseada na *encomienda* demonstrou ser eficaz nas regiões em que a população indígena era relativamente densa e havia alcançado certos níveis de desenvolvimento material e de estratificação social. A existência de uma classe dirigente local, que tradicionalmente se apropriava de um excedente e estava em condições de financiar guerras ou obras públicas, facilitou a implantação do sistema de *encomiendas*. Na verdade, o *encomendero* que tinha sob sua guarda uma comunidade indígena tentava obter dos chefes dessa comunidade que ampliassem o excedente tradicional e o transferissem em grande parte ao novo senhor. Nas regiões em que o nível de desenvolvimento material dos índios era muito baixo, não houve possibilidade de extrair-lhes um excedente por intermédio de seus dirigentes tradicionais. A *encomienda* já não funcionou como marco de organização social, e apelou-se diretamente para formas de escravidão, submetendo-se os homens a trabalhos intensivos e em condições distintas daquelas a que estavam habituados. Neste último caso, as populações indígenas tenderam rapidamente a desaparecer.

Na região antilhana, particularmente na Hispaniola (São Domingos), a *encomienda* assumiu a forma de simples repartição de indígenas entre os faiscadores de ouro, sem que fossem tomadas medidas visando a preservar uma forma de vida comunitária. A consequência foi o rápido desaparecimento da população nativa dessas ilhas.

Diferentemente dos senhores feudais, que extraíam um excedente da população submetida ao seu controle para utilizá-lo de uma ou outra forma na mesma região, o objetivo principal do espanhol que empreendia a conquista ou recebia a *encomienda* era extrair um excedente que pudesse ser transferido para a Europa. Fosse porque estava habituado a formas de consumo que somente podiam ser satisfeitas mediante importações da Europa, fosse porque a aventura americana tinha como objetivo último a conquista de uma posição econômica e social na Espanha, a verdade é que o *encomendero* não se interessava por um excedente que apenas pudesse ser utilizado localmente. O seu objetivo era mobilizar esse excedente para descobrir, produzir e transportar metais preciosos. Além destes últimos, quase nada se podia produzir nas Américas, no primeiro século da colonização, que fosse comercializável na Europa. Ao contrário das Índias Orientais, que produziam artigos de grande valor por unidade de peso, como as especiarias e os tecidos finos, nas Américas os conquistadores nada descobriram que pudesse ser objeto de um lucrativo comércio. Os portugueses, que nos primeiros dois séculos do período colonial não encontraram metais preciosos nas terras que ocuparam, tentaram romper esse impasse implantando uma agricultura tropical, com base na experiência que haviam obtido nas ilhas do Atlântico desde meados do século XV. Tendo encontrado uma população rarefeita e inapta para o árduo trabalho das plantações de cana-de-açúcar, decidiram-se pela transplantação de mão de obra africana, o que exigiu importantes inversões e limitou a ação privada a grupos capazes de mobilizar recursos financeiros relativamente vultosos. Daí haver a ação dos portugueses assumido mais a forma de uma "colonização" do que a de uma "conquista", e que as estruturas sociais que criaram apresentassem, na sua fase inicial, características próprias.

Quanto à América espanhola, a busca e a produção de metais preciosos constituíram o fator determinante da ação de indivíduos privados que desempenharam papel de vanguarda na estruturação do novo império. Além disso, coube à instituição da *encomienda* a função de enquadramento da população cuja mão de obra seria explorada. A forma que assumirá o excedente extraído dessa população (força de trabalho destinada diretamente à mineração, produto agrícola destinado às populações urbanas ou aos trabalhadores mineiros) determinará a posição do *encomendero* na estrutura social. Em todo caso, o caráter comercial (inserção num circuito de trocas) devia predominar, porquanto o objetivo principal era efetivar transferências para a Metrópole. As vicissitudes encontradas na consecução desse objetivo estão na origem das formações sociais voltadas para a utilização local do excedente, surgidas posteriormente.

Nas regiões portuguesas, a implantação da agricultura tropical criou, no início, condições distintas, exigindo importantes investimentos, que frequentemente permaneciam sob o controle de interesses comerciais e financeiros metropolitanos.

A PRODUÇÃO DE METAIS PRECIOSOS

A evolução da produção de metais preciosos na América espanhola se fez com altos e baixos. A pilhagem dos tesouros que haviam sido acumulados no México e no Peru assumiu uma grande importância nos primeiros anos e serviu principalmente para excitar a imaginação na Espanha. A fase que se estende até metade do século XVI caracterizou-se pelo esforço que fizeram os espanhóis para descobrir as fontes dos metais preciosos. A produção se limitou ao ouro de aluvião, que ia sendo descoberto em distintas regiões e tendia rapidamente a esgotar-se. Via de regra os índios, sob pressão ou por engodo, conduziam o *encomendero*, organizador da expedição, que era uma empresa privada, a algum rio de cujo leito retiravam ouro tradicionalmente. Nas proximidades existiam quase sempre fundições instaladas anteriormente por esses mesmos índios. Tinha, então, início a produção, que se intensificava rapidamente e declinava em fase subsequente de forma ainda mais brusca. No Brasil, a longa demora na descoberta do ouro não se deveu a sua maior escassez. Na verdade, a produção brasileira de ouro do século XVIII foi superior a toda a produção desse metal nas terras espanholas nos dois séculos anteriores. O atraso dos portugueses foi principalmente devido à inexistência de uma tradição de metalurgia aurífera entre os índios das terras brasileiras. Desconhecendo os aborígines o metal, os portugueses tiveram de descobrir por conta própria, no vasto território brasileiro, os rios em que se haviam depositado as aluviões auríferas.

A produção de prata passou ao primeiro plano na metade do século XVI. Diferentemente da produção do ouro de aluvião, de rápido declínio, a produção da prata, feita em minas, alcançou desenvolvimento muito superior e grande estabilidade durante um longo período. Nos anos 70 do século XVI ocorreu verdadeira revolução na metalurgia americana da prata, com a introdução da técnica de amálgama de mercúrio, descoberta em 1554 em Pachuca, no México, por Bartolomeu de Medina. Graças a essa técnica tornou-se econômico utilizar minérios de lei inferior e alcançar níveis de produção que teriam sido inconcebíveis em períodos anteriores.

A produção de prata em Potosí, iniciada em 1545 com base nas técnicas tradicionais dos indígenas, entrou em declínio dois decênios depois, em razão do esgotamento dos filões mais ricos. A aplicação da técnica de amálgama de mercúrio somente foi possível depois de importantes pesquisas, feitas localmente por Pedro Fernández de Velasco, com apoio do vice-rei Francisco de Toledo. Também foram necessários investimentos de vulto em obras hidráulicas destinadas a produzir energia mecânica para as refinarias.[8] A descoberta de uma mina de mercúrio no Peru, em Huancavelica, contribuiu de forma decisiva para a extraordinária expansão da produção em Potosí.

Durante toda a época colonial a oferta de mercúrio, chave da produção de prata, originou-se na mina de Huancavelica e em Almadén, esta na Espanha.[9] O México, que no século XVII recebeu ocasionalmente algum mercúrio do Peru, esteve sempre na dependência do suprimento de mercúrio da Espanha, cuja produção superou a peruana em torno de 1700 e mais que a triplicou na segunda metade do século XVIII.

A organização da produção de prata na densamente povoada cordilheira peruano-boliviana, espinha dorsal do vice-reino de Nova Castela, que tinha em Lima sua capital, permite ver com clareza a significação das distintas instituições em que se baseava a economia colonial. A mina de Huancavelica, situada a distância relativamente curta de Lima, era explorada por um pequeno grupo de concessionários (organizados em *gremio*) sob o controle direto da Coroa, única compradora do metal, a qual fixava

8. Cf. D. A. BRADING e HARRY E. CROSS, "Colonial silver mining: Mexico and Peru", *The Hispanic American Historical Review*, vol. LII, nº 4, novembro de 1972.
9. Na época de grande produção, tanto no Peru como no México, durante a primeira metade do século XVII, importaram-se significativas quantidades de mercúrio de Idria, na Eslovênia.

metas de produção, financiava a produção, assegurava o suprimento de mão de obra e fixava o preço a ser pago ao produtor.[10] Muito raramente a produção alcançou a meta de 6820 quintais estabelecida originalmente, e que deveria permitir satisfazer as necessidades de Potosí, deixando uma margem de 15 por cento a ser exportada para o México. As razões dessa insuficiência da produção foram múltiplas, indo da desordem administrativa até a crescente dificuldade de reter os índios *mitayos*, que fugiam da região para escapar ao recrutamento, conscientes das condições de insalubridade de uma mina da qual não muitos saíam com vida. O transporte do mercúrio era contratado com grupos privados que se responsabilizavam por sua entrega a cerca de 2500 quilômetros de distância.

Tanto a produção de mercúrio como a de prata tinham como base a mão de obra indígena, assegurada pelas comunidades de regiões predeterminadas dentro do sistema da *mita*, que foi instituído em 1570 e durou até 1812. A *mita* era um imposto pago por certas comunidades sob a forma de força de trabalho e implicava, via de regra, o deslocamento dos *mitayos* a centenas de quilômetros de distância e um grande desgaste humano. Isso era particularmente verdade com respeito às minas de mercúrio, em cujas galerias os *mitayos* frequentemente morriam envenenados.

Não obstante a grande importância que teve a prata na economia colonial hispano-americana, a utilização direta de mão de obra em sua produção manteve-se em níveis relativamente baixos. Sua significação maior consistiu na criação de um mercado em torno do qual muitas outras atividades econômicas passaram a gravitar. O número de *mitayos* em Potosí não teria ultrapassa-

10. Cf. ARTHUR P. WHITAKER, "The failure at the Huancavelica mercury mine", in *History of Latin America civilization: Sources and interpretations*, vol. I, organizado por LEWIS HANKE.

do 13,5 mil, e no México os trabalhadores das minas, no século XVII, não seriam mais de 15 mil.[11] Dada a elevada rentabilidade da mineração argentífera, a oferta de mão de obra nunca seria um fator efetivamente limitante da produção. Com efeito, no México, onde a população declinara fortemente e era grande a distância a que se encontravam muitas das minas das regiões mais povoadas, fez-se desde cedo apelo ao trabalho assalariado. Já em fins do século XVI o regime salarial prevalecia sobre as formas de trabalho obrigatório no quadro da *encomienda*. Devendo enfrentar custos de mão de obra mais altos, os mineiros mexicanos obtiveram da Coroa a redução pela metade do *quinto* real, concessão que somente foi feita aos mineiros de Potosí em pleno século XVIII, quando as dificuldades para obtenção de mercúrio haviam aumentado e os melhores filões já estavam esgotados. Também favoreceu os mineiros mexicanos uma importante baixa do preço do mercúrio, ocorrida no século XVIII, graças à forte expansão da produção em Almadén.

Segundo dados coletados por E. J. Hamilton, entre 1503 e 1650 a Espanha recebeu de suas colônias americanas 181 toneladas de ouro e 16 887 toneladas de prata.[12] Tanto os dados relativos à entrada de prata na Espanha como aqueles referentes ao consumo de mercúrio no Peru e no México coincidem em que a produção conheceu um período de extraordinária expansão no meio século que se seguiu à generalização da técnica da amálga-

11. Cf. D. A. BRADING e HARRY E. CROSS, cit.

12. Cf. E. J HAMILTON, *American treasure and the price revolution in Spain, 1501-1650* (Harvard University Press, 1934). Para estimativas, a partir das mesmas fontes, referentes a todo o período colonial, ver PIERRE CHAUNU, *L'Amérique et les Amériques* (Paris, 1964). Uma estimativa da produção, referente ao período 1571-1700, baseada no consumo de mercúrio, encontra-se no artigo citado de D. A. BRADING e HARRY E. CROSS.

ma de mercúrio, ou seja, entre os anos 70 do século XVI e os anos 20 do século XVII; manteve-se em nível alto, mas declinante, no quarto de século seguinte, e a partir de 1650 conheceu três quartos de século de declínio ou estagnação. É provável que a causa inicial desse declínio tenha sido a insuficiência do suprimento de mercúrio, cuja produção baixou primeiro na Espanha, e em seguida no Peru. Como a produção de Potosí era mais rentável, do ponto de vista da Coroa, o mercúrio espanhol foi em parte desviado para essa região, reduzindo-se à metade os envios ao México no segundo quartel do século XVI. Assim, a produção mexicana, de custos de mão de obra mais altos e dispersa em uma grande região, tendeu a ser sacrificada numa época em que a oferta de mercúrio era insuficiente. Nos anos 80 do século XVI as minas de Zacatecas, de longe as mais importantes do México, não chegavam a refinar a metade do metal que extraíam.

Pela metade do século XVIII, a produção de prata retomou sua expansão: com intensidade no México e modestamente na América do Sul, onde outras minas situadas no Chile, na Nova Granada e no próprio Peru vieram compensar o prolongado e definitivo declínio de Potosí.

O COMÉRCIO COLONIAL

O comércio exterior das colônias espanholas estava submetido a estrito controle por parte das autoridades metropolitanas. Esse sistema refletia tanto o espírito do Pacto Colonial, que começava a esboçar-se, como as circunstâncias particulares das relações externas da Espanha, envolvida em permanentes conflitos internacionais e devendo defender um tesouro que despertava cobiça universal. Os barcos que se dirigiam às

Índias saíam de Sevilha, onde eram submetidos a estrito controle. O sistema de frotas foi introduzido nos anos 1540, isto é, meio século depois das viagens de Colombo, como resposta à perda crescente de barcos em mãos de piratas e corsários. Em 1543, durante a guerra com a França, se estabeleceu que somente barcos de mais de cem toneladas e em grupos de dez podiam partir para as Índias. Cada frota era protegida por um barco de guerra, financiado por um imposto cobrado aos comerciantes cujas mercadorias estavam sendo transportadas. Finalmente em 1561 se estabeleceu o regime das frotas anuais.[13] Saíam cada ano duas frotas, uma em janeiro e outra em agosto, destinadas respectivamente a Terra Firme e a Nova Espanha. A venda das mercadorias transportadas nas frotas também estava submetida a controle; uma vez liberadas pelas autoridades locais, as mercadorias eram oferecidas à venda em um local preestabelecido, dando lugar às famosas *feiras das frotas.* Essa forma de organização do comércio permitiu que se constituísse uma classe comerciante local, que se abastecia diretamente nas feiras anuais e passava a desfrutar uma situação de monopólio (ou oligopólio) na revenda das mercadorias.

Se se analisam os dados desse comércio, considerando os envios de metais preciosos por pessoas privadas e as importações de bens provenientes da Espanha, constata-se que estas últimas cobriam apenas uma fração reduzida dos mesmos. Se se consideram médias para períodos prolongados, vê-se que o valor dos envios de metais preciosos, que realizava o setor privado, era cerca de quatro vezes maior que o valor total das importações.[14] Parece

13. Cf. EDUARDO ARCILA FARIAS, *Reformas económicas del siglo XVIII en Nueva España* (México, 1974), vol. 1, p. 76.

14. Para os dados estatísticos, ver ALVARO JARA, *Tres ensaios sobre economía minera hispanoamericana* (Santiago, 1966).

fora de dúvida, portanto, que o trabalho realizado nas terras da América tinha como principal objetivo criar um fluxo de recursos a ser acumulado na Espanha. Como os custos de produção podiam ser cobertos localmente, mediante a mobilização da mão de obra *encomendada* — que produzia alimentos para os trabalhadores das minas e da infraestrutura de transportes —, as importações da Espanha refletiam essencialmente a forma como os *encomenderos* utilizavam a sua própria renda, na qual se incluíam os 80 ou 90 por cento da produção de metais preciosos. Fosse essa renda aplicada localmente — em consumo, em inversões produtivas ou improdutivas —, e o nível das importações teria de ser muito mais alto. O elevado saldo positivo da balança comercial põe em evidência que a classe de *encomenderos* se permitia poupar uma parte substancial de sua renda, transferida para a Espanha.

O quadro geral do comércio modificou-se consideravelmente no século XVIII, consequência tanto do debilitamento do poder naval espanhol como das transformações ocorridas nas próprias colônias durante o longo período de declínio da produção de metais preciosos. É sabido que a Espanha, desde o primeiro século da colonização, tendeu a operar essencialmente como um entreposto, abastecendo-se as Índias de produtos provenientes de diferentes regiões da Europa. O declínio da produção de metais preciosos faria que o entreposto parecesse ainda mais oneroso. Na época de auge desse comércio, as frotas do Panamá (Terra Firme) e México (Nova Espanha) somavam cerca de 10 mil toneladas. Na segunda metade do século XVII o comércio havia minguado de tal forma que a capacidade das frotas estava reduzida à metade ou a um terço do que fora.

A ruptura formal do monopólio espanhol se inicia com o século XVIII. Em 1701, ao iniciar-se a Guerra de Sucessão, uma companhia francesa obtém por dez anos o privilégio de vender escravos nas Índias espanholas. Em 1713, pelo Tratado de Utrecht esse privilégio foi transferido para os ingleses, e, para explorá-lo, foi criada uma companhia da qual eram sócios tanto o rei da Espanha como o da Inglaterra, cabendo a cada um 25 por cento do capital. Essa companhia, à qual cabia o direito de introduzir nas colônias espanholas 4800 escravos africanos por ano (durante um período de trinta anos), estabeleceu postos de venda nos principais portos entre Veracruz e Buenos Aires e, logo em seguida, nas regiões interiores, alcançando as longínquas minas do norte do México. Demais, estava ela autorizada a importar os gêneros requeridos para manter os escravos enquanto estes estivessem em suas mãos. À sombra dessa rede de comercialização de escravos surgiu um importante negócio de contrabando. Além da introdução dos escravos, a companhia obteve autorização para levar todos os anos um navio de quinhentas toneladas com mercadorias inglesas aos portos de Veracruz, Cartagena e Portobelo. Essa autorização serviu de cobertura para a introdução não de um, mas de vários navios, que passaram a ser uma fonte regular de abastecimento.

Compreendendo que o comércio das colônias americanas com a Europa se estava ampliando e diversificando e que a participação da Espanha nele sofria declínio permanente, a Coroa espanhola tomou uma série de iniciativas que tiveram considerável repercussão. Foram criadas várias companhias de comércio visando a reunir os meios financeiros e técnicos necessários para estimular a produção exportável em certas regiões. A primeira dessas companhias a consolidar-se foi a de Caracas, ou *Compañía Guipuzcoana*, criada em 1728, com um capital de 3 milhões de pesos. Por essa época o cacau venezuelano se transformara em um dos principais itens da exportação hispano-americana. Outra companhia importante foi a de Havana, criada em 1740, encarregada sobretudo da comercialização do fumo.

Na segunda metade do século XVIII acelerou-se o processo de desagregação do velho sistema comercial. O regime de *comércio livre*, como se chamou, teve sua implantação a partir de 1765. Ele significou, em primeiro lugar, a liberdade para as províncias americanas comerciarem entre si. Anteriormente as transações entre províncias americanas dependiam de licenças dadas em cada caso. A concessão dessa maior liberdade foi, entretanto, progressiva, tanto no que respeita aos produtos quanto aos portos. Em segundo lugar, foi dada *franquicia* a todos os portos habilitados da Espanha para comerciar com as Índias. Terminava assim o monopólio de Sevilha e Cádiz. Por último, foi concedida liberdade aos *criollos* (espanhóis nascidos na América) para navegar dos portos americanos para os portos espanhóis.

Os interesses que se haviam formado em torno das velhas estruturas comerciais não eram pequenos. As relações de Buenos Aires com a região produtora de prata do Alto Peru são a este respeito ilustrativas. O importante entreposto comercial de Lima lutou por mais de dois séculos para defender o privilégio de monopólio do comércio de abastecimento da região argentífera, se bem que o acesso a esta era muito mais fácil por intermédio de Buenos Aires.[15] Em consequência, criou-se nesta cidade um forte núcleo de interesses comerciais ligado ao contrabando. A proximidade do Brasil e, a partir de 1713, a presença de ingleses

15. "*Se tardaban cincuenta días en recorrer las trecientas cincuenta leguas de caminos llanos que separaban Buenos Aires de Jujuy y doce días más en cubrir las cien leguas que faltaban para llegar a Potosí; en total sesenta y dos días separaban el Río de la Plata de las minas potosinas. En cambio, el viaje de Lima a Potosí, a través de quinientas leguas de montañas y caminos difíciles, duraba quatro meses, encareciéndose las mercancías en 150 por ciento en relación a las que se introducían por la primera vía, sin tener en cuenta que el transporte de los puertos españoles a El Callao-Lima era varias veces más costoso que a Buenos Aires.*" RODOLFO PUIGGRÓS, *Historia económica del Río de la Plata* (Buenos Aires, 3ª ed., sem data), p. 47.

envolvidos com o comércio de escravos contribuíram para consolidar e ampliar essas relações comerciais paralelas. Por outro lado, a região platina logo se transformaria em importante produtora de couros, artigo que pouco mercado encontrava na Espanha. O comércio direto com a Metrópole esteve proibido até 1721, quando foi autorizado o tráfego regular de barcos de registro. Em 1622 se criara uma *aduana seca* em Córdoba, com o objetivo de evitar que a prata descesse até Buenos Aires, onde serviria para alimentar o contrabando. Existia, portanto, na região um grande potencial econômico subutilizado, o que explica que as medidas de liberalização hajam tido aí impacto maior que em qualquer outra parte. Assim, as exportações de couros subiram em poucos anos de 150 mil para 800 mil unidades.[16]

Foi grande a resistência da classe comerciante da Nova Espanha às medidas de liberalização. O poder de que dispunha essa classe era tão grande que, em 1720, a Coroa julgou necessário transferir o local da feira da frota da Cidade do México para Jalapa, a fim de evitar que os referidos comerciantes negociassem em posição demasiado forte, no momento da compra das mercadorias que chegavam da Espanha. Por outro lado, utilizaram eles todos os meios para evitar que os embarques passassem de certos volumes, a fim de manter os preços sob estrito controle. As reformas liberalizadoras do comércio somente foram introduzidas na Nova Espanha em 1789, ou seja, onze anos depois de serem adotadas em Buenos Aires e 24 anos depois de sua primeira adoção nas Antilhas. Como consequência dessas reformas, emergiu uma nova classe de comerciantes, localizados em Veracruz, e financeiramente mais ligados aos interesses externos.[17]

16. RODOLFO PUIGGRÓS, cit., p. 52.
17. Cf. D. A. BRADING, *Miners and merchants in Bourbon Mexico, 1763-1810* (Cambridge University Press, 1971), pp. 114-9.

OS POLOS DE CRESCIMENTO E AS ORIGENS DO "FEUDALISMO" LATINO-AMERICANO

A produção de metais preciosos, que serviu de base econômica à fundação e organização do império espanhol nas Américas, assumiu duas formas principais: a extração de ouro aluvional e a produção de prata à base de minérios de maior ou menor riqueza argentífera. A busca do ouro explica a extraordinária dispersão original: sendo tão pouco numerosos, os espanhóis ocuparam em alguns decênios terras que se estendem do norte do México ao Chile. Contudo, a produção de ouro pouca importância teve na organização definitiva do espaço econômico. Esgotados os depósitos aluvionais de mais fácil exploração, via de regra a região se despovoava. Nas Antilhas, importante zona produtora de ouro na primeira metade do século XVI, ao esgotamento dos depósitos sucedeu-se o despovoamento, pois as próprias populações nativas que sobreviveram às duras tarefas que lhes haviam sido impostas foram transferidas para outras regiões onde poderiam trabalhar em tarefas mais rentáveis. Em Cuba como em São Domingos e Puerto Rico, a presença espanhola na fase subsequente esteve ligada a atividades de apoio às frotas, que transitavam entre Sevilha e os portos continentais de Veracruz e Portobelo. No Chile, assim como em Antioquia, na Nova Granada, foram atividades agrícolas que fixaram as populações inicialmente atraídas pelas aluviões auríferas.

A produção de prata (extração do minério e refinação do metal) desempenhou papel totalmente distinto, pois deu origem a autênticos polos de crescimento. Ao contrário do ouro, a produção de prata exigiu grandes imobilizações de capital em galerias, obras hidráulicas e instalações mecânicas. As minas de prata apresentavam a característica de que, no início de sua exploração, o minério era de fácil extração mas de qualidade inferior; com o aprofundamento das galerias melhorava a lei. Dessa forma, a indústria exigia capitais crescentes, mas conservava sua rentabilidade ou mesmo a aumentava, com o correr dos anos. Em muitas minas a exploração prolongou-se por decênios ou mesmo séculos, dando lugar a um importante processo de urbanização e à formação de economias satélites. O censo realizado pelo vice-rei Francisco de Toledo 25 anos depois de descoberta a mina de Potosí revelou a existência de uma população de 120 mil pessoas vivendo em torno da famosa montanha de prata. Em 1650 essa população alcançava 160 mil, sendo o maior grupamento urbano que existia nas Américas na época colonial.[18] A demanda de alimentos, de tecidos e outros objetos de uso popular, bem como a de certos materiais de construção e de animais de carga, gerada por essa grande aglomeração urbana, exigiu a organização de importantes economias satélites.

Assim, o povoamento do Chile, apoiado inicialmente na produção de ouro, encontrou uma base permanente na agricultura de exportação, cujo mercado era o Peru. Da mesma forma, as regiões do norte argentino, onde existia uma população indígena relativamente densa, tenderam a transformar-se em centro abastecedor do Alto Peru de tecidos e animais de tração.

Entre a região produtora de prata, situada na atual Bolívia, a região produtora de mercúrio, no atual Peru, a região de Arica, por onde era embarcada a prata para Lima (esta, o principal centro administrativo), o Chile, abastecedor de trigo, carne-seca, peles, vinhos, e a região de Córdoba-Tucumán, na Argentina, de onde saíam produtos artesanais e animais de tiro, formou-se uma

18. Cf. LEWIS HANKE, "The imperial city of Potosí: Boom town supreme", in *History of Latin American civilization*, vol. I, cit.

cadeia de inter-relações econômicas. O polo dinâmico desse sistema era, evidentemente, a produção de prata, e sua base a mão de obra indígena, enquadrada pelo regime da *mita*.

À diferença de Potosí, que se ligava às economias satélites, localizadas entre o Chile e o norte da Argentina, sem a intermediação de Lima, e dispondo de reservas de mão de obra no altiplano e tendo acesso direto ao mar tanto por Arica como por Buenos Aires, as regiões produtoras de prata na Nova Espanha permaneceram totalmente tributárias da Cidade do México, situada entre elas e o porto de Veracruz. A dispersão da produção entre Pachuca, Zacatecas e Sonora dificultou a formação de um importante centro urbano capaz de servir de apoio a outras atividades econômicas. Dessa forma, a Cidade do México — localizada na zona mais densamente povoada, da qual se retirava importante excedente sob a forma de produtos agrícolas ou de força de trabalho para serviços, demais de ser um entreposto comercial entre a Metrópole e as Filipinas — desfrutou uma posição dominante que não conheceu nenhuma cidade do continente sul-americano. O regime de feiras, regulado pela Coroa, dava à classe comerciante da Cidade do México um efetivo controle das transações comerciais entre a Metrópole e a região mineira. Assim, a parte do excedente que permanecia no país era principalmente utilizada nessa cidade, à qual coube o principal papel na ordenação do espaço econômico.

Os acontecimentos do último século da era colonial também foram de importância na ordenação do que viriam a ser as economias latino-americanas. Já nos referimos ao fato fundamental da retomada da expansão demográfica, que se deve provavelmente à maior resistência das novas gerações às doenças introduzidas pelos europeus e à reconstituição das estruturas sociais. Essa maior população, que não era requerida para as longas marchas em busca de ouro e para o trabalho nas minas, cujo declínio se devia ao empobrecimento dos filões ou à escassez de mercúrio, pôde dedicar-se ao trabalho agrícola. Além disso, a aceleração do desenvolvimento europeu estava se traduzindo em grande aumento da demanda de produtos antes consumidos em quantidades ínfimas: açúcar, cacau, algodão, couros, índigo, entre outros. Novas atividades agrícolas, ligadas à exportação, abriram para as Antilhas espanholas uma fase de repovoamento com base principalmente em população africana escrava.

As mudanças importantes ocorridas no século XVIII, inclusive a relativa liberalização do comércio, tiveram efetiva importância para a região do Caribe, isto é, para a área compreendida entre Caracas e Havana, e para o Rio da Prata. No primeiro caso o fator mais importante foi a introdução das companhias de comércio com seu considerável poder financeiro; no segundo caso esse efeito catalisador coube aos navios de registro, graças aos quais pôde ser ativado um potencial econômico antes subutilizado. Para o conjunto da região, o ocorrido nos dois séculos anteriores foi seguramente de maior importância: a fase de prosperidade permitiu que se organizasse o espaço econômico em torno dos polos mineiros que serviram de base aos vice-reinados do México (Nova Espanha) e Peru (Nova Castela); a fase de declínio da economia mineira levaria ao afrouxamento dos vínculos das regiões satélites e ao reforçamento do localismo.

O declínio secular da atividade mineira teria consequências importantes na evolução social subsequente. Debilitada a demanda de excedentes agrícolas capazes de ser monetizados, a própria instituição da *encomienda* perdia parte de seu significado. Na base desse sistema estava o princípio de que parte do excedente extraído aos índios pertencia à Coroa, atuando o *encomendero* como agente arrecadador. Reduzindo-se a possibilidade de monetização do excedente, a transferência ao Estado da parte que lhe cabia tornava-se difícil ou mesmo impraticável. A instituição tendeu, então, a decair, e desapareceu formalmente no começo do século XVIII. Contudo, o sistema da *mita* continuou a ser aplicado, como um tributo cobrado às comunidades indígenas que permitia subsidiar a mineração decadente.

A organização dos índios com vistas à criação de um excedente agrícola ligava-se à introdução de uma outra instituição que viria a desempenhar papel fundamental na estruturação da sociedade latino-americana: a grande propriedade agrícola. As *mercedes* de terras eram feitas no mesmo espírito das doações de índios: como incentivo para que a ação privada abrisse o caminho da conquista e produzisse um excedente em benefício da Coroa. A terra, em si, não apresentava atrativo. Contudo, existindo uma demanda de produtos agrícolas, ela podia transformar-se em fonte de um excedente a ser extraído da população *encomendada*.

A decadência do sistema econômico que se articulara em torno dos polos produtores de metais preciosos tomou a forma de progressiva descentralização de atividades econômicas e sociais, e contribuiu para fazer da propriedade da terra a instituição básica de toda a ordenação social. Com efeito, o controle da propriedade da terra permitia que se continuasse a extrair da população indígena um excedente, uma vez eliminado o regime da *encomienda*. Como esse excedente, por sua própria natureza, devia ser utilizado em sua quase totalidade localmente, a estrutura social tenderia a assumir a forma de unidades isoladas ou semi-isoladas. Esses domínios rurais, de economia essencialmente de subsistência, quase totalmente desvinculados da autoridade estatal, viriam a constituir um dos traços marcantes da sociedade latino-americana. A propriedade da terra passou a ser a base de um sistema de dominação social a serviço de uma pequena minoria étnica e culturalmente diferenciada.

A evolução social no Brasil assumiu características próprias, mas conduziu a resultados não muito distintos dos que vimos de indicar. A grande plantação escravista, voltada para o exterior, entrou em decadência na segunda metade do século XVII, como consequência da quebra do monopólio do açúcar e subsequente declínio dos preços desse produto. A produção das Antilhas francesas e inglesas[19] cresceu rapidamente a partir dessa época, ao mesmo tempo que a política mercantilista fechava grande parte dos mercados europeus ao açúcar da colônia portuguesa. A contração dos mercados externos teve como consequência a desagregação de parte da agricultura de exportação e sua transformação em economia de subsistência ou principalmente de subsistência. O setor do *hinterland* que produzia carne, animais de tração e lenha para as unidades litorâneas sofreu uma involução ainda mais rápida. A população trabalhadora desses grandes domínios semifechados era principalmente de origem indígena, em contraste com as grandes plantações litorâneas, que utilizavam mão de obra africana.

Desarticuladas as estruturas tribais, os remanescentes da antiga população nativa foram dispersados e perderam, com a religião e a língua, toda identidade cultural. Inexistindo a estrutura mediadora da "comunidade indígena", essas populações passaram à tutela direta dos senhores da terra. Mas, tanto nas regiões em que os espanhóis instituíram as "comunidades indígenas", que eram as

19. A comercialização do açúcar brasileiro na Europa realizou-se, desde o início, sob controle dos interesses holandeses, que refinavam o produto e se encarregavam de sua distribuição. A ocupação de Portugal pela Espanha em 1580 e a guerra deste país com a Holanda acarretaram dificuldades na comercialização do açúcar e, finalmente, a ocupação da região açucareira brasileira pela Companhia Holandesa das Índias Ocidentais. Em 1640 Portugal separa-se da Espanha, e doze anos depois os holandeses são expulsos do Nordeste do Brasil, retirando-se grande parte deles para as Antilhas, onde organizam nova área produtora de açúcar, cujos preços tenderam a declinar persistentemente. Ver, para detalhes e bibliografia, C. FURTADO, *Formação econômica do Brasil*, cit.

mais densamente povoadas e onde prevaleciam formas de organização social mais complexas, como ali onde, sob jugo português ou espanhol, as populações passaram da estrutura tribal para a tutela direta dos senhores da terra, o resultado final foi sempre o mesmo: a extração de um excedente de força de trabalho, sob a forma de produtos agrícolas ou serviços pessoais.

Num caso, as relações da classe dirigente se faziam com as autoridades tradicionais da comunidade indígena, e noutro, com indivíduos isolados, dando origem respectivamente aos binômios latifúndio-comunidade indígena e latifúndio-minifúndio, que marcariam definitivamente a estrutura agrária latino-americana. As similitudes vieram a ser tanto maiores quanto, em muitos casos, a comunidade indígena tendeu a fragmentar-se em minifúndios, na medida em que as terras de uso comum eram apropriadas para uso direto da classe dirigente. Assim, por meios diferentes, grande parte da população rural terminou estruturada em pequenas unidades, autônomas do ponto de vista da organização da produção, mas submetidas à tutela direta ou indireta de uma classe senhorial.

Dessa forma, o capitalismo comercial, que está na base da empresa exploradora das terras latino-americanas, dá origem a formações sociais quase totalmente desvinculadas dos mercados. Contudo, só excepcionalmente esse processo chegou a completar-se em unidades fechadas, similares às formas sociais feudais europeias. Na quase totalidade dos casos, a atividade comercial, ainda que secundária para o conjunto da população, continuou a ser a preocupação principal da classe dominante. Sempre que as circunstâncias o permitiam, ampliavam-se relativamente as atividades produtoras do excedente comercializável. Como a principal preocupação da classe dirigente era integrar uma parte do excedente num circuito comercial, não tem sentido referir-se a ela como sendo de caráter feudal. A inexistência do salariado assinala a presença de uma formação social pré-capitalista, mas não necessariamente feudal. Ali onde o excedente comercializável baixava de certo nível, a classe senhorial tendia a desaparecer, dispersando-se a população trabalhadora numa economia estritamente de subsistência.

A descoberta do ouro no Brasil, no começo do século XVIII, imprimiu uma modificação de tendência à evolução geral nesse país.[20] Criou-se um importante mercado de animais de tração e surgiram oportunidades para a mão de obra subempregada da economia açucareira. O rio São Francisco, que liga a região pecuária do Nordeste à área mineira, transformou-se em importante linha de comunicações. O papel do polo formado pela produção de ouro e diamantes viria a ter grande peso na formação da economia brasileira. Ao contrário da produção de açúcar, somente acessível a quem estivesse em condições de mobilizar vultosos recursos financeiros, o ouro de aluvião podia ser explorado tanto no nível artesanal como no da grande unidade. A emigração portuguesa para a região realizou-se em escala muito superior à que tivera lugar nos dois séculos anteriores. Desenvolveu-se, assim, a vida urbana e formou-se um mercado de alimentos, que veio somar-se ao ainda mais importante mercado de animais de tração destinados ao extenso sistema de transportes que articulava a vasta região aurífera ao porto do Rio de Janeiro. Esse mercado de animais foi principalmente abastecido pelas regiões sulinas, cujas possibilidades para a pecuária logo se fizeram conhecidas. Dessa forma, o polo mineiro permitiu que se formassem, entre o Nordeste, o centro e o sul do território brasileiro, vínculos econômicos já no século XVIII, isto é, na fase imediatamente ante-

20. Para análise e bibliografia do período de predominância do ouro no Brasil, ver C. R. BOXER, *The golden age of Brazil 1695-1750: Growing pains of a colonial society* (University of California Press, 1962).

rior à independência. Conforme já observamos, nesse período se afrouxavam os vínculos que no primeiro século e meio da colonização se haviam criado em torno do polo constituído pela região argentífera do Alto Peru.

Em uma esquematização levada ao extremo, pode-se dizer que os primeiros 150 anos da presença espanhola nas Américas foram marcados por grandes êxitos econômicos para a Coroa e para a minoria espanhola que participou diretamente da conquista, pela destruição de grande parte da população indígena preexistente, pela piora das condições de vida da população que sobreviveu à conquista e, finalmente, pela articulação de vastas regiões em torno de polos dinâmicos, cuja principal função era produzir um excedente sob a forma de metais preciosos, o qual se transferia para a Espanha de forma quase unilateral. Os segundos 150 anos se caracterizaram pelo declínio da produção mineira, pelo afrouxamento da pressão sobre a população, que retomou o crescimento e melhorou suas condições de vida, e pelo enfraquecimento dos vínculos entre as regiões, cuja interdependência se reduziu. Na primeira fase, a classe dominante era formada por homens diretamente ligados à Espanha, integrados no aparelho do Estado ou em posições de controle do sistema de produção de onde saía o excedente transferido para a Metrópole. Na segunda fase, assumiu significação crescente a classe de senhores da terra, desvinculados da Metrópole e com um horizonte de interesses estritamente local.

Na América portuguesa essas duas fases se apresentaram de certa forma invertidas. Nos primeiros 150 anos formou-se uma economia agrícola de exportação constituída de unidades isoladas, vinculadas diretamente com o exterior e sem nenhuma articulação com outras áreas do país, exceto o interior pecuário que surgiu como dependência da economia açucareira. O primeiro terço da segunda fase de 150 anos foi marcado por depressão econômica, mais rápida do que a que conheceu o império espanhol na mesma época. O último século da época colonial se caracterizou pela formação do polo produtor de ouro e diamantes, ao qual coube o duplo papel de acelerar o povoamento de origem europeia e a formação de um mercado articulador das distintas regiões do país. A classe dirigente, na primeira fase, era constituída pelos senhores das grandes plantações de cana-de-açúcar diretamente vinculados à Metrópole. Na segunda fase a classe dirigente incluía um importante núcleo de indivíduos ligados às atividades comerciais internas e ao grande comércio de mulas, setor de atividade econômica que interessava a várias regiões do país, e as aproximava. Existe, portanto, alguma evidência de que a própria evolução das estruturas socioeconômicas preparou, na parte meridional do império espanhol, a tendência à fragmentação, e na do império português, condições favoráveis à preservação da unidade territorial. É interessante observar que na Nova Espanha (México), cujas riqueza e população superavam, na época da independência, o conjunto das províncias espanholas da América do Sul, a unidade territorial foi preservada. Ali as atividades mineiras conheceram uma fase de excepcional prosperidade no último meio século da era colonial.

3. A primeira metade do século XIX

ENCERRAMENTO DA ERA COLONIAL

A desorganização dos impérios espanhol e português, na época das guerras napoleônicas, constitui o ato final de complexo processo histórico que se estende por todo o século XVIII e se liga diretamente às transformações econômicas e políticas ocorridas na Europa. As tentativas espanholas de diversificar as economias das colônias americanas enfrentaram dois obstáculos maiores: as barreiras protecionistas criadas nos principais mercados europeus pelo mercantilismo e a incapacidade da própria Espanha de abastecer as colônias de produtos manufaturados. Em face dessa situação, as colônias tenderam a buscar uma saída, seja na procura direta de mercados (o que se realizava através do contrabando), seja na produção interna dos artigos de que necessitavam. Um ou outro caminho levava ao conflito direto com a Metrópole. Nas regiões de desenvolvimento agrícola para a exportação, como a Venezuela, ou de intensa atividade comercial, como Buenos Aires, a tomada de consciência desses problemas fez-se precocemente, ao impulso da penetração das ideias liberais que se irradiavam da Inglaterra e da França. Aberto o processo das guerras napoleônicas, o isolamento da Espanha e a rápida penetração comercial inglesa criaram situações de difícil reversibilidade, ao instalarem-se governos locais autônomos em distintas regiões. Na maioria dos casos, esses governos nasceram de situações em que não havia nenhuma hostilidade à Metrópole, então ocupada pelos franceses. Entretanto, a dinâmica mesma do processo levaria à ruptura, que em certos casos tomaria a forma de luta cruel e prolongada em razão da obstinação com que os espanhóis pretenderam restaurar uma situação que na verdade há muito desaparecera. O fato de que, na mesma época, se efetuou a separação do Brasil de Portugal, embora o governo deste país, aliado da Inglaterra, haja se instalado de 1808 a 1821 na própria colônia, põe a claro o fundo mesmo do problema. As novas condições criadas pelo avanço da Revolução Industrial na Inglaterra e pelo controle progressivo que este país pôde exercer sobre transportes marítimos teriam que resultar em uma política de portos abertos, em todo o continente americano, política incompatível com o tipo de relações que prevaleciam entre a Espanha e suas colônias. A vastidão destas e a incapacidade da Metrópole para supri-las de produtos manufaturados exigiriam necessariamente modificações profundas na estrutura de um império organizado em torno da exploração de metais preciosos, três séculos antes.

No caso de Portugal, a transição tivera início em fase muito anterior. O acordo de Methuen, firmado em 1703, dera à Inglaterra uma situação privilegiada no comércio brasileiro. Por esse acordo, Portugal, em troca de alguns favores no mercado inglês para os seus vinhos, abriu o próprio mercado e o das colônias, de forma irreversível, às manufaturas inglesas. A produção brasileira de ouro, que começou no segundo decênio do século XVIII, imprimiu um grande dinamismo à demanda luso-brasileira de manufaturas, criando possibilidades extraordinárias para os produtores ingleses. Dessa forma, o ouro do Brasil encaminhou-se em sua totalidade para a Inglaterra, permitindo que este país acumulasse vultosas reservas internacionais, sem as quais não lhe teria sido fácil enfrentar as guerras napoleônicas.[1] A penetração inglesa no Brasil, se possibilitou a Portugal sobreviver como potência colonial durante o século XVIII, preparou a liquidação dos vínculos da colônia com a Metrópole, cuja posição de entreposto crescente se fez cada vez mais notória. Transferindo-se a Coroa portuguesa para o Rio de Janeiro, em 1808, os interesses ingleses articularam-se diretamente com a colônia, transformada em sede do império lusitano. Também neste caso o processo seria irreversível, o que em tempo compreendeu a própria Coroa portuguesa, pondo um de seus membros à frente do movimento separatista.

A primeira metade do século XIX está marcada, na América Latina, pelas lutas de independência e pelo processo de formação dos Estados nacionais. Nas colônias espanholas o movimento independentista irradiou-se de três polos: Caracas, Buenos Aires e México. Os dois primeiros eram regiões que haviam conhecido rápido desenvolvimento no século XVIII, em grande parte reflexo do debilitamento do poder naval espanhol e da penetração dos interesses ingleses. A independência, nessas regiões, deveria permitir a ascensão de uma burguesia mercantil, de ideias liberais, progressistas, no sentido de *europeizante*, mas prisioneira da ideologia do *laissez-faire*. A situação no México era diversa, pois a produção de prata, em fase de prosperidade, continuava a constituir a

1. Cf. W. CUNNINGHAM. *The growth of modern industry and commerce. Modern times*, parte I (Cambridge, 1921), pp. 460-1.

base da economia regional. Demais, a população indígena mexicana, que voltara a crescer no último século da dominação colonial, começava a pressionar a estrutura latifundiária, baseada na grande propriedade e na exploração das comunidades indígenas, introduzindo nas lutas de independência um elemento social que permaneceu como um fermento e marcou a evolução desse país por mais de um século. Assim, nas lutas de independência, são perceptíveis dois movimentos presentes na evolução subsequente latino-americana: de um lado, surge uma burguesia europeizante, que pretende liquidar com decretos o passado pré-colombiano e colonial,[2] e que busca integrar as distintas regiões nas correntes em expansão do comércio internacional; de outro, manifestam-se forças tendentes a romper as estruturas de dominação impostas pelo regime colonial, e que visam a integrar as massas indígenas no quadro político-social e a definir uma personalidade cultural autônoma. O primeiro dos movimentos indicados predominou amplamente durante o século XIX. Veremos mais adiante que só na segunda metade desse século veio ele a frutificar plenamente. O segundo movimento passou ao primeiro plano no século XX, que se iniciou para a América Latina com a Revolução Mexicana.

2. Representante conspícuo dessa corrente liberal é o Libertador Simón Bolívar, que publicou decretos em 1824 e 1825, expedidos em Trujillo e Cuzco, dissolvendo as comunidades indígenas, constituindo a propriedade privada camponesa e declarando proprietários das terras que tinham em sua posse os "denominados índios", a fim de que possam "vendê-las ou aliená-las de qualquer modo". Essas medidas não chegaram a ser postas em prática nessa época, mas constituem uma clara indicação do espírito europeizante dos líderes das guerras de independência. Ver a esse respeito ARTURO URQUIDI MORALES, "Las comunidades indígenas y su perspectiva histórica", in *Les problèmes agraires des Amériques Latines* (Paris, 1967).

FORMAÇÃO DOS ESTADOS NACIONAIS

A estruturação dos Estados nacionais ocorreu de forma acidentada em quase toda a América Latina. As burguesias liberais que lideraram ou apoiaram os movimentos de independência em Buenos Aires e em Caracas não estavam em condições de organizar sistemas de poder capazes de substituir-se à antiga Metrópole. Conforme já assinalamos, a evolução geral vinha se fazendo no sentido da autonomização regional. Na ausência de vínculos econômicos mais significativos, o localismo político tendia a prevalecer. No norte, onde o polo mineiro se mantivera mais vigoroso, e onde preexistira à conquista espanhola uma tradição de centralismo administrativo, conservou-se a unidade política do que fora a Nova Espanha. No sul, as capitanias de Venezuela e Chile transformaram-se em unidades políticas independentes, a Nova Granada dividiu-se em Colômbia e Equador, o vasto vice-reinado da Nova Castela deu origem ao Peru, e o recém-criado vice-reinado do Rio da Prata desarticulou-se dando origem à Argentina, ao Uruguai, ao Paraguai e à Bolívia.

Rompidos os vínculos com a Metrópole, por toda parte o poder tendeu a deslocar-se para a classe de senhores da terra. A estruturação dos novos Estados foi condicionada por dois fatores: a inexistência de interdependência real entre os senhores da terra, que se ligariam uns aos outros ou se submeteriam a um dentre eles em função da luta pelo poder; a ação da burguesia urbana, que manteria contatos com o exterior e exploraria toda possibilidade de expansão do intercâmbio externo, ao qual se iriam vinculando segmentos do setor rural. Assim, à medida que surgiam possibilidades de expandir uma ou outra linha de exportações, o grupo urbano tendia a consolidar-se, ao mesmo tempo que se integrava com interesses rurais, criando-se condições para a estruturação de um efetivo sistema de poder. Nos países em que a economia mineira era predominante, como o México, o Peru e a Bolívia, o controle dessa atividade era suficiente para definir o poder estatal, ainda que os vínculos deste com a grande maioria da população, organizada nos domínios rurais, fossem praticamente inexistentes. Contudo, nenhum senhor regional dispunha de meios para desafiar a autoridade do Estado, cujo controle constituía o principal objetivo das lutas políticas. Nas regiões de economia agrícola, a consolidação do poder estatal esteve na dependência da abertura de linhas de exportação que, favorecendo uma região, permitia a esta sobrepor-se às demais. Na Colômbia, onde nenhuma região chegou a possuir uma base econômica suficientemente sólida para sobrepor-se, as guerras civis se prolongaram até fins do século XIX. Na Argentina, a posição privilegiada do porto de Buenos Aires permitiu à região do litoral, após prolongadas guerras civis, impor-se como centro de um sistema nacional de poder.[3]

Assinalamos que o isolamento em que se encontraram as colônias da Metrópole espanhola, provocado pelas circunstâncias da política europeia, abriu o caminho às guerras de independência, sob a influência de burguesias locais formadas ao influxo da diversificação comercial durante o último século da era colonial, e localizadas em zonas beneficiárias de um comércio mais diversificado. O México constituiu um caso à parte, no sentido de que o isolamento da Metrópole teve projeções mais profundas, abrindo um processo de contestação à própria ordem social, o que deu maior profundidade à luta

3. Sobre o papel da "autocracia unificadora" na formação do Estado nacional na Argentina, ver GINO GERMANI, *Política y sociedad en una época de transición* (Buenos Aires, 1962).

pelo poder e criou uma situação de instabilidade social que seria agravada pelo movimento da Reforma e pela prolongada ditadura de Porfirio Díaz, e está na origem da Revolução de começos do século XX. Também assinalamos a importância da presença inglesa para a ruptura do monopólio comercial e a criação de interesses urbanos europeizantes. Convém, entretanto, observar que a penetração inglesa, nos primeiros decênios do século XIX, constituiu muito mais um elemento de desagregação da ordem social e econômica existente do que fator capaz de contribuir para consolidar os novos Estados em formação. A presença inglesa assumia essencialmente a forma de organização de um comércio importador: surgiam as casas importadoras, que difundiam as manufaturas europeias, principalmente inglesas, modificando hábitos de consumo e acarretando a desagregação de atividades artesanais locais. Em muitos países a pressão desse aumento de importações levou à depreciação cambial e obrigou os governos a contrair empréstimos externos para regularizar a situação da balança de pagamentos. Por outro lado, as casas importadoras de produtos ingleses acumulavam reservas líquidas e se transformavam em poderosos agentes financeiros.

As burguesias locais, que se ligavam aos interesses ingleses nos negócios de importação, confrontaram-se com um problema de insuficiência de capacidade de pagamentos no exterior. O endividamento externo e as crises de balança de pagamentos engendravam problemas fiscais e cambiais, acarretando emissões de papel-moeda inconversível e depreciação do poder aquisitivo externo e interno das moedas nacionais. As populações urbanas, mais penalizadas pelas altas periódicas de preços, chegaram muitas vezes a revoltar-se. Essa situação, que requeria aumento das exportações, induziu as burguesias locais a voltarem-se para o interior, na busca de produtos exportáveis, e para o exterior, na procura de mercados potenciais. Ora, durante a primeira metade do século XIX, os mercados exteriores eram limitados e de difícil acesso. A Revolução Industrial, nessa primeira fase, apresentou duas características que se refletiram negativamente nos países latino-americanos: a concentração na Inglaterra, país possuidor de colônias capacitadas para supri-lo de produtos primários, particularmente os tropicais, e a preponderância da indústria têxtil algodoeira, cuja matéria-prima pôde ser produzida em larga escala nos Estados Unidos, à base de mão de obra escrava e a uma distância muito menor, numa época em que os transportes marítimos eram precários.

De maneira geral, os países latino-americanos enfrentaram grandes dificuldades para abrir linhas de comércio nos três ou quatro decênios que se seguiram às guerras de independência. Afora os metais preciosos e os couros e peles, nenhum outro produto encontrou condições favoráveis de mercado. O algodão, cujo consumo cresceu na Inglaterra de 2 mil para 250 mil toneladas, vinha sofrendo uma forte baixa de preços, sendo impraticável concorrer com os produtores do sul dos Estados Unidos. O açúcar e demais produtos tropicais sofreram acentuada baixa de preços, a partir do fim das guerras napoleônicas. Tem-se argumentado que o desenvolvimento das exportações foi dificultado pela instabilidade política que prevalecia na quase totalidade dos países. Entretanto, o argumento inverso também pode ser defendido: as dificuldades encontradas nos mercados externos, para abrir linhas de exportação, deixaram os grupos urbanos, que haviam liderado as lutas de independência, sem condições para organizar de forma estável um sistema de poder. Exceção interessante a essa regra, e que a confirma, é o caso do Chile. Este país, capitania autônoma na época colonial, singularizava-se pelo fato de que nem era centro exportador de metais preciosos (sua produção de prata era relativamente pequena), nem era região exportadora *para o exterior* de produtos agropecuários. Na verdade, o Chile era uma região agropecuária articulada com o polo peruano. À diferença de outras burguesias comerciais, formadas no comércio de contrabando e sob forte influência inglesa, os interesses exportadores chilenos estavam integrados com os interesses agropecuários da região e se haviam formado no quadro legalista do monopólio organizado pela Metrópole. Por esta e outras razões a classe dirigente chilena não sofreu conflitos internos maiores e, um decênio depois das guerras de independência, lograva estruturar um sistema de poder estável. A Constituição de Portales, de 1833, formalizou um sistema de poder representativo de base oligárquica, que se manteve estável até fins do século XIX. Além disso, o Chile pôde tirar partido de condições particularmente favoráveis no que respeita ao comércio exterior. Por um lado, possuía um núcleo de economia mineira, à base de produção de prata e cobre, que se expandiu durante essa fase. Por outro, dispunha de um excedente agrícola de zona temperada, particularmente de trigo, que o colocou em posição privilegiada na zona do Pacífico na época da descoberta do ouro na Califórnia e na Austrália.[4] Assim, durante um período limitado mas crucial, o Chile pôde transformar-se em supridor estratégico de alimentos da costa oeste dos Estados Unidos. Até que ponto o fato de se ter estruturado politicamente, de forma estável, permitiu ao Chile tirar par-

4. Para uma síntese da evolução econômica chilena no século XIX, ver ANIBAL PINTO SANTA CRUZ, *Chile, un caso de desarrollo frustrado* (Santiago do Chile, 1962).

tido dessas condições favoráveis de demanda externa, ou até que ponto foram estas últimas condições que consolidaram uma estrutura política que dava os primeiros passos, é questão secundária. Evidentemente, houve interação entre os dois fatores. Não se pode ignorar, entretanto, que as condições de mercados externos que conheceu o Chile constituíram um caso especial. Nenhum outro país latino-americano da zona do Pacífico dispunha de iguais potencialidades agrícolas, ainda menos de tradição exportadora nesse setor. Por outro lado, dadas as condições de transporte da época, nenhum país atlântico, latino-americano ou não, podia com ele concorrer.

A situação brasileira, durante essa fase, também apresenta aspectos particulares, cuja análise ajuda a compreender a natureza das estruturas políticas que estão na base dos Estados latino-americanos. Ao contrário do que ocorreu na região de ocupação espanhola, no Brasil as atividades agrícolas e a exportação de um excedente de produtos agrícolas foram a própria razão de ser da colônia. Os portugueses metropolitanos monopolizaram as atividades comerciais, o que impediu o surgimento de uma burguesia local ligada às atividades de comércio exterior. Na região produtora de ouro e diamantes, o controle das relações com o exterior pela Metrópole era ainda mais severo. Entretanto, nessa região, cujo mercado interior de animais de transporte desenvolveu-se consideravelmente, formou-se e consolidou-se uma classe de comerciantes de gado e de tropeiros com contatos em várias regiões do país. Transportavam-se grandes récuas de mulas do Rio Grande do Sul para São Paulo, onde, em importantes feiras de animais, vinham abastecer-se os tropeiros que serviam à região das minas e que asseguravam a ligação desta com o litoral. Com a independência, os interesses do comércio exterior permaneceram em mãos de portugueses, que se sentiam protegidos pela continuidade da Coroa, ou transferiram-se para o controle inglês. Dessa forma, na região açucareira não houve modificação sensível, conservando-se as velhas estruturas sob um controle mais direto de interesses ingleses. Modificações significativas ocorreriam, entretanto, no sul, onde a economia mineira vinha em declínio desde fins do século XVIII. A redução da produção de ouro a uma terça ou quarta parte, ao mesmo tempo que cresciam as despesas administrativas com a instalação da corte e em seguida com a criação de um governo autônomo, provocou um desequilíbrio geral na economia, que se traduziu em endividamento externo e emissões de papel-moeda que rapidamente se depreciava. A inflação criou descontentamento nas zonas urbanas, e forças centrífugas se manifestaram em várias regiões através de revoltas e movimentos separatistas. Contudo, o desenvolvimento da produção de café, cujas possibilidades se manifestaram já nos anos 40 do século XIX, permitiu a formação do núcleo que deveria servir de base à nova estrutura de poder. Os homens que estabeleciam a ligação entre as regiões mineiras e o litoral foram um fator decisivo na implantação da economia cafeeira no vale do Paraíba, de onde ela se expandiu meio século depois para o altiplano paulista. Dessa forma, o café se desenvolveu fora das estruturas latifundiárias estabelecidas em fases anteriores, pela iniciativa de indivíduos de mentalidade mercantil. Assim, a atividade econômica que foi o ponto de apoio do Estado brasileiro em sua fase de formação e consolidação surgiu diretamente como uma atividade agrícola-exportadora, o que lhe facultou apresentar uma frente perfeitamente consolidada de interesses agrários e mercantis, à semelhança do ocorrido no Chile. O latifúndio tradicional, de economia principalmente de subsistência, seria sempre marginal no sistema de poder que se formou no Brasil. Entretanto, como a nova agricultura de exportação se estruturou em grandes unidades, formou-se entre ela e os velhos latifúndios uma solidariedade fundamental, que possibilitou a estes conservar o controle do poder local nas regiões respectivas, cabendo àquela o controle hegemônico do poder nacional.[5]

5. Uma apresentação sintética da história latino-americana no período da independência encontra-se em VICTOR-L. TAPIÉ, *Histoire de l'Amérique Latine au XIXe siècle* (Paris, 1945). Essa obra possui amplas indicações bibliográficas. Para referências bibliográficas gerais, ver a *Bibliografia histórica de España y Hispanoamérica*, publicada em Barcelona a partir de 1953 por JAIME VICENS VIVES, e também ROBERT A. HUMPHREYS, *Latin American history: A guide to the literature in English* (Londres, 1960). O livro de JACQUES LAMBERT, *Amérique Latine: structures sociales et institutions politiques*, cuja segunda edição atualizada apareceu em 1968, constitui igualmente valiosa fonte de referências bibliográficas. Ver também TULIO HALPERIN DONGHI, *Historia contemporánea de América Latina* (Madri, 1969) e a obra fundamental *La historia económica en América Latina*, (I) *Situación y métodos*, (II) *Desarrollo, perspectivas y bibliografía*, que reúne trabalhos de vários autores apresentados no primeiro simpósio sobre história econômica da América Latina, realizado em 1970 sob os auspícios do Conselho Latino-americano de Ciências Sociais (México, 1972).

PARTE DOIS

INSERÇÃO NO SISTEMA DE DIVISÃO INTERNACIONAL DO TRABALHO

4. Transformação do comércio internacional na segunda metade do século XIX e seus efeitos na América Latina

A DIVISÃO INTERNACIONAL DO TRABALHO

Durante a primeira metade do século XIX a Revolução Industrial se apresentou como um fenômeno essencialmente inglês, razão pela qual é na própria evolução estrutural da economia inglesa que se encontram as explicações das transformações que, durante essa época, ocorrem no conjunto da economia mundial. Os economistas que testemunharam o começo dessas transformações e as interpretaram do ponto de vista da Inglaterra logo compreenderam que era interesse desse país transformar-se em uma grande fábrica e abrir as portas a produtos primários provenientes de todo o mundo. Com efeito, por escapar à lei dos rendimentos decrescentes, a atividade industrial significava modificações qualitativas sem precedente.

Em economias em que o avanço tecnológico era muito lento ou inexistente, e que se baseavam essencialmente na atividade agrícola, existia uma consciência clara de que as proporções dos fatores de produção não podiam ser modificadas arbitrariamente. A partir de certo ponto, o rendimento por unidade de solo tendia a decrescer necessariamente, qualquer que fosse a quantidade de mão de obra adicionada, o que significava que a disponibilidade de terra comandava o emprego dos demais fatores. Ora, a atividade industrial permitia romper essa barreira. Nela, o próprio crescimento, ao criar a possibilidade de aprofundar a divisão do trabalho e de utilizar máquinas em maior quantidade e mais complexas, transformava-se em fonte de aumento de produtividade, o que significava rendimentos crescentes. Sendo assim, mesmo que os preços dos produtos agrícolas importados fossem estáveis e idênticos aos da produção nacional, poder pagá-los com produtos industriais constituía óbvia vantagem para um país escasso de terras, como era a Inglaterra. Além disso, uma vez constituído um núcleo industrial importante nesse país e consolidada uma posição de avanço relativamente aos demais, não seria difícil demonstrar, no quadro do teorema das vantagens comparativas considerado em termos estáticos, que para esses outros países também era vantajoso adquirir na Inglaterra os produtos industriais pagando-os com matérias-primas. Esse *modelo* de desenvolvimento, não obstante as enormes vantagens que apresentava para a Inglaterra, pois implicava nada menos que concentrar nesse país as atividades em que se realizava o progresso tecnológico, encontrou resistência por parte dos interesses agrícolas, e sua aceitação foi mais lenta do que em geral se supõe. Durante toda a primeira metade do século, a agricultura inglesa continuou a gozar de proteção eficaz através do mecanismo da tarifa móvel, que permitia elevar automaticamente a barreira alfandegária toda vez que os preços internacionais descessem abaixo de certa cota crítica. A resistência teve, entretanto, que ir cedendo em face do poder crescente da burguesia industrial, e, entre 1846 e 1849, a Inglaterra eliminou as barreiras ao comércio exterior, sem esperar reciprocidade dos demais países.

A vitória total das ideias livre-cambistas encerrou, de alguma forma, a primeira fase da Revolução Industrial, durante a qual se criou e consolidou na Inglaterra o núcleo propulsor que levaria, na segunda metade do século, à formação de um sistema de divisão internacional do trabalho de âmbito mundial. De importância decisiva, na transição da primeira para a segunda fase da Revolução Industrial, foi a penetração da tecnologia, desenvolvida em conexão com as indústrias manufatureiras, nos meios de transporte. As estradas de ferro possibilitaram a rápida integração dos mercados internos nos países europeus, e a mecanização dos transportes marítimos modificou a fundo as condições do comércio internacional. A invenção da hélice ocorreu em torno de 1840, e no correr do decênio seguinte começou-se a utilizar navios de casco de ferro, o que permitiria reduzir a resistência da água e aumentar as dimensões dos barcos. A partir de então, a tonelagem da marinha mercante mundial aumentaria com extraordinária rapidez: de 6,7 milhões de toneladas em 1840, passou a 12,8 milhões em 1860 e atingiu 43 milhões em 1913. A repercussão nas tarifas de longa distância foi grande, ocasionando em muitos casos reduções de 70 a 90 por cento dos preços anteriores. A baixa subsequente dos preços das matérias-primas, particularmente o do algodão, veio reforçar a posição competitiva da Inglaterra. Lançando-se na política de livre-câmbio e reduzindo substancialmente as próprias atividades agrícolas, pôde esse país beneficiar-se em sua plenitude da baixa de preços das matérias-primas decorrente da redução das tarifas marítimas. Dessa forma, as manufaturas inglesas "internalizavam" as economias externas produzidas pela revolução tecnológica nos meios de transporte. Cabe recordar que, nos primeiros decênios da segunda metade do século XIX, dois terços das manufaturas que circulavam no mercado internacional eram de origem inglesa.

No correr do século compreendido entre as guerras napoleônicas e a Primeira Guerra Mundial tomou forma um sistema de economia mundial baseado na divisão internacional do trabalho. As atividades econômicas de uma parcela crescente da humanidade passaram a comportar-se como elementos interdependentes de um conjunto articulado. Esse sistema de economia mundial apresenta algumas características que convém assinalar. Em primeiro lugar está a elevação da taxa de crescimento econômico de muitos dos países que o integraram, não somente daqueles que se especializaram em atividades beneficiárias de rápido progresso técnico, mas também de outros que utilizaram mais racionalmente os seus recursos naturais no quadro da especialização geográfica. É este um fenômeno de amplas projeções históricas, pois até então as taxas de crescimento haviam sido irregulares e, quando ascendentes a longo prazo, suficientemente fracas para que no horizonte de uma geração carecessem de real significação as modificações das condições de vida. Era natural, portanto, que se admitisse, como o faziam os mercantilistas, que o enriquecimento ocasional de uma comunidade tinha como contrapartida necessária o empobrecimento de outra. A partir da Revolução Industrial, a aceleração do ritmo de crescimento da produção de bens e serviços criaria a possibilidade de duplicação, no correr de uma geração, do poder de compra exercido por uma comunidade.

A segunda modificação significativa a assinalar consistiu na dinamização do quadro demográfico. A taxa de crescimento da população elevou-se graças à urbanização, à melhoria dos serviços públicos e à elevação dos salários reais. Logo em seguida, e devido a progressos consideráveis na aplicação de medidas de saúde pública, prolongou-se de forma notável a expectativa de vida. Dispor de uma vida mais longa e poder vê-la modificar-se de forma significativa é ter consciência de que o horizonte de possibilidades abertas ao homem é elástico, tanto no plano individual como no social. Os grandes movimentos coletivos, que no passado tinham sido de inspiração religiosa ou militar, orientar-se-iam de forma crescente para o conhecimento e controle do mundo físico e para a reconstrução das estruturas sociais.

A terceira característica a reter é a formação e rápida expansão de um fundo de conhecimentos técnicos transmissíveis, relacionados com as formas de produção.[1] Na época pré-industrial, as técnicas de produção haviam sido o resultado de lenta acumulação de conhecimentos empíricos, cuja transmissão se fazia, via de regra, de geração a geração, através do aprendizado no trabalho. A atividade produtiva nascia dela mesma, como uma geração nasce da anterior. À medida que foi tomando significação uma indústria de equipamentos portadores de tecnologia de vanguarda, os dados desse problema tenderam a transformar-se cabalmente. A transmissão da técnica assumiu a forma de simples operação comercial, sendo possível a transformação de todo um setor produtivo com rapidez antes inconcebível. Ao criar uma indústria de equipamentos de transporte, a Inglaterra pôs em marcha um processo de transformação dos meios de transporte em todo o mundo. Mais ainda: ao proporcionar-se a essa indústria meios de financiamento adequados, criou-se um mecanismo de exportação de capitais que seria fator decisivo na estruturação do sistema econômico mundial, pois provocaria o surgimento de novas formas de hegemonia fora dos quadros tradicionais das implantações coloniais.

Como consequência da ação conjugada desses fatores, durante todo o século que referimos a economia mundial cresceu, integrando-se, isto é, ao mesmo tempo que se intensificava a divisão internacional do trabalho. O comércio mundial expandiu-

1. Cf. SIMON KUZNETS, *Modern economic growth*, cit., p. 286.

-se com rapidez: sua taxa de crescimento foi bem superior à do produto interno das próprias nações que lideraram o processo de transformação da economia mundial. Com efeito, o valor do comércio mundial, que não superava 1,5 bilhão de dólares nos anos 20 do século XIX, alcançou 3,5 bilhões no decênio dos 1840 e atingiu 40 bilhões às vésperas do primeiro conflito mundial. Este crescimento se traduziu em "internacionalização" crescente das economias industrializadas, particularmente a inglesa. Assim, o coeficiente de comércio exterior da Grã-Bretanha,[2] que em 1805--19 era de 8,5 por cento, em 1910-3 alcançaria 29,4 por cento. De maneira geral, esse coeficiente se elevou nos países europeus que durante essa época se iniciaram no processo de industrialização. Fenômeno idêntico observou-se nos países exportadores de produtos primários, a exemplo dos latino-americanos, nos quais o desenvolvimento das exportações se fez às expensas de atividades econômicas de subsistência. Já o mesmo não se observou nos países cujo desenvolvimento constituiu essencialmente um prolongamento da fronteira econômica europeia, isto é, nos países que se formaram mediante a transferência de mão de obra e capitais europeus, tais como os Estados Unidos,[3] o Canadá, a Austrália

2. Define-se como *coeficiente de comércio exterior* a relação entre o valor médio das importações e exportações e o produto interno. Para dados históricos ver C. P. KINDLEBERGER, *Foreign trade and the national economy* (Yale University Press, 1962), p. 180.

3. A referência aos Estados Unidos se limita à expansão de sua fronteira agrícola, particularmente na região cerealífera. O desenvolvimento desse país constitui um caso à parte que não comporta nenhum paralelo. Na época da independência já existia um núcleo de atividades manufatureiras, inclusive siderúrgica e de construção naval. Como país neutro, os Estados Unidos se beneficiaram consideravelmente das guerras napoleônicas, e passaram a dispor da segunda marinha mercante mundial, toda de barcos construídos no próprio país. A instalação de indústrias têxteis modernas teve início no começo do século XIX, e já nos anos 20 desse século se instalou a indústria de máquinas têxteis. Por outro

e a Nova Zelândia. Quando assumiu a forma de incorporação de novos territórios, o desenvolvimento desses países constituiu uma ampliação do espaço econômico europeu, cuja base de recursos naturais, inclusive os solos agrícolas, estava sendo enriquecida, o que permitia que se elevasse a produtividade agrícola. Evitavam-se os rendimentos decrescentes mediante o aumento da oferta de terras de boa qualidade. Dessa forma, a produção agrícola inglesa se reduziu, e os preços dos produtos agrícolas também puderam se reduzir, graças à incorporação de terras de zonas temperadas na América e na Oceania. A economia dessas novas áreas já surgia especializada, isto é, com um elevado coeficiente de comércio exterior, e também com alto nível de produtividade e renda, sem o que elas não teriam condições para atrair as populações europeias de cuja mão de obra dependiam. Eram áreas que já nasciam para a vida econômica com um mercado de produtos industriais relativamente importante e com mão de obra apta para a atividade industrial, o que explica sua precoce industrialização. Como as indústrias que iam surgindo concorriam com as manufaturas importadas, explica-se que o coeficiente de comércio exterior, de início elevado, haja apresentado tendência ao declínio ou à estabilização, e não à elevação, como nos dois casos anteriores.

---

lado, as exportações de algodão produzido com mão de obra escrava aumentaram consideravelmente, o que permitiu manter um elevado nível de importações em benefício das regiões do país que se industrializavam. A grande expansão agrícola do meio-oeste se apoiou no mercado da região comercial-industrial do leste e no da região sul, de agricultura especializada. Foi a articulação dos três polos dinâmicos — o industrial comercial do leste, o exportador do sul e o produtor de alimentos do meio-oeste — que imprimiu ao sistema econômico dos Estados Unidos o seu extraordinário dinamismo. Contudo, a expansão da fronteira agrícola nesse país, ao criar importantes excedentes exportáveis, teve os mesmos efeitos estimulantes sobre a economia europeia que o povoamento dos demais espaços vazios das áreas de clima temperado.

Em síntese, no processo de formação do sistema econômico mundial cabe destacar, por sua significação na estruturação das relações internacionais, os seguintes pontos:

a) existência de um núcleo com um avanço considerável no processo de capitalização, o qual concentra grande parte da atividade industrial e, praticamente em sua totalidade, a produção de equipamentos; esse núcleo é também o centro financiador das exportações mundiais de bens de capital, controlador da infraestrutura de meios de transporte do comércio internacional e principal mercado importador de produtos primários.

b) formação de um sistema de divisão internacional do trabalho sob a hegemonia do polo de crescimento anteriormente indicado; o estímulo à especialização geográfica favorece o rápido povoamento dos grandes espaços vazios das regiões de clima temperado e a reorientação da produção primária de outras áreas, as quais se especializam na exportação de matérias-primas.

c) criação de uma rede de transmissão do progresso técnico, subsidiária do sistema de divisão internacional do trabalho; essa rede facilita a exportação de capitais e, ao mesmo tempo, promove a difusão dos novos bens finais de consumo que brotam no centro do sistema, à medida que avançam a acumulação e a tecnologia; como a produção de bens de capital se localiza no referido centro, a criação de novas técnicas de produção também permanece concentrada geograficamente, beneficiando aquelas atividades com respeito às quais existe experiência na economia dominante ou que interessam a esta mais diretamente. Daí que a própria evolução da tecnologia haja sido condicionada pelo sistema de divisão internacional do trabalho surgido com a Revolução Industrial.[4]

4. Sobre as relações entre desenvolvimento e comércio internacional no século XIX, ver RAGNAR NURKSE, "Trade theory and development policy", in *Economic development for Latin America*, dirigido por H. S. ELLIS (Nova York, 1961).

TIPOLOGIA DAS ECONOMIAS EXPORTADORAS DE MATÉRIAS-PRIMAS

A inserção dos países latino-americanos nas novas linhas em expansão do comércio internacional tomou impulso a partir dos anos 40 do século XIX. Nesse processo de inserção configuraram-se três tipos de economia exportadora de produtos primários: *a*) economia exportadora de produtos agrícolas de clima temperado, *b*) economia exportadora de produtos agrícolas tropicais, e *c*) economia exportadora de produtos minerais. Em cada um deles, o comércio exterior contribuiu para moldar uma estrutura econômica particular, cujas características devem ser tidas em conta no estudo de sua evolução subsequente.

O primeiro tipo corresponde essencialmente à Argentina e ao Uruguai. A produção agrícola exportável baseou-se, neste caso, no uso extensivo da terra e se destinou a concorrer com a própria produção interna dos países em rápida industrialização. O uso extensivo de terras de boa qualidade permitiu, desde o início, alcançar índices de rentabilidade elevados. Além disso, o próprio caráter extensivo dessa agricultura e o volume considerável de carga que ela criou exigiram a estruturação de um importante sistema de transportes, o que teve como consequência indireta a rápida unificação do mercado interno em torno dos grandes portos de exportação. Esses países apresentaram características similares às das regiões a que anteriormente fizemos referência como constituindo simples fronteira da economia europeia em processo de industrialização. Essa fronteira, para a qual se transplantou inicialmente a técnica agrícola europeia, transformar-se-ia ela mesma em importante centro criador de novas técnicas agrícolas. Tanto a agricultura de grandes espaços como o transporte, a silagem e o embarque em grande escala de cereais são técnicas que tiveram sua origem nos Estados Unidos.

Em síntese: os países do grupo que estamos considerando, pelo fato mesmo de que concorriam com a produção interna dos países de mais alto nível de desenvolvimento e com as regiões de recente povoamento europeu que se caracterizavam por um alto nível de vida, estavam desde o início integrados em um setor produtivo da economia mundial que se caracterizava por um continuado avanço técnico. Em toda a fase de expansão de seu comércio exterior, esses países apresentaram elevadas taxas de crescimento.

O segundo tipo, correspondente aos países exportadores de produtos agrícolas tropicais, congregou mais da metade da população latino-americana. Nele se incluíram o Brasil, a Colômbia, o Equador, a América Central e o Caribe, bem como amplas regiões do México e da Venezuela. A inserção desses países no comércio internacional se realizou em concorrência com áreas coloniais e com a região escravista dos Estados Unidos. O açúcar e o fumo conservaram suas características de produtos tipicamente coloniais até fins do século XIX. Foi a rápida expansão da demanda de café e cacau, a partir de meados do século XIX, que permitiu aos produtos tropicais desempenharem um papel dinâmico na integração da economia latino-americana no comércio internacional durante a fase que estamos considerando. O impacto direto das modificações estruturais ocorridas na economia inglesa foi muito menor, pois o mercado inglês continuou a ser fartamente abastecido pelas regiões coloniais de mão de obra abundante e baixos salários. Coube, neste caso, aos Estados Unidos e, em menor escala, aos países continentais europeus o papel de centro dinâmico. Os produtos tropicais, se bem que tenham permitido abrir importantes áreas ao povoamento, tiveram, de maneira geral, significação reduzida como fator de desenvolvimento. Por um lado, os seus preços permaneceram sob a influência dos baixos salários das regiões coloniais que os produziam tradicionalmente. Por outro, dadas as suas características, eles em geral não exigiram a construção de uma importante infraestrutura; em muitas regiões os meios de transporte tradicionais continuaram a ser utilizados. Finalmente, sendo produzidos em áreas que não contavam com capacidade de criação de novas técnicas, tenderam os produtos tropicais a permanecer no quadro de economias tradicionais. Contudo, em certas regiões, a agricultura tropical de exportação chegou a desempenhar papel importante como fator de desenvolvimento. Quiçá o exemplo mais expressivo seja o da região cafeeira de São Paulo. As características físicas e químicas dos solos propiciaram a plantação extensiva do café. A produtividade relativamente alta da mão de obra, a grande extensão da área plantada e a utilização de imigrantes europeus que exigiam salário monetário favoreceram a construção de uma infraestrutura moderna e a criação do mercado interno. O caráter especial deste caso se evidencia quando se tem em conta que o planalto paulista, em fins do século XIX, contribuía com dois terços da produção mundial de café.

O terceiro tipo de economia, correspondente aos países exportadores de produtos minerais, incluiu o México, o Chile, o Peru e a Bolívia. A Venezuela, como exportador de petróleo, se integrou ao grupo no terceiro decênio do século XX. Ao criarem um mercado internacional de metais industriais, a baixa das tarifas de transporte a longa distância e a rápida expansão das indústrias mecânicas provocaram radical transformação da mineração latino-americana. Por um lado, os metais preciosos, mais precisamente a prata, perderam rapidamente significação. Por outro, a produção de tipo artesanal ou semiartesanal foi progressivamente substituída pela produção em grandes unidades controladas por capitais estrangeiros e administradas do exterior. O crescimento considerável da demanda mundial de metais não ferrosos foi acompanhado de grande progresso técnico na produção dos mesmos, o que permitiu ou exigiu concentrar a produção em grandes unidades. Esse processo de concentração, efetuado inicialmente no principal país produtor — os Estados Unidos —, logo passou a estender-se a outras áreas, cujos produtores locais foram marginalizados por organizações americanas dotadas de grande poder financeiro e de capacidade tecnológica para tratar minerais de baixa lei. Dessa forma, o avanço da indústria mineira de exportação se fez com a desnacionalização da mesma, e com a implantação de um setor produtivo que, dados o seu grande avanço técnico e a elevada densidade de capital, tendeu a isolar-se e a comportar-se como um sistema econômico à parte, ou melhor, como parte do sistema econômico a que pertencia a matriz da unidade produtora. O controle estrangeiro de uma atividade altamente capitalizada e que utiliza pequena quantidade de mão de obra significaria desvincular da economia interna a parte principal do fluxo de renda a que dá origem essa atividade. Em tais condições, o seu valor como fator de transformação direta das estruturas internas se reduz a quase nada. Demais, como a infraestrutura criada para servir as indústrias mineiras de exportação é, via de regra, altamente especializada, escassas ou nulas são as economias externas que da mesma resultam para o conjunto do sistema econômico. Além disso, utilizando insumos de origem industrial adquiridos fora do país e gerando um reduzido fluxo de salários, esse tipo de atividade em nenhuma parte contribuiu de forma significativa para a criação de um mercado interno. As suas potencialidades como fator dinâmico somente se tornaram conhecidas quando o Estado interferiu para obrigar essas empresas a adquirir dentro do país parte de seus insumos e para captar, sob a forma de impostos, uma parte significativa do fluxo de renda que tradicionalmente era remetido ao exterior.

5. A reorientação da economia internacional no século XX

A FASE DE EXPANSÃO DAS EXPORTAÇÕES

Os três decênios que antecederam a Primeira Guerra Mundial constituíram um período de rápido desenvolvimento econômico e alguma transformação social no conjunto da América Latina. No México, onde o governo Porfirio Díaz criou condições para uma intensa penetração de capitais estrangeiros principalmente orientados para a produção mineira; no Chile, que, ao sair vitorioso da Guerra do Pacífico contra a Bolívia e o Peru, passou a monopolizar as fontes do salitre; em Cuba, onde, mesmo antes da independência, obtida em 1898, se vinha processando uma integração crescente com o mercado norte-americano, o que lhe permitiu expandir de forma extraordinária a produção de açúcar; no Brasil, onde a penetração do café no altiplano paulista e o fluxo migratório europeu provocaram o colapso da economia escravista; e finalmente, na Argentina, onde economia e sociedade se transformaram cabalmente ao impulso da grande onda migratória e da penetração de vultosos capitais estrangeiros.

Se observarmos mais de perto os três países de maior extensão, constataremos a importância das transformações ocorridas durante esse período. No México a população passou de 9,4 milhões em 1877 a 15,2 milhões em 1910. No último dos quase três decênios do governo Porfirio Díaz (1900-10), a taxa média de crescimento anual do produto real per capita alcançou 3,1 por cento. Durante esse decênio a produção mineira e petrolífera, setor básico da exportação, cresceu a uma taxa anual de 7,2 por cento, ou seja, duas vezes mais rapidamente que a produção manufatureira e quase três vezes mais que a produção agrícola.[1] No Brasil, a população, que era de 10,1 milhões de habitantes em 1872, alcançou 17,3 milhões em 1900. No último decênio do século, a taxa de crescimento demográfico no estado de São Paulo foi superior a 5 por cento ao ano, enquanto no conjunto do país ela foi inferior a 2 por cento. A quase totalidade dos 610 mil imigrantes entrados no país no decênio se localizou nesse estado. Entre 1880 e 1910, a extensão das linhas de estrada de ferro em tráfego passou de 3,4 mil para 21,3 mil quilômetros. A exportação de café, que era de cerca de 4 milhões de sacas (sessenta quilos) em 1880, aproximou-se dos 10 milhões em 1900 e superou os 16 milhões antes da Primeira Guerra Mundial, quantidade que raramente seria superada nos anos subsequentes. As exportações de cacau passaram de 6 mil para 40 mil toneladas, e as de borracha, de 7 mil para 40 mil toneladas no mesmo período.[2] Contudo, foi na Argentina que as modificações nesse período alcançaram sua significação maior. Nos dois decênios compreendi-

1. Para os dados básicos, ver DANIEL COSÍO VILLEGAS, *Historia moderna de México*, tomo VII: *El Porfiriato. Vida económica* (México, 1965). Ver também LEOPOLDO SOLÍS M., "Hacia un análisis general a largo plazo del desarrollo económico de México", in *Demografía y Economía* (El Colegio de México), vol. 1, nº 1 (1967).

2. Cf. Instituto Brasileiro de Geografia e Estatística, *Anuário Estatístico do Brasil*, quadros retrospectivos, 1939-40.

dos entre 1890-4 e 1910-4, a população argentina dobrou, passando de 3,6 milhões para 7,2 milhões de habitantes, a rede ferroviária do país passou de 12,7 mil para 31,1 mil quilômetros, as exportações de cereais aumentaram de 1,038 milhão para 5,294 milhões de toneladas e as de carnes congeladas de 27 mil para 376 mil toneladas.[3] Em síntese, no período que estamos considerando, a América Latina transformara-se em um componente importante do comércio mundial e uma das mais significativas fontes de matérias-primas para os países industrializados. Em 1913, sua participação nas exportações mundiais de cereais alcançava 17,9 por cento, nas de produtos pecuários 11,5 por cento, nas de bebidas (café, cacau, chá) 62,1 por cento, nas de açúcar 37,6 por cento, nas de frutas e legumes 14,2 por cento, nas de fibras vegetais 6,3 por cento, e nas de borracha e peles e couros 25,1 por cento.[4]

NOVAS TENDÊNCIAS DA ECONOMIA INTERNACIONAL

A partir da Primeira Guerra Mundial assinalaram-se importantes modificações nas tendências a longo prazo da economia internacional, que se acentuariam com a crise de 1929. Em primeiro lugar, observou-se uma reversão da tendência à elevação do coeficiente de comércio exterior dos países industrializados. Assim, na Inglaterra esse coeficiente baixou de cerca de 30 por cento (1910-3) para 25 por cento em 1927-9 e 17 por cento nos anos 1930. Nos Estados Unidos, na Alemanha, na França e no Japão assinalaram-se uma estabilização no coeficiente nos anos 1920,

3. Ver ALDO FERRER, *La economía argentina* (México, 1963, 2ª ed. ampliada, 1974) e também ROBERTO CORTÉS CONDE, "Problemas del crecimiento industrial (1870-1914)", in *Argentina, sociedad de masas*, editado por TORCUATO DI TELLA, GINO GERMANI e JORGE GRACIARENA (Buenos Aires, 1965).
4. Dados básicos de P. L. YATES, *Forty years of foreign trade* (Londres, 1959).

comparativamente ao período anterior à guerra, e um declínio nos anos 1930.[5] Essa tendência somente se modificaria novamente após a Segunda Guerra Mundial, já agora dentro de um novo quadro da economia internacional, no qual o comércio assumiria principalmente a forma de intercâmbio de produtos manufaturados entre países industrializados.

Em segundo lugar, observou-se uma persistente deterioração nos preços relativos dos produtos primários nos mercados internacionais. Era essa uma tendência já observada no período anterior, e que se acentuaria a partir de 1913. À inelasticidade a curto prazo da oferta de produtos primários de origem agrícola e à rigidez das estruturas dos países especializados na exportação desses produtos viria somar-se a própria evolução da tecnologia como fator responsável por essa tendência depressiva dos preços das matérias-primas nos mercados internacionais. O nitrato sintético substituiria progressivamente o salitre chileno, a partir da Primeira Guerra Mundial; as fibras e a borracha sintéticas viriam em seguida; a maior eficiência na utilização industrial dos produtos minerais atuaria no mesmo sentido.

A terceira tendência a assinalar está ligada à persistente modificação na composição do comércio mundial, e só se manifesta após a Segunda Guerra Mundial. Nos três decênios anteriores ao primeiro grande conflito bélico, o *quantum* do comércio mundial de produtos primários cresceu a uma taxa similar à do comércio de produtos manufaturados. Nos dois decênios subsequentes, em razão do forte aumento das exportações de petróleo e do protecionismo que prevaleceu nos países industrializados, o *quantum* das exportações de produtos primários cresceu mais do que o das exportações de manufaturas. A modificação de tendências mais significativa somente se assinalou a partir dos anos 1950. A situa-

5. Cf. C. P. KINDLEBERGER, cit., p. 180.

ção em 1953 já era distinta da de 1913, no que respeita à participação dos gêneros alimentícios e das manufaturas na composição do comércio mundial, conforme nos mostram os dados abaixo.[6]

QUADRO 1/5 – Composição do comércio mundial

	1913 *% do total*	*1953* *% do total*
Gêneros alimentícios	29	23
Matérias-primas agrícolas	21	14
Minerais	13	20
Manufaturas	37	43

O declínio relativo das fibras naturais e o aumento do petróleo constituíram as principais modificações ocorridas no período indicado. Foi a partir dos anos 1950 que se manifestaram as novas tendências que iriam modificar fundamentalmente a composição do comércio mundial no correr de um decênio. Entre 1953 e 1967, a taxa de crescimento anual das exportações mundiais de gêneros alimentícios foi de 3,5 por cento, a de outras matérias-primas (exceto combustíveis) igualmente de 3,5 por cento, a de combustíveis de 7 por cento, a de produtos químicos de 15 por cento, e a correspondente às demais manufaturas de 8,5 por cento. Em razão dessas novas tendências, o intercâmbio entre países industrializados vem tendo uma significação crescente no comércio internacional. Assim, em 1966, as exportações totais dos países desenvolvidos de economia de mercado alcançaram 139 bilhões de dólares, sendo que 106 bilhões foram exportações realizadas dentro desse mesmo grupo de países.[7]

6. Cf. P. L. YATES, cit.
7. Para os dados de base, ver ONU, *Yearbook of International Trade Statistics*, 1964, e *Monthly Bulletin of Statistics*, dezembro de 1967 a julho de 1968.

Se compararmos as linhas gerais do desenvolvimento da economia mundial do meio século subsequente ao término da Primeira Guerra Mundial com o meio século anterior, logo se manifestam diferenças de grande significação, particularmente do ponto de vista dos países subdesenvolvidos. A fase anterior foi marcada pela formação de um sistema de divisão internacional do trabalho sob a hegemonia do grupo de países cuja industrialização teve início na primeira metade do século XIX. Esse sistema permitiu concentrar em certas áreas as atividades produtivas que mais se beneficiavam do progresso tecnológico, bem como utilizar mais ampla e racionalmente os recursos abundantes (mão de obra e terras) existentes nas demais áreas. Expandia-se o conjunto da atividade econômica mundial e, ao mesmo tempo, surgia ou se intensificava a interdependência entre as suas partes. Se analisarmos mais detalhadamente esse processo, logo constataremos que ele comportava duas modalidades de desenvolvimento. De um lado, estava o desenvolvimento dos centros industriais apoiado no progresso tecnológico e numa rápida acumulação de capital. Esse desenvolvimento acarretava mudança na quantidade relativa dos fatores, acrescentando a dotação de capital por unidade de mão de obra, e também na qualidade desses fatores, exigindo uma melhoria progressiva do fator humano e envolvendo processos produtivos cada vez mais complexos. De outro lado estava o desenvolvimento das chamadas regiões periféricas, que tinha como ponto de partida modificações na demanda global efetuadas através do setor externo. Esse segundo tipo de desenvolvimento era quase sempre de caráter extensivo, isto é, permitia aumentar a produtividade econômica dos fatores disponíveis sem exigir modificações significativas nas formas de produção. Assim, a substituição de uma agricultura de subsistência, como a produção de milho, por uma agricultura de exportação, como o café, acarretava um aumento do produto global sem exigir alterações significativas nas técnicas de produção. Outras vezes — caso da produção mineira — esse desenvolvimento periférico assumia a forma de assimilação de técnicas modernas e de aumento da capitalização em setor produtivo estritamente ligado à exportação, sem nenhuma capacidade de irradiação para dentro da economia. Em um e outro casos, o desenvolvimento periférico tinha reduzida capacidade transformadora das técnicas tradicionais de produção. Contudo, exigindo a modernização das infraestruturas e de parte do aparelho do Estado, ele abria um processo histórico que trazia em si mesmo um novo horizonte de possibilidades.

SIGNIFICAÇÃO PARA A AMÉRICA LATINA DA CRISE DE 1929

Na nova fase que se inicia com a Primeira Guerra Mundial e que assume suas características definitivamente com a crise de 1929, o sistema tradicional de divisão internacional do trabalho desempenha um papel de importância declinante. A demanda internacional de produtos primários perde o seu dinamismo, como reflexo da própria evolução das estruturas dos países industrializados. A percepção da natureza e da profundidade desse problema e de suas repercussões na economia internacional foi retardada pela Depressão dos anos 1930. A amplitude e a profundidade da Depressão puseram em primeiro plano os aspectos conjunturais e ofuscaram a percepção dos fatores estruturais. Tardou-se a perceber que a própria magnitude da crise refletia importantes modificações que estavam em curso na economia mundial. O volume físico (*quantum*) das exportações mundiais reduziu-se em 25 por cento, entre 1929 e 1933, e o nível geral de preços dessas exportações, em 30 por cento, o que acarretou uma baixa de mais de 50 por cento no valor do comércio mundial. Demais, a modificação no fluxo internacional de capitais agravou consideravelmente a situação dos países exportadores de produtos primários. A Inglaterra, os Estados Unidos e a França, que em 1928-30 exportavam conjuntamente uma média anual de 3,3 bilhões de dólares, sob a forma de capitais a curto e longo prazo, em 1931-2 foram importadores líquidos de 1,6 bilhão como média anual. A Inglaterra, que em 1925-9 pagava com rendas de seus capitais no estrangeiro 22 por cento de suas importações, elevou esta porcentagem para 37 por cento em 1930-4. Na América Latina a crise assumiu dimensões catastróficas, pelo fato mesmo de que dentre as regiões subdesenvolvidas era ela uma das que mais se haviam integrado no sistema de divisão internacional do trabalho. Todo o setor monetário das economias latino-americanas estava ligado ao comércio exterior. No México, cerca de 30 por cento do capital reprodutível existente no país era controlado por grupos estrangeiros, e na Argentina, mais de 40 por cento. A situação não seria muito distinta nos demais países. A dívida externa e o seu serviço condicionavam não apenas o comportamento da balança de pagamentos mas também o das finanças públicas e o do sistema monetário. Durante todo o decênio que se seguiu à crise, a capacidade para importar foi fortemente reduzida, não tanto em razão do declínio no *quantum* das exportações, mas principalmente como reflexo da evolução adversa dos termos do intercâmbio, conforme se depreende dos dados abaixo:

QUADRO 2/5 – América Latina: índices de intercâmbio externo (Base: 1925-9 = 100)

	Quantum *das exportações*	*Termos do intercâmbio*	*Capacidade para importar*
1930-4	−8,8	−24,3	−31,3
1935-9	−2,4	−10,8	−12,9

Fonte: CEPAL, *Estudio económico de América Latina*, 1949.

Se se tem em conta o aumento da população, o declínio na capacidade para importar foi de 37 por cento em 1930-4, e de 27 por cento no quinquênio subsequente, relativamente ao período anterior à crise. O impacto principal da crise concentrou-se no setor público, em razão da dependência do intercâmbio externo em que, na época, estavam os sistemas fiscais; e também como reflexo do aumento relativo da significação financeira da dívida pública externa. Todos os países, com exceção da Argentina, suspenderam o serviço da dívida externa por períodos mais ou menos longos, o que traria dificuldades adicionais à obtenção de financiamentos externos, indispensáveis para a importação de equipamentos.

Se bem que haja afetado duramente toda a região, as consequências da crise de 1929 foram diversas, em função do grau de integração no sistema de divisão internacional do trabalho e da natureza dessa integração. Os países exportadores de alimentos originários de zonas temperadas, como a Argentina, sofreram relativamente menos. Em primeiro lugar, porque a demanda desses produtos tem uma elasticidade-renda baixa, particularmente nos países de nível de vida elevado. Em segundo lugar, porque a oferta desses produtos, quase sempre de ciclo vegetativo anual, é relativamente elástica, podendo as áreas semeadas serem reduzidas de um ano para outro. Finalmente, tratando-se de produtos que concorrem com os excedentes originários de países desenvolvidos, o grau de organização de seus respectivos mercados era maior. No caso dos produtos tropicais, a demanda também é relativamente inelástica em função da renda. Mas, dada a inelasticidade da oferta, em razão de seu caráter de cultura perene, qualquer redução da demanda provoca quedas catastróficas de preços, se inexiste a possibilidade de financiar os excedentes e retirá-los do mercado. No caso dos produtos minerais o quadro se apresentou distinto: a queda da produção industrial nos países importadores acarretou uma liquidação de estoques e um colapso da produção nos países exportadores. A baixa do volume exportado tendeu a ser considerável. Os dados do intercâmbio externo da Argentina, do Brasil, do Chile e do México, no decênio que se segue à crise, ilustram essas distintas formas de reação de economias dependentes. Dada a grande inelasticidade de sua produção de café e outros produtos tropicais, o Brasil procurou defender-se da baixa de preços aumentando o *quantum* de suas exportações, que cresceu 10 por cento no período 1930-4, relativamente a 1925-9. A Argentina reduziu o seu em 8 por cento, o Chile em 33, e o México em 25. A deterioração dos termos de intercâmbio foi duas vezes mais intensa no Brasil que na Argentina, mas não foi muito distinta das do Chile e do México. Assim, a situação pior foi a dos países exportadores de produtos minerais, afetados pela baixa de preços e de volume físico, e a melhor, a do país exportador de produtos de ciclo anual, cuja estrutura produtiva é mais flexível. No quinquênio subsequente (1935-9), o Brasil continuou a forçar os mercados externos, procurando colocar a sua grande produção de café, cujos estoques constituíam uma carga financeira considerável. A deterioração dos termos do intercâmbio anulou totalmente esse esforço. Na Argentina, a redução do *quantum* exportado foi acompanhada de uma recuperação significativa dos termos de intercâmbio. A economia chilena, cujo grau de integração no sistema de divisão internacional do trabalho era maior que qualquer uma das outras três aqui referidas, foi certamente a mais afetada. O seu comportamento durante esse decênio pôs em evidência a extrema vulnerabilidade das economias exportadoras de produtos primários, no quadro da divisão internacional do trabalho surgida no século XIX.

QUADRO 3/5 – Indicadores de intercâmbio externo em países selecionados da América Latina
(Variação percentual com respeito a 1925-9)

	Quantum *das exportações*	*Termos do intercâmbio*	*Capacidade para importar*	Quantum *das importações*
ARGENTINA				
1930-4	– 8	–20	–27	–32
1935-9	–11	0	–11	–23
BRASIL				
1930-4	+10	–40	–35	–48
1935-9	+52	–55	–32	–27
CHILE				
1930-4	–33	–38	–58	–60
1935-9	– 2	–41	–42	–50
MÉXICO				
1930-4	–25	–43	–55	–45
1935-9	–11	–36	–39	–26

Fonte: CEPAL, *Estudio económico de América Latina*, 1949.

6. Alguns indicadores do grau de desenvolvimento alcançado na América Latina

INDICADORES ECONÔMICOS

Embora o período que se estende das guerras de independência aos anos 70 do século XIX haja sido de estagnação em quase todos os países, em todo o século subsequente as economias latino-americanas conheceram um desenvolvimento relativamente intenso, ainda que desigual de país para país. Na primeira metade desse século — durante a qual o desenvolvimento tem como causa básica a expansão das exportações de matérias-primas — encaminhou-se para as regiões de clima temperado e grandes espaços vazios um importante fluxo de população e capitais europeus. Nessas regiões, o desenvolvimento econômico foi particularmente intenso durante essa primeira fase, sendo acompanhado de um processo precoce de urbanização e outras mudanças sociais. A velha sociedade, essencialmente rural, em que o poder político era monopolizado por pequena minoria de proprietários de terra, foi submetida a rápida transformação ao se formarem os grandes aglomerados urbanos, com participação crescente de estratos sociais médios. Na região sul do continente sul-americano — Argentina e Uruguai e, em menor escala, Chile e áreas meridionais do Brasil —, para a qual se dirigiu o fluxo migratório europeu, não somente a urbanização avançou com rapidez como também a economia agrícola se fez totalmente monetária. Uma oferta elástica de alimentos e os salários monetários exigidos pelos imigrantes europeus contribuíram para que se definissem condições de vida de padrões bem superiores aos que prevaleciam nas áreas de antigo povoamento.

As atuais condições de vida do conjunto da população latino-americana refletem as estruturas sociais que se estabeleceram na primeira fase do desenvolvimento moderno — aproximadamente de 1870 a 1914 — e a intensidade desse desenvolvimento no conjunto do século que estamos considerando. Com efeito, as condições de vida nas distintas áreas da região não deviam ser muito diversas pela metade do século XIX. Ao iniciar-se a expansão das exportações, a evolução das estruturas sociais foi condicionada por certos fatores, como a importância relativa da economia de subsistência preexistente e do contingente europeu recém-incorporado, e a intensidade de absorção de mão de obra no setor monetário. Um paralelo entre as duas primeiras fases da expansão do café no Brasil põe em evidência a significação desses fatores. Na primeira fase, quando foram ocupadas as terras do estado do Rio de Janeiro e do sul do estado de Minas Gerais, a expansão se fundou na disponibilidade de mão de obra existente neste último estado em decorrência do declínio da produção de ouro e diamantes em período anterior. A abundância de mão de obra permitiu que a expansão do café se fizesse no quadro das fazendas tradicionais, em que era mínimo o fluxo monetário, a um nível de salários reais extremamente baixo. Na segunda fase, ocorrida no altiplano paulista, a escassez de mão de obra desempenhou papel fundamental. Um importante fluxo migratório de origem europeia foi provocado e financiado pelo governo, sendo exigidos desde o início o pagamento do salário em moeda e condições de vida capazes de atrair populações do sul da Europa. Essas transformações sociais estão na origem da mais rápida urbanização do altiplano paulista, da formação de um núcleo de mercado interno nessa região e de seu subsequente desenvolvimento. Se o nível de vida da população do altiplano paulista não teve, na fase subsequente, uma evolução similar ao aumento de produtividade ocorrido na região, deve-se ao quadro geral da economia brasileira, cuja integração, no século XX, permitia que o excedente de mão de obra das regiões de menor desenvolvimento condicionasse os salários da região de maior desenvolvimento.

Na Argentina, a escassez de mão de obra local e a intensidade do desenvolvimento na fase de expansão das exportações permitiram que se criassem condições sociais que colocariam o país, ao lado do Uruguai, em situação especial na América Latina.[1] Na fase de industrialização, a Argentina não alcançaria uma taxa de crescimento tão alta como o México ou o Brasil. Contudo, como a industrialização não tem contribuído para modificar o quadro de distribuição da renda ou para absorver de forma significativa os excedentes de mão de obra, a Argentina, ao lado do Uruguai, conserva a situação singular de país latino-americano em que o desenvolvimento se traduziu em melhoria efetiva das condições de vida da quase totalidade da população.

A América Latina representa cerca de 7,7 por cento da população mundial, e contribui com aproximadamente 4 por cento para o produto mundial e 5 por cento para o comércio mundial. A sua renda per capita é um terço inferior à média mundial, mas é cerca de duas vezes superior à média dos chamados países do Terceiro Mundo (ver quadro 1/6).

1. No período anterior à Primeira Guerra Mundial, os salários nominais (em moeda convertível) eram mais altos na Argentina do que nos países industriais da Europa Ocidental. Cf. ALEJANDRO BUNJE, *Riqueza y renta de la Argentina* (Buenos Aires, 1917).

QUADRO 1/6 – A América Latina na dinâmica da economia mundial

	Economias capitalistas			*Economias socialistas*	*Mundo*
	Desen-vol-vidas	*Subdesen-volvidas (total)*	*América Latina*		
1. *Produto interno bruto* (Ponderação em 1963)					
Mundo = 100	61	12	4	27	100
Incremento médio anual entre 1950 e 1969 (%)	4,7	5,0	5,2	8,0 [a]	5,5
Idem por habitante	3,5	2,5	2,4	6,4 [a]	3,5
2. *Exportações* (valores correntes)					
Incremento médio anual entre 1948 e 1970 (%)	8,6	5,3	3,8	10,5	8,0
Participação da região no total mundial (%)					
1938	65	25	7	10	100
1948	63	30	11	6	100
1960	67	21	7	12	100
1970	72	17	5	11	100

(a) Excluídos os países socialistas da Ásia.

Cf. CEPAL, *Estudio económico de América Latina*, 1971, vol. I, primeira parte, quadro 2.

A média latino-americana oculta, evidentemente, importantes disparidades. Assim, a renda per capita argentina aproxima-se da média dos países da Europa, ao passo que a do Haiti é inferior à da média africana. A renda per capita do Haiti alcança apenas 11 por cento da renda per capita argentina, o que corresponde a uma diferença bem maior do que a que existe entre a média latino-americana e a renda per capita dos Estados Unidos. Demais da Argentina, colocam-se significativamente acima da média regional a Venezuela, o Chile e o Uruguai. O México e o Paraguai, cujas posições relativas melhoraram substancialmente nos anos 1960, também se situam acima da média. O Brasil se encontra um quarto abaixo da média, e a Colômbia, um terço.

QUADRO 2/6 – Produto interno bruto: taxas de crescimento, total e per capita

	Taxas anuais de crescimento (a)		*1972* (*em dólares de 1970*)	
	1950-60	*1960-70*	*total* (*milhões*)	*per capita*
Argentina	3,0	4,2	26 223	1 096
Bolívia	0,4	5,6	1 109	214
Brasil	6,8	6,0	45 548	464
Colômbia	4,6	6,2	8 447	376
Costa Rica	7,1	6,8	1 079	572
Chile	3,9	4,4	8 610	945
Equador	4,9	5,3	2 006	308
El Salvador	4,7	5,8	1 121	306
Guatemala	3,8	5,2	2 140	415
Haiti	1,9	0,6	485	111
Honduras	3,4	5,5	772	289
México	5,8	7,1	37 233	709
Nicarágua	5,3	7,3	942	488
Panamá	4,8	8,1	1 222	803
Paraguai	2,4	4,6	655	272
Peru	5,3	4,9	6 838	503
Rep. Dominicana	5,7	3,8	1 821	422
Uruguai	2,1	1,2	2 397	810
Venezuela	7,6	5,8	12 257	1 116
América Latina (exceto Cuba)	5,0	5,6	160 903	591

Fontes: CEPAL, *Estudio económico de América Latina*, 1971, e BID, *Annual Report*, 1973.

(a) PIB medido ao custo dos fatores e a preços de 1960.

INDICADORES SOCIAIS

Indicadores relacionados com as condições de alimentação, saúde, educação, habitação e outros confirmam o que vimos de dizer com respeito à situação intermediária em que se encontra a América Latina, entre os países de economia desenvolvida e a média do Terceiro Mundo. Demais, esses dados confirmam a extrema heterogeneidade da região e deixam entrever certas especificidades das sociedades latino-americanas na fase de industrialização.

A disponibilidade média de calorias e de proteínas (mais acentuadamente no que respeita às proteínas de origem animal) encontra-se acima das médias mundiais, o que significa uma diferença ainda maior relativamente aos níveis que prevalecem no conjunto dos países subdesenvolvidos. Contudo essa disponibilidade mantém-se abaixo dos níveis mínimos estabelecidos pela FAO, no que respeita a grande parte da região. Esses níveis variam entre 2200 e 2600 calorias e entre 32 e 44 gramas de proteínas, conforme a estrutura de idades da população e outras considerações. Ora, as médias nacionais que aparecem na coluna IV do quadro 3/6 merecem duas restrições. Em primeiro lugar, elas constituem estimativas de *disponibilidades* de alimentos, elaboradas pela FAO, e inúmeras pesquisas têm demonstrado que superestimam o consumo efetivo de alimentos. Assim, pôde-se constatar que no Brasil o consumo diário de calorias não seria superior a 2340, ou seja, uma diferença de 19 por cento para menos com respeito aos dados derivados dos "balanços de alimentos" elaborados pela FAO.[2] Em segundo lugar, essas médias ocultam grandes disparidades entre grupos sociais, decorrentes da forma de distribuição da renda. Estima-se, por exemplo, que em um país típico latino-americano, em que o consumo médio de calorias

2. Cf. CEPAL, *América Latina y la estrategia internacional de desarrollo: Primera evaluación regional* (Santiago, 1973), primeira parte, p. 56.

seria de 2600 (total adequado pelos padrões dietéticos internacionais), a metade da população de nível de renda mais baixo dificilmente alcança 2 mil calorias diárias.[3] Pesquisas realizadas na Bolívia e no Equador evidenciaram que o consumo de alimentos da metade da população de renda mais baixa não alcança 1500 calorias. Em El Salvador, em 1970, apenas 20 por cento da população se situou acima das exigências nutricionais básicas; a metade da população de nível de renda mais baixo consumiu, em média, 1326 calorias diárias e 30,7 gramas de proteínas. Sem cometer exagero, pode-se afirmar que, pela metade dos anos 1970, mais de 150 milhões de pessoas na América Latina se alimentam de forma insuficiente, não só do ponto de vista qualitativo mas também do ponto de vista quantitativo.

Um aspecto da insuficiência alimentar que vem chamando a atenção nos anos recentes, em razão de suas amplas projeções sociais, é o que se refere às crianças de menos de cinco anos. Pesquisas com base em amostras, realizadas entre 1965 e 1970 em treze países da região, puseram em evidência que a proporção de crianças malnutridas (peso 10 por cento ou mais inferior à norma) era em todos os casos alta, podendo chegar a 80 por cento. Em cinco países, um quinto das crianças incluídas na amostra sofria de desnutrição de segundo grau: peso inferior à norma em 25 por cento ou mais.[4] Esses dados são particularmente preocupantes, em razão de que os danos causados pela desnutrição, nessa primeira fase de construção do organismo, dificilmente são corrigíveis posteriormente. Tem-se chamado a atenção não só para a permanente redução da capacidade de trabalho, mas também para possíveis danos cerebrais irreparáveis causados pela insuficiência de alimentos protetores no regime alimentício durante a primeira infância.

3. FAO, *Estudio de las perspectivas del desarrollo agropecuario*, 1972, vol. I, cap. V.
4. Cf. Organização Pan-americana da Saúde, *Proyecciones cuadrienales, Ministerios de Salud, período 1972-1975*.

QUADRO 3/6 – Indicadores das condições sociais

	I	*II*	*III*	*IV*	*V*	*VI*
Argentina	68,2	521	56	3 036	92,9	67,9
Bolívia	46,8	2 174	24	1 997	49,1	8,4
Brasil	61,4	1 918	52	2 816	66,7	31,4
Colômbia	60,2	2 341	61	2 103	47,7	14,4
Costa Rica	68,2	1 804	78	2 344	61,3	37,4
Cuba	72,3	1 123	74	2 688	63,1	—
Chile	64,4	1 803	66	2 562	65,7	67,5
Equador	59,6	2 928	34	1 993	46,5	16,1
El Salvador	57,8	5 101	43	1 873	46,0	10,2
Guatemala	52,9	4 498	38	1 972	49,7	29,4
Haiti	47,5	15 750	10	1 896	46,5	1,0
Honduras	53,5	4 085	36	2 042	52,3	4,8
México	63,2	1 726	57	2 660	67,1	20,9
Nicarágua	52,9	2 014	50	2 314	61,4	14,9
Panamá	66,5	1 616	74	2 429	65,4	34,3
Paraguai	61,6	1 811	16	2 760	74,7	3,6
Peru	55,7	1 917	39	2 341	60,8	27,8
Rep. Dominicana	57,8	2 247	38	2 143	48,5	9,7
Uruguai	70,1	1 032	77	3 105	110,6	—
Venezuela	64,7	1 115	80	2 359	59,9	22,9

Fonte: CEPAL, *Estudio económico de América Latina*, 1973, terceira parte, quadros 185 e 187.

I - Esperança de vida ao nascer (anos) em 1970-5.

II - Habitantes por médico em 1968-71.

III - Porcentagem da população que se beneficia de água potável, 1971.

IV - Disponibilidade diária de calorias por habitante, 1970.

V - Disponibilidade diária de proteínas por habitante (gramas por dia), 1970.

VI - Porcentagem da população economicamente ativa abrangida pelo seguro social, 1969.

Os indicadores educacionais põem em evidência o forte declínio do analfabetismo na região, praticamente em todos os países para os quais se dispõe de estatísticas recentes. Em um grupo de países (Argentina, Uruguai, Chile, Costa Rica e Cuba) o analfabetismo foi reduzido a proporções similares às dos países da Europa Ocidental. Em um segundo grupo de países (México, Venezuela e Panamá) a proporção de analfabetos entre a população de quinze anos ou mais aproxima-se de um quinto. Em El Salvador e Nicarágua mais de 40 por cento da população ainda é analfabeta. Nos países deste último grupo e também no Brasil (onde em 1970 um terço da população de quinze anos ou mais era constituído de analfabetos), não obstante o aumento da taxa de alfabetização, o número absoluto de analfabetos continua crescendo.[5]

Os dados do quadro 4/6 demonstram a extraordinária expansão do ensino médio e superior. Em 1972 o número de estudantes nos cursos médios alcançava 11 milhões, o que refletia uma taxa de aumento acumulado anual de 10,3 por cento a partir de 1960. O número de estudantes matriculados em escolas superiores passava dos 2 milhões, indicando uma taxa de crescimento de 12 por cento anual a partir de 1960. A proporção de estudantes dos grupos de idade pertinentes matriculados no ensino superior já é mais alta em muitos países da América Latina do que na média dos países da Europa Ocidental. Mais significativo: essa proporção está crescendo rapidamente mesmo nos países que ainda não conseguiram universalizar o ensino primário. Assim, na

5. A proporção de analfabetos entre a população de quinze anos ou mais passou no Brasil de 50,5 por cento em 1950 para 39,4 por cento em 1960 e 33,0 por cento em 1970; contudo, o número de analfabetos subiu de 15,3 milhões para 15,8 e 17,9. Cf. Organização dos Estados Americanos, *América en cifras 1972*, Situação Cultural, p. 5.

República Dominicana, onde o número de analfabetos aumentou de 569 mil para 846 mil entre 1960 e 1970, a matrícula nas escolas primárias aumentou apenas 51,5 por cento no decênio, o que contrasta com o aumento de 379 por cento da matrícula no ensino superior. A situação do Brasil é ainda mais grave, pois a proporção de crianças sem acesso à escola se aproximava de um quarto em 1971, ao passo que na República Dominicana fora reduzida a um décimo no ano anterior.

Como a quase totalidade dos países latino-americanos já realiza um esforço financeiro considerável em matéria de educação — muitos estão bem acima dos 4 por cento do produto nacional bruto recomendados pela UNESCO —, as tendências atuais no sentido de desviar crescentes parcelas de recursos para o ensino médio e superior não podem deixar de suscitar preocupação. Isso porque o ensino primário continua a ser insuficiente do ponto de vista quantitativo (o que já não é geral na região) e principalmente do ponto de vista qualitativo. Mesmo na Argentina, a proporção de alunos matriculados que concluem o curso primário não alcança 50 por cento, contra 93 por cento nos Estados Unidos. Em países representativos da região, como o Brasil e a Colômbia, essa proporção desce para um quinto. Demais, o contraste é considerável entre o ensino primário urbano e o rural. Nas zonas rurais não somente a qualidade do ensino é relativamente inferior, mas ainda a permanência média dos alunos na escola é muito mais curta. A Costa Rica, que apresenta um índice de retenção escolar de 50 por cento, vê esse índice baixar, nas zonas rurais, para 38 por cento.[6] Na Bolívia, onde apenas um aluno em cinco conclui o curso primário, nas zonas rurais essa proporção desce para um em vinte.

6. Cf. *América en cifras 1972*, cit., quadro 501-40.

QUADRO 4/6 – Nível da atividade educacional e sua dinâmica

				Incremento percentual da matrícula entre 1960 e 1970		
	Ensino primário I	*Ensino médio II*	*Ensino superior III*	*Ensino primário*	*Ensino secundário*	*Ensino superior*
Argentina (1972)	95,0[a]	40,5	17,5	19,7	73,0	51,9
Bolívia (1971)	84,6	16,0	7,8	89,8	69,7	100,8
Brasil (1971)	76,2	35,6	6,6	71,3	247,0	486,6
Colômbia (1968)	62,7	20,5	3,5	61,7[b]	141,5[b]	181,5[b]
Costa Rica (1972)	101,6	37,8	12,5	75,8	171,1	225,5
Cuba (1970)	103,8[b]	26,8[b]	4,2[b]	51,3	109,1	51,3
Chile (1972)	102,0[c]	49,4[d, e]	9,2[e]	74,1[f]	32,2[f]	230,2
Equador (1969)	86,7	26,5	6,9	63,7	190,2	239,4
El Salvador (1970)	76,1	19,6	1,5	65,3	155,6	241,7
Guatemala (1970)	49,9	10,9	3,7	70,3	172,9	219,2
Haiti (1968)	31,0	4,2	0,3	27,1[b]	75,4[b]	—
Honduras (1970)	76,6[b]	12,7	1,5[b]	83,8[b]	161,8	105,9[b]
México (1970)	94,4	24,1	6,1	89,3	209,3	215,8
Nicarágua (1971)	74,0	19,5	5,4	97,2	350,9	571,4
Panamá (1970)	93,5	43,0	6,3	57,8	101,3	95,0
Paraguai (1970)	92,6	17,6	3,4	40,6	126,8	114,7[b]
Peru (1970)	104,1	39,8	11,0	88,7	240,0	314,2
Rep. Dominicana (1970)	89,3	19,4	4,6	51,5	125,6	379,4
Uruguai (1970)	95,8	60,8	8,7[b]	10,5	87,4	21,4[b]
Venezuela (1971)	83,4	38,6	11,2	44,7	181,6	286,8

Fonte: CEPAL, *Estudio económico de América Latina*, 1973, terceira parte, quadro 187.

(a) Seis a treze anos; (b) 1968; (c) sete a quinze anos; (d) dezesseis a dezenove anos; (e) 1971; (f) como a educação obrigatória foi ampliada para sete anos de instrução em 1966 e para oito anos em 1967, a educação média foi reduzida a cinco e quatro anos.

I - Matrícula primária como porcentagem da população de sete a treze anos.

II - Matrícula no ensino médio como porcentagem da população de catorze a dezenove anos.

III - Matrícula no ensino superior como porcentagem da população de vinte a 24 anos.

Se se utilizam como referência dados relativos ao Chile, pode-se estimar o custo de um aluno universitário como sendo quinze vezes maior que o de um aluno do ensino fundamental.[7] Ora, a expansão do ensino médio e superior na América Latina está ligada às táticas utilizadas pelos estratos médios da sociedade para ascender socialmente e melhorar sua posição relativa na distribuição da renda, porquanto está muito mais orientada para a concessão de títulos universitários do que para o preparo técnico. É portanto natural que se indague se os sistemas educativos não estão contribuindo para reproduzir e reforçar sistemas sociais crescentemente não igualitários. Voltaremos a esse ponto quando abordarmos as formas de distribuição da renda e de estratificação social.

Uma análise do conjunto dos indicadores sociais revela que, nos países onde o crescimento do produto se fez a partir da segunda metade do século XIX, em condições de escassez de mão de obra — Argentina, Uruguai e, em menor escala, o Chile —, os frutos do desenvolvimento alcançaram um grau relativamente grande de difusão. Uma comparação da Venezuela com a Argentina é ilustrativa a esse respeito. Medidas em dólares de poder aquisitivo similar, as rendas per capita dos dois países quase não se diferenciam. Contudo, as condições alimentares na Venezuela não são distintas da média latino-americana, ao passo que as da Argentina são nitidamente superiores, alcançando os padrões da Europa Ocidental.

7. Cf. Universidad de Chile, Oficina de Planificación, *Antecedentes e informaciones*, nº 4, agosto de 1973.

PARTE TRÊS

O QUADRO DAS ESTRUTURAS TRADICIONAIS

7. Características das estruturas agrárias

A GRANDE PROPRIEDADE E A ORGANIZAÇÃO SOCIAL

As estruturas agrárias são, na América Latina, não apenas um elemento do sistema de produção, mas também dado básico de toda a organização social. Vimos no capítulo 2 que, tanto nas economias cujo ponto de partida foi uma agricultura de exportação como naquelas que se organizaram em torno da produção mineira, a grande propriedade tendeu a constituir-se em elemento básico da organização social. Prevaleceu, desde os primeiros tempos, o princípio de que as terras somente seriam concedidas àqueles que dispusessem de meios para explorá-las de forma a produzir um excedente monetizável a ser parcialmente transferido para a Coroa. É verdade que, depois da independência, em vários países se pretendeu modificar esse princípio, promovendo políticas de colonização mediante as quais as terras eram concedidas em unidades familiares àqueles que se comprometessem a trabalhá-las diretamente. Essa política esteve quase sempre ligada ao fomento da imigração europeia, e alcançou importância no sul do Brasil, na Argentina e no Chile.

O sistema de organização familiar consolidou-se nas regiões que permaneceram relativamente isoladas e onde predominavam populações de origem europeia recente. Assim, nas regiões meridionais do Brasil, a não existência de produtos de exportação atrativos forçou as "colônias" de origem europeia a abrigar-se numa economia de subsistência, com excedentes marginais que eram colocados no próprio mercado interno, particularmente na área cafeeira em expansão. Dadas a abundância de terras e as técnicas agrícolas trazidas da Europa, os níveis de subsistência eram relativamente elevados, se bem que a economia tivesse um baixo coeficiente de integração nos mercados. Em fase subsequente, ao impulso do crescimento do mercado interno nacional, essas regiões virão a desenvolver-se dentro de um quadro mais favorável à mobilidade social que o de outras áreas do país.

A consolidação do sistema de unidades familiares nas regiões em que a agricultura se expandia apoiada na exportação requeria condições que inexistiram na América Latina. O grau altamente especializado da agricultura de exportação fazia que os riscos agrícolas fossem elevados: a perda de uma colheita podia dar início a um processo de endividamento irreversível. Além disso, como os preços internacionais estavam sujeitos a fortes flutuações, os riscos financeiros teriam que ser consideráveis. Dessa forma, a sobrevivência dependia essencialmente da capacidade financeira, que, quase sempre, aumenta mais que proporcionalmente à dimensão da empresa. O problema, demais, não se esgota em seus aspectos microeconômicos. Outros fatores, ligados à organização do espaço econômico, podem ser decisivos para a prevalência desta ou daquela forma de organização da exploração agrícola. Assim, a crescente importância da pecuária e a possibilidade de reduzir os custos da produção cerealífera, mediante rodízio com a pecuária, favoreceram na Argentina a agricultura extensiva. O controle das terras permanecia em mãos de grupos financeiramente poderosos, que especulavam com terras e invertiam em gado, organizando-se a agricultura de preferência em terras arrendadas. A experiência do meio-oeste dos Estados Unidos, onde os poderosos grupos que controlavam a comercialização entraram em choque com os pequenos produtores, pôs em evidência a importância dos fatores ligados à estruturação do espaço econômico no condicionamento das formas de produção. A evolução do sistema de transporte levou as estradas de ferro a introduzir uma política de tarifas diferenciais, que permitia reduzir os custos globais de transporte dos cereais e facilitava a regularidade de seu escoamento, aumentando sua capacidade competitiva nos mercados internacionais. Essa política, entretanto, tendia a centralizar todas as atividades terciárias em Chicago, transformando o interior em simples zona de produção. A reação das populações locais, exigindo modificação na política de tarifas ferroviárias e levando à aprovação de leis estaduais em matéria que era tipicamente de competência federal, deve ser considerada como uma autêntica revolução, em que valores sociais foram sobrepostos a critérios econômicos. Houvesse o governo federal apoiado decididamente os interesses sediados em Chicago, os quais tinham a seu favor não somente os textos legais, mas também argumentos econômicos à época irrefutáveis, e o quadro geral que permitiu a consolidação do sistema de explorações familiares teria provavelmente evoluído de forma distinta.

O tipo de estrutura agrária que prevaleceu na América Latina desde a época colonial, e que constitui a moldura do *facies* social da região, caracteriza-se, conforme já indicamos, pelos binômios latifúndio-comunidade indígena e latifúndio-minifúndio. Como as comunidades agrícolas se transformaram em simples instrumentos de controle social, apresentando-se, do ponto de vista econômico, como uma constelação de minifúndios, é nas formas de convivência do latifúndio com os minifúndios que devemos buscar os traços fundamentais da estrutura agrária regional. O regime latifundiário tem sua origem no fato de que as terras foram inicialmente doadas em grandes quantidades a um número limitado de pessoas, que passaram a controlar, limitar e penalizar o acesso às mesmas. Esse controle se exercia tanto mais facilmente na medida em que as melhores terras eram aquelas que se beneficiavam de economias externas proporcionadas por investimentos infraestruturais realizados pelo governo. Os indivíduos que não dispusessem de recursos financeiros para adquirir terras e não desejassem trabalhar nos latifúndios, ou nestes não encontrassem trabalho, tinham que instalar-se em terras de inferior qualidade ou de localização economicamente desvantajosa, transformando-se, necessariamente, em minifundistas.

Se os elementos essenciais do quadro institucional são parte da herança colonial, foi no século XIX que tiveram lugar a apropriação de grande parte das terras latino-americanas e sua transformação em grandes domínios.[1] A apropriação privada da região pampiana, na Argentina, fez-se paralelamente à ocupação territorial no correr desse século. Assim, menos de três centenas de pessoas se haviam apropriado, antes de 1840, de 8,6 milhões de hectares de terras que seriam objeto de extraordinária valorização na segunda metade do século. Se se tem em conta que a superfície média dessas *estancias* era de 30 mil hectares, compreende-se a significação que passaria a ter no país a classe de grandes proprietários de terras, não obstante fosse uma das mais recentemente constituídas na América Latina. Essa política de entrega das terras públicas a um pequeno grupo de privilegiados

1. Cf. IGNACIO SOTELO, *Sociología de América Latina*, cit., pp. 68-70.

prosseguiu na fase final da guerra contra os índios em 1879-80. Já no decênio seguinte a valorização dessas terras seria considerável.[2] A situação argentina constitui, evidentemente, caso extremo de imensos espaços vazios, ou ocupados por índios nômades contra os quais se fazia uma guerra de destruição. A ocupação do altiplano paulista, onde ocorreria a grande expansão da cafeicultura de fins do século XIX, apresenta alguma similitude com esse modelo de rápido avanço de uma fronteira num espaço praticamente vazio.[3] Contudo, mesmo nas regiões densamente povoadas, o grande domínio conheceu considerável expansão no século XIX, o que evidencia o caráter essencialmente capitalista da fazenda latino-americana.[4] Assim, no México, a expansão da fazenda como instituição básica da organização da produção ocorreria na segunda metade desse século, ao sabor da penetração das ideias liberais. A lei Lerdo, de 1856, e a Constituição de 1857 fundavam-se na doutrina de que as terras comunais constituíam um obstáculo ao progresso, pois dificultavam a formação de um mercado de terras. Tanto as terras da Igreja como as das comunidades indígenas foram privatizadas, o que facilitou sua alienação. A partir dos anos 1880 intensificou-se consideravelmente a privatização dos terrenos comunais (*suertes* ou *terrenos de común repartimiento*), assim como a rápida alienação de outras terras públicas. Pela lei de 1894, qualquer terra cujo ocupante não dispusesse de título legal podia ser considerada *terrenos baldíos*, e ser adquirida por quem estivesse em condições de pagar o preço à vista. Entre

2. Cf. ALDO FERRER, *La economía argentina*, cit., pp. 61-3, e CARLOS F. DÍAZ ALEJANDRO, *Essays on the economic history of the Argentine Republic*, pp. 35-40.
3. Cf. PIERRE MONBEIG, *Pionniers et planteurs de São Paulo* (Paris, 1952), principalmente pp. 116-20.
4. RODOLFO STAVENHAGEN, *Sept thèses erronées sur l'Amérique Latine* (Paris, 1973), p. 130.

1881 e 1889, 14 por cento das terras aráveis do país passaram ao controle de 29 companhias ou indivíduos; em 1894 mais de 20 por cento encontravam-se sob o controle de cinquenta proprietários; e às vésperas da Revolução, em 1910, menos de 1 por cento das famílias possuíam ou controlavam cerca de 85 por cento das referidas terras.[5] No Peru a fase de mais intensa concentração da propriedade da terra é ainda mais recente.[6] O controle da propriedade da terra, como meio para extrair da massa indígena um excedente, consolidou-se no Peru desde o primeiro século da ocupação espanhola, sendo a classe latifundiária peruana das mais antigas da América Latina.[7] Na fase de maior concentração da propriedade da terra, que acompanha a inserção da agricultura peruana nos mercados mundiais, a velha aristocracia rural será em boa parte substituída por elementos adventícios com vinculações no exterior.

O controle do uso da terra constitui, em muitas partes da América Latina, uma técnica social utilizada por uma minoria para impor uma rígida disciplina de trabalho a populações que vivem em condições de extrema miséria. É frequente encontrar comunidades rurais cujos membros absorvem, em média, 1500 ou mesmo 1200 calorias diárias, o que significa que uma parte da população deve se privar do estritamente essencial para que

5. Cf. CHARLES C. CUMBERLAND, "The Díaz regime as background for the Revolution", in *History of Latin American civilization*, cit., vol. 11, pp. 290-3.

6. O caso de extrema concentração da propriedade da terra ocorrido na costa peruana, entre fins do século XIX e começo do século XX, foi estudado por PETER KLAREN em *La formación de las haciendas azucareras y los orígenes del APRA* (Lima, 1970), pp. 19-41. Ver, também, FRANÇOIS CHEVALIER, "La expansión de la gran propriedad en el alto Perú en el siglo XX", *Comunidades*, Madri, maio-agosto 1968.

7. Cf. ROBERT G. KEITH, "Origen del sistema de hacienda", in *La hacienda, la comunidad y el campesino en el Perú* (Lima, 1970).

a outra esteja em condições de cumprir os horários de trabalho. Ainda assim se extrai dessas comunidades, de uma ou outra forma, um excedente que varia entre um quarto e/ou terço do que ela produz. A forma corrente de extrair esse excedente é combinar a agricultura de subsistência com outra de tipo comercial. Pequenos lotes de terra são cedidos às famílias, que deles extraem o essencial para a subsistência. Em cada região esse ocupante de uma pequena parcela de terra, quase sempre de qualidade inferior, que vive encravado no grande domínio, recebe um nome particular: *huasipunguero* no Equador, *conuquero* na Venezuela, *yanacona* no Peru, *inquilino* no Chile, *morador* no Brasil.

Ao lado dessa economia de subsistência organiza-se outra atividade produtiva de tipo comercial, seja em terras destinadas exclusivamente a esse fim, seja nas das unidades familiares; ora o trabalhador contribui com dias de trabalho, ora com parte da colheita comercial ou aceitando um salário reduzido. Dessa forma ele paga, indiretamente, uma renda, quase sempre elevada, pela terra que utiliza para sua produção de subsistência. Esse tipo de organização permite extrair um excedente relativamente elevado de mão de obra de produtividade extremamente baixa. Demais, os riscos que envolve toda produção agrícola, de tipo meteorológico ou financeiro, são partilhados pela massa trabalhadora. Esse tipo de organização permite levar adiante investimentos na agricultura, independentemente da baixa rentabilidade desta em terrenos monetários. As famílias que dispõem de uma unidade de subsistência dentro da grande propriedade podem ser utilizadas, mediante um complemento de salário, para abrir novas terras, preparar estradas de acesso, implantar culturas permanentes e outras formas de investimento. Explica-se, assim, que novas terras estejam sendo incorporadas permanentemente aos latifúndios, se bem que estes, via de regra, se limitem a utilizar uma pequena fração daquelas que foram apropriadas em fases anteriores.

O papel que desempenha o minifundista na estrutura agrária latino-americana é dos mais complexos e requer observação atenta, se se pretende compreender o essencial do problema. Minifundista é aquele que trabalha uma parcela de terra demasiado pequena para ocupar sua capacidade de trabalho ou que, ocupando essa capacidade de trabalho, não obtém uma renda que lhe permita satisfazer suas necessidades básicas (dados os padrões da região), seja em razão da pobreza extrema da terra ou da renda que, de uma ou outra forma, deve pagar para usar essa terra. O caso do minifundista que não paga renda pela terra e ainda assim não alcança o nível mínimo de renda corresponde a regiões em que a terra é escassa ou muito degradada e não há nenhuma opção de emprego para o trabalhador. Esta situação existe no Haiti, em certas sub-regiões da América Central e do altiplano andino, mas de nenhuma maneira pode ser considerada como representativa. De modo geral a condição do minifundista decorre da obrigação que ele tem de produzir um excedente que beneficia um outro grupo social. Em outras palavras: mesmo vivendo no nível de subsistência, ou abaixo deste, o minifundista não dispõe de recursos para capitalizar. O processo de acumulação se realiza em outro nível, diferente daquele em que ele toma decisões, e não reverte em seu benefício. A massa de minifundistas constitui uma população em busca de trabalho, que é utilizada pela agricultura comercial na forma que a esta convém. Ora os minifundistas estão integrados regularmente no sistema de trabalho permanente, como é o caso daqueles que têm a sua parcela dentro de um grande domínio; ora trabalham como agricultores itinerantes em regiões onde novas terras estão sendo incorporadas à agricultura ou à pecuária.

Os minifundistas representam, no conjunto da América Latina, aproximadamente a metade da força de trabalho agrícola; a outra metade está constituída por assalariados em tempo total ou parcial. Contudo, são as condições particulares do minifundismo que definem o conjunto da estrutura agrária, pois delas decorre o custo efetivo da mão de obra e, portanto, o montante relativo do excedente extraído da agricultura. Graças ao minifundismo, a agricultura comercial dispõe de mão de obra barata e, ao mesmo tempo, se libera da responsabilidade de criar emprego permanente para toda a massa da população rural. Nas regiões de clima tropical úmido, nas quais vive grande parte da população rural latino-americana, o minifundismo é muito menos uma questão de dimensão da parcela do que da técnica agrícola a que tem acesso o agricultor. Dados uma técnica agrícola primitiva e solos que perdem rapidamente sua fertilidade, o agricultor está condenado à prática da agricultura itinerante, que se conhece como *shifting cultivation*. A sequência da *derrubada*, *queimada*, cultivo do solo durante dois ou três anos e seu abandono, subsequente à espera de que se forme uma *capoeira* que o regenere em dez ou mais anos, é característica de grande parte das regiões tropicais e semitropicais latino-americanas.[8] A fixação do homem nessas terras, no quadro de unidades familiares, requer um nível de capitalização e de técnica que é incompatível com o nível de renda a que tem acesso esse homem. Como a capacidade de emprego permanente como assalariado na agricultura comercial é limitada, a opção que se apresenta a uma parte da população rural é o trabalho temporário, ao qual se adiciona a pequena parcela de terras na grande propriedade, ou o trabalho itinerante em terras que estão sendo incorporadas à agricultura. Algumas vezes essas terras já pertencem a um grande domínio; outras, são terras públicas. Neste caso é corrente que sejam apropriadas pelos latifundistas, uma vez realizado pelos agricultores itinerantes o trabalho de desflorestamento. Em todo

8. Cf. R. F. WATTERS, *Shifting cultivation in Latin America* (FAO, 1971).

caso, são as condições de vida desses itinerantes autônomos que definem o custo efetivo da mão de obra dos que ficam na retaguarda, inclusive dos assalariados.

O agricultor itinerante que se limita à agricultura de subsistência constitui o patamar mais baixo, do ponto de vista da renda, na escala dos minifundistas. É corrente, entretanto, que ele procure plantar uma cultura comercial nas terras recém-abertas, cuja feracidade pode ser grande, se bem que de curta duração. Dadas a situação de isolamento em que se encontram e, quase sempre, a precariedade dos meios de comunicação e transporte nas regiões de fronteira, esses pequenos agricultores estão totalmente à mercê dos agentes comerciais, junto a quem se endividam. É frequente que tais agentes sejam os próprios grandes proprietários, que se preparam para ocupar de forma definitiva as terras que estão sendo abertas; outras vezes trata-se de comerciantes locais ou de representantes de grandes casas comerciais. Interessa assinalar que a situação do minifundista não decorre apenas de sua coexistência com o latifundista; na ausência deste, criam-se outras estruturas que cumprem a mesma missão de extrair um excedente do trabalho do minifundista e conservá-lo como reserva de mão de obra a ser utilizada ali onde o latifúndio venha a implantar-se.

O BINÔMIO LATIFÚNDIO-MINIFÚNDIO E A SUBUTILIZAÇÃO DE FATORES

Até período recente, a estrutura agrária dos países latino-americanos era relativamente uniforme. Afora o México, cuja reforma agrária conheceu seu período mais significativo nos anos 1930, os demais países da região alcançaram a metade do século XX com as estruturas gestadas na época colonial. Entre 1952 e o começo dos anos 1970, efetuaram-se outras quatro importantes reformas: na Bolívia, em Cuba, no Chile e no Peru. Essas reformas, não obstante tenham destruído o latifúndio como instituição de base da estrutura agrária, nem sempre modificaram de forma significativa as condições de vida da massa da população rural, conforme veremos em capítulo subsequente. As estruturas que analisaremos em seguida constituem o molde dentro do qual evoluíram por muitos séculos as sociedades latino-americanas; elas continuam a ser representativas da maioria dos países, e muitos dos seus aspectos fundamentais continuam a prevalecer em quase todos os países que empreenderam reformas agrárias.

O traço mais característico dessas estruturas, conforme se depreende do quadro 1/7, é a polarização minifúndio-latifúndio.

QUADRO 1/7 – Minifúndio e latifúndio na estrutura agrária de países latino-americanos (entre 1950 e 1960)

	Minifúndio		*Latifúndio*	
	% das explorações	*% das terras*	*% das explorações*	*% das terras*
Argentina	43,2	3,4	0,8	36,9
Brasil	22,5	0,5	4,7	59,5
Colômbia	64,0	4,9	1,3	49,5
Chile	36,9	0,2	6,9	81,3
Equador	89,9	16,6	0,4	45,1
Guatemala	88,4	14,3	0,1	40,8
Peru	88,0	7,4	1,1	82,4

Fonte: Comité Interamericano de Desarrollo Agrícola (CIDA).

A definição de minifúndio utilizada pelo CIDA incorpora um critério econômico e outro social: minifúndio é a exploração que, por sua exiguidade, não permite utilizar a mão de obra de uma família (dois homens-ano) e não está em condições de proporcionar uma renda capaz de satisfazer as condições de vida consideradas minimamente adequadas na região. O latifúndio é uma propriedade que utiliza mais de doze empregados de forma permanente.[9] Observa-se, de imediato, que nos países com uma densa população indígena — Equador, Guatemala e Peru — a predominância do minifúndio é maior. A superfície média dos latifúndios é, na Argentina, 270 vezes maior que a superfície média dos minifúndios; na Guatemala a diferença chega a 1732 vezes, como se pode ver no quadro 2/7.

QUADRO 2/7 – Relações latifúndio-minifúndio em alguns países latino-americanos (entre 1950 e 1960)

	Argentina	*Brasil*	*Colômbia*	*Chile*	*Equador*	*Guatemala*
Superfície latif./minif.	270	546	491	1549	618	1732
Renda latif./minif.	66	61	36	72	165	399

Fonte: CIDA.

Nos países em que populações indígenas se acumulam em áreas exíguas e de terras empobrecidas, predomina o chamado microminifúndio. Os 74,3 mil microminifúndios guatemaltecos proporcionam uma renda média que é apenas um terço da renda média dos minifúndios desse país e cerca de um milésimo da renda média dos latifúndios.

Além de latifúndios e minifúndios, a agricultura latino-americana comporta unidades de exploração de tipo familiar e de tipo médio, definindo-se a primeira como a que ocupa mais de dois e menos de quatro homens-ano, e a segunda como a que ocupa mais de quatro e menos de doze homens-ano. Na Argentina, no Brasil e na Colômbia, essas formas intermediárias de or-

9. Ver SOLON L. BARRACLOUGH e ARTHUR L. DOMIKE, "La estructura agrária en siete países de América Latina", *El Trimestre Económico*, abril-junho de 1966.

ganização contribuem com 60 por cento ou mais da produção agrícola (ver quadro 3/7).

QUADRO 3/7 – Alguns indicadores da estrutura agrária de países selecionados (entre 1950 e 1960)

	Minifúndio	*Unid. fam.*	*Unid. média*	*Latifúndio*
ARGENTINA				
% das terras cultiváveis	3	46	15	36
% valor produção	12	47	26	15
% mão de obra	30	49	15	6
BRASIL				
% das terras cultiváveis	0,5	6	34	60
% valor produção	3	18	43	36
% mão de obra	11	26	42	21
COLÔMBIA				
% das terras cultiváveis	5	25	25	45
% valor produção	21	45	19	15
% mão de obra	58	31	7	4
CHILE				
% das terras cultiváveis	0,2	8	13	79
% valor produção	4	16	23	57
% mão de obra	13	28	21	38
GUATEMALA				
% das terras cultiváveis	15	13	32	40
% valor produção	30	13	36	21
% mão de obra	68	13	12	7

Fonte: CIDA.

No Chile, único país, dos referidos no quadro 3/7, em que se realizou uma reforma agrária, o latifúndio ocupou tradicionalmente posição predominante, seja como forma de apropriação da terra, seja como forma de organização da produção e fonte de emprego. O tamanho médio do latifúndio chileno era mais de 1500 vezes maior que o tamanho médio do minifúndio, ao passo que a renda média do primeiro superava a do segundo apenas 72 vezes. Se relacionamos o tamanho médio do latifúndio com o do minifúndio, encontramos um coeficiente de concentração no Chile três vezes maior que no Brasil e na Colômbia e cinco vezes maior que na Argentina. Por outro lado, se relacionamos a renda média do latifúndio com a do minifúndio, constatamos que o coeficiente chileno é apenas 10 por cento maior que o argentino e o brasileiro e 50 por cento maior que o colombiano.

QUADRO 4/7 – Indicadores de eficiência das explorações agrícolas (entre 1950 e 1960)

	Valor da produção/ ha de superfície	*Valor da produção/ ha cultivado*	*Valor da produção/ trabalhador*
ARGENTINA			
Minifúndio	100	100	100
Unid. familiar	30	50	250
Unid. média	50	62	470
Latifúndio	12	49	620
BRASIL			
Minifúndio	100	100	100
Unid. familiar	59	80	290
Unid. média	24	53	420
Latifúndio	11	42	690
COLÔMBIA			
Minifúndio	100	100	100
Unid. familiar	48	90	418
Unid. média	19	84	753
Latifúndio	9	80	995
CHILE			
Minifúndio	100	100	100
Unid. familiar	14	32	170
Unid. média	12	25	310
Latifúndio	5	21	440
GUATEMALA			
Minifúndio	100	100	100
Unid. familiar	56	80	220
Unid. média	54	122	670
Latifúndio	25	83	710

Fonte: CIDA.

Os dados do quadro 4/7 permitem observar o grau de eficiência na utilização dos recursos nas distintas formas de exploração. Os dados relativos aos minifúndios são utilizados como base. Por esse quadro pode-se observar o grau extremo de subutilização das terras apropriadas pelos latifundistas. No Chile, o valor da produção por unidade de superfície era, nos latifúndios, vinte vezes menor que nos minifúndios. Na Argentina e no Brasil ele é cerca de dez vezes menor. Cabe considerar, entretanto, que os latifúndios, pelo fato mesmo de que reúnem terras de todos os tipos, utilizam apenas uma fração dessas terras, o que torna ainda mais significativo o índice de produtividade da unidade de terra realmente cultivada. Também neste caso a produtividade do latifúndio é baixa, não somente com respeito ao minifúndio, mas também relativamente às explorações familiares e médias. Os dados de produtividade da mão de obra são igualmente ilustrativos. A elevada produtividade da mão de obra ocupada nos latifúndios constitui a contrapartida da forma extensiva como é utilizada a terra, que, contudo, é de boa qualidade, porquanto escolhida nas abundantes superfícies de que dispõem as grandes propriedades.

Uma amostragem efetuada no Brasil em onze regiões diferentes permite completar os dados que vimos de apresentar, trazendo à luz outros aspectos da estrutura agrária típica da América Latina.[10]

No quadro 5/7 se compara o latifúndio com a unidade familiar.

O latifúndio, com uma superfície média 31,6 vezes maior que a unidade familiar, realiza investimentos por unidade de terra cultivada de importância similar aos feitos pela unidade

10. Para os dados básicos e uma ampla análise do caso brasileiro, ver Comitê Interamericano de Desenvolvimento Agrícola, *Posse e uso da terra e desenvolvimento socioeconômico do setor agrícola — Brasil* (Washington, 1966).

familiar. Portanto, ele não encontra justificativa em uma maior aptidão para inverter, fora da inversão que realiza nas terras que imobiliza.

QUADRO 5/7 – Brasil: relação entre os investimentos e a dimensão da exploração agrícola

	Dimensão média	*Investimento por unidade de exploração (excluído gado)*	*Terra cultivada por unidade de exploração*	*Investimento por hectare cultivado*
Unidade familiar	100	100	100	100
Latifúndio	3 160	1 100	1 150	100

Fonte: CIDA.

Se comparamos os dados dos dois últimos quadros, vemos que, ainda que o investimento por unidade de terra cultivada seja o mesmo no latifúndio e na unidade familiar, o valor da produção por unidade de terra cultivada é a metade no latifúndio, e a produtividade da mão de obra é duas vezes maior. É evidente que o latifúndio, dispondo de terras abundantes, adota formas de cultivo extensivo e orienta seus investimentos para reduzir a criação de emprego, o que contribui para conservar baixa a taxa de salário. O mesmo montante de investimento poderia, teoricamente, gerar um produto duas vezes maior, criando cerca de duas vezes mais emprego, caso fosse o mesmo realizado no quadro das explorações familiares. Assim, os investimentos são orientados nos latifúndios para aumentar a produtividade da mão de obra, permanecendo ociosa grande parte das terras de que dispõem. Por outro lado, a produtividade da mão de obra é extremamente baixa nos minifúndios, pelo simples fato de que é necessário utilizar intensivamente a terra, que é exígua. Sendo a produtividade da mão de obra três vezes maior na unidade familiar que no minifúndio, e a produtividade dos investimentos por unidade de terra cultivada duas vezes maior na unidade familiar que no latifúndio, torna-se óbvio que uma simples reestruturação da agricultura brasileira permitiria aumentar substancialmente a produtividade dos fatores disponíveis. A atual estrutura agrária brasileira não opera como um freio decisivo ao aumento da produção, pelo fato de que a oferta de terras continua a ser abundante.[11] O crescimento pela formação de latifúndios continua a imobilizar grandes extensões de terra, o que significa aumento dos custos de transporte e insuficiente criação de emprego nas zonas em expansão, ao mesmo tempo que nas áreas de minifúndio a pressão sobre a terra aumenta. Entre 1950 e 1960, a dimensão média do minifúndio brasileiro reduziu-se de 2,6 para 2,4 hectares.

Nos países da região em que a ocupação das terras avançou mais rapidamente que no Brasil, os obstáculos opostos pela estrutura agrária ao desenvolvimento manifestaram-se mais cedo, abrindo o processo de reformas agrárias que abordaremos no capítulo 23.

11. Cf. C. FURTADO, "A estrutura agrária no subdesenvolvimento brasileiro", in *Análise do "modelo" brasileiro* (Rio de Janeiro, 1972), pp. 91-122.

8. Distribuição e utilização da renda social

O PERFIL DA DEMANDA NAS ESTRUTURAS SUBDESENVOLVIDAS

A forma como o produto social se reparte entre os membros da comunidade constitui, seguramente, um dos traços mais característicos da estrutura econômica. Este aspecto é particularmente significativo no que se refere às economias subdesenvolvidas. A preeminência de fatores exógenos, como a demanda externa de uns poucos produtos primários de preços erráticos a curto prazo, assim como a disparidade, tanto no setor exportador como naqueles em que penetrou a tecnologia moderna, entre a remuneração dos fatores e o custo de oportunidade destes, tendem a compartimentar as decisões econômicas, e engendram um perfil de demanda com descontinuidades características, apresentando cada segmento padrões distintos de comportamento. Assim, numa determinada fase de expansão do produto interno, um segmento pode crescer com intensidade enquanto o outro permanece estacionário, ou um pode crescer diversificando-se, isto é, pela elevação da renda real dos elementos que o compõem, ao passo que o outro cresce horizontalmente, isto é, pela adição de novos elementos, sem nenhuma modificação no nível de renda dos elementos que já o integravam. A análise econômica tradicional dificultou a percepção desses problemas, fundada que era em pressupostos de fatores homogêneos e de um mesmo horizonte tecnológico para todos os agentes que tomam decisões relacionadas com a produção. Para compreender os problemas do subdesenvolvimento é necessário partir de hipóteses distintas, tais como a da inexistência de um mercado unificado de mão de obra e a da simultaneidade de diversas funções de produção, conforme seja o plano da estrutura econômica em que se insere o agente produtivo. O estudo do perfil da demanda permite observar o fundo mesmo do problema do subdesenvolvimento, na medida em que este significa uma insuficiente articulação das atividades produtivas.

A existência de um excedente estrutural de mão de obra constitui o fator, imediatamente visível, da elevada concentração da renda e da descontinuidade da demanda que se observa nos países latino-americanos. Contudo, o problema de fundo consiste na não absorção desse excedente de mão de obra, o qual tende a reproduzir-se, não obstante a forte aceleração do processo de acumulação de capital que ocorre na fase de industrialização. O estudo das relações de dependência externa, que permite ver mais claramente as relações entre a forma de alocação dos recursos, os padrões de consumo adotados e a orientação da tecnologia incorporada nos processos produtivos, vem projetando nova luz nessa complexa questão.

Pouca dúvida pode haver de que as disparidades consideráveis na produtividade da mão de obra, que se observam na região e dentro de um mesmo país, constituem uma causa imediata da concentração da renda. Cerca de um terço da população ativa latino-americana ainda continua ocupado em atividades que, em razão da tecnologia que utiliza, são consideradas como "primitivas". A produtividade média das atividades consideradas "modernas" é 4,3 vezes mais elevada do que no conjunto das atividades produtivas; nas atividades agrícolas, a diferença é de um para sete, e no comércio, de um para três. A renda média gerada por um trabalhador na indústria artesanal corresponde a menos de 5 por cento da renda média gerada por um operário na manufatura "moderna".[1] Mas a questão básica consiste em explicar essa difusão extremamente irregular do progresso técnico, a qual acompanha a reprodução, em países pobres, dos padrões de consumo e dos sistemas de produção de economias que se encontram em fases bem mais avançadas de desenvolvimento.

ANÁLISE COMPARATIVA DE ALGUNS PAÍSES

Na América Latina os estudos sobre a distribuição da renda são recentes e ainda preliminares. Foram estabelecidas, com respeito a um número limitado de países, curvas de distribuição da renda, mas ainda se encontra em fase preliminar o estudo dos fatores de ordem não econômica, responsáveis pelo perfil particular de cada uma dessas curvas e por suas variações no tempo. O quadro a seguir reproduz os dados relativos aos três países de maior população (ver quadro 1/8).

1. Dados referentes ao final do decênio dos 1960, publicados em ANIBAL PINTO e ARMANDO DI FILIPPO, "Notas sobre la estrategia de la distribución y la redistribución del ingreso en América Latina", *El Trimestre Económico*, abril-junho 1974.

QUADRO 1/8 – Distribuição da renda social em países selecionados, na metade dos anos 1960

	Argentina[1]	*Brasil*[2]	*México*[1]
Primeiro 10%	2,9	2,8	1,5
Segundo ”	4,1	3,2	2,1
Terceiro ”	4,8	4,0	3,1
Quarto ”	5,5	4,4	3,8
Quinto ”	6,1	5,4	4,9
Sexto ”	7,1	6,4	6,0
Sétimo ”	8,0	7,7	8,1
Oitavo ”	9,6	9,8	12,0
Nono ”	12,9	14,8	17,0
Décimo ”	39,1	41,5	41,5
5% superior	29,4	31,0	29,0
1% superior	14,5	19,0	12,0

1. Unidades familiares.
2. Pessoas.

Fonte: CEPAL, *Estudio sobre la distribución del ingreso en América Latina*, 1967.

A Argentina apresenta o esquema de distribuição menos desigual, o que se explica facilmente pela menor disparidade que existe nesse país entre os níveis de vida das populações rurais e urbanas. Se se compara a curva de distribuição da Argentina com as dos países de mais alto grau de industrialização, constata-se que a única diferença significativa está num peso relativamente maior dos grupos de mais alta renda. Assim, aos 10 por cento mais ricos correspondem, na Inglaterra, 30 por cento, e nos Estados Unidos, 31 por cento da renda, ao passo que na Argentina essa porcentagem alcança 39,1 por cento. Os 50 por cento de renda mais baixa, que na Inglaterra absorvem 25 por cento e nos Estados Unidos 23 por cento da renda global, na Argentina também absorvem 23 por cento. A concentração da renda na parte superior da curva, que se observa na Argentina, muito provavelmente está ligada ao peso relativamente grande que tem nesse país a propriedade da terra, ao maior grau de monopólio que prevalece no setor industrial e ao alto nível de proteção generalizada da atividade industrial em relação às importações.

A diferença mais significativa a assinalar entre a Argentina, de um lado, e o Brasil e o México, de outro, é que no primeiro desses países os 20 por cento da população de níveis de renda mais baixos têm um padrão de vida que é mais de três vezes superior ao de idêntico grupo no Brasil ou no México, e com respeito ao Brasil superior à média nacional. Em outras palavras, o quinto mais pobre da população argentina tem uma renda média de trezentos dólares de poder aquisitivo de 1960, ao passo que a metade mais pobre das populações brasileira e mexicana tem uma renda média em torno de 150 dólares, o que significa que essas populações somente se integram na economia monetária de forma marginal. A metade da população argentina, que se situa entre os decis terceiro e sétimo, constitui um grupo bastante homogêneo — as diferenças entre o primeiro e o último dos decis indicados é de 60 por cento — e de nível de vida relativamente alto, correspondente a 63 por cento da média nacional. No Brasil, a metade da população, compreendida entre o terceiro e o sétimo decil, tem uma renda média correspondente a 56 por cento da média nacional, e a diferença entre os extremos é de 90 por cento.

As condições particulares em que se desenvolveu a agricultura argentina, devendo oferecer salários relativamente elevados para atrair a mão de obra europeia, à qual se dificultava o acesso à propriedade da terra, respondem seguramente pelas diferenças que ainda hoje perduram, não obstante a disparidade entre a renda per capita desse país e a dos dois outros, particularmente a do México, ter sido substancialmente reduzida no correr dos últimos decênios. A produtividade média da mão de obra ocupada no setor agrário argentino é apenas 17 por cento mais baixa que no conjunto da economia nacional. No Brasil ela é 50 por cento mais baixa, e no México, dois terços mais baixa. A grande pressão demográfica sobre a terra que caracteriza a *mesa* central mexicana responde em parte por essa situação. A reforma agrária, embora liberasse o trabalhador rural de uma renda que ele pagava implícita ou explicitamente, contribuiu, nessa região em que a população está organizada em comunidades rurais, para reduzir a mobilidade da mão de obra. Além disso, o desenvolvimento da produção agrícola em outras regiões beneficiárias de fortes investimentos públicos impediu que os preços dos produtos agrícolas subissem nas regiões em que se acumulava o excedente demográfico.

Os dados de distribuição da renda mexicana, sendo mais abundantes que os relativos aos demais países latino-americanos, permitem observar mais de perto as condições de repartição dos benefícios do desenvolvimento em uma estrutura econômica subdesenvolvida.[2] Dentre os países da região, o México é, sem lugar a dúvida, aquele em que o crescimento do produto tem sido mais regular no correr dos últimos três decênios. Entre 1940 e 1950 a taxa acumulada de crescimento do produto per capita foi de 3,9 por cento anual, e no decênio seguinte foi de 2,7 por cento. Durante esse período, importantes modificações ocorreram na estrutura econômica do país. Em 1940, a agricultura contribuía com 24,3 por cento do produto interno bruto, e a manufatura, com 18,0 por cento; em 1950 a participação da agricultura havia declinado para 22,5 por cento, e a da manufatura, aumentado para 20,5 por cento; em 1960 esses percentuais se haviam modificado para 18,9 e 23,0.

Se se analisam os dados relativos ao decênio 1940-50, constata-se que o salário médio anual aumentou em termos reais 30 por cento, passando de 266 para 355 dólares, a preços de 1950. Contudo, se se observam os dados mais de perto, comprova-se que o salário médio não agrícola passou de 550 para 517 dólares

2. Cf. IFIGENIA N. DE NAVARRETE, *La distribución del ingreso y el desarrollo económico de México* (México, 1960).

e o salário médio agrícola desceu de 95 para 85 dólares, ou seja, um declínio de 6 por cento no primeiro caso e de 11 por cento no segundo. Assim, enquanto a produtividade média aumentava, no correr do decênio, 44 por cento, o salário médio aumentava apenas 33 por cento. O mais significativo, entretanto, é que a elevação do salário médio decorria simplesmente de transferência de mão de obra de setores de mais baixo salário para outros de salário mais elevado. O excedente de mão de obra existente e o incremento populacional exerciam uma pressão suficientemente forte no mercado de trabalho para que os salários médios declinassem tanto no campo como na cidade. Essa transferência de renda contra os assalariados era facilitada por um processo inflacionário ocorrido durante esse período. É tão grande a diferença entre as condições de vida no campo e na cidade que, mesmo em situação de declínio geral do salário real, pode haver um aumento significativo do consumo global dos assalariados, decorrente de modificações na estrutura ocupacional.

A evolução, a partir de 1950, pode ser observada nos dados seguintes:

QUADRO 2/8 – México: estrutura de distribuição da renda em anos selecionados

	1950	*1956-7*	*1963-4*
Primeiro 10%	2,7	1,7	1,5
Segundo "	3,4	2,7	2,1
Terceiro "	3,8	3,1	3,1
Quarto "	4,4	3,8	3,8
Quinto "	4,8	4,3	4,9
Sexto "	5,5	5,6	6,0
Sétimo "	7,0	7,4	8,1
Oitavo "	8,6	10,0	12,0
Nono "	10,8	14,7	17,0
Décimo "	49,0	46,7	41,5
5% superior	40,0	36,5	29,0
1% superior	23,0	16,0	12,0

Fonte: CEPAL, *Estudio sobre la distribución del ingreso en América Latina*, 1967.

A observação desses dados põe em evidência outros aspectos importantes da evolução estrutural da economia mexicana. Quatro segmentos podem ser perfeitamente identificados. Um primeiro grupo, formado pelos 40 por cento da população de nível de renda mais baixo, continua a ser totalmente excluído dos benefícios do desenvolvimento. Esse grupo, que seguramente reúne grande parte da massa rural e grupos urbanos marginalizados, teve a sua participação na renda nacional reduzida de 14,3 para 10,5 por cento, o que significa que a renda média real dessa população permaneceu estacionária. O segundo grupo, formado pelos 30 por cento da população compreendidos entre o quinto e o sétimo decil, teve a sua renda média aumentada em 10 por cento, com respeito ao crescimento da média nacional. Como a renda per capita aumentou cerca de 47 por cento durante o período referido, infere-se que o salário médio real desse grupo da população cresceu algo mais de 60 por cento. Um terceiro grupo, formado pelos decis oitavo e nono e que corresponde aos operários especializados e quadros médios em geral, teve sua participação aumentada de 19,4 para 29,0 por cento da renda global; a renda média desse grupo, que em 1950 correspondia à média nacional, em 1963-4 superava esta última em 45 por cento, o que significa que o padrão de vida dessa população praticamente dobrou. Por último, o quarto grupo, constituído pela classe média alta e setores de altas rendas — decil superior —, viu a sua participação declinar de 49,0 para 41,5 da renda global. Se observarmos mais de perto o terceiro grupo, vemos que também dentro dele ocorrem modificações significativas. A sua primeira metade, formada de quadros médios e pequenos empresários (inclusive da agricultura moderna), viu a sua renda média crescer mais fortemente que a média nacional, havendo a renda real média aumentado mais de 80 por cento. Os 40 por cento seguintes, que devem incluir os quadros superiores, tiveram inalterada sua participação na renda nacional, o que significa um crescimento da renda real média idêntico ao da renda per capita do país. Por último, os 10 por cento superiores — correspondentes a 1 por cento da população do país —, formados pelos setores de altas rendas, viram a sua participação reduzir-se de 23 para 12 por cento, o que traduz um declínio da renda real média.

Os dados que vimos de apresentar põem de manifesto a importância dos fatores institucionais no condicionamento do perfil de distribuição da renda, nas estruturas subdesenvolvidas em processo de modernização. A existência de um excedente de mão de obra, concentrado no setor rural, constitui o fator singular de mais peso. Um quarto de século de forte desenvolvimento, o qual permitiu mais do que dobrar a renda per capita no México, foi compatível com a estagnação, senão o declínio, das condições de vida de um setor importante da população, seguramente não inferior a um terço desta. O segundo fator condicionante parece ser a organização crescente dos grupos urbanos. A partir do quinto decil todos os grupos elevam sua cota do produto social, o que indica uma participação maior nos benefícios do desenvolvimento, da parte dos assalariados urbanos, do que se havia observado no período 1940-50. Em terceiro lugar, constata-se que os quadros superiores se estão elevando socialmente: o nono decil eleva a sua renda média real em 135 por cento no período que se segue a 1950. Por último, parece evidente que a política fiscal exerceu forte influência no sentido de desconcentrar a renda no segmento superior. Os 20 por cento de renda mais alta, que em 1950 absorviam 59,8 por cento da renda nacional, em 1963-4 tiveram a sua participação reduzida para 58,5 por cento. Demais, o perfil desse segmento superior modificou-se substancialmente em benefício dos grupos de classe média.

Os dados relativos à distribuição da renda no Brasil, derivados dos censos de 1960 e 1970, vieram confirmar a tendência à concentração que acompanha a aceleração do crescimento anteriormente observado no México.

QUADRO 3/8 – Distribuição da renda no Brasil

Porcentagem da população (a partir do nível mais baixo de renda)	*Porcentagem da renda*		*Renda per capita em dólares de 1960*	
	1960	1970	1960	1970
40	11,2	9,0	84	90
40	34,2	27,8	257	278
15	27,0	27,0	540	720
5	27,4	36,3	1645	2940

Fonte: Dados originais dos censos de 1960 e 1970.

À semelhança do observado no México, também no Brasil o crescimento da produtividade média beneficiou apenas uma minoria da população. A estagnação da renda per capita dos primeiros 40 por cento não deixa dúvida sobre o fato de que houve baixa de salário tanto no setor rural como no urbano, pois o diferencial é considerável a favor deste último e ocorreu importante transferência de mão de obra do campo para as cidades. Com efeito: conforme os dados oficiais, o salário mínimo teria baixado nas cidades do Rio e de São Paulo, no decênio referido, 13 por cento, ao passo que a produtividade média do trabalho no conjunto do país (inclusive as atividades agrícolas) aumentou 33 por cento. Mas enquanto no México o segundo bloco de 40 por cento da população viu sua participação na renda aumentar de 26 para 31 por cento (no período que estudamos), no Brasil ocorreu um declínio de 34,3 para 27,8 por cento.

Se observamos o conjunto dos 80 por cento de população de nível de renda mais baixo, no Brasil, constatamos que a renda média deste grupo passou, no período considerado, de 171 para 180 dólares; dada a margem de erro com que se trabalha nesse tipo de cálculo, essa diferença não pode ser considerada insignificativa. Por outro lado, os 15 por cento que vêm em seguida tiveram sua renda média elevada em 33 por cento, o que corresponde exatamente à média do país. Assim, a concentração de renda assumiu a forma de transferência da renda a ganhar dos 80 por cento mais pobres para os 5 por cento mais ricos. Com efeito: a renda individual deste último grupo aumentou, em média, cerca de 1300 dólares, ao passo que a do grupo constituído pelos 80 por cento mais pobres aumentou, em média, apenas treze dólares.

A experiência recente brasileira constitui, evidentemente, uma situação extrema, que deve ser colocada no contexto de uma política deliberada de redução dos salários reais e de incentivos fiscais e financiamentos ao consumo dos grupos de altas rendas. Contudo, ela apenas agrava um quadro que é, sem dúvida, característico da maioria dos países da região. Se se excluem a Argentina, o Uruguai e Cuba, em todos os países da região existe uma massa de população (entre 20 e 40 por cento do total) cujas condições de vida são determinadas pelo nível de produtividade do chamado setor "primitivo": agricultura de subsistência e pequeno artesanato. Grande parte da renda dessa população não se integra nos circuitos monetários e praticamente não é afetada pelo crescimento da produtividade média no país. Se se põe de lado esse grupo, os 10 a 30 por cento restantes abaixo da mediana e os 20 a 30 por cento acima (um grupo de população que varia entre 30 e 60 por cento do total) possuem uma participação na renda muito inferior ao que se observa nos países capitalistas desenvolvidos. Com efeito: este segundo grupo de população (30 por cento abaixo e 30 por cento acima da mediana) possui uma renda que corresponde à metade da renda per capita do respectivo país, ao passo que nos países desenvolvidos a renda desse grupo se aproxima da renda média do país. O distanciamento para cima com respeito à média se opera bruscamente nos três últimos decis. Em alguns casos, como o do Brasil, o salto somente ocorre a partir do oitavo decil. Como consequência dessa forma de distribuição, a renda média dos 20 por cento de renda mais alta é cerca de 2,5 vezes mais elevada do que a média do país, e a dos 5 por cento mais ricos, cerca de 6,6 vezes mais alta. Assim, se a renda média do país é de quinhentos dólares, os 5 por cento superiores podem desfrutar uma renda média de 3300 dólares, o que lhes dá acesso aos padrões de vida dos países ricos. Se, em um país de quinhentos dólares de renda per capita, ocorresse um perfil de distribuição de renda similar ao que prevalece nos países desenvolvidos, cuja renda per capita é de três a seis vezes mais alta, nesse país não existiria mercado para grande parte dos bens de consumo duráveis, em particular os automóveis. Assim, parece menos certo afirmar que a distribuição da renda é um reflexo dos desníveis de produtividade entre setores e da irregular difusão do progresso técnico do que o inverso. A adoção de certo estilo de vida implica certo perfil de distribuição de renda e condiciona a difusão do progresso técnico.

Se comparamos os perfis de distribuição da renda em três países de tamanhos diversos, graus de industrialização também diversos e coeficientes de comércio exterior distintos, mas com um nível de renda per capita similar — o Chile, o México e a Venezuela —, encontramos curvas extremamente similares.[3] Assim, a renda média dos 20 por cento mais pobres correspondia no Chile a 18 por cento da média nacional, no México igualmente a 18 por cento, e na Venezuela a 15 por cento. A renda per

3. A renda per capita em 1965 (em dólares de 1960) era no Chile de 480, no México de 475 e na Venezuela de 530. Para os dados ver CEPAL, *Boletín Económico de América Latina*, nºs 1 e 2, 1973, p. 37.

capita dos 5 por cento mais ricos era no Chile 6,1 vezes a média do país, no México 5,8, e na Venezuela 5,3. Demais, a renda média dos 60 por cento formados pelos 30 por cento abaixo mais os 30 por cento acima da mediana correspondia, no Chile e no México, a 63 por cento da renda per capita do país respectivo, e na Venezuela, a 65 por cento. Se comparamos a média desses três países, que é representativa da América Latina, com a curva de distribuição da renda de um país capitalista mas de estrutura homogênea, como a Noruega, obtemos o resultado seguinte:

	Chile, México, Venezuela (a)	*Noruega* (b)	(b)/(a)
Renda per capita	100	200	2,0
20% mais pobres	100	250	2,5
60% em torno da mediana	100	280	2,8
15% inferior	100	160	1,6
5% superior	100	100	1,0

A diferença máxima de níveis de renda ocorre no grupo dos 60 por cento em torno da mediana. Com efeito, enquanto na Noruega a renda dos 5 por cento mais ricos é um pouco mais de três vezes superior à média desse grupo, nos países latino-americanos referidos ela é cerca de nove vezes mais elevada. Daí que os efeitos das disparidades nos níveis de produtividade (de dois para um) não se fazem sentir nos padrões de consumo da minoria privilegiada, formada pelos 5 por cento de renda mais alta.

CAPTAÇÃO E UTILIZAÇÃO DE RENDAS PELO ESTADO

A ação do Estado incide de várias formas sobre o fluxo de renda que chega às mãos da coletividade. Uma parte dessa renda é transferida pela população ao poder público, e a estrutura da carga fiscal pode ser um fator importante na fixação do perfil definitivo da demanda. Por outro lado, a forma como o governo utiliza os recursos que apropria opera, em última análise, como um mecanismo de redistribuição de renda em favor de uns ou outros grupos. Os dados disponíveis na América Latina não permitem levar muito longe esse tipo de análise, contudo são suficientes para dar uma ideia geral da situação. Em seu estudo sobre o desenvolvimento econômico da América Latina no pós-guerra,[4] a CEPAL apresentou um esquema exemplificativo da utilização da renda pessoal no conjunto da região. Como os dados relativos à Venezuela e ao México — países em que a renda é particularmente concentrada — pesaram na elaboração desse esquema, e os dados relativos à Argentina, ainda não disponíveis na época, não foram incluídos, convém considerá-los como exemplificativos da moda latino-americana, e não da média. A população foi dividida, nesse modelo representativo, em quatro grupos. O primeiro (I), compreendendo 50 por cento do total, e cuja renda média se toma como base igual a 100, incluiria a massa dos trabalhadores rurais e pequenos artesãos. O segundo (II), formado por 45 por cento do total, com renda média 3,3 vezes superior, integraria a massa dos assalariados urbanos. O terceiro (III), correspondendo a 3 por cento do total, com renda média quinze vezes superior à base, abarcaria os quadros superiores e pequenos empresários. Finalmente, o quarto grupo (IV), compreendendo 2 por cento da população, e cuja renda média seria 30 vezes superior à da base, englobaria os grandes proprietários e empresários. A utilização da renda pessoal desses grupos seria indicada pelo quadro a seguir.

4. Cf. *El desarrollo económico de América Latina en la postguerra*, cit.

QUADRO 4/8 – Utilização da renda pessoal (em porcentagem)

	Impostos e contribuição à previdência social	*Poupança*	*Consumo*	*Total*
I	13,0	-3,0	90,0	100
II	20,0	3,5	76,5	100
III	16,5	9,5	74,0	100
IV	21,0	21,0	58,0	100
Total	18,4	6,6	75,0	100

Em razão da estrutura da carga impositiva, com predominância de impostos indiretos generalizados, a massa de assalariados urbanos contribui para o Estado com uma parcela tão grande de sua renda quanto a pequena minoria de altas rendas, cujos gastos de consumo por pessoa são 6,5 vezes maiores. A classe média alta, que consome quatro vezes mais per capita que os assalariados urbanos, paga relativamente menos impostos que estes, o que se explica pela facilidade com que se pode evadir ao pagamento dos impostos diretos, particularmente quando se trata de renda de profissionais. O coeficiente de poupança do grupo II é baixo, não tanto porque a sua propensão a consumir seja alta — o que seria normal dada a sua baixa renda —, mas porque a carga fiscal que suporta é pesada. A propensão a consumir parece ser mais alta no grupo III, cujo status requer a competição em formas de consumo de prestígio.

Os recursos arrecadados pelo Estado são utilizados em investimentos e para financiar formas de consumo coletivo que beneficiam de forma diversa setores distintos da população. Os dados que a seguir se expõem mostram como o poder público aplica os seus recursos em benefício dos quatro grupos que estamos considerando. As cifras do quadro 5/8 se referem a milésimos do PIB a preços de mercado.

QUADRO 5/8 – Aplicação de recursos do poder público

	Total	*I*	*II*	*III*	*IV*
A. Impostos	152	17	84	19	32
B. Serviços do governo:					
Educação	18	2	11	3	2
Saúde	12	7	5	—	—
Outros	24	8	16	—	—
Total	54	17	32	3	2
A – B	98	0	52	16	30

O grupo I, constituído pela metade da população mais pobre, cujo consumo é pouco diversificado e só marginalmente inserido nos fluxos monetários, recebe do Estado um montante de serviços correspondente a 1,7 por cento do PIB, o qual é financiado pelos impostos que paga esse mesmo grupo. Cabe observar que o que gasta o Estado com a educação dessa metade da população é idêntico ao que ele despende com o mesmo fim em benefício dos 2 por cento mais ricos. O grupo II recebe do Estado 3,2 por cento do PIB em serviços, mas contribui com 8,4 por cento do PIB em impostos. Assim, este grupo contribui com mais da metade dos recursos que ficam à disposição do Estado e que se destinam principalmente a investimentos. Como os investimentos públicos são em grande parte dedicados a criar economias externas aos investimentos privados, e estes são propriedade da pequena minoria de 2 por cento que realiza uma poupança significativa, depreende-se que o Estado, tanto pela forma como financia os seus gastos como pela maneira como despende os seus recursos, opera não somente no sentido de consolidar a forma atual de distribuição da riqueza e da renda, mas também no de torná-la ainda mais concentrada.

9. Os sistemas monetários e cambiais

INADAPTAÇÃO ÀS REGRAS DO PADRÃO-OURO

Assinalamos, em capítulo anterior, que a crise econômica mundial de 1929 pôs em evidência, de maneira espetacular, modificações estruturais que se vinham gestando há algum tempo no sistema econômico mundial, dentre as quais cabe referir o debilitamento da demanda internacional da maior parte dos produtos primários. Demais, ela permitiu que se manifestasse em sua plenitude a "vulnerabilidade externa" das economias especializadas na produção de matérias-primas, entre as quais ocupavam posição de relevo as latino-americanas.

O sistema de divisão internacional do trabalho, fundado nas chamadas vantagens comparativas, derivava a sua disciplina, no que respeita aos fluxos financeiros, do *Gold Exchange Standard*, que pressupunha a definição de todas as moedas em termos de ouro, a livre conversibilidade a partir de taxa fixa de câmbio (pelo menos quanto às transações externas) e a livre transferência de fundos com base em "reservas de câmbio" detidas pelas autoridades monetárias de cada país. Nas economias de estrutura produtiva diversificada, caracterizadas por certa substitutibilidade entre importações e produção de origem interna, uma brusca redução das exportações causada por fatores exógenos podia, até certo ponto, ser compensada por um aumento da oferta interna. Um manejo adequado das reservas monetárias e de linhas de crédito no exterior, bem como uma política criteriosa de expansão interna, podiam ser suficientes para reorientar a atividade produtiva no sentido de abrir novas linhas de exportação e atender aos setores não satisfeitos da demanda interna. Em outras palavras, os automatismos do *Gold Exchange Standard* podiam ser corrigidos, a fim de evitar os seus efeitos depressivos internos mais graves, sem que fossem totalmente abandonadas as suas regras. Ora, nas economias especializadas na exportação de matérias-primas, o problema se apresentava de forma diversa, em razão da rigidez da oferta do setor exportador e da incompressibilidade das importações.[1]

Os países da América Latina se caracterizavam, nessa época, por coeficientes de importação relativamente elevados. A participação das importações na oferta interna de produtos manufaturados nunca era inferior a um terço, e às vezes superava dois terços. Esses dados, entretanto, não revelam senão uma parte da realidade. Na maioria dos países, parcela importante do produto estava excluída dos fluxos monetários, o que significa que o coeficiente de importação era na verdade muito mais elevado, se se tem em conta apenas o setor monetário da economia. Além disso, as importações eram insubstituíveis, a curto ou médio

1. Cf. C. FURTADO, *Teoria e política do desenvolvimento econômico* (São Paulo, 1967), particularmente o capítulo 20, "A tendência ao desequilíbrio externo". Ver também VICTOR L. URQUIDI, *Viabilidad económica de América Latina* (México, 1962), capítulo III, "Los embrollos monetarios y financieros".

prazo, senão a longo prazo, por produção interna. Dessa forma, uma redução ocasional das exportações tendia a provocar forte depressão interna, a menos que se dispusesse de reservas monetárias suficientemente grandes para enfrentar um período de transição durante o qual se procuraria recuperar o nível das exportações, nas linhas tradicionais ou noutras. Em outras palavras, se requeria uma política compensatória extremamente hábil e uma cuidadosa orientação dos investimentos no setor exportador, de forma a dar a este uma flexibilidade que não possuía o setor que produzia para o mercado interno. Basta ter em conta as consideráveis flutuações dos preços dos produtos primários nos mercados internacionais e o tipo de cultura permanente que prevalecia em muitos países no setor exportador, para compreender que uma economia de elevado coeficiente de importação e especializada na exportação de um ou dois produtos dificilmente poderia submeter-se à disciplina do padrão-ouro. Não somente grandes reservas monetárias seriam exigidas — o que significaria esterilizar uma parte considerável da poupança interna —, mas também uma política disciplinadora do nível da atividade interna inconcebível em países sem um mercado de capitais desenvolvido e um sistema fiscal suficientemente flexível.

Demais, o problema não se limitava à instabilidade a curto prazo dos preços dos produtos primários nos mercados internacionais — decorrência da ação de fatores climáticos e da inflexibilidade estrutural da oferta nos países subdesenvolvidos. Não menos grave era a desorganização dos mercados nas depressões generalizadas, durante as quais os países latino-americanos viam desaparecer toda a possibilidade de reação mediante reorientação das exportações. As crises cíclicas acarretavam redução do valor das exportações e também saída de capitais, o que precipitava a liquidação das reservas monetárias, com subsequente perda do crédito no exterior. Essa situação era particularmente grave em razão da vultosa dívida externa que haviam acumulado os países latino-americanos no correr do século XIX. Qualquer que tenha sido a origem dessa dívida — guerras na fase de consolidação dos Estados nacionais, especulações de grupos que dominavam o aparelho do Estado, investimentos de infraestrutura, principalmente em estradas de ferro e portos —, o certo é que as dificuldades ocasionais de pagamento abriram a porta a onerosas operações de refinanciamento e transformaram o serviço da dívida externa num dos principais itens da despesa pública.

Em face da brusquidão das contrações do valor das exportações e da dependência em que estavam as receitas públicas do comércio exterior, é fácil compreender que, diante de uma crise de maiores proporções, os países latino-americanos passassem quase automaticamente a financiar parte dos gastos públicos com expansão monetária. A pressão sobre as importações era imediata, o que precipitava a liquidação das reservas monetárias e a desvalorização cambial. Na verdade, as simples antecipações, reflexo das baixas dos preços das matérias-primas nos principais mercados importadores, eram suficientes para provocar saídas de capitais e desvalorização cambial. Esta última obrigava os governos a realizar um maior esforço financeiro para efetuar o serviço da dívida externa, no momento exato em que as receitas públicas declinavam. Assim, o déficit do setor público era inevitável, e a expansão monetária para financiá-lo se impunha inexoravelmente. Na prática, os efeitos internos da crise externa eram atenuados pelo simples fato de que as regras do padrão-ouro não eram obedecidas, ou eram abandonadas ao primeiro toque de alarme. Nas épocas de bonança, os governos criavam caixas de estabilização ou de conversão, destinadas a interferir no mercado de câmbio visando a estabilizá-lo. Essas experiências, entretanto, terminavam sempre na volta ao sistema de não conversibilidade e de taxas flutuantes, que permitiam punir as fugas de capitais no momento em que se deflagravam as crises.

A experiência demonstrou sobejamente que o sistema de taxas flutuantes de câmbio permite aos países latino-americanos defender-se mais facilmente do impacto das crises cíclicas e, em geral, das contrações da capacidade para importar, porquanto a inflexibilidade da estrutura produtiva tende a ser parcialmente compensada por ajustamentos na estrutura de preços. As consequentes modificações na distribuição da renda foram por muito tempo absorvidas sem maiores tensões sociais. A partir de certa época, entretanto, e particularmente em certos países, uma estruturação social de contornos mais nítidos permitiu que essas tensões se manifestassem e pusessem em marcha processos inflacionários que assumiram uma gravidade crescente.

As bruscas e periódicas desvalorizações monetárias, provocadas pelas crises cíclicas nas economias latino-americanas, acarretavam consequências de várias ordens. Como as desvalorizações se faziam no momento em que os preços de exportação estavam em declínio, elas freavam a contração da renda monetária do setor exportador, transferindo para o conjunto da economia, por meio da elevação relativa dos preços das importações, parte substancial da perda de renda real. Naqueles países que contribuíam com uma elevada parcela da oferta internacional de certos produtos — como era o caso do café brasileiro, que representava mais da metade da oferta mundial —, esse mecanismo podia agravar a tendência à baixa de preços nos mercados internacionais. Na maioria dos casos, entretanto, as suas consequências eram estritamente internas, assumindo a forma de uma "socialização de perdas" ou de mecanismo de defesa do setor exportador. Na fase seguinte, de expansão da demanda externa, uma certa revalorização da moeda, no plano cambial, podia ocorrer, restituindo o setor exportador ao conjunto da coletividade parte do que havia apropriado durante a depressão. Essa flexibilidade da estrutura de preços permitia reduzir o impacto da crise externa e preservar a capacidade de recuperação do setor exportador. Mas não resta dúvida de que ela também trabalhava no sentido de abrir a porta à deterioração a longo prazo dos termos do intercâmbio, porquanto aumentava a inelasticidade-preço da oferta de produtos primários nos mercados internacionais.

A CRIAÇÃO DOS BANCOS CENTRAIS

Na época clássica do padrão-ouro, os sistemas monetários latino-americanos, com suas taxas flutuantes de câmbio e inflação crônica não acelerativa, eram apresentados nos livros de texto como fenômenos aberrativos, similares ao movimento dos satélites do planeta Marte. Alguns estudos de caráter descritivo, publicados na Europa,[2] chamaram a atenção para essas peculiaridades. Entretanto, o quadro teórico no qual se trabalhava na época não permitia ver aí mais que consequências da instabilidade política e da inexistência de instituições capacitadas para um manejo adequado do instrumento monetário. Foi nesse espírito que importantes grupos financeiros internacionais, interessados na regularidade do pagamento da dívida externa e na transferência de dividendos dos vultosos investimentos diretos que começaram a realizar-se na região após a Primeira Guerra Mundial, pressionaram os governos latino-americanos no sentido de reformarem os sistemas monetários, proporcionando-lhes para

2. A inflação chilena foi objeto, antes da Primeira Guerra Mundial, de dois estudos monográficos, um de autoria de BENJAMÍN SUBERCASEAUX, publicado na França, e outro de autoria de ALFRED WAGMAN, publicado na Alemanha.

esse fim assistência técnica. Inicia-se, assim, a fase de reforma dos sistemas de emissão e de criação dos bancos centrais.

Sob a orientação de técnicos ingleses e americanos, a partir de 1925 instituíram-se bancos centrais em inúmeros países latino-americanos.[3] Esses bancos, cujo funcionamento estava concebido no quadro do *Gold Exchange Standard*, deveriam monopolizar a emissão de papel-moeda, manipular a taxa de juros, realizar operações de mercado aberto e operar como último emprestador, isto é, redescontar títulos das carteiras dos bancos comerciais. Não é provável que os membros dessas missões técnicas imaginassem que a simples criação de um Banco Central fosse suficiente para que surgisse um mercado de dinheiro e de capitais. O que se tinha essencialmente em vista era retirar dos governos o poder discricionário de emissão. Esperava-se, por essa forma, terminar com os crônicos déficits orçamentários, que eram apresentados como a causa fundamental das pressões inflacionárias. Como o controle do Banco Central estaria em mãos dos bancos privados e da comunidade de negócios em geral, reduzia-se ao mínimo a pressão política. Para financiar as suas despesas, o poder público deveria obter recursos legítimos, arrecadando impostos ou apelando para o mercado de capitais. O poder de emissão encontraria o seu limite natural no nível das reservas de ouro e divisas conversíveis, e o redesconto estaria restrito aos efeitos comerciais agrícolas de curto prazo.

Como inexistiam os requisitos necessários para que os bancos centrais controlassem a taxa de juros pelos meios clássicos, atraindo recursos de fora do país quando conviesse, e, por outro

3. O Uruguai, cujo Banco Central foi criado em 1896, era o único país da região que possuía, de antes da Primeira Guerra Mundial, um sistema de autoridades monetárias centralizadas. O Banco Central do México, fundado em 1925, também surgiu independentemente das missões anglo-americanas.

lado, como os bancos comerciais da região são relativamente conservadores, as reformas monetárias dos anos 1920 reduziram-se, na prática, a um esforço para submeter a controle o poder de emissão. Em razão da rigidez que introduziram no sistema monetário, elas contribuíram para agravar as consequências da crise de 1929. As reservas monetárias esgotaram-se mais rapidamente, e a fuga de capitais se fez a mais baixo custo. O déficit do setor público — impossível de evitar sem paralisar a máquina do Estado — tendeu a ser financiado com emissão de títulos que seriam redescontados no Banco Central.

O Banco Central da Argentina, criado em 1935, foi o primeiro a obedecer a uma concepção original e a romper com os esquemas convencionais, que tinham como pressuposto implícito o funcionamento do *Gold Exchange Standard.* Com efeito, ele previu a intervenção no mercado de câmbio sob a responsabilidade do Tesouro, assim como a realização de operações com obrigações do governo destinadas a financiar a curto prazo o déficit do Estado. Estas eram práticas que vinham sendo ditadas pela experiência e realizadas em mais de um país. A inovação estava em partir da realidade para criar um sistema de Banco Central, o que significava reconhecer a inviabilidade e o artificialismo dos esquemas ortodoxos. O novo sistema, pelo simples fato de que incorporava a experiência acumulada em longos anos de esforço de adaptação às flutuações do setor externo, constituiu na época extraordinária inovação.[4]

4. O Banco Central da Argentina foi criado com assistência técnica inglesa. Raúl Prebisch, que o dirigiu da fundação até 1943, inspirou-se no empirismo com que havia sido conduzido tradicionalmente o Banco da Inglaterra, afastando-se dos esquemas rígidos que vinham sendo impostos aos novos bancos centrais. Cabe ter em conta, demais, que a Argentina já dispunha na época de um mercado de capitais relativamente desenvolvido. Na crise de 1938, Prebisch atuou com maestria no sentido de conter os efeitos depressivos internos, pas-

EXPERIÊNCIAS NO CAMPO MONETÁRIO E CAMBIAL E A INFLUÊNCIA DO FMI

Na ausência de um mercado de capitais suficientemente desenvolvido, e inexistindo limitações ao processo de emissão — através do redesconto o Banco Central pode alimentar indefinidamente a oferta de meios de pagamento —, o instrumento principal da política monetária na América Latina tendeu a ser o controle das reservas dos bancos de depósito. À diferença da política clássica de reservas, cujo objetivo era garantir a solvabilidade dos bancos de depósito, a prática latino-americana deu lugar a complexas políticas de reserva, que têm em conta não somente os recursos que os bancos têm à sua disposição, mas também o incremento desses recursos. Tais políticas são executadas pelos bancos centrais com o fim específico de disciplinar a expansão dos meios de pagamento. Outra inovação significativa é a formação de uma segunda linha de reservas do sistema bancário — na verdade depósitos no Banco Central —, constituída por títulos públicos, cuja taxa de juros é bem inferior à taxa bancária.

Outro campo em que a experiência latino-americana vem sendo extremamente variada, desde a crise de 1929, é o da manipulação das taxas de câmbio. Em face da severidade da Depressão dos anos 1930 e da inflexibilidade dos sistemas fiscais, alguns países começaram a manipular o câmbio com o objetivo de evitar que a desvalorização da moeda agravasse a baixa de preços, no exterior, dos produtos exportados, ou provocasse uma elevação excessiva de certos preços, como o dos combustíveis

sando o Banco Central da Argentina a ser considerado como modelo na região. Sobre a experiência latino-americana nesse setor, ver MIGUEL S. WIONCZEK, "Central banking", in *Latin American and the Caribbean: A handbook*, cit., e FRANK TAMAGNA, *Central Banking in Latin America* (México, 1965).

e o do trigo. Na verdade, a desvalorização brusca havia sido no passado um mecanismo de redistribuição da renda, que operava em benefício de certos grupos. O que se pretendeu foi controlar esse mecanismo, a fim de que a desvalorização não favorecesse demasiadamente certos grupos nem prejudicasse excessivamente outros. Um passo adiante consistiu em orientar a manipulação das taxas de câmbio para criar fundos de reserva, absorvendo pressão inflacionária. Por último, caminhou-se no sentido de utilizar taxas diferenciais de câmbio para orientar os investimentos. O simples fato de que a formação de capital depende relativamente mais das importações do que os gastos de consumo transforma as desvalorizações em um freio aos investimentos, o que pode ser corrigido mediante subsídios encobertos através de taxas múltiplas de câmbio.

Nos últimos dois decênios, a influência do Fundo Monetário Internacional se fez sentir de forma crescente na América Latina. As experiências inovadoras no terreno da política monetária e cambial não foram totalmente interrompidas. Contudo, à medida que os problemas de balança de pagamentos se agravaram, aumentando a dependência de financiamentos externos de curto e médio prazos, os esquemas impostos pelo FMI foram sendo aceitos. De acordo com esses esquemas, as taxas de câmbio são fixas, sendo o padrão básico o dólar. O equilíbrio da balança de pagamentos pressupõe a estabilidade interna, isto é, a ausência de pressões inflacionárias fora de controle. Para manter essa estabilidade interna, preconiza-se o uso dos instrumentos fiscais e monetários. Como nos países subdesenvolvidos o instrumento fiscal é pouco flexível e, sob muitos aspectos, inadequado, a responsabilidade principal cabe à política monetária, ou seja, ao controle do crédito. Assim, por caminho diverso, chega-se a conclusões similares às da política dos bancos centrais ortodoxos dos anos 1920. Ali onde fatores estruturais dão origem a uma pressão permanente sobre a balança de pagamentos, a política monetária é levada a engendrar uma depressão permanente, a fim de manter a economia em equilíbrio. Voltaremos a esse problema ao considerar mais diretamente o quadro da inflação latino-americana.

PARTE QUATRO

CARACTERÍSTICAS DO PROCESSO DE INDUSTRIALIZAÇÃO

10. O processo de industrialização

I. Primeira fase

INDUSTRIALIZAÇÃO INDUZIDA PELA EXPANSÃO DAS EXPORTAÇÕES

Nos países que se especializaram na exportação de produtos primários, isto é, nos países em que houve elevação de produtividade como reflexo da expansão da demanda mundial de matérias-primas, a evolução das estruturas produtivas, especialmente o processo de industrialização, apresenta características particulares, cujo estudo constitui um dos aspectos mais interessantes da teoria econômica do subdesenvolvimento. A elevação da produtividade e do poder de compra da população provoca modificações no perfil da demanda global, no sentido de sua diversificação, acarretando um aumento mais que proporcional da procura de produtos manufaturados. Com efeito, nos países em que o nível da renda per capita é inferior a quinhentos dólares, observa-se que a elasticidade-renda da procura de manufaturas de consumo é elevada, sendo seu coeficiente da ordem de 1,3 a 1,5. Daí decorre que toda elevação do poder de compra da população significa não somente uma diversificação da procura, mas uma diversificação em certa direção, exigindo um crescimento mais que proporcional da oferta de manufaturas. Como a especialização na exportação de produtos primários (quase sempre um ou dois produtos) concentra fatores em umas poucas linhas de produção, a estrutura produtiva evolui de forma inversa à que ocorre no perfil da demanda. Assim, o rápido progresso de uma monocultura de exportação pode ser acompanhado pelo crescimento das importações de alimentos; a expansão de um setor mineiro de exportação pode traduzir-se na substituição de uma produção artesanal destinada ao mercado interno por importações de artigos manufaturados etc. Observando o processo em seu conjunto, constata-se que a elevação de produtividade é acompanhada de uma simplificação na estrutura da oferta de origem interna e de diversificação na composição da demanda global.

O processo que vimos de descrever constitui, nos países latino-americanos, o ponto de partida da industrialização. A especialização na produção permitiu a elevação da produtividade e da renda, abrindo o caminho para a formação de um núcleo de mercado interno de produtos manufaturados e para a construção de uma infraestrutura. Enquanto na experiência clássica a industrialização resultou da introdução de inovações nos processos produtivos, as quais, através da redução dos preços, permitiram a substituição dos produtos artesanais e a formação do próprio mercado, no caso latino-americano o mercado formou-se como decorrência da elevação de produtividade causada pela especialização externa, sendo inicialmente abastecido mediante importações. Neste segundo caso, o concorrente a deslocar, na hipótese de industrialização, não seria o produtor artesanal de baixa produtividade, e sim o produtor de elevada eficiência instalado nos mercados mundiais. Contudo, o crescimento do mercado interno era uma realidade, ali onde se expandiam as exportações. Ao alcançar este mercado certas dimensões, uma política protecionista seria o suficiente para provocar um surto industrial, tanto mais que os investimentos industriais se beneficiariam das economias externas proporcionadas pela infraestrutura já instalada.

A capacidade do embrião de mercado interno para provocar um início de industrialização dependia, evidentemente, de uma série de circunstâncias que variaram de país para país. Quando o núcleo de exportação estava formado por atividades de mineração, a massa de mão de obra absorvida diretamente era reduzida; demais, em tais casos, quase sempre os capitais eram preponderantemente estrangeiros. A possibilidade de formação de um mercado interno seria limitada. O grau de concentração da propriedade da terra e as dimensões relativas do excedente de mão de obra também desempenhavam papéis importantes na configuração do perfil da demanda, pois ambos os fatores condicionavam a distribuição da renda. Uma alta concentração da renda significava predominância do consumo de objetos de luxo, os quais, quando provenientes da indústria manufatureira, deviam ser necessariamente importados. Mais do que o regime de propriedade da terra, a abundância maior ou menor de mão de obra excedente pesou sobre a formação do núcleo inicial do mercado interno. Sendo a terra abundante, ali onde a mão de obra era escassa tendeu-se ao uso intensivo do fator trabalho e extensivo da terra, o que permitiu conciliar a concentração da renda com uma taxa de salários relativamente alta. Em tais condições — e foi este o caso da Argentina e do Uruguai — a concentração da renda não impediu a formação de um amplo mercado interno para produtos manufaturados.

Em síntese, a transição para uma economia industrial dependeu de uma série de fatores, cabendo destacar os seguintes:

a) natureza da atividade exportadora, da qual depende a quantidade relativa de mão de obra a ser absorvida no setor de produtividade elevada e em expansão;

b) tipo de infraestrutura exigido pela atividade exportadora: a agricultura de clima temperado criando uma grande rede de transportes; a agricultura de clima tropical, concentrada em áreas limitadas e muitas vezes em regiões montanhosas, satisfazendo-se com uma infraestrutura mais modesta; a produção mineira requerendo uma infraestrutura especializada, na maioria dos casos criadora de escassas economias externas para o conjunto da economia nacional;

c) propriedade dos investimentos realizados na economia de exportação: a propriedade estrangeira reduzindo a parte de fluxo de renda do setor em expansão que permanece no país; recaindo nas economias mineiras de exportação a maior incidência da propriedade estrangeira, os aspectos negativos destas se viram agravados;

d) taxa de salário que prevalece no setor exportador na fase inicial, a qual depende principalmente das dimensões relativas do excedente de mão de obra;

e) dimensão absoluta do setor exportador, que reflete na maioria dos casos a dimensão geográfica e demográfica do país.

A Argentina constitui o exemplo cabal do país em que uma economia de exportação de produtos primários engendrou rapidamente importante mercado interno de produtos manufaturados, com base no qual surgiu, quase sem transição, um processo de industrialização. O crescimento inusitado da população por meio da imigração, a rápida urbanização e a importante infraestrutura requerida pelo tipo de exportação criaram um conjunto de condições excepcionalmente favoráveis à industrialização. O nível relativamente elevado dos salários iniciais e a avançada integração da população na economia de mercado foram fatores igualmente importantes que contribuíram para que esse país adquirisse um forte impulso de industrialização já antes do primeiro conflito mundial. Exemplo diametralmente oposto encontramos na Bolívia,[1] que, apesar de um importante setor exportador, não dá nenhum passo no sentido da industrialização. Neste segundo caso, temos um setor mineiro de exportação, que absorve uma parcela insignificante de mão de obra a uma taxa de salário baixa; a infraestrutura criada para a economia mineira não tem grande impacto nas demais atividades econômicas; em síntese, reproduz-se no setor exportador o padrão de estrutura econômica que prevalecia nos setores tradicionais, excluindo-se a massa trabalhadora dos benefícios dos aumentos de produtividade.

No grupo de países de agricultura tropical de exportação, o Brasil reúne as condições mais favoráveis à transição para a industrialização. No altiplano paulista, diferentemente da Colômbia e da América Central, a produção de café se realiza de forma extensiva, em condições que favorecem a construção de uma importante infraestrutura de transportes. Demais, sendo uma região em que era escassa a mão de obra,[2] surgiu a necessidade de fixar taxas de salários suficientemente altas para atrair população de outras regiões, em particular da Europa. Além disso, uma oferta

1. A população da Bolívia, na época da independência, era seguramente superior à da Argentina. Entre 1831 e 1900, segundo os dados censitários, a população da Bolívia aumentou apenas 60 por cento, ao passo que a população argentina entre 1869 e 1895 cresceu 130 por cento. Entre 1900 e 1950, a população boliviana passou de 1 696 400 para 3 019 000, enquanto a argentina cresceu, entre 1895 e 1947, de 3 954 911 para 15 897 127.

2. A mobilidade da mão de obra rural foi dificultada no Brasil pelo regime escravista, que prevaleceu até 1888, e, subsequentemente, por obstáculos impostos à circulação de pessoas pelas autoridades locais a serviço dos grandes fazendeiros. O crescimento da população do estado do Ceará, ao impulso da penetração do algodão, e a grande seca de 1877 ocasionaram as primeiras migrações significativas da região nordestina, que se encaminharam inicialmente para a região amazônica, onde se expandia rapidamente a produção da borracha nos dois últimos decênios do século XIX e dois primeiros do século XX. Cf. C. FURTADO, *Formação econômica do Brasil*, cit., capítulos 21 a 24.

abundante de alimentos provenientes da própria região ou das áreas meridionais, de colonização europeia feita concomitantemente ou em período anterior, evitou que a capacidade para importar fosse em parte absorvida pela importação de gêneros alimentícios. Por último, condições excepcionalmente favoráveis para captação de energia elétrica de fonte hidráulica permitiram que a região dispusesse de eletricidade a tarifas excepcionalmente baixas, desde os primórdios de sua industrialização.

Entre os países de exportações mistas — agrícolas e mineiras —, o México merece uma atenção especial, em razão de várias singularidades que apresenta. A nova fase de desenvolvimento da indústria mineira para exportação, ocorrida nos últimos decênios do século XIX, à base de metais industriais, tem seus centros de atividade no norte do país, o que coloca em primeiro plano o problema de ligação dessas áreas com as regiões centrais em que se concentra a população mexicana. A experiência histórica de desarticulação das áreas setentrionais em rápido povoamento, que levara à perda do Texas e da Califórnia, constituía uma advertência demasiado gritante. Por outro lado, uma das atividades agrícolas de exportação mais importantes na época se situava no extremo sul, na península de Yucatán, de onde saía o *henequén*. A consciência de que a sobrevivência do país dependia de sua integração levou o governo mexicano a promover a construção de importante rede de transportes e a eliminar as barreiras aduaneiras internas que fragmentavam tradicionalmente o mercado nacional. As condições particulares do território mexicano, que dificultam o acesso à *mesa* central dos produtos vindos do estrangeiro pelo mar, haviam permitido a criação de um conjunto de indústrias têxteis desde a primeira metade do século XIX. As barreiras aduaneiras internas tinham dificultado o desenvolvimento dessas indústrias, em benefício da sobrevivência do artesanato local, de antiga tradição no país. Ao unificar-se o mercado nacional com as estradas de ferro e a eliminação das referidas barreiras, esse núcleo manufatureiro pôde expandir-se com rapidez. Dessa forma, mais do que na Argentina e no Brasil, a primeira fase da industrialização mexicana aproximou-se do modelo clássico: parte de uma experiência artesanal, superada pela introdução de novas técnicas, e absorve mercados anteriormente satisfeitos em grande parte pela oferta artesanal. É este um aspecto importante a ter em conta na explicação da evolução subsequente do México. A natureza das exportações — principalmente mineiras — e a abundância de mão de obra, que permitia manter os salários em níveis extremamente baixos, poderiam ter entorpecido o desenvolvimento do país. À medida que aumentasse a capacidade para exportar, seria de prever que penetrassem no país, em quantidades crescentes, bens manufaturados de procedência estrangeira, arruinando a atividade artesanal sem criar formas alternativas de emprego para a população. Esse problema praticamente não se colocava em países como a Argentina e o Brasil, de populações relativamente mais escassas e abastecidas de manufaturas importadas. No México, uma população relativamente densa era tradicionalmente abastecida pelo artesanato local, cuja desorganização em benefício de importações teria sido tanto mais grave na medida em que o setor exportador em expansão tinha reduzida capacidade de absorção de mão de obra.

À semelhança do Chile, o México se beneficiou de uma política protecionista durante a primeira metade do século XIX, isto é, antes que a ideologia liberal se impusesse sem restrições. Ao contrário do Chile, entretanto, o país atravessou uma fase de grande instabilidade política e de estagnação ou retrocesso de sua economia. Apesar disso, surgiu um núcleo de atividade manufatureira, cuja existência seria de importância decisiva na época que vem sendo denominada de *Porfiriato*,[3] uma época de estabilidade política e expansão das atividades exportadoras. Com efeito, apesar da predominância da ideologia liberal nesse período, o núcleo industrial encontrou condições para consolidar-se e crescer, ao impulso da integração do mercado nacional promovida pelo governo, e ao abrigo da proteção natural que resulta da concentração demográfica no planalto central.

DISPARIDADES ENTRE OS CASOS DA ARGENTINA E DO MÉXICO

O México e a Argentina, os dois países da América Latina que conheceram um grau significativo de industrialização antes do primeiro conflito mundial, apresentam experiências históricas totalmente distintas. No primeiro caso, a industrialização tem seus inícios em fase anterior à grande expansão das exportações da segunda metade do século XIX e se alimenta de um mercado antes abastecido pelo artesanato. Enquanto na Argentina a atividade exportadora criava diretamente uma importante massa de poder de compra em mãos da população, no México o fluxo de salários com origem direta nas exportações era reduzido. Contudo, a expansão do setor externo criou condições para a instalação de uma infraestrutura que unificaria o mercado nacional em benefício do núcleo manufatureiro preexistente. Em torno de 1900-5, o setor industrial já contribuía, na Argentina, com

3. Do nome de Porfirio Díaz, o ditador que governou o México de 1876 a 1910. A designação de *Porfiriato* se encontra na obra monumental dirigida por DANIEL COSÍO VILLEGAS, *Historia moderna de México*, cujo vol. VII, *El Porfiriato. Vida económica*, foi publicado no México em 1965.

18 por cento do produto interno e, no México, com 14 por cento.[4] Nos dois casos, o desenvolvimento econômico teve, nesse período, como centro dinâmico o setor exportador em expansão, que, vale dizer, era um reflexo da integração da economia nacional no sistema de divisão internacional do trabalho. Entretanto, enquanto na Argentina a expansão das exportações engendrava um forte crescimento do mercado interno, que induzia à industrialização, o crescimento desse mercado interno no México era muito mais lento. Na Argentina, as inversões infraestruturais foram uma decorrência da natureza e da localização da atividade exportadora. No México, a construção de uma infraestrutura surgiu em grande parte como reflexo de uma política de unificação do país, resposta a forças centrífugas agravadas por um longo processo de guerras civis e pela presença de um poderoso vizinho que professava abertamente uma doutrina imperialista. Um ponto adicional merece referência. A primeira fase da industrialização, nos países exportadores de matérias-primas, era influenciada pela natureza dos produtos exportados, porquanto o processamento destes, seja para atender às necessidades do mercado interno, seja para fins de exportação, constituía uma atividade industrial. Assim, o processamento de produtos agropecuários, para os dois fins indicados, representou o núcleo inicial da indústria moderna argentina, e o processamento de produtos minerais, um importante setor da indústria mexicana. Explica-se, dessa forma, que no México se haja criado uma experiência metalúrgica que seria de muita significação no desenvolvimento industrial do país, particularmente na fase subsequente, quando ocorreu a crise do setor exportador. Por último, cabe

4. As estatísticas retrospectivas da produção industrial e de participação do setor industrial no PIB dos países latino-americanos estão reunidas no trabalho da CEPAL *El proceso de industrialización en América Latina*, Anexo estadístico (1966).

recordar que, embora nos dois países prevalecesse, nessa fase de crescimento, ao impulso de um setor exportador dinâmico, a ideologia liberal, no México a ação estatal não podia ignorar a existência de um núcleo industrial que vinha de época anterior, cujo desaparecimento teria repercussões sociais tanto mais graves na medida em que o setor exportador absorvia reduzida quantidade de mão de obra. Era este um problema grave, porquanto a penetração de formas capitalistas de produção no setor agrícola vinha provocando sérias deslocações de população. Enquanto o desenvolvimento argentino se fazia com elevação do nível de vida do conjunto da população, no México ocorria uma crescente marginalização de grupos populacionais e um agravamento das tensões sociais, que desembocaria no processo revolucionário que convulsionou o país a partir de 1910. Na fase subsequente do processo de industrialização, quando se tornou indispensável uma ação mais ampla dos poderes públicos, o Estado mexicano se apresentou com maior aptidão para atuar no campo industrial, o que não seria fácil de explicar sem ter em conta a experiência do período que vimos de considerar.

11. O processo de industrialização

II. Substituição de importações

LIMITAÇÕES INTRÍNSECAS À PRIMEIRA FASE DA INDUSTRIALIZAÇÃO

O processo de industrialização que se havia iniciado em alguns países latino-americanos foi profundamente afetado pela crise de 1929. Não que a crise constituísse um claro divisor de águas entre um período de prosperidade e outro de depressão. Na verdade, com respeito a alguns países, já se multiplicavam na fase anterior os sintomas de debilitamento do setor exportador. No Brasil, por exemplo, as crises de superprodução de café se vinham repetindo desde antes do primeiro conflito mundial, e a perda da posição privilegiada no comércio da borracha ocorrera no segundo decênio do século. No Chile, a crise do salitre, face à concorrência dos nitratos sintéticos, pesava na economia do país havia mais de um decênio. Contudo, à exceção do Brasil, em todos os países da região de maior expressão econômica, no período de 1925-9 o *quantum* das exportações era de 50 a 100 por cento mais elevado que no primeiro decênio do século.

É com respeito à natureza do processo de industrialização que a crise de 1929 constitui um marco de grande significação. Até então, o desenvolvimento do setor industrial fora um reflexo da expansão das exportações; a partir desse momento, a industrialização seria principalmente induzida pelas tensões estruturais provocadas pelo declínio, ou crescimento insuficiente, do setor exportador. A exceção a essa regra está representada pelos países que conheceram uma fase de forte crescimento de suas exportações em período subsequente, tais como a Venezuela, o Peru e os da América Central.

Nos países em processo de industrialização, a participação do setor industrial no PIB se apresenta, em 1929, como segue:[1]

Argentina	22,8 por cento
México	14,2 "
Brasil	11,7 "
Chile	7,9 "
Colômbia	6,2 "

Antes de abordar as características da nova fase do processo de industrialização, convém esclarecer a questão seguinte: que possibilidades se apresentavam à industrialização latino-americana no quadro que prevaleceu antes de 1929? Em outras palavras: até que ponto a brusca desorganização do comércio mundial frustrou um processo de industrialização em plena marcha ascendente?

Se observarmos em seus detalhes os dados relativos à Argentina, ao Brasil e ao México, verificaremos que o proces-

1. Os dados básicos relativos à evolução da produção industrial e à participação do setor industrial e das importações no PIB referidos no presente capítulo são tomados da CEPAL, *El proceso de industrialización en América Latina*, Anexo estadístico, cit.

so de industrialização induzido pela expansão das exportações já apresentava inequívocos sintomas de esgotamento antes da crise de 1929. Assim, as modificações estruturais da economia argentina, já a partir de 1910, eram de escassa significação. Nesse ano, a participação da produção industrial no PIB alcançara 20 por cento, proporção que seria a mesma em 1920. Em 1925 ela alcançaria 24,6 por cento, para declinar em 1929 a 22,8 por cento. Essa imutabilidade estrutural coincidia com um forte crescimento da economia argentina. No correr dos dois decênios referidos, o volume da produção industrial crescera 120 por cento, e o *quantum* das exportações aumentara 140 por cento. No México, o coeficiente de industrialização (participação da produção industrial no PIB) começou a declinar no primeiro decênio do século, antes do período revolucionário. Assim, no período 1900-10 a taxa média de crescimento anual do PIB foi de 4,2 por cento, sendo que a de aumento da produção industrial foi de apenas 3,6 por cento. No Brasil, onde o processo de industrialização se fez com atraso, relativamente aos dois outros países referidos, o índice da produção industrial se elevou 150 por cento entre 1914 e 1922, mas entre este último ano e 1929 se manteve praticamente estacionário.

Para captar as limitações intrínsecas a essa primeira fase de industrialização ocorrida nos países latino-americanos, é necessário ter em conta algumas de suas características. Ela consistia essencialmente na instalação de um núcleo de indústrias de bens de consumo corrente — tecidos, produtos de couro, alimentos elaborados, confecções — que se tornavam viáveis em razão do crescimento da renda disponível para consumo sob o impulso da expansão das exportações. Demais, o processo de urbanização, que ocorria paralelamente, criava novas exigências no setor da construção, abrindo o caminho a uma indústria de materiais de construção, os quais se substituíam em boa parte a produtos tradicionais de origem artesanal. Ora, essas indústrias — as de bens de consumo geral e as de materiais de construção — são de escasso poder germinativo. No caso das primeiras, sua curva de crescimento era inicialmente rápida, simplesmente porque elas ocupavam o lugar de produtos anteriormente importados. Assim, a produção têxtil passou, no Brasil, de 22 milhões de metros, em 1882, para 242 milhões, em 1905, e para 470 milhões em 1915.[2] A partir deste ano, entretanto, seu crescimento seria extremamente fraco, porquanto a substituição das importações esgotara suas possibilidades e o setor exportador cresceu lentamente ou se manteve estacionário.

Sendo elástica a oferta de mão de obra — mesmo que esta proviesse do estrangeiro, como no caso da Argentina —, o crescimento do setor industrial se faz em condições de taxa de salário constante, da mesma forma que a expansão do setor exportador em uma economia com um importante setor de subsistência. O crescimento da produção industrial assume essencialmente a forma de adição de novas unidades de produção, similares às preexistentes, mediante a importação de equipamentos. Não se trata de formação de um sistema de produção industrial, mediante sua crescente diversificação, e sim da adição de unidades similares em certos setores de atividade industrial. A mão de obra absorvida, beneficiando-se de uma taxa de salário superior à média do país, constitui um reforço ao mercado interno, da mesma forma que a expansão do setor exportador, ao absorver parte do excedente de mão de obra, contribui para a expansão desse mercado. Assim, não existe diferença essencial entre a expansão industrial

2. Para os dados relacionados com a evolução da indústria têxtil algodoeira brasileira, ver STANLEY J. STEIN, *The Brazilian cotton manufacture: Textile enterprise in an underdeveloped area, 1850-1950* (Harvard University Press, 1957).

dessa primeira fase e o crescimento da agricultura de exportação. A diferença principal estava em que esta última, dependendo de uma demanda exterior ao país, operava como variável exógena, ao passo que os investimentos no setor industrial dependiam do crescimento de um mercado criado pela expansão das exportações. Na verdade, o setor industrial se comportava como um multiplicador de emprego do setor exportador. Para que o setor industrial viesse a superar essa dependência, seria necessário que ele se diversificasse suficientemente para autogerar demanda. Isto é, que se instalassem indústrias de equipamento e outras, cujo produto fosse absorvido pelo próprio setor industrial, e outras atividades produtivas. Ocorre, entretanto, que os investimentos de infraestrutura e os próprios investimentos industriais encontravam facilidades de financiamento fora do país, sendo esses financiamentos vinculados à aquisição de equipamentos e tecnologia em centros estrangeiros. A dependência financeira subordinava a aquisição de equipamentos a fornecedores estrangeiros, reduzindo a atividade industrial ao processamento de matérias-primas locais com equipamentos importados ou ao acabamento de bens de consumo importados semielaborados, sempre com base em equipamentos adquiridos no exterior. A limitação do parque industrial a manufaturas de processamento de bens de consumo limitava sobremaneira os requerimentos de assimilação da tecnologia moderna. A assistência mecânica às indústrias existentes se limitava à substituição de peças, o que podia ser feito por agentes ligados às casas importadoras. Essa aparente vantagem em um primeiro momento repercutia de forma extremamente negativa na fase subsequente, pois a instalação das indústrias se fazia sem que se criasse uma autêntica mentalidade industrial, que pressupõe não apenas a formação de administradores mas também de quadros com um conhecimento cabal dos processos tecnológicos.

AS MODIFICAÇÕES ESTRUTURAIS INDUZIDAS PELA CRISE DO SETOR EXPORTADOR

O colapso brusco da capacidade para importar, a contração do setor exportador e sua baixa de rentabilidade, a obstrução dos canais de financiamento internacional, provocados pela crise de 1929, modificaram profundamente o processo evolutivo das economias latino-americanas, particularmente daquelas que se haviam iniciado na industrialização. A contração do setor externo deu lugar a dois tipos de reação, em conformidade com o grau de diversificação alcançado pela economia em causa: *a*) retorno de fatores de produção ao setor pré-capitalista — agricultura de subsistência e artesanato — num processo de atrofiamento da economia monetária; *b*) expansão do setor industrial ligado ao mercado interno, num esforço de substituição total ou parcial de bens que anteriormente vinham sendo adquiridos no exterior. O segundo caso configura o que se convencionou chamar de processo substitutivo de importações, que se define como sendo o aumento da participação da produção industrial destinada ao mercado interno (E) no produto interno bruto (P) em condições de declínio da participação das importações (M) no produto. Em termos de taxas de crescimento temos:

$$1) \quad \frac{1}{E} \cdot \frac{dE}{dt} > \frac{1}{P} \cdot \frac{dP}{dt} > \frac{1}{M} \cdot \frac{dM}{dt}$$

A fim de medir a intensidade da substituição de importações (SM), pode-se atribuir a esta a expressão seguinte:

$$2) \quad \text{SM} = \frac{M_{t-1}}{P_{t-1}} - \frac{M_t}{P_t}$$

Os coeficientes de importação dos países de industrialização mais antiga na América Latina evoluíram, a partir de 1929, da forma que indicamos abaixo. A estimativa é feita a partir de séries do PIB e das importações, calculadas ambas a preços constantes, tomando-se como base 1960.

QUADRO 1/11 – Evolução dos coeficientes de importação em países escolhidos

	Argentina	*México*	*Brasil*	*Chile*	*Colômbia*
1929	17,8	14,2	11,3	31,2	18,0
1937	13,0	8,5	6,9	13,8	12,9
1947	11,7	10,6	8,7	12,6	13,8
1957	5,9	8,2	6,1	10,1	8,9

No decênio que se segue à crise, o declínio do coeficiente de importações é substancial em todos os países referidos, sendo que no Chile alcança proporções inusitadas. Este é o único país, dentre os incluídos no quadro, em que, em 1937, o PIB ainda não recuperara em termos absolutos o nível de 1929. O grau excessivamente elevado de integração no comércio internacional — para um país exportador de matérias-primas — e a dependência da importação de alimentos dificilmente substituíveis, como os produtos tropicais e o açúcar, fizeram do Chile não somente o país mais afetado pela crise, mas também aquele em que o processo de substituição de importações enfrentaria maiores obstáculos.

A redução do coeficiente de importações foi possível graças a um crescimento mais que proporcional do setor industrial, isto é, a um aumento do coeficiente de industrialização. Damos a seguir a evolução deste último, com base em séries do PIB e da produção industrial, calculadas a preços de 1960.

QUADRO 2/11 – Evolução dos coeficientes de industrialização em países escolhidos

	Argentina	*México*	*Brasil*	*Chile*	*Colômbia*
1929	22,8	14,2	11,7	7,9	6,2
1937	25,6	16,7	13,1	11,3	7,5
1947	31,1	19,8	17,3	17,3	11,5
1957	32,4	21,7	23,1	19,7	16,2

É no Chile que se observa a evolução mais significativa do coeficiente de industrialização no correr dos anos 1930. Ainda assim, essa elevação não seria suficiente para explicar o considerável declínio, observado nesse país, do coeficiente de importações, que também traduz uma substituição de importações no setor agrícola, redução substancial dos investimentos e reorientação destes visando a reduzir-lhes o conteúdo de importações. A partir da fórmula (2) e dos dados anteriormente apresentados, podemos medir a intensidade do processo de substituição com respeito a diferentes períodos:

QUADRO 3/11 – Magnitude do processo substitutivo em países escolhidos

	1929-37	*1937-47*	*1947-57*	*1929-57*
Argentina	4,8	1,3	5,8	11,9
México	5,7	−2,1	2,4	6,0
Brasil	4,4	−1,8	2,6	5,2
Chile	17,4	−1,2	2,5	21,1
Colômbia	5,1	−0,9	4,9	9,1

À parte o caso chileno, o processo de substituição ocorre com intensidade similar nos outros quatro países no primeiro período considerado. No decênio subsequente, que se beneficia da recuperação no comércio mundial de matérias-primas ocorrida no imediato pós-guerra, o processo de substituição perde intensidade ou mesmo retrocede nos países de mais baixo coeficiente de importações, ou seja, o Brasil e o México. No período que se segue a 1947, o processo de substituição retoma o seu curso, mas com intensidade menor. A Argentina, que constitui exceção à regra, é exatamente o país em que a industrialização se faz mais lentamente no período considerado. Em razão de circunstâncias próprias a cada país e das fases distintas em que se encontravam no processo de industrialização, seria equivocado esperar uma clara correlação positiva entre as taxas de substituição e de crescimento da produção industrial. Contudo, se se comparam os dados relativos aos dois países com graus de desenvolvimento mais próximos — Brasil e México —, verifica-se um claro paralelismo entre o processo de substituição e o de industrialização nos três decênios referidos.

No quadro abaixo indicamos os incrementos percentuais da produção industrial nos períodos que vimos considerando.

QUADRO 4/11 – Intensidade do processo de industrialização em países escolhidos (em %)

	1929-37	*1937-47*	*1947-57*	*1929-57*
Argentina	23	73	50	220
México	46	86	98	407
Brasil	42	82	123	475
Chile	16	9	58	100
Colômbia	90	110	130	830

Já fizemos referência, anteriormente, às características particulares do caso chileno. Sendo país exportador de produtos minerais, a atividade industrial chilena está parcialmente integrada com o setor exportador, seja no processamento de minérios, seja no aproveitamento de subprodutos. O forte declínio dessas atividades nos anos 1930 não permite que transpareça no índice global o processo de substituição que efetivamente ocorreu no setor manufatureiro. Assim, a produção de tecidos de algodão, entre 1929 e 1937, mais que quadruplicou, a de confecções mais que duplicou, e a de papel mais que triplicou. Contudo, a não compressibilidade das importações de alimentos e a necessidade de aumentar as importações de combustíveis e de matérias-primas como o algodão, em uma fase em que a capacidade para importar se reduzia pela metade, explicam a lentidão da industrialização chilena durante os anos 1930. Essas dificuldades, sem lugar a dúvida, contribuíram para que se tomasse consciência no país da necessidade de uma ação global do Estado visando a introduzir modificações na estrutura econômica e dar maior profundidade ao processo de industrialização. A criação, em 1939, da *Corporación de Fomento de la Producción* (CORFO), instituição que serviria de modelo um decênio depois a outros países da América Latina, representa o ponto de partida da segunda fase da industrialização chilena. Coube à CORFO elaborar e executar um plano de eletrificação para o país, criar as bases da produção e refinação de petróleo, instalar uma moderna siderúrgica (Huachipato), desenvolver a produção de açúcar de beterraba, promover a produção de papel etc. O Chile constitui, portanto, menos um caso de industrialização, à base de substituição espontânea de importações, que de ação estatal visando a superar os obstáculos criados à economia do país pela desorganização de seu setor exportador.

Com respeito à Colômbia, cabe referir que seu desenvolvimento industrial era incipiente em 1929, o que ensejou que as duas fases do processo de industrialização de alguma forma se superpusessem. A natureza do setor exportador, no qual predomina a produção cafeeira à base de unidades familiares, permitira a formação de um mercado interno que vinha induzindo à instalação de indústrias de consumo corrente já nos anos 1920.

A crise, funcionando como um mecanismo de proteção adicional, precipitou esse processo. A elasticidade da oferta interna de alimentos, de matérias-primas agrícolas e também de combustíveis representou um fator favorável adicional. Contudo, o coeficiente de industrialização que a Colômbia apresentava em 1947 já havia sido superado pela Argentina, o México e o Brasil em 1929. Foi nesses três países que o processo de substituição de importações, como fator de estímulo à industrialização, se manifestou em sua plenitude.

A crise de 1929, assumindo inicialmente a forma de uma contração na capacidade para importar, provocou nesses países depreciações cambiais que puseram em marcha processos inflacionários, conforme indicamos em capítulos anteriores. Um e outro fatores (a depreciação cambial e a inflação) atuaram no sentido de elevar a taxa de rentabilidade do núcleo industrial ligado ao mercado interno. Esse processo pode ser observado com clareza na indústria têxtil do Brasil, que conhecera grande expansão antes da Primeira Guerra Mundial, e continuara a aumentar a sua capacidade produtiva nos anos 1920. Entre 1915 e 1929 o número de fusos cresceu de 1,5 milhão para 2,7 milhões, e o de teares, de 51 mil para 80 mil, o que se traduziu na criação de uma margem de capacidade ociosa relativamente grande.[3] Conforme expusemos no capítulo anterior, cumprida a primeira fase de substituição de importações, a expansão desse setor passara a depender do crescimento da demanda global, que era função, no período que se encerrou com a crise, do comportamento do se-

3. Na segunda metade do decênio dos 1920, os industriais têxteis brasileiros promoveram uma grande campanha visando a proibir a importação de equipamentos, o que indica claramente a situação de impasse a que se havia chegado ao esgotar-se essa fase em que o crescimento do setor industrial não engendrava transformações estruturais significativas na economia.

tor exportador. Graças a essa margem de capacidade ociosa e ao fato de que a indústria não dependia de matérias-primas importadas, senão de forma marginal, ocorreu uma rápida expansão da produção no período subsequente. Assim, entre 1929 e 1932 a produção têxtil brasileira aumentou de um terço, e entre 1929 e 1939, de dois terços. Esse rápido crescimento se explica pelo fato de que certos setores do mercado antes abastecidos do exterior — particularmente no que respeita a artigos de qualidade superior — foram atendidos pela oferta interna e, também, porque a própria expansão industrial, ao elevar o nível da demanda global, ampliou o mercado preexistente. Temos aí as duas faces do processo de substituição. Por um lado, a produção interna aumenta o seu poder competitivo e cobre um segmento maior do mercado; isso se torna possível porque o nível da demanda monetária se mantém, ao mesmo tempo que os preços relativos dos produtos importados aumentam, e porque a oferta interna possui um certo grau de elasticidade, sem o que os custos marginais se elevariam, anulando o efeito favorável para o produtor interno do incremento dos preços de importação. Por outro lado, o desenvolvimento da produção industrial, ao criar um fluxo de renda adicional, amplia o mercado interno.

O PROCESSO SUBSTITUTIVO E A AÇÃO DO ESTADO

A substituição de importações somente se concretizou nos países que já haviam passado pela primeira fase de industrialização, isto é, que já possuíam um núcleo significativo de indústrias de bens de consumo corrente. De maneira geral, essas indústrias permitem uma utilização mais intensiva dos equipamentos e outras instalações, mediante a adição de um ou dois turnos suplementares de trabalho. Assim, torna-se possível aumentar a oferta sem investimentos prévios em capital fixo, isto é, sem importar equipamentos adicionais. Ao lado dessa elasticidade da oferta, a outra condição essencial para que se realize a substituição de importações é que ocorra uma expansão da renda monetária capaz de anular o efeito depressivo, no nível de emprego, da contração das atividades de exportação. Essa condição adicional foi preenchida mais facilmente nos países de agricultura permanente, como a do café no Brasil, cuja produção passou a ser adquirida pelo governo com financiamento baseado em crédito concedido pelas autoridades monetárias. Ali onde foram preenchidas essas condições, ocorreu rápida expansão da produção industrial, crescendo ainda mais a sua rentabilidade. Se se tem em conta que o setor exportador estava em aguda depressão, compreende-se que não somente os recursos financeiros disponíveis mas também a capacidade empresarial hajam sido atraídos pelas atividades industriais.

O aumento da produção manufatureira de bens de consumo corrente, que ocorreu ao se iniciar o processo de substituição, traduziu-se em aumento da demanda de produtos intermediários e de equipamentos em geral. Em face das limitações que representava a capacidade para importar, os preços dos insumos industriais tenderam a aumentar, abrindo novos setores aos investimentos. Nos países em que já existia uma experiência metalúrgica importante, como o México, ou onde a ação do governo se fez sentir com mais eficácia na promoção de indústrias de base, o processo de substituição prolongou-se e ganhou em profundidade. Uma comparação das experiências da Argentina, do Brasil e do México é ilustrativa a esse respeito. Na Argentina, durante os anos 1930, realizou-se um esforço considerável para preservar o crédito externo, o que exigia uma certa política de contenção interna. Tratou-se de substituir importações no setor agrícola — algodão e outras matérias-primas agrícolas — e de orientar a industrialização para os bens de consumo não duráveis. A preocupação de defender o nível de atividade interna nas fases de depressão cíclica levou a favorecer as indústrias de demanda menos elástica, que são as de consumo geral. Partia-se do princípio de que a demanda dos bens de consumo duráveis e dos equipamentos pode ser mais facilmente comprimida para fazer face a um declínio brusco da capacidade para importar. Em outras palavras, prevaleceu na Argentina a preocupação de adaptar-se às condições de instabilidade do mercado mundial de matérias-primas. A situação do México é distinta em aspectos fundamentais. Ao contrário da Argentina, o setor exportador era, nos anos 1920, controlado por estrangeiros, o que tendia a tornar mais nítida a linha demarcatória entre os interesses do Estado mexicano e os dos grupos exportadores. Já nos anos 1920 o Estado mexicano preparara-se para uma ação ampla no setor econômico, com a criação do Banco Central, da Nacional Financiera, que é um banco de desenvolvimento econômico, e da Comissão Federal de Eletrificação. A desapropriação da indústria petrolífera nos anos 1930 constituiu o ponto culminante da crise entre o Estado mexicano e os poderosos grupos estrangeiros que controlavam as atividades de exportação do país. A situação do Brasil pode ser considerada como intermediária entre as duas anteriormente citadas. Ao contrário da Argentina, onde os interesses da economia de exportação reforçaram a sua posição no Estado mediante o golpe militar de 1930, no Brasil essas posições foram debilitadas.[4] Entretanto, es-

4. A crise de 1929 teve amplas repercussões políticas na maioria dos países latino-americanos, acarretando, em muitos, levantes militares e sublevações populares. Entretanto, a significação desses movimentos políticos nem sempre foi a mesma. Assim, na Argentina, o Poder Executivo estava, desde a eleição de 1916, em mãos da Unión Cívica Radical, partido essencialmente representativo das classes médias, principalmente urbanas; a crise de 1929, ao criar as condições para o levante militar de 1930, abriu o caminho à restauração do poder dos

tá-se longe da dicotomia que assinalamos no caso mexicano. O governo Vargas, não obstante a derrota da contrarrevolução inspirada pelos grupos tradicionalistas em 1932, levou adiante uma política de compromisso com os grupos cafeicultores, cuja produção foi adquirida mesmo que em grande parte tivesse de ser destruída. Contudo, a maior profundidade da crise não permitiu que no Brasil se alimentassem ilusões com respeito a uma restauração do setor exportador em papel similar ao que antes lhe coubera. Assim, desde os anos 1930 o governo brasileiro preocupou-se em unificar o mercado nacional, eliminando as barreiras que ainda sobreviviam entre estados, criou a Companhia Siderúrgica Nacional, à qual caberia a instalação da usina de Volta Redonda, promoveu o treinamento de mão de obra industrial em escala nacional etc.

No período do pós-guerra, o processo de industrialização nos três países referidos dependeu muito mais da ação estatal visando a concentrar investimentos em setores básicos, da recuperação ocasional do setor exportador e da introdução de capitais e tecnologia estrangeiros do que propriamente da substituição de importações. Contudo, continuou-se a falar de substituição de importações pelo fato de que a produção industrial, orientando-se estritamente para satisfazer a demanda interna, abasteceu mercados antes supridos pelas importações, mesmo que em pequena

---

grupos conservadores, que reuniam os interesses ligados às importações, às especulações de terras e à pecuária. No Brasil ocorreu um processo distinto: a Revolução de 1930, mais uma sublevação popular que um levante militar, permitiu que se deslocasse do poder a oligarquia cafeeira, sob a pressão de grupos periféricos do Nordeste e do extremo sul (Vargas era governador do estado do Rio Grande do Sul). A menor influência das classes médias urbanas fez que a deslocação da oligarquia se orientasse menos para a democracia formal, como fora o caso na Argentina sob o domínio da Unión Cívica Radical, e mais para um *autoritarismo esclarecido*.

escala. A rigor, os novos mercados foram principalmente criados pela ampliação da demanda global que trouxe consigo a industrialização. Tratando-se de economias que reproduzem formas de consumo preexistentes em outros países, em uma primeira fase a oferta de cada produto é alimentada por importações, se bem que essa fase tenda a ser cada vez mais curta.

Nos quatro países que estamos considerando — Argentina, México, Brasil e Chile —, a industrialização induzida pela substituição de importações foi, a rigor, um fenômeno dos anos 1930 e do período da guerra, isto é, da fase em que a contração da capacidade para importar permitiu que se utilizasse intensamente um núcleo industrial surgido na fase anterior. Que a industrialização se haja intensificado nesses países durante a depressão do setor externo constitui clara indicação de que esse processo poderia ter ocorrido anteriormente caso os referidos países se houvessem beneficiado de políticas adequadas. Em outras palavras: a superação da primeira fase da industrialização exigia medidas econômicas visando a modificar a estrutura do núcleo industrial; não tendo sido tomadas em tempo oportuno, os setores industriais foram levados a uma situação de relativa depressão. A crise, ao criar condições para uma utilização intensiva da capacidade produtiva já instalada e ao ampliar a demanda de produtos intermediários e equipamentos, tornou evidente que, para continuar a avançar, o processo de industrialização necessitava ganhar profundidade. A ação estatal, conduzindo à criação de indústrias de base, abriria uma terceira fase ao processo de industrialização latino-americano.

12. Os desequilíbrios provocados pela industrialização substitutiva de importações: a inflação estrutural

O DESENVOLVIMENTO COMO SEQUÊNCIA DE MUDANÇAS ESTRUTURAIS

Os países que se especializaram na exportação de produtos primários, no quadro do sistema de divisão internacional do trabalho surgido no século XIX, criaram estruturas econômicas de forte vocação inflacionista. Já observamos que nesses países as crises cíclicas acarretavam não apenas uma baixa no volume físico das exportações, mas também deterioração dos termos de intercâmbio, fuga de capitais e obstrução das linhas de crédito no exterior. Dessa forma, a redução da capacidade para importar era mais acentuada e mais rápida do que a do fluxo de renda monetária gerado internamente pelo setor exportador, o que engendrava pressão sobre a balança de pagamentos que dificilmente podia ser aliviada com mobilização de reservas de ouro e divisas. Impunha-se, em consequência, a desvalorização da moeda, o que acarretava expansão da renda monetária do setor exportador, elevação da receita tributária incidente sobre essa renda e subida dos preços dos produtos importados. A inflação se apresentava, portanto, como um esforço de adaptação do sistema econômico a um conjunto de pressões exercidas de fora. Sendo impraticável a defesa da moeda mediante a manipulação da taxa de juros e a mobilização de reservas de ouro e divisas, e operando o movimento de capitais a curto prazo de forma a agravar as crises da balança de pagamentos em conta corrente, era natural que prevalecessem, conforme indicamos, sistemas de câmbio com taxa flexível. Ora, esses sistemas facilitam a especulação, o que acentua a tendência à instabilidade.

A industrialização substitutiva de importações abriu novo ciclo de inflação na América Latina, o qual se diferenciou dos desequilíbrios clássicos regionais engendrados pelo esforço de adaptação às flutuações bruscas da renda do setor exportador. Já observamos que um dos requisitos para que tivesse início o processo de substituição, após a contração da capacidade para importar, era a expansão da renda monetária. Essa expansão, se bem que fosse, em parte, absorvida pelo aumento da produção destinada ao mercado interno — não havendo esse aumento, a substituição não se concretizava —, punha em marcha uma série de tensões estruturais que se traduziam em um processo inflacionário. O estudo dessas tensões constitui um dos aspectos mais interessantes da análise do recente desenvolvimento latino-americano, e sua compreensão somente avançou quando se logrou superar o marco teórico tradicional em que eram abordados os problemas da inflação.

Considerado apenas em seus aspectos mais gerais, o problema pode ser colocado da forma seguinte: a todo processo de desenvolvimento são inerentes modificações das estruturas econômicas, as quais assumem a forma de transformações bruscas ou graduais no perfil da demanda e na composição da oferta. Com efeito, o estudo do desenvolvimento não é outra coisa que a identificação e a antecipação dessas transformações, assim como das interações e das possíveis relações de causalidade que existem entre as mesmas. Tudo se passa como se o processo de desenvolvimento fosse uma cadeia de situações interdependentes, na qual certas situações dependem das que ocorreram anteriormente, mas também possuem capacidade germinativa própria, capaz de modificar as tendências que até então se vinham manifestando. Dizer que o desenvolvimento consiste em transformações estruturais é praticamente uma redundância. O que importa é poder identificar as modificações que condicionam as demais, os agentes responsáveis pelas decisões que engendram essas modificações, e os elementos — situações e agentes — que maior resistência oferecem às mesmas. A intensidade com que se efetua o desenvolvimento depende da eficácia dos centros que tomam decisões estratégicas e da plasticidade das estruturas. Os agentes cujas decisões são capazes de provocar processos cumulativos e, portanto, transformar as estruturas tanto operam do lado da oferta como do lado da demanda. Em realidade, existe um sistema de causação circular pelo qual o aumento de produtividade e a diversificação da demanda se reforçam mutuamente. A rapidez com que os agentes respondem às novas situações decorre da maior ou menor plasticidade da estrutura econômica.

No modelo clássico de desenvolvimento da América Latina — integração no sistema de divisão internacional do trabalho —, o setor dinâmico, que era a oferta de produtos primários, quase não interagia com a demanda interna. A expansão do setor exportador trazia consigo uma elevação da renda interna e a diversificação de um segmento da demanda, provocando indiretamente crescimento e diversificação das importações. Os produtos de demanda mais elástica ao crescimento da renda eram exatamente os importados, o que impedia que oferta e demanda interatuassem cumulativamente, no sentido de ampliar qualquer impulso inicial de crescimento. Por outro lado, o setor exportador, restringindo-se a um pequeno número de produtos, não oferecia ele mesmo muitas possibilidades à inovação. Assim, nem a ampliação da demanda requeria muitas modificações da estrutura da oferta de origem interna, nem o crescimento do setor exportador demandava transformações de maior significação. Pode-se, portanto, afirmar que se tratava de um modelo de desenvolvimento que não requeria maior plasticidade das estruturas, ou seja, que era compatível com estruturas de escassa aptidão para a mudança. Na verdade, o modelo exportador que prevaleceu na América Latina, ao permitir que o desenvolvimento se fizesse com um mínimo de modificações nas estruturas econômicas, criou um clima de resistência à mudança no plano social. Não preparando as classes dirigentes para ver nas mudanças estruturais um ingrediente do desenvolvimento, contribuiu para que se formassem as atitudes que, em fase subsequente, obstaculizariam o desenvolvimento da região.

OS FOCOS DE PRESSÕES INFLACIONÁRIAS BÁSICAS

As observações que vimos de fazer adquirem maior significação quando se tem em conta que a industrialização com declínio do coeficiente de importações, ou seja, a industrialização substitutiva de importações, constitui uma forma de desenvolvimento que requer rápidas modificações nas estruturas econômicas. As importações, que na fase anterior davam plasticidade à oferta global, permitindo que esta respondesse com prontidão à evolução do perfil da demanda, estarão agora em declínio absoluto ou relativo e serão crescentemente constituídas por insumos industriais, ou seja, produtos de demanda incompressível. Na verdade, as importações serão agora o instrumento a utilizar para transformar a estrutura produtiva ligada ao mercado interno. Passa-se, assim, de uma fase em que o desenvolvimento assumia a forma de modificações na composição da demanda (e na das importações) para outra em que somente haverá desenvolvimento se a estrutura da oferta for rapidamente transformada. Imaginemos uma situação concreta. Como resposta às tensões criadas no setor exportador, intensifica-se a produção têxtil, mediante turnos adicionais, para substituir importações. O nível da renda global se eleva, e com ele a demanda de toda uma gama de outros produtos de consumo. Em alguns casos, a oferta interna poderá responder imediatamente, ainda que de maneira parcial e indireta, pondo em marcha processos substitutivos. A pressão para aumentar as importações de produtos intermediários e de equipamentos se fará sentir, reduzindo a capacidade para importar bens de consumo. Haverá modificações significativas nos preços relativos e importantes transferências de renda, reflexos das tensões estruturais requeridas para modificar a estrutura da oferta, ou melhor, para reaproximar os perfis da oferta e da demanda. O tempo necessário para que se opere essa reaproximação reflete em boa parte a plasticidade das estruturas, tido em conta o grau de diferenciação alcançado na fase anterior pelo sistema de produção do país. As tensões estruturais e a decorrente inflação foram em cada país condicionadas por circunstâncias locais. Contudo, por toda parte, ainda que em graus diversos, se fizeram sentir certos fatores, o que permite que se dê uma interpretação global à inflação que nos países latino-americanos acompanhou a industrialização substitutiva de importações. Entre esses fatores, que devem ser considerados como focos de *pressões inflacionárias básicas*, cabe destacar os seguintes:

a) *A inelasticidade da oferta de produtos agrícolas.* Se as estruturas agrícolas latino-americanas se haviam adaptado para responder ao crescimento da demanda de uns poucos produtos de exportação, o mesmo não se pode dizer com respeito à expansão da demanda interna. A diferença, na realidade, é substancial. No primeiro caso trata-se de um sistema rígido, quase sempre baseado em uma monocultura, cujo crescimento se efetua extensivamente, mediante a absorção de fatores antes utilizados numa agricultura de subsistência de produtividade econômica inferior, ainda que as técnicas de produção não sejam muito distintas. A produção para o mercado interno teria de ser altamente diversificada e com capacidade para adaptar-se às modificações da demanda, pois entrava em concorrência com excedentes do próprio setor de subsistência, os quais, em função de fatores climáticos, variam erraticamente de ano para ano. O mero crescimento extensivo, no caso da produção para o mercado interno, levaria a preços marginais crescentes, pois teriam de ser utilizadas terras cada vez mais distantes dos mercados ou de qualidade inferior. Em face do rápido crescimento da população empregada nas zonas urbanas, somente uma agricultura de produtividade crescente poderia fazer face à expansão da demanda. Ao contrário da agricultura tradicional de exportação, cujo crescimento podia ser extensivo, a agricultura de mercado interno teria de abrir caminho elevando seu nível tecnológico. Caso contrário, as zonas urbanas seriam submetidas a uma escassez relativa de produtos agrícolas, cujos preços tenderiam a elevar-se. Como no modelo ricardiano, essa elevação dos preços agrícolas traduz-se em aumento da renda dos proprietários da terra, consolidando o poder dos grupos tradicionalistas e reduzindo a capacidade de adaptação da estrutura da oferta ao novo perfil da demanda.

b) *Inadequação da infraestrutura.* Os transportes e outros serviços básicos, havendo sido construídos em função de uns poucos produtos homogêneos de exportação, apresentam, muitas vezes, um grau de inadequação considerável às exigências da nova estrutura produtiva. Tanto no que respeita à agricultura, cuja expansão cobre novas áreas, como no que concerne à indústria — que se abastece parcialmente de matérias-primas procedentes do interior e cujos produtos precisam alcançar as distintas áreas do país —, colocam-se sérios problemas de inadequação da infraestrutura existente. Evidentemente, o problema era menos grave em uns países que em outros, contudo em todos se apresentava em grau significativo. O mesmo se pode dizer com respeito à rede de armazéns e silos, quase sempre inutilizável em função do mercado interno. A infraestrutura financeira também exigia importantes adaptações. O financiamento de produtos homogêneos, de tipos padronizados, com demanda nos grandes centros internacionais, constitui operação relativamente simples, quando a comparamos com o financiamento de uma produção agrícola altamente diversificada e com condições de armazenamento precário. Parte substancial dos investimentos realizados pelos governos latino-americanos, nos últimos decênios, destinou-se a recondicionar os sistemas de transporte e outros serviços básicos.

c) Inadequação do fator humano disponível a curto prazo. Na maior parte dos países, se bem que fosse abundante a oferta de mão de obra, inexistia força de trabalho adequada às atividades industriais. Muitas vezes era escassa a própria tradição artesanal, devendo a mão de obra transferir-se diretamente de uma agricultura de padrão técnico extremamente baixo para as usinas. Mais importante ainda era a inexistência de tradição empresarial. À exceção dos países que se haviam beneficiado de imigração europeia recente, era escassa a experiência empresarial no setor industrial. Conforme já observamos, a economia tradicional de exportação não favorecia o desenvolvimento da capacidade inovadora. Demais dos estrangeiros, foram os próprios habitantes com experiência em empresas dedicadas à importação de manufaturas — quase sempre controladas por grupos estrangeiros — que formaram o núcleo inicial de empresários industriais. Esse núcleo, devido a seu isolamento face à classe dirigente tradicional e à classe média profissional, teve um lento crescimento, o que representa uma das causas principais da pouca plasticidade das estruturas.

d) A inadequação das estruturas fiscais. Já observamos que as receitas fiscais dependiam essencialmente do comércio exterior, particularmente das importações. Ao reduzir-se essa fonte fiscal, tentou-se uma conversão para o imposto de consumo, de elevado custo de arrecadação. Em razão de sua estrutura regressiva, esse imposto era muito pouco elástico em função das elevações do nível da renda interna. O imposto de renda, que surgiu na Argentina nos anos 1930, teve apenas um papel complementar. Em geral, as estruturas impositivas são extremamente regressivas e inelásticas ao crescimento da renda, quando este ocorre em atividades ligadas ao mercado interno. Assim, na fase em que as inversões públicas deviam expandir-se, a capacidade arrecadadora do Estado tornou-se mais cara e mais inelástica. Como as possibilidades de financiamento externo se haviam reduzido ou mesmo desaparecido nos quinze anos que se seguiram à crise de 1929, e inexistiam mercados financeiros internos capazes de absorver emissões públicas, por toda parte os governos passaram a depender, em maior ou menor grau, de avanços do sistema bancário, com redesconto automático, para financiar os investimentos ou mesmo para cobrir uma parte dos gastos correntes. A modernização dos sistemas fiscais, em função das novas responsabilidades assumidas pelo governo e do novo tipo de economia que estava surgindo, se faria lentamente. Dessa forma, o próprio setor público transformou-se em fator de rigidez das estruturas, mesmo ali onde o governo procurou por outros meios abrir caminhos ao desenvolvimento.

e) *Aumento dos encargos financeiros.* Como os investimentos se estavam realizando em condições de pressão sobre a balança de pagamentos ou mesmo de declínio na capacidade para importar, os preços dos equipamentos (importados em sua quase totalidade) tenderam a elevar-se em termos relativos. Seria, portanto, necessária maior taxa de poupança para alcançar a mesma taxa de investimentos em termos reais. Os encargos financeiros das empresas teriam que aumentar, o que constitui um fator de pressão no sentido de elevação do nível de preços.

A importância relativa dos fatores indicados variou de país para país e também em um mesmo país de uma época para outra. Somente ali onde houve o propósito deliberado de intensificar o desenvolvimento as tensões estruturais se manifestaram em sua plenitude. Assim, nos anos 1930, ao reduzir-se a capacidade para importar e expandir-se a renda monetária, a reorientação dos investimentos para o setor industrial fez-se com o mínimo de tensões na Argentina e o máximo no Chile. No primeiro desses países, os excedentes de exportação encontraram na expansão do emprego urbano um mercado alternativo. No Chile, não somente inexistia possibilidade de absorver internamente a produção exportável, mas ainda a oferta interna de produtos agrícolas demonstrou grande rigidez. Contudo, a agricultura argentina, em fase subsequente, também seria um foco de tensões estruturais. Esgotada a sua fase de expansão extensiva, no que respeita à região produtora de cereais e pecuária, e devendo competir com os demais setores produtivos em um mercado com uma oferta de mão de obra relativamente pouco elástica, a elevação do nível técnico e a maior capitalização dessa agricultura fizeram-se indispensáveis, a fim de que as estruturas econômicas conservassem a flexibilidade que haviam conhecido nos períodos anteriores. Na ausência desse desenvolvimento em profundidade do setor agrícola, a oferta de produtos agropecuários tendeu a perder elasticidade, passando o mercado interno a competir com as exportações, e agravando-se o problema fundamental da insuficiência da capacidade para importar.

As tensões estruturais foram muitas vezes agravadas pelas políticas seguidas pelos governos. Assim, no Brasil, o poder público prosseguiu com a política de aquisição de excedentes invendáveis de café (que eram, em grande parte, destruídos) mesmo nos anos da guerra, quando o forte saldo da balança comercial e o déficit do orçamento público (tendo entrado no conflito, o Brasil procedeu a uma mobilização parcial) davam origem a fortes pressões inflacionárias. Na Argentina, no fim do decênio dos 1940 e começo dos 1950, o governo, favorecendo sobremaneira os investimentos industriais, reduziu a rentabilidade do setor agrícola, cuja rigidez já se manifestava como o principal foco de tensões estruturais. De maneira geral, os governos, ao pretenderem intensificar os investimentos, agravaram as tensões inflacionárias. Alcançar uma taxa de crescimento que permitisse absorver o incremento da população em idade de trabalhar e satisfazer as expectativas dos grupos que já tinham acesso a padrões modernos de vida assumia a forma de uma difícil corrida de obstáculos, para a qual os grupos dirigentes e os aparelhos administrativos não estavam preparados. Maior fosse a velocidade que se pretendia alcançar, mais difíceis passariam a ser — *ceteris paribus* — os obstáculos.

FATORES CIRCUNSTANCIAIS E MECANISMOS DE PROPAGAÇÃO

Na análise estruturalista da inflação, a atenção é inicialmente dirigida para os focos de onde se irradiam as chamadas pressões inflacionistas básicas, que são os pontos da estrutura econômica que mais resistência oferecem às transformações requeridas pelo desenvolvimento.[1] Ao lado dessas pressões básicas atuam outros fatores que tanto podem ser *circunstanciais* como engendrados pelo próprio processo inflacionário. Os fatores circunstanciais são muitas vezes o ponto de partida de uma nova onda inflacionária. Eles tanto podem ser de natureza econômica — elevação ou queda brusca dos preços de exportação — como não econômica: perda de uma colheita de café em razão de uma geada, contração da oferta de alimentos resultante de uma seca, ação do governo, a exemplo dos casos antes referidos. Na verdade, o processo inflacionário tem sempre como ponto de partida a ação de um agente, cuja atuação frustra o que se poderia chamar de "as expectativas convencionais". Assim, a elevação

1. Sobre a teoria estruturalista da inflação, os trabalhos básicos são: JUAN NOYOLA VÁSQUEZ, "El desarrollo económico y la inflación en México y otros países latinoamericanos", *Investigación Económica*, XVI, nº 4 (México, 1956); CEPAL, *El desequilibrio externo en el desarrollo económico latinoamericano: El caso de México* (1957); C. FURTADO, "The external disequilibrium in the underdeveloped economies", *The Indian Journal of Economics*, abril de 1958; OSVALDO SUNKEL, "La inflación chilena: Un enfoque heterodoxo", *El Trimestre Económico*, out.-dez. 1958; ANÍBAL PINTO, "Estabilidad y desarrollo", *El Trimestre Económico*, jan.-mar. 1960; JULIO OLIVEIRA, "La teoria no monetaria de la inflación", *El Trimestre Económico*, jan.-mar. 1960; RAÚL PREBISCH, "El falso dilema entre desarrollo económico y estabilidad monetaria", *Boletín Económico de América Latina*, mar. 1961; DUDLEY SEERS, "Inflación y crecimiento: Resumen de la experiencia latinoamericana", *Boletín Económico de América Latina*, fev. 1962. Para uma apreciação de conjunto, ver JOSEPH GRUNWALD, "The 'structuralist' school on price stabilization and economic development: The Chilian case", in *Latin American Issues*, dirigido por A. HIRSCHMAN (Nova York, 1961); ROSA OLIVIA VILLA MARTINEZ, *Inflación y desarrollo: El enfoque estructuralista*, tese de licenciatura na Universidade Nacional Autônoma do México, 1966, e também WERNER BAER, "The inflation controversy in Latin America: A survey", *Latin American Research Review*, vol. II, nº 2, 1967.

dos preços de exportação, ao aumentar as receitas públicas, pode induzir o governo a lançar um plano de obras, modificando as condições do mercado de trabalho, aumentando o emprego urbano, fazendo crescer a demanda de excedentes agrícolas, modificando bruscamente a composição das importações etc. Dessa forma, muitas expectativas ver-se-ão frustradas, dando origem a resistências às modificações requeridas na alocação dos recursos. Uma vez posto em marcha, o processo da inflação tende a criar situações que retroagem sobre o impulso inicial, aumentando a sua virulência. Assim, a elevação dos custos monetários, provocada pela inflação, repercute no setor exportador reduzindo a sua capacidade competitiva no exterior. A consequência poderá ser tanto uma redução das exportações — o que repercutirá na capacidade para importar e agravará a inflação — como uma desvalorização cambial, que elevará o nível de preços dos insumos industriais importados e também não poderá deixar de agravar a inflação. Outro exemplo de fator derivado que ganha autonomia como multiplicador da pressão inflacionária é o comportamento dos serviços públicos: a baixa das tarifas reais tanto pode reduzir os investimentos nestes, aumentando a rigidez estrutural do sistema econômico como um todo, quanto exigir subsídios públicos, incrementando a virulência de um dos focos de pressão inflacionária básica.

Os pontos de maior rigidez da estrutura econômica atuam como uma barragem, sobre a qual se acumula energia potencial em função de um volume d'água cujo nível está em ascensão. Em certas circunstâncias, essa energia pode ser neutralizada, continuando o sistema econômico a operar como se ela não existisse. O mais provável, entretanto, é que essa pressão venha a irradiar-se, afetando outros pontos da estrutura econômica, dependendo o curso que tomará dos *mecanismos de propagação* que utilizar. Assim, a formação de déficit no setor público exigirá financiamento, que terá um poder maior ou menor de propagação do potencial inflacionário. Além disso, a elevação dos preços agrícolas reflete-se em baixa dos salários reais nos setores urbanos ou em elevação dos custos de atividades industriais que dependem de insumos agrícolas, transferindo a pressão para outros setores. A rapidez com que se propaga a pressão inflacionária reflete a aptidão dos distintos grupos sociais para defender sua participação na renda social e a eficácia com que os setores público e privado defendem as posições respectivas no processo de captação dos recursos disponíveis.

Os *centros de comando* capazes de interferir na propagação das pressões inflacionárias são principalmente aqueles que intervêm na política de crédito, na política de câmbio, na política de salários e na forma de financiamento do déficit do setor público. Em outras palavras: a pressão inflacionária tende a propagar-se pelos distintos canais dos fluxos monetários, que constituem os seus *mecanismos de propagação*. Como esses canais oferecem uma certa resistência, a pressão inflacionária pode ser parcialmente absorvida. Assim, o sistema de crédito não é totalmente elástico, os salários reais podem declinar lentamente, o déficit da balança de pagamentos pode ser refinanciado no exterior etc. Se a pressão continua por tempo prolongado, ou acentua-se bruscamente, os canais oferecem resistência decrescente, podendo mesmo operar como mecanismo de propagação automática. A dificuldade em compreender a verdadeira natureza dos processos inflacionários, que na América Latina acompanharam as políticas de desenvolvimento na fase de perda de dinamismo do setor exportador, resultava de que toda a atenção se concentrava nos mecanismos de propagação. Em consequência, prevaleceu o ponto de vista de que a inflação refletia um mau funcionamento dos fluxos monetários. Assim, a tolerância excessiva do sistema bancário com o setor privado ou o abuso dos déficits orçamentários levariam a um excesso da demanda sobre a oferta — diagnosticando-se uma *inflação de demanda*; outras vezes a complacência dos poderes públicos abria a porta a uma elevação excessiva dos salários e constatava-se uma *inflação de custos*. Não resta dúvida de que essas duas situações ocorreram repetidas vezes em muitos países latino-americanos nos últimos decênios, particularmente no imediato pós-guerra. Contudo, essas situações eram quase sempre *respostas* a pressões mais profundas, ou melhor, refletiam um esforço de adaptação no quadro de um processo mais complexo, cujos ingredientes principais eram as inflexibilidades estruturais e o propósito de prosseguir com uma política de desenvolvimento.

ALGUNS CASOS SIGNIFICATIVOS

O México, dentre os países de industrialização mais avançada da América Latina, constitui o único caso em que as pressões inflacionárias foram totalmente controladas, até o começo dos anos 1970, quando a inflação assumiu novas características, afetando o conjunto das economias capitalistas. Desde 1954, quando foi desvalorizado pela última vez o peso mexicano (com respeito ao dólar), o nível dos preços no país tem sido relativamente estável, seu incremento não se afastando sensivelmente do que se observa nos Estados Unidos. Para explicar essa situação singular, é necessário ter em conta, em primeiro lugar, o sistema político unipartidário, que assegura uma estrita continuidade no controle do Poder Executivo e reduz a funções subalternas o Poder Legislativo.[2] Como o sistema sindical está integrado no partido

2. Uma análise da estrutura de poder vigente no México encontra-se em PABLO GONZÁLEZ CASANOVA, *La democracia en México* (México, 1965). Ver também DANIEL COSÍO VILLEGAS, *El sistema político mexicano* (México, 1972).

do governo, excluiu-se a possibilidade de emulação entre os que administram a política salarial e os líderes das organizações sindicais. Por outro lado, a possibilidade de o setor exportador exercer uma forte pressão sobre o governo, para ressarcir-se de uma baixa de preços nos mercados externos, está parcialmente excluída. Dessa forma, os mecanismos de propagação estão submetidos a controle, o que explica que a distribuição da renda se modifique sem que o nível de preços seja afetado. A fraqueza de determinados grupos sociais cria condições para certo tipo de adaptação estrutural, a ponto de o crescimento do produto interno ter sido acompanhado, em certos períodos, de baixa dos salários médios reais desses grupos. Essas considerações não seriam suficientes, entretanto, para explicar a experiência mexicana. Outro aspecto importante deve ser buscado no aumento considerável de elasticidade da estrutura econômica do país, decorrente das transformações sociais trazidas pela Revolução e da coerência com que todos os governos têm visado à industrialização do país, nos últimos decênios. O controle da indústria do petróleo não somente criou uma fonte importante de recursos para investimento, mas também permitiu levar adiante uma política de baixos preços de combustíveis, com repercussão favorável nos custos industriais. Por último, a modernização do setor agrícola, com a grande irrigação no norte e a elevação do nível técnico na *mesa* central, eliminou um dos focos de pressão inflacionária de mais difícil tratamento. Caberia acrescentar o desafogo que a grande expansão do turismo trouxe à capacidade para importar. Dessa forma, uma maior flexibilidade estrutural e um controle mais rígido dos mecanismos de propagação criaram condições para que fosse lograda a estabilidade a que fizemos referência.

A situação tanto no Chile como na Argentina é, em muitos aspectos, diametralmente oposta à do México. O sistema de poder reflete um compromisso entre grupos fortemente estruturados, razão pela qual os mecanismos de propagação não estão em condições de oferecer nenhuma resistência a pressões inflacionárias. Na Argentina, a insuficiência crônica da capacidade para importar, a inaptidão que demonstrou o setor agropecuário para modernizar-se, a debilidade intrínseca do Estado em face de tensões sociais prolongadas e a falta de uma política de industrialização de longo prazo — tudo isso em um país que se *modernizou* precocemente e onde as expectativas da população estão em ascensão permanente — alimentam um dos mais complexos processos inflacionários de que se tem notícia.

O comportamento da inflação brasileira também apresenta particularidades que merecem referência. No decênio que se seguiu à última grande guerra, a inflação desempenhou importante papel na aceleração do desenvolvimento do país. A forte elevação dos preços do café, a partir de 1949, e dos demais produtos de exportação, a partir do conflito coreano, traduziu-se nos conhecidos efeitos favoráveis sobre o nível da renda tanto do setor privado como do público. Contudo, em face de inflexibilidades estruturais no setor agrícola, na infraestrutura, no mercado de mão de obra qualificada etc., o processo inflacionário que vinha do período da guerra tendeu a agravar-se. Para evitar uma maior propagação dos impulsos inflacionários e também para defender os preços do café nos mercados internacionais, o governo manteve estável a taxa de câmbio. À medida que se foi elevando o nível interno de preços, ocorreu forte transferência de renda do setor exportador (principalmente do setor cafeeiro) para o setor importador. Dessa forma, os equipamentos importados conheceram um sensível declínio de preços relativos, o que aumentou sobremaneira a rentabilidade no setor industrial. Trata-se, assim, de uma transferência de renda dentro do setor privado, em benefício dos grupos mais dinâmicos, o que deu lugar ao extraordinário crescimento industrial dos anos 1950. Limitou-se a onda de novos investimentos no setor do café, já afetado por excedentes estruturais, e intensificou-se a diversificação do setor industrial. A partir de 1954,[3] quando se introduziu o sistema de licitação cambial, parte substancial do incremento da renda do setor exportador, que vinha sendo absorvida pelo setor industrial, passou às mãos do próprio governo, o que permitiu reduzir o potencial inflacionário que se criara no setor público, principal responsável pelos investimentos infraestruturais.

A partir da metade dos anos 1950, a inflação brasileira[4] tendeu a assemelhar-se cada vez mais ao modelo argentino-chileno, que aliás se reproduz com características agudas no Uruguai. Os mecanismos de propagação atuam com prontidão crescente, e os focos secundários — criados pela própria inflação — passam a agir com autonomia igualmente crescente. Os bancos, que se beneficiavam dos efeitos das leis de controle da usura, no que respeita aos poupadores pequenos e médios, e do dinheiro barato do redesconto, tenderam a ocupar posições privilegiadas. As empresas reduziam tanto quanto possível a liquidez própria e passavam a depender totalmente do sistema bancário para o capital de trabalho. Em consequência, o sistema econômico torna-se extremamente sensível a toda modificação na política de crédito. Qualquer tentativa de controle da inflação mediante redução do

3. A reforma cambial introduzida pelo ministro Osvaldo Aranha em 1954 distribuiu as mercadorias da lista de importações em cinco categorias, de acordo com o seu grau de *essencialidade*. Como para o grupo de mercadorias consideradas menos essenciais se reservou uma pequena quantidade de divisas, a cotação destas no leilão subia consideravelmente, revertendo o benefício para os cofres públicos.

4. Cf. ANDREA MANESCHI, *Aspectos quantitativos do setor público do Brasil de 1939 a 1970* (São Paulo, 1970); MARIA DA CONCEIÇÃO TAVARES, *Da substituição de importações ao capitalismo financeiro* (Rio de Janeiro, 1972); e C. FURTADO, *Análise do "modelo" brasileiro* (Rio de Janeiro, 1972).

crédito traduz-se em paralisação das empresas financeiramente mais fracas, sem afetar aquelas que estão ligadas a bancos ou estão em condições de buscar recursos no estrangeiro a curto prazo. A contração do crédito pode, assim, paralisar certas empresas — que não são necessariamente as menos eficientes — e aumentar os custos monetários de outras, em razão da elevação dos encargos financeiros. Daí decorre que as políticas anti-inflacionárias inspiradas pelo Fundo Monetário Internacional e seguidas no Chile no fim dos anos 1950 e na Argentina e no Brasil no decênio seguinte hajam provocado retrações da atividade econômica sem contudo lograr uma razoável estabilidade no nível de preços.

A partir de certo momento, conforme veremos com detalhe em outro capítulo, as inflexibilidades estruturais começarão a atuar não apenas como focos de pressão inflacionária, mas como freio ao desenvolvimento. Nesta fase, todo esforço de desenvolvimento tende a traduzir-se em agudas pressões inflacionárias, que somente podem ser absorvidas mediante políticas visando diretamente a modificar as estruturas. Em síntese, o problema do controle da inflação tendeu a integrar-se na política de desenvolvimento, porquanto a consecução da estabilidade passou a ser impraticável fora do quadro de um esforço concentrado visando à transformação das estruturas.

A partir de 1964, a política econômico-social brasileira assumiu características que a aproximam, no que respeita ao controle da inflação, da experiência mexicana. Com efeito, um conjunto de medidas coerentes, executadas por um governo autoritário, restabeleceu certo grau de elasticidade na estrutura de custos, assumindo a inflação, em parte, a forma de concentração cumulativa da renda. O controle pelo Estado das organizações sindicais e a fixação arbitrária das taxas de salário pelos poderes públicos eliminaram um dos principais mecanismos de propagação das pressões, em detrimento dos assalariados de baixa renda. Por outro lado, foi introduzida toda uma série de mecanismos visando a defender o valor real dos ativos financeiros (detidos pelas pessoas físicas e pelas empresas) contra a erosão inflacionária. Estas últimas medidas estimularam o desenvolvimento do mercado de capitais e reforçaram a posição dos intermediários financeiros. Assim, os efeitos redistributivos da inflação foram canalizados em benefício dos grupos de rendas médias e altas, ao mesmo tempo que certos focos de pressão inflacionária, particularmente o déficit fiscal, eram eliminados. Contudo, a rigidez do setor agrícola permanece, bem como a incapacidade do sistema para elevar a taxa de poupança. O esforço visando a acelerar o crescimento, realizado a partir de 1968, recolocou o problema de captação de recursos adicionais em termos similares aos do passado, e a solução mais uma vez foi encontrada no endividamento externo e na inflação. Após o período de aceleração e desaceleração da inflação da primeira metade dos anos 1960, o ritmo dos anos 1950 é retomado a partir de 1968: uma elevação anual do índice de preços pagos pelo consumidor situada entre 20 e 25 por cento. A maior intensidade da inflação a partir de 1974 encontra sua explicação, como nos demais países da região, na nova conjuntura mundial.

PARTE CINCO

REORIENTAÇÃO DO DESENVOLVIMENTO NO PERÍODO RECENTE

13. Evolução das estruturas macroeconômicas

DIVERSIDADE NAS FORMAS DE COMPORTAMENTO

Uma análise comparativa das tendências gerais do desenvolvimento no período do pós-guerra põe em evidência a diversidade de fases em que se encontram os países latino-americanos, ao mesmo tempo que permite identificar as linhas gerais de um modelo representativo da economia regional. Para fins dessa análise utilizaremos os dados do período que se inicia em 1950, sobre países de maior importância econômica relativa da região:[1] Argentina, Brasil, Chile, Colômbia, México, Peru e Venezuela. Todos

1. Cuba, cuja população é da mesma ordem de grandeza das do Chile e da Venezuela e que, em 1960, ocupava o quarto lugar entre os países de mais alta renda per capita da região (após a Argentina, o Uruguai e a Venezuela), figura no grupo de países de maior importância econômica relativa da América Latina. Ocorre, entretanto, que a escassez de dados sobre esse país, particularmente de dados que possam ser comparados com aqueles disponíveis para os sete países referidos, impossibilita o tratamento da economia cubana num quadro de conjunto da economia regional no que se refere ao último decênio. Por essa razão, os dados sobre

esses países conheceram importantes modificações estruturais em suas economias no período indicado, conforme se depreende dos dados reunidos nos quadros 1/13 e 2/13. A participação do setor agrícola no PIB diminui por toda parte. Entre 1950 e 1970, essa participação declina na Argentina de 18,7 para 13,8 por cento; no México, de 22,5 para 12,2; na Colômbia, de 39,8 para 29,7; e no Peru, de 27,4 para 19,1. Em contrapartida, o setor manufatureiro cresce consideravelmente em todos os países. No Brasil ele correspondia a um pouco mais da metade do setor agrícola em 1950; dois decênios depois sua participação no PIB era 36 por cento maior do que a da agricultura. Na Argentina, a participação do setor manufatureiro é 2,5 vezes maior do que a da agricultura, e no México, quase duas vezes maior. Apenas na Colômbia, dos países referidos, a agricultura conservava em 1970 a posição de principal setor gerador do PIB. Os países com um importante setor mineiro (Venezuela e Chile) conheceram um declínio relativo do setor agrícola em fase anterior.

O período considerado foi de crescimento econômico relativamente rápido na região. À exceção da Argentina e do Chile, os demais países que aparecem no quadro 2/13 apresentam taxas médias anuais de crescimento do PIB de 5 por cento ou mais no conjunto dos dois decênios. Em três países — Brasil, México e Venezuela — a taxa de crescimento alcança ou supera 6 por cento. Considerando conjuntamente os dados dos quadros 1/13 e 2/13, podemos identificar três tipos de comportamento:

a) Países com coeficiente de importação elevado, portanto com flexibilidade estrutural decorrente de abertura para o exterior.

---

a América Latina, quando não se indica o contrário, excluem Cuba. A economia desse país será objeto de uma análise de conjunto, à parte, no capítulo 14.

QUADRO 1/13 – Evolução da estrutura do PIB em países escolhidos (em %) (custo de fatores em dólares a preços de 1960)

	Agricultura	*Indústria mineira*	*Manufatura*	*Construção*	*Serviços básicos (*)*	*Outros serviços*	*Total*
ARGENTINA							
1950	18,7	0,7	28,9	4,9	9,4	37,4	100
1955	19,6	0,8	29,9	3,9	9,5	36,3	100
1960	16,9	1,4	31,4	4,1	9,4	37,8	100
1965	16,0	1,4	33,9	3,1	9,5	36,1	100
1970	13,8	1,7	35,3	4,4	9,5	35,0	100
BRASIL							
1950	31,3	0,3	16,5	1,1	7,1	43,7	100
1955	31,0	0,3	18,9	1,1	7,6	41,2	100
1960	28,3	0,5	23,4	1,2	8,6	38,0	100
1965	23,4	0,7	22,0	1,0	9,4	43,5	100
1970	19,1	0,8	25,3	1,2	10,5	43,3	100
MÉXICO							
1950	22,5	5,7	20,6	3,1	5,8	42,3	100
1955	20,2	4,4	21,0	4,6	6,3	43,5	100
1960	17,4	4,3	23,0	5,0	6,1	44,2	100
1965	14,8	4,4	21,5	4,2	4,3	50,9	100
1970	12,2	4,5	23,6	4,8	4,9	50,0	100
CHILE							
1950	12,5	7,2	16,7	2,3	7,9	53,4	100
1955	12,8	6,9	18,8	3,1	8,7	49,7	100
1960	12,2	7,0	18,7	2,8	8,1	51,1	100
1965	10,2	9,8	25,4	4,8	12,0	37,9	100
1970	9,8	10,3	25,2	4,2	12,0	38,5	100
COLÔMBIA							
1950	39,8	3,6	14,2	3,2	5,9	34,3	100
1955	35,2	3,5	15,4	4,5	7,6	33,8	100
1960	34,6	4,0	17,0	3,7	7,3	33,4	100
1965	31,1	3,8	18,0	3,3	8,3	35,5	100
1970	29,7	3,1	18,6	3,4	8,7	35,5	100
PERU							
1950	27,4	5,4	14,6	3,5	4,7	44,4	100
1955	23,8	6,4	16,6	4,5	5,5	43,2	100
1960	22,9	9,0	17,7	3,2	5,5	41,7	100
1965	20,2	7,0	20,3	4,2	5,8	48,3	100
1970	19,1	6,5	22,6	3,7	5,8	48,1	100
VENEZUELA							
1950	8,5	26,1	9,6	4,6	6,3	44,9	100
1955	7,3	27,0	9,4	5,0	6,0	45,3	100
1960	7,2	27,3	10,7	3,9	5,2	45,7	100
1965	6,5	23,3	11,5	2,5	5,5	50,7	100
1970	6,9	19,8	12,2	2,5	6,9	51,7	100

(*) Eletricidade, gás, água, transporte e comunicações.

Fonte: Dados básicos de CEPAL, *Estudio económico de América Latina*, 1963, 1965 e 1973.

QUADRO 2/13 – Taxas de crescimento do PIB no pós-guerra em países escolhidos

(médias anuais, em %)	*Argentina*	*Brasil*	*México*	*Chile*	*Colômbia*	*Peru*	*Venezuela*
AGRICULTURA							
1950-5	4,1	5,0	5,8	3,5	2,7	2,2	5,9
1955-60	−0,4	3,7	3,0	1,0	3,5	3,8	6,1
1960-5	2,1	6,9	3,9	2,6	3,0	5,9	6,6
1965-70	1,1	3,0	2,7	3,0	4,8	2,4	5,4
INDÚSTRIA MINEIRA							
1950-5	7,8	6,6	4,7	−2,9	4,3	8,8	8,7
1955-60	14,3	14,9	6,1	11,0	6,8	11,9	6,6
1960-5	7,8	11,1	4,2	4,0	4,4	2,6	3,7
1965-70	9,0	10,6	7,2	4,9	1,5	2,2	1,0
INDÚSTRIA MANUFATUREIRA							
1950-5	3,8	8,1	6,6	5,4	6,9	7,8	11,6
1955-60	3,8	10,3	8,1	2,6	6,1	6,1	9,1
1960-5	4,1	4,9	8,0	6,4	5,9	7,4	9,4
1965-70	5,0	10,3	8,8	3,6	6,4	5,8	5,6
CONSTRUÇÃO							
1950-5	1,5	6,4	6,4	3,9	12,4	10,7	10,6
1955-60	4,3	7,2	8,1	1,4	−0,2	−2,0	1,1
1960-5	2,0	2,8	5,9	4,6	1,9	13,5	7,9
1965-70	11,7	10,7	9,8	0,7	12,3	0,7	3,7
SERVIÇOS BÁSICOS							
1950-5	6,2	4,4	9,6	6,0	9,6	—	18,0
1955-60	12,0	10,8	6,5	3,5	11,7	—	18,1
1960-5	9,9	9,7	10,0	7,4	9,2	—	12,0
1965-70	4,6	9,8	9,7	3,8	6,8	3,6	8,9
PIB							
1950-5	3,0	5,7	6,1	3,1	5,1	5,3	8,7
1955-60	3,2	5,9	6,1	3,6	4,0	4,8	6,5
1960-5	3,5	4,2	5,9	5,1	4,4	6,1	5,0
1965-70	4,1	7,1	6,4	4,1	5,8	3,4	4,7
PIB PER CAPITA							
1950-5	0,8	2,9	3,1	0,9	2,3	3,1	4,7
1955-60	1,4	2,9	3,1	1,2	1,0	2,2	2,6
1960-5	2,0	1,1	2,8	2,7	1,1	3,0	1,5
1965-70	2,7	4,6	3,7	1,6	2,6	0,7	1,1

Fonte: A mesma do quadro 1/12.

Tais países conjugam o modelo latino-americano clássico de desenvolvimento "para fora" com um processo de substituição de importações, em parte provocado pela ação governamental, em parte decorrente de iniciativa de empresas internacionais que procuram assim antecipar-se na defesa de suas posições nos mercados locais. É o caso da Venezuela e do Peru. Nos dois países, esse modelo de desenvolvimento entrara em crise nos anos 1960, o que se traduziu em declínio na taxa de crescimento.

b) Países em que o coeficiente de importação conheceu um longo período de declínio, mas onde o impulso de industrialização é suficientemente forte para sustentar o desenvolvimento. É o caso do Brasil e do México. A Colômbia encontra-se em posição intermediária entre este grupo e o anterior. O seu coeficiente de importações se mantém relativamente elevado, mas o setor exportador não tem capacidade para dinamizar a economia.

c) Países que passaram por um forte declínio do coeficiente de importações, que avançaram bastante na industrialização, mas onde esta última perdeu vigor. Estão neste caso a Argentina e o Chile. A taxa média de crescimento anual do setor industrial, no decênio dos 1950, foi de 3,8 por cento na Argentina e de 4,0 no Chile, contra 9,9 na Venezuela, 9,2 no Brasil, 7,4 no México, 7,0 no Peru e 6,5 na Colômbia.

Considerando o conjunto do período, algumas observações de ordem geral podem ser feitas. Em primeiro lugar, cabe assinalar a modificação do comportamento do setor exterior. As exportações somente estão em expansão ali onde existe uma política deliberada visando a esse objetivo. As formas tradicionais de crescimento extensivo do setor exportador, em resposta a uma demanda externa em expansão, foram substituídas por outras, fundadas na consciência de que a insuficiência de capacidade para importar constitui sério obstáculo ao desenvolvimento. Assim, no Chile, a retomada do crescimento das exportações resultou de uma política deliberada, visando a recuperar a participação do país no mercado mundial do cobre. Da mesma forma, o inusitado crescimento da pesca para exportação, no Peru, constitui mais o fruto de um conjunto de medidas deliberadas do que simples resposta a um mercado externo em expansão. Na Argentina, a partir da segunda metade dos anos 1950, foi realizado um esforço considerável no sentido de reduzir os preços relativos dos insumos agrícolas, a fim de elevar a rentabilidade do setor exportador. Por último, de uma ou outra forma, todos os países se lançaram num esforço de fomento às exportações "não convencionais", subsidiando generosamente as vendas no exterior de manufaturados.

Em segundo lugar, observa-se que a industrialização que chamamos de primeira fase — diretamente induzida pelo crescimento do setor exportador — tende a realizar-se simultaneamente com a industrialização "substitutiva de importações", isto é, com a industrialização engendrada por insuficiência da capacidade para importar. Os países que apresentavam um baixo nível de industrialização em 1950 — coeficiente de industrialização inferior a 15 por cento — procuraram intensificar o processo de industrialização independentemente do comportamento do setor exportador. A Venezuela da primeira metade dos anos 1950 constitui o último exemplo de país latino-americano em que o PIB cresce fortemente sem que nele aumente a participação do setor industrial. Em realidade, o setor industrial estava em expansão também nesse país, mas tão fortes eram os investimentos no setor petrolífero, cujos insumos eram nessa época totalmente importados, que a estrutura do sistema produtivo se manteve sem alterações perceptíveis. No Peru, país em que o coeficiente de importações se eleva durante todo o período, passando de 12 para 26 por cento entre 1950 e 1970, não somente o crescimento do setor industrial é contínuo mas também o é a transformação estrutural, conforme indica a elevação do coeficiente de industrialização, que sobe de 14,6 para 22,6 por cento.

Em terceiro lugar cabe assinalar que a elevação da produtividade e da renda e as mudanças estruturais decorrentes da industrialização não se refletiram em modificações significativas nas taxas de poupança. Os dados reunidos no quadro 3/13 revelam que em nenhuma parte houve modificação significativa nessa taxa, se se deixam de lado os casos da Venezuela e do Peru, onde o comportamento de grupos estrangeiros, que controlavam nesse período atividades exportadoras de alta rentabilidade, provocava importante saída de recursos. No Brasil e no México a taxa de poupança se mantém estável, não obstante a comprovada concentração de renda ocorrida no decênio dos 1960. Com exceção da Argentina, nos países referidos no quadro 3/13, e na região em seu conjunto, a participação da poupança interna no financiamento das inversões declinou no decênio referido. Contudo, a contribuição dos recursos externos somente chegou a ser decisiva no caso do Chile, durante a primeira metade do decênio. Em cinco dos sete países considerados houve um aumento relativo importante da inversão pública. Como a taxa de poupança se mantém relativamente estável, tudo leva a crer que o maior esforço do setor público na formação de capital se fez para compensar o declínio da poupança no setor privado. Em países como o Brasil e o Chile, o Estado já era responsável, no fim do decênio dos 1960, por mais de metade do financiamento dos investimentos.

QUADRO 3/13 – Indicadores da formação de capital (em %)

	Poupança interna/ PIB		Poupança interna/ Inversão		Inversão pública/ Inversão total	
	1960-1	*1970-1*	*1960-1*	*1970-1*	*1960-1*	*1969-70*
Argentina	19,8	22,0	90,4	95,8	24,5	40,7
Brasil	16,6	16,7	90,6	89,0	39,2	52,0
México	17,9	18,6	92,4	89,6	34,3	34,7
Chile	12,4	13,9	68,4	86,5	38,0	55,9
Colômbia	19,0	16,5	90,1	84,3	16,7	34,4
Peru	22,2	17,9	99,9	100,6	16,6	21,2
Venezuela	26,0	17,5	153,5	101,8	39,0	34,9
América Latina	17,9	17,7	93,5	89,9	29,1	36,3

Fonte: CEPAL, *América Latina y la estrategia internacional de desarrollo: Primera evaluación regional* (Santiago, 1973), primeira parte, pp. 98 e 100.

Por último cabe referir que as modificações nas estruturas dos sistemas de produção vêm acarretando crescentes disparidades nas produtividades relativas setoriais, ou seja, crescente heterogeneidade tecnológica e/ou crescentes disparidades nos padrões de remuneração do trabalho. Em todos os países do quadro 4/13, com exceção da Argentina, aumentou o desnível entre a produtividade econômica do setor secundário (indústrias e serviços básicos) e a da agropecuária. Se deixamos de lado o caso da Venezuela, onde o setor de petróleo pesa consideravelmente, a tesoura de disparidade se situava, em 1960, entre 1,3/1 (Argentina) e 4,9/1 (México); em 1970 a disparidade na Argentina se havia mantido praticamente no mesmo nível, mas no México havia subido para 5,7/1. No Chile o diferencial de produtividade a favor do setor secundário passou de 3,3/1 para 3,9/1 e no Peru de 3,1/1 para 3,8/1. O declínio do diferencial a favor do terciário, que se observa inclusive na Argentina, reflete menos um processo de homogeneização no conjunto do sistema do que de heterogeneização dentro do setor de serviços, decorrência da migração de mão de obra subempregada das zonas rurais para as urbanas.

QUADRO 4/13 – Produtividades setoriais relativas (médias nacionais = 100)

	1960			*1970*		
	A	B	C	A	B	C
Argentina	91,1	122,1	84,4	97,4	133,8	70,7
Brasil	42,3	147,4	177,4	42,7	155,8	145,5
México	30,6	151,6	209,9	27,1	155,4	172,9
Chile	45,0	149,4	174,4	41,0	159,7	157,3
Colômbia	70,7	131,8	123,1	71,6	148,7	102,3
Peru	46,2	142,7	176,1	39,4	150,8	153,2
Venezuela	21,1	198,7	108,3	29,3	170,2	99,4

A = agricultura; B = manufatura, construção, indústria mineira, serviços básicos; C = outros serviços.

Fonte: CEPAL, *Tendencias y estructuras de la economia latinoamericana* (1971), quadro 15.

ANTECIPAÇÃO E PERDA DE EFICÁCIA DO PROCESSO SUBSTITUTIVO

Se compararmos o processo de industrialização de países como a Colômbia, o Peru e a Venezuela com a experiência dos países cuja industrialização se iniciou em fins do século XIX — Argentina, México e Brasil —, constatamos algumas diferenças significativas. Fizemos referência ao fato de que neste último grupo de países as fases de bonança do comércio exterior, como a ocorrida nos anos 1920, se refletiam em desestímulo da industrialização. O mesmo não se pode dizer dos outros países: na primeira metade dos anos 1950 o crescimento da produção industrial na Venezuela alcançou uma taxa muito superior ao que se observara antes em qualquer país da região, ao mesmo tempo que o coeficiente de importação se mantinha acima de 30 por cento (veja-se o quadro 5/13). No Peru, a taxa de crescimento da produção industrial se manteve acima de 7 por cento entre 1950 e 1965, período durante o qual o coeficiente de importações mais que dobrou.

QUADRO 5/13 - Evolução do coeficiente de importações

	1950	*1955*	*1960*	*1965*	*1970*
Argentina	7,3	5,4	11,3	9,3	9,6
Brasil	7,3	5,4	7,4	4,1	6,6
México	8,0	7,4	12,3	10,0	11,6
Chile	9,0	9,3	16,8	13,6	18,1
Colômbia	11,4	13,7	15,6	12,1	14,8
Peru	11,9	12,9	21,1	26,1	25,6
Venezuela	35,4	34,2	20,0	13,6	16,6
América Latina	9,9	9,4	10,9	8,9	10,3

Fonte: CEPAL, *El proceso de industrialización en América Latina*, Anexo estadístico (Santiago, 1965), quadro I-2; *América Latina y estrategia internacional de desarrollo*, cit., p. 140.

Isso pareceria confirmar a observação, que fizemos anteriormente com respeito ao segundo grupo de países, de que a industrialização do período da crise do setor externo correspondia a possibilidades existentes e não exploradas em fase anterior. A mais clara percepção do problema que se tinha nos anos 1950 permitiria que os países do primeiro grupo citado — os cinco países centro-americanos em seu esforço de integração repetirão a mesma experiência — antecipassem o seu processo de industrialização, não somente embarcando em adequadas medidas protecionistas, mas também orientando os investimentos infraestruturais de forma a favorecer a industrialização, e mesmo criando incentivos diretos a esta última. É significativo, por exemplo, que nos três países (Colômbia, Peru e Venezuela) tenha havido iniciativas governamentais visando à instalação de indústrias de base, inclusive siderurgia, já pela metade dos anos 1950. Cabe assinalar que essa industrialização se vem fazendo com uma participação importante de grupos internacionais e busca uma ampla integração com o setor importador. Tudo se passa como se a industrialização se orientasse menos no sentido de criação de um sistema de produção integrado que no de prolongamento do setor importador, cujo faturamento cresce à medida que ele se prolonga em atividades manufatureiras locais complementares. A experiência dos anos 1960 demonstrou que não é fácil conciliar nesses países o processo de industrialização com uma redução do coeficiente de exportação abaixo de níveis relativamente elevados, dado o considerável custo em divisas (insumos patenteados, royalties, assistência técnica, remessa de dividendos) da atividade industrial. A compressão do coeficiente de exportação abaixo de 15 por cento parece criar sérios obstáculos ao desenvolvimento, e essa situação vem sendo alcançada antes que a participação do setor manufatureiro no PIB atinja 20 por cento. Dentre os países de industrialização mais antiga, Argentina, México e Brasil lograram prosseguir a industrialização com um coeficiente de exportações inferior a 10 por cento. Contudo, a experiência chilena já pusera em evidência as dificuldades de prosseguir com o desenvolvimento com um coeficiente de exportação abaixo de 15 por cento, o que parece indicar que a dimensão global do mercado também atua como fator restritivo. Assim, se se tem em conta o controle estrangeiro dos investimentos industriais, o qual implica elevado conteúdo de insumos importados, e as dimensões dos mercados nacionais respectivos, depreende-se que a industrialização substitutiva de importações possui eficácia relativamente menor, como fator de transformação das estruturas, nos países em que ela somente se implantou a partir dos anos 1950.

14. O setor agropecuário

A PRODUÇÃO AGRÍCOLA

As características estruturais da agricultura latino-americana, a que fizemos referências pormenorizadas no capítulo 7, explicam em grande medida o comportamento desse setor nos anos recentes. De maneira geral, essa agricultura é extensiva, isto é, orientada para a utilização dos recursos de terras e da mão de obra mediante aplicações reduzidas de capital. Além do mais, trata-se de uma agricultura em que um número reduzido de produtos, entre os quais sobrelevam aqueles que se destinam à exportação, gozam de posição privilegiada, monopolizando o crédito e os serviços infraestruturais disponíveis. É com base nesse quadro de fundo que cabe analisar a evolução nos últimos decênios, que se caracterizam pelo enfraquecimento da demanda externa e pela expansão do mercado interno. Assim, a intensificação do crescimento demográfico, a rápida urbanização e a elevação do poder de compra de uma parte da população passaram a exigir do setor agrícola latino-americano uma resposta para a qual ele não estava preparado, pois as simples práticas de utilização extensiva dos recursos já não eram suficientes.

Os dados reunidos no quadro 1/14 demonstram que a produção agropecuária nem sempre chegou a acompanhar o crescimento da população. Esses dados, convém acrescentar, subestimam a insuficiência de oferta, pois, em razão da rápida urbanização, a demanda de excedentes agrícolas cresceu muito mais rapidamente que a população. Mesmo que se admita que a população que se desloca dos campos para as cidades mantém os mesmos padrões de alimentação, deve-se ter em conta o coeficiente bem maior de desperdício decorrente do traslado dos alimentos, particularmente em países de clima tropical, da insuficiência de meios de transporte e armazenamento etc. Os dados reunidos no quadro 1/14 indicam que apenas o Chile conheceu um crescimento da produção agrícola inferior ao da população no período

QUADRO 1/14 – Taxas anuais de crescimento da produção agropecuária e da população em países escolhidos, entre 1952 e 1964 (em %)

	Produção agropecuária		*População*
	1950-65	*1969-70/1964-5*	
Argentina	2,2	2,8	1,8
Brasil	4,2	3,2	3,0
Colômbia	3,0	3,7	2,8
Chile	2,0	1,7	2,5
México	6,4	2,3	3,2
Peru	3,2	2,4	2,6
Venezuela	5,5	5,6	3,8

Fonte: CEPAL, *El segundo decenio de las Naciones Unidas para el desarrollo. El desarrollo agrícola de la América Latina. América Latina y la estrategia internacional de desarrollo.*

1950-65. Mas na segunda metade dos anos 1960 somaram-se ao Chile o Peru e o México. Cabe acrescentar que a Venezuela, no começo dos anos 1970, importava a metade dos alimentos que consumia.

O crescimento da produção agrícola tanto decorre do aumento da superfície cultivada como do incremento do rendimento por unidade de terra utilizada. É significativo que a agricultura latino-americana continue a depender mais da incorporação de novas terras que da intensificação dos rendimentos para expandir-se. Dados relativos ao conjunto da região indicam que, no período 1960-71, 57,4 por cento do aumento da produção agrícola decorreu de incremento da superfície cultivada, ao passo que na Europa Ocidental e na América anglo-saxônica todo o incremento da produção decorreu de aumento dos rendimentos, que cresceram, no caso dos cereais, duas vezes mais que na América Latina. Na produção de oleaginosas, a taxa de incrementos do rendimento por unidade de superfície foi, na América Latina, de 1,9, na América anglo-saxônica de 3,3 e na Europa de 3,9.[1]

Uma análise comparativa indica diferenças consideráveis entre os países da região, não somente no que respeita às tendências evolutivas, mas também quanto aos padrões de rendimento já alcançados. Os dados reunidos no quadro 2/14 são, a esse respeito, ilustrativos. Na Argentina, os aumentos de rendimento são em alguns casos significativos, mas sempre irregulares. Na Venezue-

1. Para uma apreciação de conjunto do problema e dados comparativos com outras regiões, ver CEPAL, *Estudio económico de América Latina*, 1966, quarta parte: "Evolución y situación actual y futura de la agricultutra latinoamericana"; ver também Banco Interamericano de Desenvolvimento. *Agricultural development in Latin America: Current status prospects* (1966), trabalho preparado por MONTAGUE YUDELMAN, e CEPAL/FAO/BID, *El uso de fertilizantes en América Latina*, 1968.

la, cujos rendimentos são extremamente baixos, somente se observa melhora no caso do arroz. No México, o aumento de rendimento é espetacular no trigo e no algodão e modesto no que toca ao arroz e ao milho, o que é significativo, porquanto este último cereal constitui a base da alimentação popular. No Brasil, na Colômbia e no Peru os rendimentos se mantêm em geral estacionários. O caso do Brasil é particularmente grave, pois não só os rendimentos se mantêm estacionários, mas ainda a produção por hectare é, em geral, das mais baixas da região.

Os rendimentos alcançados no México na produção de trigo superam os dos Estados Unidos e Canadá e se compararam favoravelmente com a média europeia, que se situa em torno de duas toneladas. Quanto ao milho, o rendimento alcançado pelo Chile é similar à média europeia mas inferior à dos Estados Unidos, que se situa em torno de quatro toneladas. Cabe assinalar, entretanto, que os rendimentos chilenos mais do que dobram a média latino-americana. Em arroz, a Argentina e o Peru apresentam rendimentos similares às médias da Europa e dos Estados Unidos. Contudo, o Brasil, cuja produção representa três quartos do total, apresenta rendimentos médios que correspondem a um terço das médias europeia e estadunidense. A produção algodoeira, realizada em terras irrigadas no México e no Peru, apresenta nesses dois países rendimentos médios muito elevados. Os rendimentos colombianos também cresceram de forma significativa.

A evolução dos rendimentos agrícolas vem sendo condicionada por uma série de fatores cuja importância relativa varia de país para país. Entre esses fatores cabe referir a existência de uma fronteira agrícola aberta, isto é, de terras disponíveis para ampliar as superfícies cultivadas, a aptidão da estrutura agrária para elevar o nível técnico de produção, o apoio financeiro e técnico do governo e a intensidade do crescimento da demanda de produ-

QUADRO 2/14 – Rendimentos médios de algumas culturas em países escolhidos (100 kg/hectare)

	trigo				*milho*				*arroz*				*algodão (fibra)*			
	1948-52	*1958-62*	*1964-5*	*1969-70*	*1948-52*	*1958-62*	*1964-5*	*1969-70*	*1948-52*	*1958-62*	*1964-5*	*1969-70*	*1948-52*	*1958-62*	*1964-5*	*1969-70*
Argentina	11,5	12,8	17,1	13,0	14,8	18,2	19,2	23,3	30,5	33,2	37,3	39,9 (a)	2,4	2,2	2,6	3,1
Brasil	7,4	6,0	6,9	9,6	12,4	12,9	12,7	14,2	15,7	16,6	15,8	14,2	1,5	1,7	1,7	1,8 (a)
Colômbia	7,2	9,0	8,8	—	10,7	11,3	9,1	—	20,4	20,0	18,0	27,9	2,2	4,3	4,3	5,1
Chile	11,9	13,4	15,4	17,7	13,8	20,4	32,6	32,3	29,0	26,5	25,0	30,4 (a)	—	—	—	—
México	8,8	16,0	20,7	28,5	7,5	9,0	11,5	12,1	18,0	21,7	24,0	25,4	3,3	5,4	7,7	7,9
Peru	9,2	9,9	9,6	9,5	14,3	13,3	16,4	16,0	38,5	38,5	39,0	40,5 (a)	5,0	5,4	5,9	5,6 (a)
Venezuela	4,7	6,0	5,4	4,4	11,4	11,3	11,0	11,3	11,4	15,2	18,7	19,0	2,8	2,1	2,6	3,1

(a) 1969.

Fonte: CEPAL, *Estudio económico de América Latina*, 1966, e Instituto Interamericano de Estadística, *América en cifras*, 1972.

tos agrícolas. Parece evidente que, no México, a reforma agrária, cuja parte mais significativa foi realizada nos anos 1930, bem como a decidida ação do governo investindo em infraestrutura agrícola e facilitando a ampliação da oferta interna de fertilizantes, criou um conjunto de circunstâncias favoráveis ao desenvolvimento da produção. A experiência mexicana é tanto mais significativa na medida em que esse país foi tradicionalmente considerado, na América Latina, como tendo uma base de recursos naturais pouco favorável ao desenvolvimento agrícola. Entre 1948-52 e 1969-70 o rendimento médio da produção de trigo mais que triplicou, de algodão mais que duplicou, de milho aumentou 60 por cento, e de arroz 40 por cento. Contudo, a produção de milho, base da alimentação popular, mantém-se num nível de rendimento que é pouco mais de um quarto da média dos Estados Unidos. A ampliação da área irrigada no México fez-se, principalmente, em benefício das culturas de exportação. Na Venezuela, a expansão da produção deve-se essencialmente à incorporação de novas terras e a uma ampla ajuda do Estado.

QUADRO 3/14 – Consumo de fertilizantes (nitrogênio, fósforo e potássio/NPK) em países selecionados
(médias anuais em mil toneladas de nutrientes)

	1957-9	*1964*	*1971*
Argentina	15,9	48,5	86,9
Brasil	227,8	255,5	957,9
Colômbia	61,0	94,8	177,0
Chile	55,4	120,1	158,5
México	131,4	300,5	594,4
Peru	62,6	91,9	119,0
Venezuela	11,6	32,0	69,4

Fonte: CEPAL/FAO, *El uso de fertilizantes en América Latina*, 1966; CEPAL, *La estrategia internacional de desarrollo*, cit., p. 126.

Um dos principais fatores responsáveis pela elevação dos rendimentos agrícolas é a utilização de fertilizantes. Conjuntamente com as melhoras genéticas e o controle das pragas, esse fator é responsável pela extraordinária elevação dos rendimentos agrícolas ocorridos nos países desenvolvidos nos últimos dois decênios. A utilização de fertilizantes aumentou, na América Latina, de 500 mil toneladas (em termos de nutrientes) para 3 milhões entre 1950 e 1964. Contudo, as médias atuais ainda são muito inferiores às que apresentam os países desenvolvidos. O crescimento do consumo de fertilizantes foi particularmente intenso no Brasil, no fim do decênio dos 1960 e começo dos 1970, como reflexo da retomada da expansão da produção de cana-de-açúcar e do considerável desenvolvimento da cultura da soja, produtos que se beneficiaram de condições extremamente favoráveis no comércio internacional; bem como do grande aumento da área cultivada com trigo, a qual passou de 562 mil hectares, em 1967-8, para 1,861 milhão em 1970-1. Em síntese: o aumento do consumo de fertilizantes no Brasil decorre essencialmente do crescimento relativo da área dedicada a cultivos, que absorvem quantidades maiores dos mesmos, o que explica que os rendimentos das principais culturas se mantenham praticamente estacionários.

O escasso consumo de fertilizantes que se observa na Argentina decorre de que a região pampiana, onde se concentra a produção de cereais, praticamente não recebe fertilizantes. O caráter semiextensivo da agricultura, as possibilidades de rotação com a pecuária e a fertilidade natural dos solos, ao proporcionarem índices relativamente altos de rentabilidade, não favoreceram a criação de uma tradição no uso de fertilizantes. Na verdade, na maior parte dos países, a utilização de fertilizantes concerne a um número reduzido de produtos: aqueles que têm acesso ao crédito e dispõem de um mercado organizado. Mesmo no México, onde os preços relativos dos fertilizantes são mais baixos que em qualquer outro país da região, apenas 18 por cento da superfície cultivada com milho se beneficia do uso de adubos, ao passo que no caso do algodão essa porcentagem se eleva a 84 por cento.

O avanço relativamente lento da mecanização agrícola na região deve-se, em grande medida, à abundância relativa de mão de obra que ainda a caracteriza. Contudo, em razão mesmo do fato de que a expansão agrícola continua a assumir a forma de incorporação de novas terras, em muitas áreas constitui fator favorável um certo grau de mecanização. Demais, em determinadas áreas, o regime de chuvas limita o tempo disponível para preparo dos campos, fazendo de certo grau de mecanização condição necessária para utilizar adequadamente a terra. O quadro abaixo inclui alguns dados relativos ao parque de tratores da região.

O grau mais alto de mecanização relativa se encontra no Chile, e o mais baixo, no Brasil. Convém observar que, mesmo em países de agricultura extensiva, como o Canadá e a Austrália, o grau de mecanização da agricultura é bem superior ao dos países mais avançados da América Latina.

QUADRO 4/14 – Número de tratores empregados na agricultura em países selecionados
(mil unidades)

	1957	*1961-5*	*1971*
Argentina	70,0	139,0	180,0
Brasil	57,9 [a]	70,1	99,4
Colômbia	—	24,3	27,9
Chile	15,0	21,2	30,5
Peru	—	8,0	12,3
México	—	64,8	92,0
Venezuela	—	13,1	19,2

(a) 1955.

Fontes: Instituto Interamericano de Estadística, *América en cifras*, 1965, e CEPAL, *América Latina y la estrategia internacional de desarrollo*, cit., p. 128.

A PECUÁRIA

Mais ainda que a da agricultura, a evolução recente da pecuária latino-americana põe de manifesto as dificuldades com que se defronta a região para elevar o nível técnico de suas atividades rurais. O quadro 5/14 reúne alguns dados relativos aos principais rebanhos.

No que respeita ao rebanho suíno, o crescimento é significativo no Brasil e considerável no México. No que toca ao gado ovino, constata-se estagnação ou mesmo declínio nos países grandes produtores de lã, que são a Argentina e o Uruguai. Com respeito ao rebanho vacum, observa-se estagnação ou crescimento inferior ao da população na Argentina, no Chile, no Peru, no Uruguai e na Venezuela. No Brasil e na Colômbia o aumento se situa em torno de 3 por cento ao ano, o que corresponde à expansão demográfica. Apenas no México o aumento do rebanho é realmente significativo. Dessa forma, na América Latina o crescimento do rebanho bovino acompanhou o aumento da população. Se se tem em conta que a elasticidade-renda da demanda de carne é relativamente elevada, cabe supor que, em muitos países, o consumo desse produto teve de restringir-se a um grupo cada vez mais reduzido da população.

O crescimento da pecuária na região continua a se dar, quase exclusivamente, como simples incorporação de novas terras na forma de pastos naturais, muitas vezes abertas mediante a mera queima da floresta. A carga animal que esses pastos suportam é muito fraca, e como a distância deles tende a crescer com respeito aos centros urbanos, aumentando os custos de engorda e de transporte, o rendimento do rebanho declina. Desse modo, ali onde existem estatísticas de produção de carne, observa-se que esta aumenta menos que o rebanho. À exceção da Argentina, do Uruguai e das regiões do sul do Brasil, o rendimento econômico

QUADRO 5/14 – Crescimento dos rebanhos em países selecionados (milhões de cabeças)

	Bovinos			Ovinos			Suínos		
	1955-6	*1964-5*	*1969-70*	*1955-6*	*1964-5*	*1969-70*	*1955-6*	*1964-5*	*1969-70*
Argentina	46,9	44,5	47,8[a]	44,5	18,3	—	4,0	3,6	4,1[a]
Brasil	65,2	87,3	95,2[a]	18,0	22,0	24,5[a]	40,0	60,6	64,5[a]
Colômbia	12,5	14,3	19,1[a]	1,1	1,5	—	1,7	2,0	—
Chile	2,9	2,8	2,9	6,4	6,6	6,7	0,9	1,0	1,1
México	16,7	32,0	38,0	5,1	6,2	9,2	6,5	13,0	18,0
Peru	3,5	3,7	4,1[a]	16,7	14,8	8,6	1,3	1,7	1,1[a]
Uruguai	7,4	8,6	8,5	23,9	23,0	22,0	0,3	0,4	0,4
Venezuela	6,3	7,2	8,4	—	—	2,3	—	1,6	1,6

(a) 1969.

Fonte: CEPAL, *Estudio económico de América Latina*, 1966, e Instituto Interamericano de Estadística, *América en cifras*, 1972.

do rebanho latino-americano é extremamente baixo. Os índices de natalidade variam entre 40 e 60 por cento, enquanto nos Estados Unidos alcançam 85 por cento. Deve-se isso a que as vacas, em média, tendem a parir a cada dois anos, e não a cada doze meses, como ocorre onde as condições de alimentação do rebanho são adequadas. Demais, o índice de desfrute, isto é, a relação entre o número de cabeças que se abatem anualmente e o rebanho total, também é muito baixo, sendo em alguns países inferior a 10 por cento. Por último, o peso médio do animal abatido é relativamente baixo. Dessa forma, não somente o rebanho cresce lentamente, mas também a quantidade de animais que se podem abater sem afetar o seu crescimento é relativamente pequena, e a quantidade de carne que se obtém em média por animal adulto abatido é relativamente baixa. Assim, excluindo-se a Argentina e o Uruguai, a produção de carne por animal existente na região é de 22 quilos, contra 52 na Austrália e 77 nos Estados Unidos. A Argentina, cuja produção de carne por animal existente alcança 54 quilos, ocupa uma posição à parte na pecuária latino-americana, o que se deve à alta qualidade de seus pastos, mesmo quando são naturais. Contudo, ao contrário de outros países onde a incorporação de novas terras continua, na Argentina a expansão da pecuária já não se pode fazer senão disputando terras à agricultura, ou mediante melhoria dos pastos e das técnicas de criação e engorda.

Mais do que a agricultura, cuja expansão ainda reflete em algumas partes o simples crescimento da população rural, a pecuária latino-americana depende, hoje em dia, essencialmente da elevação de seus níveis técnicos para expandir-se. As formas de crescimento extensivo que a caracterizaram no passado já não são suficientes para que ela acompanhe o aumento demográfico da região, e muito menos para que atenda às maiores exigências da demanda, decorrentes da elevação da renda per capita. É perfeitamente natural que a carne de gado vacum seja em muitos países parcialmente substituída por outras fontes de proteína animal, particularmente aves e peixes. Contudo, se se excluem a Argentina e o Uruguai, os índices de consumo de carne (ou proteínas de origem animal em geral) são extremamente baixos, o que significa que a oferta de carne deverá aumentar para que o seu consumo não se restrinja a uma parcela cada vez menor da população. Ora, esse aumento poderá ser obtido com relativa facilidade, mediante elevação do nível técnico, particularmente se se dá atenção ao problema da nutrição e das condições sanitárias do rebanho. Tendo em conta as condições extremamente favoráveis que oferece a região para a pecuária, que a oferta de carne haja declinado quando a sua demanda estava em expansão constitui uma indicação clara de que as estruturas latino-americanas, particularmente no que respeita ao setor agrário, apresentam pouca aptidão à assimilação do progresso técnico.

QUADRO 6/14 – Principais itens da produção agrícola nos principais países produtores
(em mil toneladas)

	1956-7	1960-1	1964-5	1969-70
	trigo			
Argentina	7 100	4 200	10 100	5 625
México	1 243	1 190	2 134	2 218
Chile	892	1 123	1 276	1 307[(a)]
Brasil	855	713	614	1 515
Peru	123	153	161	145
Colômbia	110	145	85	—
	arroz			
Brasil	4 072	5 392	6 691	6 943
Colômbia	300	450	576	675
Peru	246	328	332	444[(a)]
México	235	327	274	377
Argentina	193	149	268	407[(a)]
Venezuela	47	72	166	235
	milho			
Brasil	6 095	6 886	10 760	14 037
México	5 460	5 415	7 760	8 748
Argentina	1 958	2 744	6 900	9 580
Colômbia	802	715	741	—
Venezuela	287	398	498	690
Peru	235	246	569	590[(a)]
	batata			
Argentina	1 311	2 072	2 488	2 147
Brasil	1 003	1 113	1 264	1 539
Peru	1 013	1 146	1 533	1 856[(a)]
	feijão			
Brasil	1 585	1 745	2 121	2 252
México	432	723	892	917
Chile	86	91	89	66[(a)]
	soja			
Brasil	122	271	475	1 260
México	—	22	76	273
Colômbia	—	19	49	85

continua

continuação

	1956-7	1960-1	1964-5	1969-70
	café			
Brasil	979	1 797	2 887	2 147
Colômbia	365	462	480	585[(a)]
México	124	124	145	179
El Salvador	95	103	114	113[(a)]
	cacau			
Brasil	161	178	156	219
Equador	26	44	47	48[(a)]
México	14	24	31	30
Rep. Dominicana	33	35	38	37
Venezuela	23	19	20	19
	cana-de-açúcar			
Brasil	43 976	56 927	71 126	83 180
México	14 597	19 167	28 973	32 067
Argentina	9 874	9 650	12 530	9 700[(a)]
Peru	7 033	8 663	8 103	6 882[(a)]
Colômbia	14 480	14 569	13 418	14 550[(a)]
	banana			
Brasil	4 481	5 127	6 867	9 569
Equador	1 953	2 075	2 651	5 388
	laranja			
Brasil	1 576	1 918	2 354	3 233
México	625	766	855	979
Argentina	610	717	568	862
	algodão (pluma)			
Brasil	400	536	626	758
México	426	470	566	387
Peru	115	130	133	91
Argentina	105	124	119	126
	semente de linho			
Argentina	620	562	815	671
Uruguai	72	67	64	81[(a)]
	semente de girassol			
Argentina	625	585	757	1 160
Uruguai	79	57	80	65[(a)]

(a) 1969.

Fonte: Instituto Interamericano de Estadística, *América en cifras*, 1965, 1972.

15. O setor industrial

A ESTRUTURA DA INDÚSTRIA LATINO-AMERICANA

A indústria manufatureira, que contribuiu no começo do decênio dos 1970 com cerca de 26 por cento para o produto interno bruto da região e ocupou cerca de 17 por cento da população ativa, constitui o principal fator responsável pelas modificações estruturais ocorridas no período do pós-guerra. No que se refere ao conjunto da região, a taxa média de crescimento anual, no período 1950-60, alcançou 6 por cento e, no decênio dos 1960, 6,9. Na segunda metade dos anos 1960 a taxa foi de 7,3, e nos três primeiros anos do decênio dos 1970 ela alcançou 8,7. Contudo, a posição relativa da América Latina no conjunto da produção industrial mundial se manteve estacionária, correspondendo aproximadamente a 3,4 por cento. Se se tem em conta o crescimento demográfico, houve declínio da posição latino-americana: a produção industrial mundial por habitante cresceu, entre 1960 e 1970, a uma taxa anual de 4,7 por cento, enquanto a latino-americana aumentava a uma taxa de 3,8 por cento.

QUADRO 1/15 – Evolução recente da produção fabril em países escolhidos (taxas médias de crescimento anual)

	1955-60	*1960-5*	*1965-70*	*1970-3*
Argentina	3,7	6,2	5,0	7,0
Brasil	10,3	3,7	10,3	13,7
Colômbia	6,1	5,6	6,3	9,2
Chile	3,2	7,3	3,3	3,8
México	8,1	9,4	8,9	6,8
Peru	6,1	8,9	5,8	7,7
Venezuela	7,7	9,0	4,4	7,9

Fonte: CEPAL, *Estudio económico de América Latina*, 1967, e *El proceso de industrialización en América Latina en los primeros años del segundo decenio para el desarrollo*, 1974.

Do ponto de vista do grau de diversificação estrutural do setor manufatureiro, as variações são consideráveis entre os países latino-americanos. Nos países em que o setor manufatureiro já contribuía, desde 1960, com pelo menos uma quinta parte do PIB, mais da metade da produção industrial corresponde a indústrias de produtos intermédios e de bens finais originários das indústrias mecânicas. Pelo fato de que desempenham importante papel na transformação das estruturas econômicas, essas indústrias têm sido qualificadas de "dinâmicas".[1] Na Argentina e no Brasil esse grupo de indústrias contribuiria com dois terços ou mais da produção manufatureira em 1971. Os dados reunidos no quadro 2/15 indicam que nesses dois países as indústrias de equipamentos e bens de consumo duráveis (grupo C) ocupam uma posição relativa, muito superior ao que se observa nos outros países. A situação do México reflete menos um atraso

1. Classificação utilizada pela Secretaria Técnica da Comissão Econômica para a América Latina das Nações Unidas (CEPAL).

relativo na indústria mecânica do que um menor grau de integração interna da indústria de bens de consumo duráveis, particularmente a automobilística. Nos países em fase intermediária de industrialização — Chile, Colômbia, Peru e Venezuela —, as indústrias alimentares contribuem com cerca de um quarto da produção industrial, e a têxtil, com cerca de um sexto. Nos demais países, todos de industrialização incipiente, as indústrias de alimentos e afins contribuem com mais de 40 por cento, e as têxteis e afins, com cerca de 20. Esses dados põem em evidência que, na região, a industrialização se inicia com o simples processamento de produtos agrícolas destinados à alimentação e com a atividade têxtil, sendo que esta marca a passagem para a indústria moderna. Vencida a primeira fase, a importância relativa do setor têxtil tende a declinar mais rapidamente que a do setor alimentar, ao mesmo tempo que ganha em complexidade o setor manufatureiro, crescendo mais que proporcionalmente as indústrias cujo mercado é o próprio setor industrial. Se observamos o grupo das chamadas indústrias "dinâmicas", constatamos que, dentre elas, primeiro se desenvolvem a de papel e a de produtos de borracha. Ali onde as condições são favoráveis, a instalação de refinarias de petróleo pode antecipar o desenvolvimento do setor químico. Explica-se, assim, que as indústrias do tipo B hajam crescido consideravelmente na Venezuela. Contudo, são as indústrias metal-mecânicas que definem o perfil dos processos de industrialização em sua fase superior. Este último grupo de indústrias representa, nos países de industrialização incipiente, entre 2 e 4 por cento da produção total, crescendo essa participação para 8 a 12 por cento nos intermédios e mais de 25 por cento nos de industrialização mais avançada.

QUADRO 2/15 – Estrutura produtiva do setor manufatureiro (em %)

	1960			*1971*		
	A	*B*	*C*	*A*	*B*	*C*
Argentina	44,5	26,8	28,7	33,9	31,9	34,2
Brasil	41,2	29,4	29,4	30,3	32,7	37,0
México	53,7	35,5	10,8	47,6	38,4	14,0
Colômbia	63,4	27,2	9,4	58,8	29,1	12,1
Chile	61,2	29,1	9,7	57,8	33,2	9,0
Peru	63,6	28,7	7,7	60,3	28,0	11,7
Venezuela	63,5	29,4	7,1	49,9	40,6	9,6
América Latina	56,5	26,1	14,4	50,8	30,0	19,2

Nota:

A: Indústrias principalmente produtoras de bens de consumo corrente: alimentos, bebidas, tecidos, confecções, calçados, móveis, editorial, diversas.

B: Indústrias principalmente produtoras de produtos intermediários: papel, borracha, química, derivados do petróleo e carvão, minerais não metálicos, metalurgia básica.

C: Indústrias principalmente produtoras de bens de capital e de consumo duráveis: transformação de metais, equipamento elétrico, material de transporte.

Fonte: CEPAL, *El proceso de industrialización en América Latina en los primeros años del segundo decenio para el desarrollo* (Santiago, 1974).

O mais rápido crescimento da produção industrial latino-americana nos anos 1960, particularmente na segunda metade do decênio, deve-se à ação convergente de vários fatores: *a*) as economias externas dinâmicas de que começam a beneficiar-se os países de industrialização mais avançada; *b*) a intensificação do comércio intrarregional no quadro do Mercado Comum Centro-americano, da ALALC e do Grupo Andino; e *c*) a política de exportação de manufaturas, mediante estímulos fiscais e creditícios. Com respeito aos dois últimos itens listados, cabe assinalar que a participação das exportações na produção industrial passou de 0,7 para 2,7 por cento. No México essa participação já alcançava, em 1971, 4,5 por cento, e no Brasil, 3,4 por cento (veja-se o quadro 3/15). Uma legislação especial permitiu que se desenvolvesse, na zona fronteiriça norte do México, todo um novo setor industrial estritamente dedicado à exportação.

QUADRO 3/15 – Exportações de manufaturas e sua participação na produção industrial

	1960	*1971*	*1960-70*	*1969-71*	*1960*	*1965*	*1971*
	Valor das exportações de manufaturas em milhões de dólares (FOB)		*Taxas de crescimento (médias anuais)*		*Participação na produção industrial*		
Argentina	44,3	257,9	18,7	8,4	0,5	0,8	1,6
Brasil	28,4	582,8	31,0	63,8	0,4	1,3	3,4
México	79,6	494,2	16,6	28,0	1,7	2,4	4,5
Colômbia	6,9	80,0	28,0	16,7	0,3	0,9	1,5
Chile	25,2	42,4	7,8	9,4	1,5	0,9	1,5
Peru	3,6	13,0	15,2	10,0	0,3	0,3	0,5
Venezuela	3,1	31,3	26,0	2,4	0,1	0,4	0,5
América Latina	246,9	1888,4	20,5	24,5	0,7	1,3	2,7

Fontes: CEPAL, *Notas sobre la economía y del desarrollo de América Latina*, 16 de junho de 1973.

A INDÚSTRIA TÊXTIL

A indústria têxtil merece uma atenção particular, não somente por sua importância relativa atual, mas também pelo papel que tende a desempenhar como nova fonte de exportações. Sendo a região grande exportadora de fibras naturais, situa-se favoravelmente para participar do mercado mundial de produtos têxteis, na medida em que os países altamente industrializados vão compreendendo as vantagens que decorrem de uma maior descentralização das atividades manufatureiras em escala mundial. Como a indústria têxtil apresenta reduzido grau de integração com outras indústrias e não se beneficia de maneira significativa de economias de escala, as suas possibilidades de desenvolvimento para fins de exportação, mesmo nos países de menor grau de industrialização, são consideráveis.

QUADRO 4/15 – Capacidade instalada na indústria têxtil algodoeira

(milhões de fusos)		
	1955	*1963*
Brasil	3,4	3,9
México	1,1	1,4
Argentina	0,7	1,0
Colômbia	0,4	0,6
Outros	1,0	1,2

Fonte: CEPAL, *La industria textil en América Latina*, 1968.

A capacidade da indústria têxtil latino-americana aumentou em 1,5 milhão de fusos, entre 1955 e 1963, dos quais um terço coube ao Brasil, um quinto ao México e outro quinto à Argentina. Contudo, o crescimento mais intenso foi observado na Colômbia.[2]

No período referido, isto é, entre 1955 e 1963, a capacidade da indústria têxtil algodoeira da Índia aumentou de 11,9 para 13,7 milhões de fusos, a do Paquistão de 1,4 para 2,4, e a do Egito de 0,6 para 1,3. O crescimento, se bem que relativamente lento, da capacidade produtiva latino-americana nem sempre foi acompanhado de aumento paralelo da produção, o que indi-

2. Para uma análise de conjunto da indústria têxtil latino-americana e sua situação presente e perspectivas em face dos mercados internacionais, ver CEPAL, *La industria textil en América Latina*, XII, informe regional (1968).

ca que a demanda tem crescido lentamente. O consumo por habitante na região em seu conjunto é relativamente baixo: quatro quilos por pessoa por ano, contra 9,7 quilos na Europa Ocidental e 16,3 quilos nos Estados Unidos — sem embargo do que o seu crescimento tem sido anormalmente lento, situando-se em torno de 0,6 por cento anual. Este dado constitui uma comprovação de que o nível de vida da massa da população latino-americana tem sido pouco afetado pelo crescimento econômico do período recente.

QUADRO 5/15 – Evolução recente da produção têxtil em países selecionados (1963 = 100)

	1956	*1960*	*1965*	*1970*
Argentina	131	134	148	—
Brasil	70	94	88	99[b]
Colômbia	65	84	103	103[c]
Chile	73[a]	75	108	107
México	76	91	123	137[b]
Peru	76	94	122	—
Venezuela	38	72	117	122

(a) 1957; (b) 1969; (c) 1968.

Fonte: CEPAL, *La industria textil en América Latina*, 1968, e *América en cifras*, 1974.

No Peru, e sobretudo na Venezuela, o crescimento reflete principalmente um processo de substituição de importações. Nos demais países, entretanto, o mercado interno já vem sendo satisfeito há algum tempo, em mais de 95 por cento, com produção local.

O parque têxtil latino-americano, se bem que em grande parte se haja renovado no período recente, compreende ainda quantidade apreciável de máquinas obsoletas, em razão principalmente da antiguidade relativa da indústria brasileira e, em menor grau, da mexicana. No que respeita a fusos, 44 por cento dos 8,1 milhões da indústria algodoeira são modernos, 30 por cento reformáveis e 26 por cento obsoletos; na indústria de artificiais e sintéticos, 88 por cento dos fusos são modernos, e na de lã apenas 37 por cento. No que respeita a teares, a automatização alcança 20 por cento na lã, 33 nas fibras artificiais e sintéticas e 44 no algodão.[3] O quadro 6/15 revela as disparidades que existem entre países.

QUADRO 6/15 – Índices de modernidade da indústria têxtil algodoeira

	Fusos				*Teares*		
	Modernos	*Reformáveis*	*Obsoletos*	*Total*	*Automáticos*	*Mecânicos*	*Total*
Argentina	83	12	5	100	67	33	100
Brasil	21	42	37	100	25	75	100
Colômbia	91	8	1	100	99	1	100
Chile	81	19	—	100	83	17	100
México	66	5	29	100	52	48	100
Peru	31	18	51	100	70	30	100
Venezuela	98	—	2	100	91	9	100

Fonte: CEPAL, *La industria textil en América Latina*, 1968.

À parte o Brasil, a indústria têxtil algodoeira latino-americana apresenta índices razoáveis de modernidade e excepcionalmente elevados no caso da Colômbia, país que apresenta não só os mais altos índices de modernidade do equipamento como também os índices mais elevados de produtividade, tanto de mão de obra como do equipamento.

3. Dados relativos à situação existente na metade dos anos 1960; a partir de então apenas no México efetuaram-se inversões significativas na indústria têxtil.

INDÚSTRIAS QUÍMICAS

As indústrias químicas constituem um setor produtivo de importância similar, para o conjunto da América Latina, à da indústria têxtil, contribuindo com cerca de 15 por cento do valor da produção manufatureira. Demais, contrariamente ao que ocorre com o setor têxtil, sua taxa de crescimento tem sido das mais elevadas, embora nos países maiores o processo de substituições de importação se encontre em sua fase final. Entre 1968 e 1972, a taxa de crescimento anual da indústria química regional foi de 9,3 por cento, sendo apenas inferior às taxas de crescimento das indústrias de minerais não metálicos (10,2) e metal-mecânicas (12,6). Contudo, o valor total da produção latino-americana apenas alcançara, na metade dos anos 1960, 50 por cento do da produção da Alemanha Ocidental e 80 por cento do da França.[4]

Coube ao Brasil, em 1964, 38,6 por cento da produção química da região, ao México 22,7, e à Argentina 19,1. A produção química latino-americana contribuía, então, com cerca de três quartos do abastecimento do mercado interno, e essa participação não se elevou, no período subsequente, de forma significativa, particularmente na Argentina e no Brasil, onde já havia superado 80 por cento em fins do decênio anterior. Dessa forma, cabe inferir que a atual estrutura da indústria química regional — na qual os agentes tensoativos e branqueantes ocupam um espaço considerável — é menos um reflexo de insuficiente desenvolvimento desse setor manufatureiro que do grau de diversificação do conjunto do sistema industrial. Nos países de maior desenvolvimento industrial

4. Uma análise de conjunto da indústria química regional encontra-se em CEPAL, *La industria química latinoamericana en 1962-64* (1966), e *La industria petroquímica en América Latina* (1966).

na região, a substituição de importações aparentemente alcançou o ponto de saturação, que parece situar-se em torno de 80 por cento da oferta interna, nos três países de mercado maior, e em torno de 60 por cento nos de tamanho médio. O quadro 7/15 reúne dados sobre alguns itens significativos da produção química latino-americana.

QUADRO 7/15 – Produção de alguns setores da indústria química (mil toneladas)

	1964	*1972*
	ácido sulfúrico (100% H_2SO_4)	
Argentina	151	188[d]
Brasil	300	421[b]
Colômbia	15	42[b]
Chile	178	374[c]
México	433	1 518
Peru	47	62[a]
Venezuela	51	82[c]
	soda cáustica (Na OH)	
Argentina	63,0	123
Brasil	103,0	158
Colômbia	16,1	73
México	100,0	169
	carbonato de sódio (Na_2CO_3)	
Brasil	76,2	106[b]
Colômbia	8,8	52[b]
México	106,0	347
	sulfato de amônia (20,5/21% N)	
Argentina	7,6	13,5
Brasil	9,7	10,0
México	167,0	235,5
Peru	15,8	17,0
Venezuela	43,3	—

(a) 1968; (b) 1969; (c) 1970; (d) 1971.

Fonte: Instituto Interamericano de Estadística, *América en cifras*, 1974.

PAPEL E CELULOSE

A indústria do papel e celulose desenvolveu-se com intensidade, no período recente, não só sob o impulso da substituição de importações, mas principalmente para atender aos requerimentos de uma demanda em rápida expansão. Entre 1960 e 1965, o consumo total de papel passou de 2,4 milhões a 3,5 milhões de toneladas, e o de pastas para fabricação de papel, de 1,1 milhão a 1,9 milhão de toneladas. A produção interna contribui com aproximadamente três quartos do abastecimento do mercado regional. A situação é, entretanto, totalmente distinta no que concerne a papel de jornal, cuja oferta depende, em quatro quintas partes, de importações. O Chile ocupa uma situação à parte, pois dispõe de um excedente exportável de papel de imprensa, que vem se expandindo. No Brasil, a produção interna cobre 40 por cento da demanda; no México, 20 por cento; e na Argentina, 7 por cento. Os demais países dependem totalmente de importações para abastecer-se de papel de imprensa.

As possibilidades de expansão da indústria do papel e celulose são consideráveis no Chile, onde um importante reflorestamento à base de coníferas foi realizado no último quarto de século. Investimentos de vulto continuam a realizar-se na indústria chilena, com vista a abastecer o mercado regional, particularmente o da Argentina. No México também são significativas as reservas de coníferas. Nos demais países a expansão dessa indústria depende seja de uma política de reflorestamento, o que pode ser feito à base de essências de ciclo evolutivo relativamente rápido, coníferas ou não, seja da utilização de madeiras duras e outras matérias-primas, como o bagaço de cana. De maneira geral, os problemas técnicos que a utilização de matérias-primas locais coloca vêm sendo estudados e, no essencial, estão tendo solução.

QUADRO 8/15 – Produção de papel em países selecionados
(mil toneladas)

	Papel de jornal			*Papel de escrever*			*Outros tipos*			*Papelão*		
	1957	*1964*	*1970*	*1957*	*1964*	*1970*	*1957*	*1964*	*1970*	*1957*	*1964*	*1970*
Argentina	20	12	3	65	84	123	125	189	335	104	127	182
Brasil	49	119	126	107	149	231	218	251	412[a, b]	106	139	330
Colômbia	—	—	—	—	—	40[a]	25	60	145[b]	12	55	—
Chile	20	77	120	15	30	46[a]	23	38	95[a]	1	20	—
México	—	16	40	62	110	133[a]	104	257	554[b]	170	175	—
Peru	—	—	—	—	6	11[a]	17	32	95[a, b]	12	29	—
Venezuela	—	—	—	—	11	25[a]	7	62	195[a, b]	—	62	—

(a) 1969; (b) inclui papelão.

Fonte: Instituto Interamericano de Estadística, *América en cifras*, 1974.

SIDERURGIA

A indústria siderúrgica latino-americana está presentemente formada por catorze usinas integradas e por 35 pequenas usinas semi-integradas. Da produção total, que em 1972 alcançou 15 milhões de toneladas de aço em lingote, mais de 95 por cento corresponderam às usinas integradas. A implantação dessa indústria, praticamente toda ocorrida no pós-guerra, constitui marco decisivo na transição das economias latino-americanas para a era industrial. Como essa implantação decorreu essencialmente da ação direta ou indireta do Estado, cabe perguntar o que teria ocorrido se a iniciativa estatal houvesse sido antecipada em um quarto de século. Na verdade, a América Latina contava com alguma tradição siderúrgica, particularmente nos países em que era maior a abundância de minério de ferro de elevado teor. No México, desde o começo do século funcionava em Monterrey um alto-forno a coque de 350 toneladas diárias de capacidade; no Chile, o forno a carvão vegetal de Corral operava desde antes da Primeira Guerra Mundial; e no Brasil, desde os anos 1920, a Companhia Belgo-Mineira operava fornos a carvão vegetal de dimensões relativamente grandes. Contudo, seria nos anos 1940 que se dariam os passos definitivos para a instalação de uma moderna siderurgia na região. Assim, no México, um segundo alto-forno de seiscentas toneladas diárias foi instalado em 1942 pela empresa que já operava em Monterrey. Em 1944 se instala a segunda usina integrada do México, em Monelova, especializada em produtos planos, e em 1946 surge nesse país a empresa Hojalata y Láminas, que se tornaria conhecida posteriormente pelas iniciativas inovadoras que terá no terreno tecnológico, dando início à redução direta de minério de ferro mediante a utilização de gás, o que dispensa o alto-forno e permite reduzir a dimensão econômica da usina. Em 1946 começa a operar no Brasil a usina de Volta Redonda, unidade integrada com um alto-forno de mil toneladas diárias e laminadores de perfis e planos. Em 1950 entra em funcionamento no Chile a usina integrada de Huachipato, com um alto-forno cuja capacidade seria elevada para oitocentas toneladas diárias. Na Colômbia, a usina de Paz del Río começa a operar em 1954; a de Chimbote, no Peru, em 1958; a de San Nicolás, na Argentina, em 1960; e a de Orinoco, na Venezuela, em 1962.[5]

O quadro 9/15 reúne dados indicativos da evolução recente da produção.

QUADRO 9/15 – Produção de aço em lingote em países escolhidos (mil toneladas)

	1958	*1965*	*1972*
Argentina	244	1 368	2 103
Brasil	1 362	2 983	6 520
Colômbia	149	242	275
Chile	348	477	641
México	1 039	2 403	4 364
Peru	20	81	—
Venezuela	40	625	924[a]

(a) 1971.

Fontes: Instituto Interamericano de Estadística, *América en cifras*, 1965, 1972 e 1974.

Os minérios de ferro atualmente explorados na América Latina são de alta lei. Somente na Argentina e na Colômbia se exploram minérios de teor que oscila entre 47 e 53. A produção de carvão adequado para o coqueamento é, entretanto, insuficiente

5. Cf. *El proceso de industrialización en América Latina*, cit., vol. I.

na Argentina, no Brasil e no Chile. Essa situação particular, no que se refere à oferta local de matérias-primas e às dimensões do mercado a que se dirige cada produtor, constitui os dois fatores básicos condicionantes do desenvolvimento da siderurgia latino-americana. A substituição parcial do coque por petróleo, gás ou carvão pulverizado vem merecendo atenção, e tem permitido economias substanciais no consumo de coque por unidade de gusa. Ali onde a disponibilidade de energia hidrelétrica é grande e seu custo de oportunidade baixo, como é o caso da Venezuela, optou-se pela eletrossiderurgia. Onde se dispõe de minério com baixo teor de fósforo, a redução direta permite diminuir substancialmente as dimensões econômicas da unidade de operação, mediante a produção de ferro-esponja.

O problema de mais difícil solução para a obtenção de produtos ferrosos a preços competitivos decorre das dimensões dos laminadores de produtos planos, para os quais as economias de escala assumem importante papel. Com efeito, os investimentos por toneladas de capacidade-ano para produção de laminados planos se reduzem de 484 dólares para 199, quando se eleva a escala de produção de 100 mil para 1 milhão de toneladas.[6] Este problema somente encontrará solução, no que respeita aos países, no quadro de um planejamento regional da expansão siderúrgica.

Em razão da inevitável concentração da indústria em alguns países e dos problemas de dimensão de mercado que se colocam com respeito a certas linhas de produção, as importações de produtos siderúrgicos continuam a desempenhar papel importante no abastecimento do mercado regional. No Brasil, no México e no Chile as importações contribuem com menos de um quarto da oferta de produtos siderúrgicos; na Argentina as importações contribuem com cerca de 40 por cento; e nos demais países são as

6. Cf. CEPAL, *Las economías de escala en plantas siderúrgicas* (1967).

importações a principal fonte de abastecimento. O Chile coloca nos países vizinhos parte significativa de sua produção, e o México se vem igualmente transformando em exportador regular de certos tipos de laminados. No começo dos anos 1970, o Brasil e a Venezuela, países possuidores de grandes reservas de minério de ferro, iniciaram a execução de planos visando a uma considerável expansão da produção siderúrgica, parte da qual se destina ao mercado internacional.

INDÚSTRIA MECÂNICA

O desenvolvimento da indústria mecânica constitui, de alguma forma, o coroamento de todo processo de industrialização. Se bem que essa denominação seja demasiado ampla, permitindo incluir desde oficinas de simples manutenção e conserto de equipamento de uso industrial ou doméstico até as fundições e forjas pesadas e a fabricação de aparelhos da mais alta complexidade, a importância relativa desse setor na produção industrial constitui um indicador claro da capacidade de autotransformação de um sistema econômico. Sendo as indústrias mecânicas a principal correia de transmissão do progresso tecnológico aos distintos setores da atividade produtiva, alcançar uma relativa autonomia em tais indústrias significa poder atuar sobre a difusão desse progresso. O seu papel se assemelha ao que, nos países subdesenvolvidos, desempenham as importações. É principalmente por intermédio destas que tais países têm acesso às inovações nas formas de produção, razão pela qual o declínio relativo da capacidade para importar tende a aumentar a rigidez estrutural. Com efeito, no caso dos países latino-americanos, as importações são hoje em grande parte constituídas por produtos originários da indústria metal-mecânica, com uma parcela crescente dentre estes formada de equipamentos industriais.

Na maior parte dos países da região, a indústria mecânica ainda é principalmente constituída de fábricas produtoras de bens de consumo, de usinas de montagem a partir de peças e subconjuntos importados e de atividades de conserto e manutenção. Contudo, nos países de maior avanço industrial, a produção de máquinas e de equipamentos de transporte desenvolveu-se consideravelmente no período recente, constituindo hoje o principal setor do grupo das indústrias mecânicas. Na Argentina e no Brasil, já nos anos 1950, a indústria de máquinas-ferramentas tivera um desenvolvimento significativo. Em 1960, a produção brasileira dessas máquinas alcançou 13 mil toneladas, oferecendo ao mercado cinquenta tipos em cerca de 150 modelos. No período 1957-61 a produção interna atendeu 40 por cento das necessidades do país, cujo parque de máquinas-ferramentas alcançou, em 1960, 205 mil unidades, 55 por cento das quais com menos de dez anos.[7] Na Argentina, a produção de máquinas-ferramentas alcançou 10,5 mil toneladas em 1961. Em 1963, o parque de máquinas-ferramentas nesse país alcançava 172 mil unidades, 55 por cento das quais com menos de dez anos.[8]

Um estudo relativo aos equipamentos requeridos para a expansão de cinco grupos importantes de indústrias — *a*) petróleo, gás natural e petroquímica; *b*) geração e transmissão de energia elétrica; *c*) siderurgia; *d*) construção naval; *e*) papel e celulose — indicou que a indústria mecânica argentina está atualmente em condições de produzir cerca de três quartos dos mesmos. Estudo similar feito para o Brasil indicou que a indústria local está em condições de satisfazer 90 por cento das necessidades de equipamento do setor gerador de energia elétrica, 77 por cento da in-

7. Cf. CEPAL, *Las máquinas-herramientas en el Brasil* (1966).
8. Cf. CEPAL, *Las máquinas-herramientas en la Argentina* (1966).

dústria siderúrgica, 66 por cento da indústria do cimento e porcentagem similar no que respeita à refinação de petróleo e petroquímica.[9]

O setor da indústria mecânica cujo crescimento aparece seguramente como o mais visível é o da produção de veículos automotores. Essa atividade, que surgira desde antes do último conflito mundial sob a forma de usina de montagem, passou a interessar a alguns países nos anos 1950 em razão do peso crescente das importações de veículos automotores nas balanças de pagamentos. Em razão do forte crescimento da demanda, tanto de veículos utilitários como de turismo, estabeleceram-se regimes de controle quantitativo das importações, em razão dos quais os preços internos tenderam a ser de três a cinco vezes os internacionais. Uma tal situação tornou atrativa a produção, mesmo em fábricas de dimensões relativamente pequenas. Essa situação particular do mercado e os amplos favores subministrados pelos poderes públicos deram origem a uma multiplicidade de iniciativas no Brasil e na Argentina, países de mercados relativamente grandes e onde a crise da balança de pagamentos era mais aguda. As dimensões relativamente pequenas das fábricas e a subutilização de sua capacidade levariam a indústria a dificuldades financeiras, uma vez atendida a demanda comprimida pela insuficiência das importações no decênio anterior. Posteriormente, a indústria passa por uma reestruturação, reduzindo-se o número de empresas que são, aliás, todas subsidiárias de consórcios internacionais. A partir de 1968, a produção brasileira de carros de passeio conheceu uma rápida expansão, multiplicando-se por 2,2 entre esse ano e 1972, graças a facilidades de crédito dadas aos consumidores, a uma efetiva expansão do mercado interno e, mais recentemente, à exportação.

9. Cf. *El proceso de industrialización de América Latina*, cit., vol. II.

QUADRO 10/15 – Produção de montagem de veículos automotores (mil unidades)

	1966	*1972*	*grau de integração* [a]
Argentina	179,4	254,2	A
Brasil	224,6	613,5	A
Colômbia	1,3	—	C
Chile	7,1	26,4	C
México	117,9	232,3	B
Peru	13,2	21,8	C
Venezuela	57,6	61,0[b]	C

(a) Proporção das partes de fabricação nacional no peso dos veículos: A: mais de 90 por cento; B: entre 31 e 60 por cento; C: menos de 30 por cento.
(b) 1970.
Fonte: América en cifras, 1974.

PRODUÇÃO E REFINAÇÃO DE PETRÓLEO

A indústria petrolífera latino-americana compreende dois setores essencialmente distintos. De um lado, apresenta-se a produção venezuelana, que representa mais de dois terços do total e se destina fundamentalmente à exportação. De outro, está a produção dos demais países, que se destina principalmente aos mercados internos respectivos, se bem que a Bolívia e o Equador disponham de crescentes excedentes exportáveis. A produção destinada à exportação (Venezuela, Bolívia e Equador) é controlada por consórcios internacionais; a dos demais países é controlada, total ou predominantemente, por empresas nacionais de capital público. Os investimentos realizados na indústria petrolífera, tanto na prospecção como na perfuração de poços e na instalação de refinarias, foram consideráveis no correr do decênio dos 1960. O número de poços perfurados, que em 1955 foi de 284 na Argentina e de 73 no Brasil, aumentou em 1966 para 712 no primeiro país e 331 no segundo. Na Bolívia e no Equador o aumento foi igualmente considerável. A produção de petróleo cru neste último país decuplicou, entre 1965 e 1972, enquanto na Bolívia ela quintuplicava e no Brasil duplicava. Dos países incluídos no quadro 11/15, o Brasil e o Chile são os únicos que dependem de forma substancial de importações para abastecer-se de petróleo cru. A participação das importações na oferta interna brasileira, depois de haver declinado na primeira metade dos anos 1960, voltou a crescer, alcançando 73,6 por cento em 1972. No Chile se observa tendência similar, mas a causa principal é menos um forte crescimento do consumo do que declínio da produção. O grau de dependência externa desse país, no ano referido, foi de 66,8 por cento. No Peru essa dependência foi de 29,1, na Argentina de 6,3 e no México de 4,5.[10]

QUADRO 11/15 – Produção de petróleo cru em países selecionados (mil metros cúbicos)

	1958	*1965*	*1972*
Argentina	5 668	15 625	25 067
Bolívia	546	534	2 538
Brasil	3 009	5 460	10 068
Colômbia	7 457	11 641	11 390
Chile	885	2 020	1 615
Equador	494	453	4 620
México	16 000	21 008	29 158
Peru	2 978	3 661	(*)
Venezuela	151 160	201 533	188 000

(*) Dados não disponíveis na fonte citada.

Fonte: Instituto Interamericano de Estadística, *América en cifras*, 1965 a 1974.

10. CEPAL, *América Latina y los problemas actuales de la energía* (1974), quadro 9.

QUADRO 12/15 – Petróleo cru refinado na América Latina
(mil metros cúbicos)

	1955	*1960*	*1965*	*1972*
Argentina	9 537	13 629	19 495	29 604
Bolívia	338	359	512	827
Brasil	4 089	10 412	17 841	38 099
Colômbia	2 248	4 221	5 325	9 008
Chile	753	1 727	2 746	5 700
Equador	319	674	873	1 356
México	13 028	17 028	21 444	30 524
Peru	2 356	2 637	3 300	5 476
Uruguai	1 302	1 508	1 867	1 899
Venezuela	31 140	51 339	68 210	65 475

Fonte: CEPAL, *Estudio económico de América Latina*, 1967, e *América Latina y los problemas acentuados de la energía*, 1974.

À exceção da Venezuela, que consome uma fração pequena do que refina, nos demais países a refinação destina-se aos mercados locais. O México importa e exporta uma certa quantidade de derivados, por conveniência de abastecimento de regiões fronteiriças com os Estados Unidos. Ainda à exceção da Venezuela e do Equador, cujas refinarias são em sua totalidade de propriedade de consórcios internacionais, nos demais países as refinarias são operadas por companhias nacionais, na grande maioria dos casos de propriedade estatal.

ENERGIA ELÉTRICA

A geração de energia elétrica aumentou, na América Latina, a uma taxa média anual de 9,5 por cento, entre 1950 e 1960, e de 9,6, entre 1960 e 1965. As taxas de crescimento, correspondentes ao conjunto da economia mundial, foram de 8,4 e 7,8 por cento, respectivamente, nos dois períodos referidos. No período mais recente, o crescimento do consumo de energia elétrica intensificou-se ainda mais, pois entre 1967 e 1973 a taxa alcançou 11 por cento. Assim o consumo regional, que fora de 58,6 bilhões de quilowatts-hora em 1958, alcançou 196,7 bilhões em 1973.[11] Esse crescimento reflete o aumento relativo do setor industrial na economia latino-americana, assim como a expansão demográfica e a rápida urbanização. Contudo, se se tem em conta que, não obstante o grau ainda baixo da industrialização da economia regional, 55 por cento da energia elétrica gerada se destina às indústrias — contra 50 por cento nos Estados Unidos e 65 por cento na Europa —, depreende-se que o consumo pessoal se mantém em níveis muito baixos. Com efeito, este consumo corresponde a um quarto da média europeia e a menos de um décimo da média norte-americana.

A produção de energia elétrica era tradicionalmente controlada, nos países latino-americanos, por grandes consórcios internacionais, com sede principalmente nos Estados Unidos. Por motivos vários de ordem interna e externa, os investimentos desses consórcios cresceram lentamente no período compreendido entre a crise de 1929 e o fim do segundo conflito mundial. Colocou-se, assim, na maior parte dos países — quase todos afetados por insuficiência de oferta de energia nos anos do imediato pós-guerra —, o problema da criação de instituições capazes de mobilizar os vultosos recursos requeridos para expandir a capacidade de geração e transmissão de energia elétrica. Os novos recursos vieram quase exclusivamente dos orçamentos públicos, através de impostos criados especialmente para esse fim, e de instituições internacionais, como o Banco Mundial e, posteriormente, o Banco Interamericano de Desenvolvimento.

11. Cf. CEPAL, *Los nuevos precios del petróleo y la industria eléctrica en América Latina*, 1974.

QUADRO 13/15 – Evolução recente da geração de energia elétrica em países escolhidos
(milhões de quilowatts-hora)

	1957	*1965*	*1973*
Argentina	9 418[(a)]	14 700	26 700
Brasil	16 9631	30 128	65 800
Colômbia	2 850	6 000	11 600
Chile	4 188	6 131	8 400
México	8 463	17 769	38 660
Peru	1 792	3 808	7 140
Venezuela	3 791[(a)]	8 171	15 800

(a) 1958.

Fontes: Instituto Interamericano de Estadística, *América en cifras*, 1965 a 1968. CEPAL, *Los nuevos precios del petróleo y la industria eléctrica en América Latina* (Santiago, 1954).

Não obstante o crescimento considerável da geração de energia elétrica no período recente, a insuficiência de oferta tem constituído um permanente obstáculo ao desenvolvimento industrial em muitos países, particularmente na Argentina. No conjunto da região, a participação da indústria no consumo da energia de serviço público passou de 30 por cento, em 1958, para 44 por cento, em 1973. Cabe assinalar, entretanto, que parte considerável da população regional, inclusive urbana, ainda não consome diretamente energia elétrica. Pela metade dos anos 1960, na Argentina, 14 por cento da população se encontrava nessas condições, no Chile 24, no Brasil 26, na Venezuela 35, no México 59, e no Peru 61 por cento.

Do total da capacidade geradora instalada na América Latina, que se elevou em 1973 a 51 milhões de quilowatts, cerca da metade (26 milhões) era térmica.

Dos 25 milhões de quilowatts hidráulicos instalados na região, em 1973, 12,8 milhões se encontravam no Brasil, 3,9 milhões no México e 2 milhões na Colômbia. O desenvolvimento mais intenso, no correr dos dois últimos decênios, se vem fazendo no setor hidráulico, o que se traduz no aumento de dimensão das centrais geradoras e no crescimento das redes de transmissão. Por outro lado, esse desenvolvimento está permitindo a interconexão de áreas, articulando unidades térmicas e hidráulicas e elevando o fator de carga. As obras atualmente em execução permitem prever para os próximos anos uma participação crescente da energia de fonte hidráulica, com aumento das dimensões médias das unidades geradoras e interconexões de áreas de diferentes regimes hidrográficos. Os programas de instalação de centrais conhecidos (ver quadro 14/15) permitem prever um acréscimo de cerca de 50 milhões de quilowatts até 1980. Desse total, 32,3 milhões serão de origem hidráulica, correspondendo 6,7 milhões à Argentina, 14 milhões ao Brasil, 3,3 milhões ao México, 2 milhões ao Peru, 1,7 milhão à Colômbia e 1,3 milhão à Venezuela. O potencial hidrelétrico "economicamente aproveitável" — estimado em 20 por cento do "termicamente aproveitável" — permitia em 1973 multiplicar por trinta a geração de hidreletricidade no conjunto da região. Com a elevação dos preços do petróleo nesse ano, a margem de aproveitamento aumentou consideravelmente.

QUADRO 14/15 – Programas de instalação de centrais elétricas (milhares de quilowatts)

	Capacidade instalada em 1973		*Novas instalações (1974-80)*			
	hidráulica	*térmica*	*hidráulica*	*térmica*	*nuclear*	*total*
Argentina	1 335	7 135	6 680	1 765	920	9 365
Brasil	12 835	3 080	14 000	1 499	625	16 124
México	3 930	5 270	3 300	6 067	1 340	10 707
Colômbia	2 005	1 140	1 654	792	—	2 446
Chile	1 270	1 175	820	650	—	1 470
Peru	1 290	920	1 965	216	—	2 181
Venezuela	1 243	2 400	1 290	2 200	—	3 490
América Latina	25 400	25 978	32 349	15 116	2 885	50 350

Fonte: CEPAL, *Los nuevos precios del petróleo y la industria eléctrica en América Latina* (Santiago, 1954).

16. Insuficiência do crescimento e reorientação do desenvolvimento

TENDÊNCIAS DO CONJUNTO REGIONAL

No correr dos últimos dois decênios, a economia dos países da América Latina, considerados em conjunto, conheceu uma expansão considerável e transformações estruturais de real significação. Medido a preços de 1960, o produto bruto da região, que apenas superava os 40 bilhões de dólares em 1950, elevou-se a cerca de 135 bilhões em 1970. A produção de aço em lingote, que em pouco superava 1 milhão de toneladas no primeiro dos anos referidos, já superava os 15 milhões em 1972. Contudo, apesar desses índices e de muitos outros similares que a eles poderiam ser acrescentados, seria incorreto afirmar que a economia regional tenha reunido o conjunto de condições necessárias para que o desenvolvimento tenda a assegurar sua própria continuidade. Pelo contrário, os dados evidenciam que o ritmo de crescimento da economia regional não tem sido suficiente para sequer assegurar sua posição relativa na economia mundial. Com efeito, nos dois decênios referidos, esta cresceu a uma taxa média anual de

5,5 por cento, sendo a taxa latino-americana de 5,2. Se se tem em conta o crescimento da população, a diferença se amplia, pois a taxa mundial é de 3,5 por cento, e a latino-americana, de 2,4. Os dados relativos ao conjunto da região indicam que a taxa de crescimento do PIB declinou nos anos 1960, com respeito ao decênio anterior: no período 1960-2 a 1966-8, a taxa de crescimento do produto por habitante foi de 1,8 por cento, ao passo que no período 1950 a 1960-2 a referida taxa havia sido de 2,5. Contudo, a partir de 1968 se observa uma mudança de tendência, alcançando a taxa, no quinquênio 1968-73, de 3 por cento.

Para que melhor possamos compreender as tendências atuais, convém relembrar que as economias latino-americanas não constituem um *sistema* e que os dados referentes ao todo são extremamente influenciados pelo comportamento das três economias maiores — Brasil, México e Argentina —, que em conjunto contribuem com mais de dois terços do produto regional. Contudo, deve-se igualmente ter em conta que o desenvolvimento das economias nacionais se vem comportando segundo certas linhas comuns, razão pela qual a evolução das mais avançadas prefigura, de alguma maneira, o de outras que se encontram em fases imediatamente anteriores. Assim, as economias que conheceram no pós-guerra uma fase de expansão ao impulso do crescimento das exportações, como o Equador, a América Central ou o Peru, repetiram em sua evolução estrutural um processo já conhecido na região, da mesma forma como fizeram também os países que se iniciaram na substituição de importações no período recente. Sem pretender estabelecer um modelo faseológico do desenvolvimento das economias da região, o que implicaria a pretensão de poder antecipar a experiência dos países de menor desenvolvimento, cabe reconhecer que o comportamento *presente* dessas economias se enquadra em um número limitado de *tipos*. Em certos países, determinado *tipo* — o exportador de produtos agrícolas, ou o exportador de produtos mineiros, ou o substituidor de importações — reuniu condições extremamente favoráveis e sustentou o desenvolvimento durante um período relativamente prolongado. Em outros, as condições foram menos favoráveis e o período de desenvolvimento de um certo tipo foi mais curto. A curva do desenvolvimento global da região constitui a agregação de curvas nacionais, cujo comportamento traduz a dinâmica de certo número de tipos operando em uma multiplicidade de condições. A perda de velocidade no crescimento pode manifestar-se em economias que correspondem a tipos diversos, agravando-se ou atenuando-se o movimento da curva global conforme haja ou não simultaneidade nos processos. Além disso, a retomada do crescimento pode resultar da emergência de novos tipos. Com efeito, a mudança de tendência desde o final dos anos 1960 está ligada a uma ação mais ampla do Estado, seja buscando deliberadamente ampliar o mercado interno, ou pelo menos o mercado formado por certos grupos de consumidores, seja reorientando a produção para os mercados externos, ainda que a elevado custo social.

Já observamos anteriormente como o desenvolvimento induzido pelo crescimento de exportações de produtos primários havia permitido desembocar na industrialização. Em face das condições que prevaleceram no mercado mundial de produtos primários, entre começo dos anos 1950 e fim do decênio dos 1960, as quais se traduziram em tendência persistente ao declínio relativo dos preços desses produtos, passou a constituir ponto de vista de aceitação geral que o desenvolvimento regional se apoiaria mais e mais no processo de industrialização. Que o ritmo de crescimento se tenha debilitado em vários países, no correr dos anos 1960, constituía uma indicação de que a industrialização não assumira a necessária amplitude ou enfrentava obstáculos maiores do que se havia inicialmente previsto. O problema que se coloca, portanto, é o de saber se a industrialização latino-americana apresenta limitações intrínsecas, ou foi inadequadamente orientada desde o início. Consideraremos o problema a partir da experiência dos dois países de industrialização mais avançada, a Argentina e o Brasil. O primeiro país apresentou, nos dois decênios que estamos considerando, uma taxa de crescimento da produção industrial persistentemente inferior à média regional. O segundo apresentou fortes flutuações na taxa de crescimento da produção industrial, ao mesmo tempo que demonstrou o firme propósito de levar adiante o processo de industrialização.

O CASO DA ARGENTINA

Tendo alcançado um elevado grau de urbanização ainda na fase de desenvolvimento impulsionado pelas exportações de produtos primários, e tendo conhecido salários médios relativamente altos na agricultura (para atrair população europeia), a Argentina surge como um caso à parte no quadro latino-americano. Contudo, em razão da importância relativa desse país, sua experiência constitui um aspecto significativo da evolução da região. A industrialização argentina nos anos 1940 e na primeira metade dos 1950 fez-se sob forte proteção e mediante subsídios à importação de insumos industriais. Daí resultaram duas consequências: *a*) aumento da eficiência marginal dos investimentos em indústrias produtoras de bens finais de consumo; e *b*) modificação dos termos do intercâmbio interno contra o setor agropecuário. A tendência seria, portanto, no sentido de expansão horizontal do setor industrial, que continuará a depender, em grande medida, de insumos importados. Criou-se, assim, uma crescente *incompressibilidade* das importações a curto prazo e uma tendência ao crescimento da demanda de produtos importados em função da expansão do setor industrial. Dando ênfase ao aspecto que nos interessa, pode-se afirmar que o crescimento do setor industrial se fez menos no sentido de criação de um sistema integrado e mais no de fortalecimento da estrutura industrial surgida na fase anterior, a qual continuava a integrar-se verticalmente com as importações. Evidentemente, essa integração evoluiu no sentido de uma participação crescente da produção interna, significando ao mesmo tempo que os bens que se importavam passavam a ser crescentemente essenciais. Como os produtos intermediários e os equipamentos importados se beneficiavam de forte subsídio cambial, a estrutura de preços operava contra a integração do sistema industrial. O nível da atividade econômica passou a ser mais dependente, a curto prazo, das flutuações na capacidade para importar do que era na época em que grande parte das importações consistia em produtos finais de consumo adiável. Concretizaram-se, assim, os temores que haviam marcado a política econômica argentina na segunda metade dos anos 1930 e começo dos anos 1940, quando prevaleciam as preocupações anticíclicas. Além disso, a evolução desfavorável dos termos do intercâmbio interno vinha desencorajando os investimentos no setor agropecuário, fonte das exportações. Demais, a estagnação da produção de petróleo, nos anos 1940 e 1950, criaria um elemento de pressão adicional sobre a declinante capacidade para importar.

Em síntese, na Argentina conjugaram-se dois processos: a excessiva horizontalização do crescimento industrial e o desencorajamento dos investimentos no setor exportador. Tende-se a dar ênfase a um ou outro aspecto do problema, de acordo com a orientação intelectual do analista.[1] Não resta dúvida de que o

1. Ver, como exemplo da primeira tendência, ALDO FERRER, *La economía argentina*, cit., e como exemplo da segunda, CARLOS F. DÍAZ-ALEJANDRO, "An interpretation of Argentine economic growth since 1930", *Journal of Development Studies* (outubro de 1966 e janeiro de 1967).

segundo processo levaria, em qualquer caso, a reduzir a produtividade dos investimentos e a aumentar a instabilidade do sistema econômico. Mas não é menos verdadeiro que, se a industrialização houvesse ampliado a sua base com anterioridade, o seu poder transformador do conjunto das estruturas econômicas teria sido muito maior, sendo admissível que viesse a repercutir favoravelmente no próprio setor exportador, através da redução dos preços relativos dos seus insumos. Convém assinalar que a industrialização argentina somente teria ganho profundidade desde os anos 1940 se houvesse obedecido a uma política apoiada num diagnóstico que levasse em conta a evolução a longo prazo do comércio internacional. Assim, a industrialização implicava absorver mão de obra do setor agrícola, o que significava um nível de salários relativamente elevado. Se os investimentos industriais se houvessem orientado para projetos de mais longa maturação e de maior densidade de capital, a rentabilidade do setor industrial teria sido mais baixa, e a acumulação, mais lenta. Em razão da relativa escassez de mão de obra que se manifestava na segunda metade do decênio dos 1940, e que se traduzia em pressão para a alta dos salários reais, cabe admitir que uma industrialização em maior profundidade teria requerido um decidido apoio financeiro dos poderes públicos e também investimentos simultâneos no setor agrícola, visando a liberar mão de obra. Tais objetivos somente poderiam ser alcançados mediante elevação da taxa de investimentos, o que requeria uma política salarial conservadora em condições de forte demanda de mão de obra. Na prática seguiu-se a linha de menor resistência, que consistia numa política de altos salários e em concentração dos investimentos industriais ali onde era maior a rotação do capital, acarretando a insuficiência tanto de serviços infraestruturais como de capacidade para importar, que se manifestou pela metade dos anos 1950. Desde essa época a política econômica argentina tem tido como principal objetivo a recuperação da capacidade para importar, seja melhorando os termos de intercâmbio do setor agropecuário, seja reorientando o crédito para esse setor, seja estimulando as exportações de manufaturas. O volume físico das exportações cresceu nos anos 1960 a uma taxa anual de 3,7 por cento, ao passo que a taxa do decênio anterior fora de 2 por cento. Se se têm em conta os efeitos dos termos do intercâmbio, o poder de compra das exportações aumenta nos anos 1960 a uma taxa de 4,2 por cento, comparada com o declínio de menos 1,5 por cento anual observado no decênio anterior. Graças a essa evolução do setor externo, a qual permitiu que se estabilizasse o coeficiente de importações em torno de 10 por cento, e a um esforço paralelo visando a ampliar a base do sistema industrial, particularmente no período 1959-62, a taxa de crescimento da produção industrial alcançou 4,6 por cento nos anos 1960, contra 3,8 no decênio anterior. A intensificação da produção industrial no início dos anos 1970 (taxa média de 7 por cento entre 1970-3) decorre em parte de um considerável esforço de exportação. Esta mais que triplicou entre 1970 e 1973, alcançando neste último ano 725 milhões de dólares, ou seja, 23 por cento do valor total das exportações.

O CASO DO BRASIL

A experiência brasileira de industrialização apresenta maior interesse em razão da representatividade, no conjunto da região, das estruturas econômicas do país. Por um lado, ao contrário da Argentina, no Brasil a industrialização se processou em condições de oferta totalmente elástica de mão de obra, à semelhança do que está ocorrendo em praticamente todos os demais países da região. Por outro lado, tomou-se consciência, desde os anos 1930, da necessidade de ampliar as bases do sistema industrial, assim como da responsabilidade que cabia aos poderes públicos nessa tarefa. É significativo que, em meio às dificuldades da Segunda Guerra Mundial, o governo brasileiro tenha conseguido dotar o país de um moderno complexo siderúrgico.[2] No imediato pós-guerra foi lançado um primeiro plano de investimentos públicos infraestruturais (Plano SALTE). Em 1952, foi criado o Banco Nacional de Desenvolvimento Econômico, graças ao qual importantes recursos foram encaminhados para as indústrias de base e para os setores infraestruturais. Logo em seguida era criada a Petrobras, que encaminhou recursos consideráveis para a produção, refinação e transporte do petróleo. Em síntese, a industrialização brasileira apoiou-se numa base ampla, o que permitiu que fossem alcançadas altas taxas de crescimento desde os anos 1950. Ao iniciar-se o decênio dos 1960, a oferta de produtos industriais no mercado brasileiro dependia em cerca de 90 por cento da produção interna. Quanto aos bens finais de consumo, essa dependência era de mais de 95 por cento, sendo de cerca de 90 por cento no que concerne aos produtos intermediários da indústria e de cerca de 80 por cento no caso dos bens de capital. Assim, a industrialização avançara consideravelmente no sentido da criação de um sistema industrial com um grau de diferenciação similar ao das economias altamente industrializadas. Cabe acrescentar que, desde a segunda metade dos anos 1950, teve início um processo de substituição de importações no setor de petróleo, que representava cerca de um quinto das importações brasileiras. A partir de então estabilizou-se o valor das importações, graças ao crescimento rápido da refinação, em uma primeira

2. O plano siderúrgico do governo brasileiro foi elaborado imediatamente antes da guerra. Nos anos do conflito, a usina de Volta Redonda foi construída mediante financiamento do Export-Import Bank e aquisição dos equipamentos nos Estados Unidos, o que só se tornou possível graças a entendimentos políticos do governo Vargas com o presidente Roosevelt. A usina começou a operar em 1946.

fase, e da produção de petróleo cru em seguida. No começo dos anos 1960, quando o sistema industrial completava sua diversificação e estava em condições de criar, em grande parte, os seus próprios meios de expansão, a ameaça que, para a balança de pagamentos, constituía o rápido crescimento das importações de petróleo parecia ter sido contida. Apesar dessas condições aparentemente favoráveis, o ritmo de crescimento do setor industrial declinou. De uma média de 10,8 por cento entre 1956 e 1962, a taxa de crescimento anual do setor industrial declinou para 4,8 por cento em 1963-8. No primeiro período ela se colocou cerca de 60 por cento acima da taxa de crescimento do PIB; no segundo foi apenas 20 por cento mais alta.

A perda de velocidade do desenvolvimento brasileiro foi acompanhada de aumento da pressão inflacionária e de agravamento das tensões sociais, com importantes repercussões no plano político. Demais, a brusca mudança de política a partir de 1964, transformando a contenção das pressões inflacionárias em principal objetivo da ação governamental no plano econômico-financeiro, teve repercussões secundárias, a ponto de o nível da produção industrial ter declinado 5 por cento em 1965, tendo sido ainda mais acentuada a queda da produção manufatureira. Não seria fácil demonstrar que os fatores sociais e políticos tiveram importância secundária no declínio da taxa de crescimento observado a partir de 1962 no Brasil; contudo seria ainda mais difícil demonstrar que esses fatores constituem a causa primária ou a principal desse declínio. Se observamos mais de perto os dados, constatamos que as exportações tenderam a crescer com intensidade bem maior que as importações. Entre 1959-60 e 1965-6 o coeficiente de exportação aumentou, e o de importações caiu. Dessa forma, parece evidente que os fatores de entorpecimento se originaram muito mais do lado da demanda que do lado da oferta.

Assinalamos anteriormente que a industrialização substitutiva de importações se caracteriza essencialmente pelo fato de que a demanda preexiste aos investimentos industriais, significando isto que o perfil dessa demanda estava definido antes do impulso de industrialização. Assim, os novos investimentos se orientam em função de uma composição da demanda surgida em fase anterior ao investimento industrial. Em um país onde o excedente estrutural de mão de obra foi praticamente absorvido na fase anterior — tal o caso da Argentina —, esse problema não é de maior importância. Contudo, ali onde existe um grande excedente de mão de obra, isto é, onde existe uma distância considerável entre o nível de vida da massa da população e o das classes médias e altas, ele assume uma significação particular, pois o mercado de manufaturas de consumo está formado por dois setores que se articulam precariamente. Como o excedente de mão de obra continua pressionando os salários, os padrões de consumo da massa da população se modificam pouco ou nada, crescendo o mercado de bens de consumo geral pela simples agregação de novos elementos que ascendem das condições de subemprego para as de emprego real. Enquanto isso, no outro segmento do mercado, formado por pequena fração da população, que não alcança 5 por cento do total, as remunerações reais aumentam, diversificando-se o consumo em função dos novos padrões que estão surgindo nos países mais desenvolvidos. Ora, a orientação do progresso técnico, que leva a aumentar o coeficiente de capital por pessoa empregada e por unidade de produto incremental, vem agravar a situação estrutural descrita. A mais lenta absorção de mão de obra contribui para aumentar o excedente estrutural desse fator. Assim, o progresso técnico se encarrega, ele mesmo, de frear a difusão social de seus benefícios. O crescimento do setor industrial faz-se, portanto, apoiado em dois mercados quase sem comunicação um com o outro. O primeiro, formado pela grande massa da população, cresce vegetativamente e é negativamente influenciado pelo progresso técnico. O outro aumenta com grande dinamismo, mas como é de pequenas dimensões o seu próprio dinamismo, ao traduzir-se em diferenciação, restringe as suas dimensões reais. As economias de escala, que são uma das manifestações mais significativas da assimilação do progresso técnico, são insuficientemente aproveitadas.

Considerando diretamente o caso brasileiro, constatamos que, entre 1955 e 1965, a produtividade da mão de obra no setor manufatureiro aumentou à taxa anual de 5,2 por cento, ao passo que a taxa de incremento anual do salário real no setor foi de 1,3 por cento.[3] Dessa forma, o salário real, mesmo no setor em que a produtividade apresentou a mais alta taxa de crescimento, aumentou menos que a renda per capita do conjunto da população, isto é, menos que a produtividade média. Cabe, portanto, deduzir que o desenvolvimento se fez com declínio da participação da massa assalariada na renda global, particularmente se daquela se excluem os salários dos grupos de rendas médias. Além disso, existe evidência estatística de que a manufatura brasileira operou, no período referido, com margem ampla de capacidade ociosa. Dados referentes a 1965 revelaram que, mesmo se se considera apenas um turno de trabalho, a capacidade utilizada do conjunto das indústrias de bens de capital em pouco excedia 50 por cento.[4]

As flutuações no ritmo de crescimento parecem ter pouca repercussão no processo de formação de capital, sendo principalmente um reflexo do grau de utilização da capacidade produtiva. Entre 1964-7 e 1968-9, a relação produto-capital (grau de

3. Para os dados básicos, ver CEPAL/BNDE (Banco Nacional de Desenvolvimento Econômico), *Brasil 1966, A evolução recente da economia brasileira* (1967).

4. Cf. WERNER BAER e ANDREA MANESCHI, *Import-substitution, stagnation and structural change: An interpretation of the Brazilian case* (mimeografado), 1968.

utilização da capacidade produtiva) praticamente dobrou, enquanto a taxa de investimento cresceu apenas ligeiramente. Como não se pode propriamente falar de insuficiência de demanda efetiva, numa economia que esteve submetida a permanente pressão inflacionista, cabe reconhecer que o sistema econômico tem sido incapaz de gerar o *tipo de demanda* que corresponde à estrutura da oferta. As ondas sucessivas de expansão industrial no Brasil, durante o período do pós-guerra, somente encontram explicação se se tem em conta o papel do Estado, tanto subsidiando investimentos como ampliando certos setores da demanda. Mediante taxas diferenciais de câmbio e crédito a juros negativos, o Estado fez que se tornassem atrativos investimentos em indústrias que iriam subutilizar a capacidade instalada. Assim, durante uma primeira fase no pós-guerra, a ação do governo se orientou essencialmente para aumentar a eficiência marginal dos investimentos, o que permitiu aprofundar o processo de substituição de importações, estendendo-o a setores em que a dimensão do mercado era reconhecidamente pequena. Como esses investimentos não criavam emprego, direta ou indiretamente, para ampliar a demanda interna de forma significativa, à medida que o processo de substituição se esgotava a industrialização perdia dinamismo. A partir de 1968, modificou-se substancialmente a estratégia do governo brasileiro: foi reduzida a proteção à indústria, a fim de facilitar a concentração, com exclusão dos grupos financeira ou economicamente mais fracos, e foram mobilizados recursos com vistas à ampliação da demanda daqueles setores em que a capacidade produtiva era subutilizada, ou seja, os setores que produzem para o mercado restringido, formado pela minoria de altas rendas. Nessas condições, a elevação da taxa de crescimento teria que acarretar forte concentração da renda e do consumo.[5] Cabe

5. Cf. C. FURTADO, *Análise do "modelo" brasileiro* (Rio de Janeiro, 1972).

acrescentar que essa ampliação da demanda foi buscada de forma complementar num esforço de exportação de produtos manufaturados.

A experiência brasileira assume uma grande significação para a América Latina pelo fato de que tem lugar no país de maior população e que reúne uma base de recursos naturais extremamente favorável e uma classe empresarial reconhecidamente dinâmica. Como a industrialização de outros países, tais como a Colômbia e a Venezuela, se realiza atualmente num quadro não muito distinto daquele que prevalece no Brasil — nesses países se coloca o problema de um amplo excedente estrutural de mão de obra —, não será de estranhar que se venham a reproduzir fenômenos similares de perda de dinamismo da industrialização, tanto mais que os mercados internos são bem menores que o brasileiro. Contudo, cabe assinalar que a estratégia brasileira da segunda metade dos anos 1960 não parece ser viável em países de menor dimensão, pois a concentração da renda é causa necessária mas não suficiente para dinamizar um sistema industrial de alto grau de diversificação. O forte impulso dado às exportações de manufaturas na Colômbia e a nova estratégia industrial venezuelana visando a concentrar investimentos em indústrias de base, orientadas para os mercados externos, são indicações de que se procura atalhar as dificuldades que conheceu o Brasil no decênio anterior pela via da especialização internacional. Em alguns países a tomada de consciência desses problemas está dando origem a um esforço de reconstrução estrutural com reorientação do processo de desenvolvimento.

PARTE SEIS

AS RELAÇÕES INTERNACIONAIS

17. As formas tradicionais da dependência externa

OBJETIVOS E INSTRUMENTOS DAS POLÍTICAS CORRETIVAS

O sistema de divisão internacional do trabalho, que permitiu aos países latino-americanos iniciarem o seu desenvolvimento no século XIX, criava relações assimétricas que se traduziam em uma estreita dependência dos países exportadores de matérias-primas em relação aos centros industrializados. O desenvolvimento das relações econômicas internacionais não se fazia apenas sob a forma de crescente intercâmbio entre as diversas nações, mas também mediante a criação de polos de comando que detinham o controle dos fluxos financeiros; que orientavam as transferências internacionais de capitais; que financiavam estoques estratégicos de produtos exportáveis; que interferiam na formação dos preços etc. A expansão do excedente exportável em um país latino-americano dependia, quase sempre, de investimentos infraestruturais financiados com capitais estrangeiros, que se tornavam acessíveis quando a inserção do incremento de produção nos mercados internacionais correspondia às expectativas dos centros de comando da economia mundial. Tratava-se, portanto, de uma forma de dependência que decorria da própria estrutura da economia mundial. A ideologia liberal, ao transformar as decisões econômicas em simples "automatismos" pela transferência para as relações internacionais dos "mecanismos de preços" da microeconomia, desviava a atenção desse problema e dificultava a percepção de suas consequências no plano interno das economias nacionais.

A algumas dessas consequências já nos referimos em capítulos anteriores. Assim, desde que as exportações de matérias-primas desempenhavam nessas economias papel similar ao dos investimentos nos países industrializados, a instabilidade dos preços das matérias-primas teria necessariamente de projetar-se internamente de forma ampliada. A administração do sistema monetário e das finanças públicas tornava-se sobremodo difícil, e o funcionamento do padrão-ouro, extremamente oneroso, pelo volume de reservas que requeria e pelas flutuações do nível das atividades internas que implicava. Esses problemas eram de solução mais difícil ainda na medida em que a doutrina econômica prevalecente, longe de contribuir para solucioná-los, impedia de alguma forma a percepção de seus aspectos mais importantes. O abandono das concepções ortodoxas se faria muito lentamente, de início graças a empiristas, dedicados a solucionar problemas isolados, e, a partir dos anos 1940, sob a influência de economistas que se empenhavam na compreensão do que era específico às relações internacionais das economias exportadoras de produtos primários.[1]

1. Nesse esforço visando a romper com os esquemas ortodoxos e alcançar uma mais lúcida percepção dos problemas econômicos da região, coube papel decisivo à equipe da secretaria executiva da CEPAL, sob a orientação de Raúl Prebisch. O trabalho desse economista argentino preparado para a conferência da CEPAL de maio de 1949 — "El desarrollo económico de la América Latina y algunos de sus

À medida que foram tomando consciência da situação de dependência inerente à forma como estavam inseridos na economia internacional, os países latino-americanos buscaram, por distintas formas, lutar contra os efeitos negativos dessa dependência. Por um lado, procurou-se reduzir o que veio a se chamar a "vulnerabilidade externa" das economias nacionais, submetendo a alguma forma de controle as relações econômico-financeiras com o exterior. Por outro, tratou-se de aumentar a integração interna dessas economias reduzindo a sua dependência do sistema de divisão internacional do trabalho. A primeira linha da política referida visava principalmente a controlar os fluxos reais e financeiros, de forma a reduzir a propagação interna de desequilíbrios externos. A segunda procurava fixar no país os recursos que nele se geravam e orientar os investimentos para o mercado interno. Quase sempre uma mesma linha de política visou a mais de um objetivo, ou, visando a um, alcançou outros, razão pela qual é mais fácil identificá-la em função do instrumento que utilizou, e que foi, via de regra, de tipo cambial, fiscal ou comercial.

O controle de câmbios, que tendeu a generalizar-se nos países latino-americanos a partir dos anos 1930, teve como principal objetivo reduzir a vulnerabilidade externa. Os transtornos causados pelos movimentos de capital a curto prazo eram tradicio-

---

principales problemas", reproduzido posteriormente no *Boletín Económico de América Latina* de fevereiro de 1961 — colocou em termos originais o problema da dependência externa e o do papel da industrialização e da substituição de importações no quadro do desenvolvimento regional. Esse trabalho exerceu imediata e considerável influência no pensamento econômico latino-americano. Cabe acrescentar que na América Latina o diagnóstico dos problemas do subdesenvolvimento está ligado à tomada de consciência do fenômeno da dependência externa e apoiou-se em trabalho original de seus próprios economistas, trabalho esse que se tornou possível quando, no quadro das Nações Unidas, se formaram equipes com elementos procedentes de diversos países da região.

nalmente reconhecidos; ora, esses transtornos tenderam a agravar-se com o aumento das pressões inflacionárias no quadro da fixidez das taxas de câmbio. A expectativa de desvalorização provoca fugas maciças de capital, e o ato mesmo da desvalorização acarreta bruscos movimentos em sentido inverso. O controle de câmbio, entretanto, não se limitou aos movimentos de capitais. Em muitos países, ele desempenhou as funções de mecanismo de racionamento de uma capacidade de importação bruscamente comprimida, permitindo defender o nível da atividade econômica. Por meio de taxas múltiplas, em alguns países ele foi utilizado para modificar a distribuição da renda, captar recursos para o Estado e interferir na orientação dos investimentos.

Várias formas de política fiscal têm sido utilizadas na região no esforço que visa a reduzir a dependência externa. A experiência dos países exportadores de produtos minerais assume, neste caso, grande papel. Na produção de metais não ferrosos e de petróleo, estando ela controlada por consórcios internacionais, a parte do fluxo de renda criado pela produção exportável que corresponde a fatores locais é geralmente pequena. Além disso, o progresso tecnológico pode implicar a redução da participação da mão de obra, transformando a massa de salários em fração exígua dos custos de produção. Demais, é de interesse das companhias produtoras adquirir no exterior a quase totalidade dos produtos intermediários que utilizam, o que é feito no quadro de uma política de compras visando a atender unidades de produção localizadas em distintos países. No caso das companhias de petróleo, é comum que elas procurem limitar seus gastos locais, inclusive em pagamento de salários, às receitas em moeda local derivadas da venda de combustíveis no mercado do país em questão. A situação que prevalecia na América Latina até os anos 1930 era a da existência de setores exportadores de minérios que operavam totalmente isolados do país que outorgava a concessão, com um nível de preços distinto e balança de pagamentos à parte. O Chile desempenhou, a esse respeito, um papel pioneiro, com sua política visando a *interiorizar* os custos das grandes companhias produtoras de cobre. Mediante uma combinação de medidas cambiais e fiscais, o governo chileno conseguiu, a partir dos anos 1930, reter no país uma parcela crescente das divisas geradas pelas exportações efetuadas pelas grandes companhias cupríferas. Em 1928-9, apenas 17 por cento dessas divisas retornavam ao país. No fim dos anos 1930, essa porcentagem havia mais que dobrado, e sua marcha ascendente continuaria no pós-guerra, conforme veremos mais adiante.

A POLÍTICA DO PETRÓLEO NA VENEZUELA

A política venezuelana no setor do petróleo constitui interessante exemplo de utilização do instrumento fiscal para fazer face a uma situação de aguda dependência exterior. A lei de 1922, em cuja vigência se desenvolveu a grande indústria petrolífera da Venezuela, caracterizava-se por extrema liberalidade. O desenvolvimento subsequente da tecnologia do petróleo levaria a indústria a reduzir os seus custos de mão de obra e a desvincular-se cada vez mais da economia do país. A nova política fiscal, estabelecida a partir de 1946, modificou essa tendência e abriu enormes possibilidades ao país. As empresas que produzem petróleo na Venezuela pagam um royalty por unidade produzida e imposto sobre a renda, cedular e complementar, este último tendo sido estabelecido em 1944. O royalty corresponde a 16 e O por cento do valor do petróleo cru, que foi fixado com base nas cotações texanas. Esse imposto poderá ser pago, a juízo do governo, em dinheiro ou em petróleo, o que capacita o Estado para desenvolver uma indústria nacional de refinação e participar diretamente da exportação. O governo venezuelano mostrou-se extremamente cauteloso no uso dessa prerrogativa, mas a possibilidade estava aberta pela legislação fiscal. Em 1946 o imposto sobre a renda sofreu elevação substancial, e em 1948 foi criado um imposto adicional que estabeleceu o princípio de que os lucros da indústria petrolífera seriam distribuídos em partes iguais entre o Estado venezuelano e as empresas produtoras estrangeiras. Esse princípio seria, em anos subsequentes, adotado em todos os países do Terceiro Mundo em que o petróleo é explorado por companhias estrangeiras. Finalmente, em 1958, nova modificação na lei de imposto de renda elevou a participação do Estado para 60 por cento. O alcance dessa política foi tanto maior quanto o extraordinário aumento de produtividade tenderia a reduzir a importância da indústria como fonte de emprego. Entre 1948 e 1963, enquanto a produção aumentava de 490 milhões de barris para 1186 milhões, o emprego declinava de 55 170 vagas para 33 742. A produção por trabalhador passou de 8877 barris para 35 178. Se bem que o salário médio tenha crescido consideravelmente, enquanto a produção se expandiu 142 por cento, os gastos totais com mão de obra aumentaram apenas 49 por cento. Entre 1950 e 1962, os gastos das companhias com mão de obra aumentaram 70 por cento, e com outras aquisições de bens e serviços dentro do país, 110 por cento, ao passo que, no mesmo período, os pagamentos de impostos ao Estado cresciam 220 por cento. No último dos anos referidos, os impostos somaram duas vezes mais que o total de salários pagos e outros gastos efetuados no país pelas companhias. Assim, não obstante o forte incremento de produtividade, que se traduz em aumento da participação do capital estrangeiro na renda criada pela produção de petróleo, a parte das divisas que retornaram ao país aumentou de 55 por cento, em 1950, para 66, em 1962. Na segunda metade dos anos 1960 a política venezuelana do petróleo orientou-se no duplo sentido de elevar a participação do Estado nos lucros das companhias produtoras e de defender o preço do produto no mercado internacional. Em 1967 foi introduzido o sistema de *preços de referência*, com base nos quais se fixa a renda tributável das empresas. Estabelecidos para um período de cinco anos, os preços de referência deveriam aumentar gradualmente, estabilizando-se desta forma as receitas fiscais. Em 1970 a lei autorizou uma elevação do imposto. A participação do Estado nos lucros da principal companhia produtora (uma filial da Standard Oil of New Jersey) passou de 74 por cento, em 1969, a 81, em 1971. Também em 1970, o Estado foi autorizado a fixar unilateralmente os preços de referência, e a partir de 1972 as receitas das companhias passaram a ser calculadas com base nesses preços, e não nos *realizados*. Dessa forma se criaram as condições para a plena administração dos preços de exportação do petróleo, o que seria efetivado em 1973 no quadro da cooperação com os demais membros da OPEP (Organização dos Países Exportadores de Petróleo).

A POLÍTICA DO CAFÉ NO BRASIL

A política do café praticada pelo governo brasileiro desde começos do século XX constitui um sugestivo exemplo de ação pelos meios comerciais visando a reduzir a dependência externa. Do fato de que as exportações brasileiras vieram a representar, em fins do século XIX, quatro quintas partes da oferta no mercado internacional, resultou que toda flutuação na colheita brasileira passou a repercutir fortemente nos preços. Assim, o valor das exportações brasileiras de café podia reduzir-se à metade porque se anunciava uma grande colheita, ou aumentar fortemente porque se produzira uma geada. O controle dos estoques constituía, portanto, a posição estratégica da economia cafeeira. A posição brasileira era semelhante, de certa forma, à dos Estados Unidos no mercado de algodão, pela metade do século XIX. Contudo, havia uma diferença importante: neste último caso, o monopólio americano enfrentava o monopólio inglês, pois a indústria têxtil algodoeira da época estava concentrada na Inglaterra. Os preços não eram submetidos a flutuações excessivas, mas a posição do monopsonista, financeiramente mais poderoso, foi sempre a dominante.

Conscientes da força que tinham nas mãos — e que, por não ser utilizada, operava contra eles —, os cafeicultores brasileiros reunidos na cidade de Taubaté, no estado de São Paulo, definiram em 1906 as linhas de uma política visando a estabilizar a oferta. Os excedentes seriam retirados do mercado e financiados com empréstimos levantados no exterior. O serviço dessa dívida seria coberto com um imposto cobrado em ouro sobre cada saca de café exportada. Essa política enfrentou inicialmente a resistência dos credores internacionais do Brasil, dirigidos pela Casa Rotschild, mas pôde ser levada adiante com o apoio de grupos financeiros alemães e americanos, e seus êxitos iniciais transformaram-na em uma operação financeira altamente atrativa.[2] No entanto, do próprio êxito viria a sua fraqueza futura. O Brasil estava se antecipando em meio século aos esforços de organização dos mercados internacionais, que no último decênio vêm sendo ensaiados nos chamados acordos de produtos de base. Atuando isolado, ele assumia a totalidade dos custos da operação, criando uma situação privilegiada para os demais produtores. No grupo dos produtores tropicais, o café passa a destacar-se pela excepcional estabilidade de seus preços em nível remunerativo. Era natural que a produção e a oferta fora do Brasil tendes-

2. Cf. C. FURTADO, *Formação econômica do Brasil*, cit., para uma discussão pormenorizada da política cafeeira do Brasil.

sem a crescer, o que significou que o país devia aceitar a permanente redução de sua participação nos mercados mundiais para prosseguir com a política de estabilização dos preços. E não era essa a única dificuldade. A política definida em Taubaté previa uma ação, da parte dos governos estaduais brasileiros, visando a desencorajar uma rápida expansão da produção, o que era absolutamente necessário, pois também internamente o café, entre os produtos exportáveis, se apresentava em situação privilegiada. Esse ponto essencial da política foi descurado, e os excedentes a serem estocados passaram a crescer de forma desmesurada. Assim, em 1929, a produção alcançou 28,9 milhões de sacas, enquanto as exportações atingiam 14,3 milhões. Estima-se que, nesse ano, os investimentos em café estocado representaram 10 por cento do PIB. A baixa catastrófica dos preços trazida pela crise mundial — em doze meses o preço da libra de café desceu de 22,5 centavos de dólar para oito centavos — não afetou a produção, que continuou a crescer até 1933, ao influxo das novas plantações realizadas na segunda metade do decênio anterior, quando prevaleciam preços atrativos. Conforme já referimos em capítulo anterior, na ausência de financiamento externo os excedentes passaram a ser financiados com expansão de crédito, o que iria provocar inflação mas também reduziria as dimensões internas da crise. As condições do mercado mundial e a crescente oferta dos países concorrentes excluíam toda hipótese de escoamento dos enormes estoques, que continuaram a se acumular nos anos 1930. Demais de acarretar custos consideráveis, esses estoques pesavam na formação dos preços no mercado mundial, o que levou o governo brasileiro a optar por sua destruição parcial. Assim, foram destruídos quase 80 milhões de sacas, ou seja, 30 por cento mais que a produção mundial em 1970-1 (ver quadro 1/17). Os preços do café somente recuperariam os níveis reais de antes da crise de 1929 em fins do decênio dos 1940. A elevação que ocorreu a partir de 1949 e se agu-

QUADRO 1/17 – Destruição de café pelo governo brasileiro (em sacas de sessenta quilos)

Anos	*número de sacas*
1931	2 825 784
1932	9 329 633
1933	13 687 012
1934	8 265 791
1935	1 693 112
1936	3 731 154
1937	17 196 428
1938	8 004 000
1939	3 519 874
1940	2 816 063
1941	3 422 835
1942	2 312 805
1943	1 274 318
1944	135 444
Depois de 1944 [(a)]	1 300 000
Total	79 514 253

(a) Café doado a firmas diversas para ser transformado em óleo e ração.

Fonte: RUY MILLER PAIVA e outros, *Setor agrícola do Brasil* (São Paulo, 1973), p. 154.

çou com o conflito coreano provocou nova onda de plantação no Brasil, principalmente nas terras virgens do norte do estado do Paraná. Em 1961 era da ordem de 3,9 bilhões o total de pés de café, com uma capacidade produtiva de 36 milhões de sacas, sendo a demanda na mesma época de 26 milhões (18 milhões exportáveis e 6 milhões vendidos internamente).[3] Graças à ação do Grupo Executivo da Racionalização da Cafeicultura (GERCA), criado nesse ano, foi possível erradicar 1,4 bilhão de pés de café e aumentar os rendimentos dos cafezais conservados. Além disso, envidou-se

3. Cf. RUY MILLER PAIVA e outros, *Setor agrícola do Brasil* (São Paulo, 1973), pp. 155-6.

um esforço considerável para comprometer os demais produtores na organização da oferta, o que levou, em 1962, à criação da Organização Internacional do Café e à concretização do primeiro acordo mundial, que comprometeu produtores e consumidores num esforço de organização global do mercado desse produto.

A POLÍTICA ARGENTINA DE CONTROLE DAS EXPORTAÇÕES

A política comercial argentina, executada entre 1946 e 1955 por intermédio do Instituto Argentino para Promoção do Intercâmbio (IAPI), constitui um exemplo pioneiro, na América Latina, visando a submeter as exportações ao controle do Estado. O sistema de câmbios múltiplos, praticado nesse país desde os anos 1930, capacitou o governo, durante os anos da guerra, a congelar uma parte importante da renda do setor exportador, o que permitiu reduzir a pressão inflacionária criada pelo superávit da balança comercial. Além disso, os recursos assim obtidos permitiram financiar excedentes de exportação resultantes das grandes colheitas obtidas em 1944 e 1946. Para evitar que as flutuações de oferta afetassem adversamente os preços nos mercados mundiais, numa época de marcada insuficiência de oferta, foi criado o IAPI, ao qual coube o monopólio das exportações. Dessa forma, os preços no mercado interno e os de exportação puderam ser fixados separadamente, ao mesmo tempo que o escoamento do excedente exportável pôde obedecer a uma estratégia global visando a maximizar a renda do setor exportável da economia do país. A forma como foi executada essa política teve consequências de várias ordens, cuja interpretação tem sido objeto de acerba controvérsia na Argentina. Como os termos do intercâmbio externo estavam em franca elevação — melhoraram 41 por cento entre 1943 e 1946 —, o IAPI pôde começar sua carreira absorvendo parte importante do incremento da renda do setor exportador sem, a despeito disso, reduzir a rentabilidade do mencionado setor. Com efeito, entre os dois anos referidos os termos do intercâmbio interno do setor agropecuário, que constituem um indicador da rentabilidade desse setor face aos demais setores da economia do país, melhoraram 25 por cento. Entre 1946 e 1948 os termos do intercâmbio externo continuaram a melhorar — o índice se elevou 18,4 por cento —, ao passo que os termos do intercâmbio interno do setor agropecuário se deterioraram, voltando praticamente ao nível de 1943. Assim, o setor agropecuário perdeu a vantagem relativa que havia ganhado entre 1943 e 1946 — e essa perda ocorria exatamente quando a economia em expansão permitia que se elevasse o volume dos investimentos. Até que ponto esse declínio de rentabilidade relativa foi responsável pela redução dos investimentos no setor agropecuário não seria fácil estabelecer. Mas o certo é que, a partir de 1949, a produção agrícola baixou. Os efeitos da deterioração interna dos termos do intercâmbio e da baixa do volume produzido adicionaram-se, reduzindo de forma sensível a renda real do setor agropecuário. A partir de 1950 há uma modificação substantiva de política, passando o IAPI a pagar ao produtor preços superiores aos que obtinha nos mercados internacionais. Como o déficit do IAPI era coberto com expansão de crédito, a sua política transformou-se em foco de pressão inflacionária numa fase de fortes tensões provocadas pela acentuada deterioração dos termos do intercâmbio externo, cujo índice reduziu-se praticamente à metade entre 1948 e 1952. A produção agropecuária reagiu favoravelmente à nova política, pois o seu nível médio entre 1953 e 1958 foi 25 por cento mais alto que entre 1943 e 1948. Os excedentes exportáveis, contudo, não voltaram aos níveis anteriores em razão do crescimento substancial da demanda interna. A partir de 1955, o governo argentino restabeleceu progressivamente uma política de liberdade cambial e apoiou-se no crédito para continuar o esforço de recuperação do setor agropecuário, sem que os resultados tenham sido muito distintos dos que havia alcançado em 1953 e 1954. Parece fora de dúvida que o IAPI havia demonstrado ser eficaz tanto para desviar recursos do setor agropecuário como para orientá-los em seu benefício (ver quadro 2/17).

QUADRO 2/17 – Argentina: termos de intercâmbio externo e interno e índices de produção agropecuária e industrial

	termos do intercâmbio externo	*termos do intercâmbio interno*	*índice da produção agro-pecuária*	*índice da produção industrial*
1943	83,5	97,0	100,0	100,0
1944	84,6	87,2	126,9	120,8
1945	87,7	101,6	104,0	113,2
1946	120,3	122,6	180,7	130,7
1947	143,8	106,5	154,0	151,1
1948	141,7	100,9	157,7	158,2
1949	117,8	91,3	126,0	157,4
1950	100,0	100,0	108,8	152,4
1951	109,5	111,3	122,6	150,7
1952	75,2	113,2	99,6	137,4
1953	100,0	128,2	173,9	130,3
1954	90,0	111,3	148,7	147,4
1955	88,0	104,0	152,4	167,1
1956	76,0	116,0	155,3	154,8
1957	72,5	125,1	177,7	157,6
1958	76,6	130,2	202,9	165,6
1959	81,0	147,3	196,2	145,6
1960	84,5	145,3	188,9	155,4

Nota: Os termos do intercâmbio interno refletem as variações dos preços dos produtos agropecuários pagos ao produtor com respeito aos preços dos produtos industriais no mercado interno.

Fonte: Dados recolhidos em Javier Villanueva, *The inflationary process in Argentina*, 1943-60 (mimeografado), Buenos Aires, 1964.

A POLÍTICA DO PETRÓLEO NO MÉXICO

A política seguida pelo México em matéria de petróleo ilustra igualmente um certo número de problemas que se apresentaram aos países da região em seu esforço para fazer face à dominação externa de suas economias. Segundo as opiniões mais autorizadas, como a de Jesús Silva Herzog,[4] o governo mexicano não chegou às expropriações das empresas de petróleo obedecendo a planos preestabelecidos. A Constituição de 1917 estabelecera o princípio da propriedade pública dos recursos do subsolo, mas em seguida as concessões anteriores foram todas confirmadas. Na verdade, a produção mexicana cresceu fortemente nos anos que se seguiram ao primeiro conflito mundial e alcançou o seu ponto máximo em 1921, quando representou um quarto da produção mundial. Os níveis de produção se mantiveram elevados, mas com tendência a declinar na segunda metade dos anos 1920. Admite-se que uma das razões desse declínio foi a forma predatória que assumiu a exploração em sua fase inicial. Contudo, a razão principal muito provavelmente esteve na expansão da produção venezuelana, que em 1928 superava a mexicana. A alta produtividade obtida na Venezuela traduziu-se numa baixa de preços nos mercados mundiais, e essa baixa se acentuou a partir de 1930 em razão da crise econômica. É interessante observar que a produção venezuelana pouco diminuiu no decênio da Depressão, alcançando em 1935 níveis superiores aos de 1929. Enquanto isso, a produção mexicana caía fortemente, descendo em 1932-3 à metade do que fora em 1927 e a menos de um quinto do nível médio da primeira metade dos anos 1920 (ver

4. Cf. JESÚS SILVA HERZOG, *Historia de la expropiación de las empresas petroleras* (México, 1964).

quadro 3/17). A partir de 1927 já nenhuma nova prospecção era feita no México, e a preocupação das empresas estrangeiras de reduzir a produção acarretava sérias repercussões no plano social. Foram estas tensões sociais que colocaram as referidas empresas em conflito com o governo mexicano, levando-as ao extremo de descumprir uma sentença da Suprema Corte de Justiça, o que não deixou ao Poder Executivo alternativa fora da expropriação.

Em 1937, último ano antes da expropriação, o petróleo representava um quinto das exportações mexicanas, e cerca de metade da produção já se destinava ao mercado interno. Entre 1937 e 1938 as exportações foram praticamente cortadas pela metade, contudo a produção declinou menos de 20 por cento. O nível de produção de 1937, que fora de 47 milhões de barris, somente foi superado em 1946, quando se atingiu a marca de 50 milhões. A partir de então, os trabalhos de prospecção se intensificaram, e o México conseguiu incorporar novas áreas produtivas. A produção acompanhou o forte crescimento do mercado interno e alcançou 178 milhões de barris em 1970. Não há dúvida de que a expropriação colocou o país face a um grave desafio, pois, se o Estado mexicano houvesse fracassado na organização de uma indústria nacional exploradora do petróleo, sua autoridade teria enfraquecido de tal forma que dificilmente poderia ter levado adiante a reforma agrária. Requerendo a formação de importante quadro técnico e pondo em mãos do Estado recursos consideráveis de investimento, a indústria do petróleo viria a desempenhar papel fundamental na rápida industrialização que se processou a partir dos anos 1940. A Petróleos Mexicanos (PEMEX), companhia criada pelo Estado para encarregar-se do acervo expropriado, é atualmente uma das maiores empresas que operam na América Latina.

QUADRO 3/17 – Produção de petróleo no México e na Venezuela

	México	*Venezuela*	*Preço do petróleo nos Estados Unidos (dólares por barril)*
	(milhares de metros cúbicos)		
1920	24 971	73	3,40
1921	30 747	230	1,70
1922	28 979	355	1,80
1923	23 781	688	1,45
1924	22 206	1 451	1,45
1925	18 365	3 169	1,65
1926	14 375	5 669	1,95
1927	10 194	9 606	1,30
1928	7 973	16 845	1,20
1929	7 105	21 634	1,25
1930	6 285	21 502	1,15
1931	5 253	18 581	0,60
1932	5 216	18 560	0,80
1933	5 406	18 792	0,60
1934	6 069	21 668	0,95
1935	6 398	23 612	0,95
1936	6 523	24 586	1,05
1937	7 457	29 533	1,20
1938	6 122	29 896	1,15
1939	6 820	32 518	0,95
...	...	...	...
1946	7 900	61 763	1,25

Fonte: CEPAL, *Estudio económico de América Latina*, 1949.

A POLÍTICA DO COBRE NO CHILE

As relações do Estado chileno com as grandes empresas que exploram o cobre no país constituem igualmente um prolongado esforço para integrar no sistema econômico nacional um setor de vital importância, tradicionalmente submetido a controle externo. A produção de cobre no Chile cresceu intensamente a partir de fins do primeiro conflito mundial, alcançando 321 mil toneladas em 1929. Esse crescimento deveu-se, essencialmente, à ação de companhias norte-americanas, que colocaram em plano totalmente secundário as antigas empresas nacionais, organizadas desde o século anterior. Em 1925-9 o Chile já contribuía com 18 por cento da produção mundial de cobre, colocando-se imediatamente depois dos Estados Unidos. Além disso, o cobre representava 40 por cento do valor das exportações chilenas. A nova indústria, dotada de moderna tecnologia, instalada em regiões isoladas e pagando módicos impostos, deixava no país uma pequena parte do valor da produção. Assim, uma tonelada de cobre produzida pelas pequenas empresas nacionais representava tanto para o país quanto quatro toneladas oriundas das companhias estrangeiras.

A partir da crise mundial o governo chileno se empenhou num esforço de *interiorização* da indústria do cobre. Por meio de medidas fiscais e cambiais, tratou-se de aumentar a compra de insumos no país e de apropriar para o Estado uma parcela crescente dos lucros das empresas. Obtinha-se, por essa forma, uma integração na economia nacional dos fluxos criados por um setor econômico que antes existira como um "enclave", ao mesmo tempo que se aumentava de forma significativa a capacidade do país para importar. Uma primeira lei de imposto sobre a renda, aprovada em 1934, permitiu taxar em 18 por cento os lucros da indústria. Em 1939, ao ser criada a Corporação de Fomento da Produção (CORFO), essa taxa foi elevada para 33 por cento. A evolução subsequente foi profundamente marcada pelas perturbações trazidas ao mercado do cobre pelo segundo conflito mundial e pela Guerra da Coreia. A política do governo dos Estados Unidos, de fixação do preço do cobre em níveis relativamente baixos durante a Segunda Guerra Mundial, deixou no Chile a impressão de que o país havia sido seriamente prejudicado. Quando se iniciou o conflito coreano e o governo americano tentou repetir a mesma prática — em 1950 as três companhias americanas que operavam no Chile firmaram com o governo de Washington um acordo de fixação de preços, válido enquanto durasse a Guerra da Coreia, sem nenhuma consulta ao governo chileno —, houve uma profunda reação no país, levando o governo a intervir mais diretamente nesse setor da economia. Um acordo foi finalmente assinado, diretamente com o governo norte-americano, nele se estipulando, *inter alia*, que um quinto da produção ficaria à disposição do governo chileno, que assim abriu uma porta para interferir na comercialização do produto. Com base nesse acordo, o Banco Central do Chile passou a comprar cobre, dentro da cota de 20 por cento, pelos preços prevalecentes em Nova York, e a vendê-lo no mercado mundial, onde vigoravam preços mais altos. Essas operações renderam ao Tesouro chileno 190 milhões de dólares de lucros, entre 1952 e 1955.

A partir de 1955 tem início nova fase na política chilena do cobre. Por um lado, a elevada carga tributária e, por outro, perspectivas de aumento da produção na África levaram as companhias a reduzir os seus investimentos no Chile. A participação chilena na produção mundial, que em 1948 alcançara 21 por cento, em 1953 se reduzira a 14, permanecendo o nível da produção estacionário. Em maio de 1955 foi promulgada uma nova lei, que teve como principal objetivo reduzir a carga tributária das empresas ao mesmo tempo que simplificava o complexo sistema fiscal que se criara no passado. Foi estabelecida uma taxa de 50 por cento sobre os lucros, mais um adicional de 25 por cento decrescente em função do aumento da produção, a partir de cotas estabelecidas para cada empresa. Essa legislação representava, em certos aspectos, um recuo em relação à evolução anterior. A proporção do saldo retornado (a parte das divisas que permanece no país), que alcançara 82 por cento em 1950-4, declinou para 78 em 1955, e para 56 em 1959. O valor total retornado, que em

1950-4 alcançara a média anual de 149 milhões de dólares, ascendeu em 1956-9 a 167 milhões. Dessa forma o aumento do valor retornado foi de apenas 17 por cento, quando a média da exportação anual em quantidade crescia 45 por cento. A lei de 1955 criou um Departamento do Cobre, que se transformaria na Corporación Chilena del Cobre, ponto de partida de uma ação sistemática visando a um conhecimento cabal da indústria.

Em 1966 foi aprovada uma nova lei que redefiniu a política chilena do cobre, numa tentativa de reunir os dois objetivos que haviam sido perseguidos anteriormente: a integração da indústria na economia nacional — principal objetivo até 1955 — e o fomento à expansão visando a aumentar a participação do país na produção mundial — objetivo dominante da política iniciada em 1955. A nova política, chamada de *chilenização*, levou o Estado a participar do controle acionário das empresas. Assim, em 1964-5 a antiga Braden Copper Company transformou-se na Compañía Minera El Teniente S.A., cabendo ao Estado chileno 51 por cento das ações e ao grupo americano Kennecott Copper 49 por cento. Uma nova companhia foi criada para explorar o depósito da Exótica, com 25 por cento de participação do Estado e 75 do grupo Anaconda. Uma terceira companhia, com participação de 25 por cento do Estado, foi criada para explorar os depósitos de Rio Branco. Foi assegurada uma opção na exploração de novos depósitos nas áreas sob controle da Anaconda. Como parte desses acordos foi estabelecido um programa de investimentos no montante de 587 milhões de dólares, cuja execução deveria elevar a capacidade de produção da indústria a 1,1 milhão de toneladas até 1972. Tratava-se, portanto, de instaurar um regime de coprodução, pelo qual o Estado chileno teria uma participação crescente em centros de decisão que controlam a oferta de cobre nos mercados internacionais. Em 1969 foi anunciada a nacionalização "pactuada" das subsidiárias da Anaconda, uma das quais controlava a grande mina de Chuquicamata, cuja produção nesse ano alcançou 283 mil toneladas. O Estado chileno adquiriu, então, 51 por cento das ações por um preço calculado com base no valor contábil da empresa e obteve o direito de opção de compra do restante das ações. O preço, neste segundo caso, seria estabelecido em função dos lucros da empresa no período compreendido entre a aquisição dos primeiros 51 por cento e o exercício da opção de compra no resto das ações.

A política de *chilenização* consistiu, na realidade, em uma tentativa de despertar o interesse das grandes empresas e dos centros financeiros internacionais, num esforço visando a ampliar a médio prazo a produção de cobre do país. Somente à luz desta estratégia encontram explicação as concessões consideráveis feitas à Kennecott, que cedeu ao Estado 51 por cento das ações por quantia superior ao valor contábil do patrimônio total da empresa. Demais, o plano de expansão financiado em sua totalidade pelo Estado chileno, e por empréstimos internacionais com garantia desse Estado, implicava aumentar a capacidade de produção de 170 mil para 270 mil toneladas, a de refino eletrolítico de 50 mil para 120 mil, e a de refino a fogo de 66 mil para 118 mil. Estima-se que o valor real da empresa quadruplicaria, ao mesmo tempo que se reduziria a carga fiscal incidindo sobre o grupo estrangeiro. O esforço financeiro exigido do Estado chileno era, evidentemente, considerável, tanto mais que a compra dos 49 por cento restantes das ações da Anaconda seria influenciada pelos lucros excepcionalmente elevados, decorrentes da elevação dos preços do cobre (em 1973) e da exploração intensiva dos recursos. Esses aspectos negativos se agravaram a partir do momento em que se evidenciou que os planos de expansão eram muito otimistas e fundados em estudos técnicos insuficientes.

As críticas à *chilenização* contribuíram para que se formasse no país um consenso que se manifestaria na aprovação unânime, em 1971, da reforma constitucional que permitiu ao governo da Unidade Popular levar adiante uma nacionalização cabal e imediata do conjunto das grandes empresas estrangeiras que vinham explorando o cobre chileno desde o começo do século XX. Ao autorizar o governo a fazer deduções por "rentabilidades excessivas" no montante das indenizações a serem pagas às empresas estrangeiras, ao mesmo tempo que retirava da justiça ordinária competência para apreciar possíveis litígios decorrentes da fixação dessa indenização, a lei de nacionalização inovou audaciosamente numa matéria de grande transcendência para os países de economia dependente. As projeções políticas dessa inovação se fariam sentir sobre o governo da Unidade Popular, e não são estranhas ao seu colapso, em 1973.[5]

5. Uma apreciação documentada sobre a política de *chilenização* encontra-se no número 246 de *Panorama Económico* (Santiago, julho de 1969); para uma crítica dessa política e documentos relativos à nacionalização de 1971, ver EDUARDO NOVOA MONREAL, *La batalla por el cobre* (Santiago, 1972).

18. As novas formas da dependência externa

OS FLUXOS FINANCEIROS

No período que se segue à Segunda Guerra Mundial ocorreu uma significativa evolução nos mecanismos da cooperação financeira internacional. Nos dois decênios que se haviam seguido à crise de 1929, o montante dos investimentos estrangeiros na América Latina declinara. Os mercados de capitais, nos Estados Unidos e na Europa, se tornaram inacessíveis a títulos emitidos por entidades públicas ou privadas da região, e a dura experiência dos anos 1930 criara a consciência de que, em razão da instabilidade das receitas cambiais dos países exportadores de produtos primários, a acumulação de uma vultosa dívida externa eliminaria a possibilidade de executar, nesses países, qualquer política econômica racional. Além disso, durante os dois decênios referidos as economias da região haviam prosseguido o seu desenvolvimento apoiando-se essencialmente, no caso dos países de industrialização mais avançada, na poupança interna. Mais ainda: parte importante da dívida acumulada no período anterior foi liquidada graças a saldos favoráveis da balança comercial acumulados durante a guerra. De resto, a experiência traumatizante decorrente de conflitos entre empresas estrangeiras e governos nacionais da região — a expropriação do petróleo mexicano foi apenas o caso mais espetacular — levara à formação de um clima que não permitia que fosse tratado com objetividade o problema das formas de cooperação financeira internacional.

A evolução ocorrida no imediato pós-guerra realizou-se, inicialmente, em duas direções. A primeira consistiu em delimitar áreas em que se interditava a atuação de empresas estrangeiras. Assim, em 1938 foi reformada a Constituição mexicana, no sentido de preservar para o Estado a exploração, em todas as suas formas, dos hidrocarbonetos. Norma similar seria adotada, mediante legislação ordinária, no Brasil. No Chile e no Uruguai prevaleceu desde o início a orientação de estatização da indústria.[1] Mesmo na Venezuela a política adotada, nos últimos dois decênios, com exceção de 1956-7, tem sido a de não outorgar novas concessões a empresas estrangeiras, estabelecendo-se assim como objetivo o controle da indústria petrolífera pelo Estado. Em outros países, como a Argentina, a cooperação de grupos estrangeiros tem sido aceita na forma de contratos de administração por prazo limitado. Ainda que de maneira menos explíci-

1. No Uruguai a refinação de petróleo é monopólio do Estado, e as importações são feitas metade pela empresa estatal ANCAP (Administración Nacional de Combustibles, criada em 1931) e metade por empresas privadas com interesse na comercialização; não existe produção local de cru, e toda a refinação, que cobre praticamente a totalidade do consumo, é feita na refinaria da ANCAP. No Chile, a lei que instituiu o monopólio estatal no setor do petróleo é de 1927. A Empresa Nacional de Petróleo (ENAP), criada em 1959, é responsável pela exploração, produção e refinação. Também possuem empresas estatais, com controle maior ou menor do setor do petróleo, a Argentina (criada em 1922), o Peru (1934), a Bolívia (1936), a Colômbia (1948), o Brasil (1953), Cuba (1959) e a Venezuela (1960).

ta ou menos coerente, linha idêntica de política tem prevalecido com respeito a serviços básicos, como geração e distribuição de energia, transportes urbanos e interurbanos e comunicações. Em alguns países, como o México e o Peru, a transferência para o controle do Estado já se fez totalmente. Em outros, como o Brasil e a Argentina, a transferência foi total no setor do transporte ferroviário e avança continuamente no setor da energia elétrica, onde os novos investimentos vêm sendo todos de origem estatal.

A segunda linha de evolução diz respeito à utilização crescente de instituições internacionais de crédito como intermediários financeiros dos governos nacionais da região. Entre 1948 e 1971 o Banco Mundial concedeu a empresas privadas ou públicas, com aval dos governos regionais, empréstimos no valor de 5,3 bilhões de dólares. Os empréstimos foram utilizados em sua quase totalidade em obras de infraestrutura, principalmente energia elétrica e transporte. Dado que esses setores haviam sido tradicionalmente financiados com recursos obtidos no exterior, a ação do Banco Mundial permitiu que se restabelecesse um canal de cooperação financeira que, no passado, tivera importância fundamental para a região. Os empréstimos concedidos por essa instituição de crédito representam, na verdade, um progresso considerável com respeito às antigas emissões colocadas junto a consórcios de bancos tutelados por casas tradicionais em Londres e Nova York, tanto em relação ao custo do dinheiro como ao estudo prévio dos projetos. As exigências feitas pelo Banco Mundial, particularmente em seus primeiros anos de operação, no sentido de que os projetos não só fossem tecnicamente bem preparados mas também se enquadrassem nas perspectivas de desenvolvimento da economia nacional, constituem um dos pontos de partida para a prática de projeções globais e elaboração de programas de desenvolvimento nos países da região. O Banco Interamericano de Desenvolvimento, que começou a operar em 1961, é ainda mais representativo dessa nova linha evolutiva. Entre 1961 e 1974 o BID concedeu empréstimos no montante de 7,4 bilhões de dólares, dos quais 58 por cento já haviam sido desembolsados até 1976. Do valor total dos empréstimos, 23 por cento se destinaram à agricultura e 15 à indústria. O Banco vem emitindo obrigações que são colocadas em condições relativamente favoráveis no mercado de capitais dos Estados Unidos e, mais recentemente, da Europa e mesmo dos países latino-americanos exportadores de petróleo. Dessa forma, o BID vem se transformando no intermediário financeiro dos governos latino-americanos junto aos mercados de capitais, o que representa uma enorme economia para cada país separadamente e uma garantia mais sólida para os credores. Por outro lado, em cada país da região o BID vem se articulando com os bancos locais de desenvolvimento ou instituições financeiras congêneres, o que permite alcançar, a custos relativamente baixos, as empresas médias da região ou mesmo abrir linhas de crédito às empresas que exportam equipamentos de produção local.

Os dados do quadro 1/18 põem em evidência que tanto no decênio dos 1950 como no dos 1960 as exportações latino-americanas superaram as importações, o que indica que a rigor a região contou apenas com os recursos produzidos internamente para fins de acumulação e consumo. Contudo, se se exclui a Venezuela, as importações, tanto no primeiro como no segundo decênio, superam as exportações em 3 por cento. Nos anos 1950, o país que mais se beneficiou da entrada de recursos reais foi a Argentina — as importações superaram as exportações em 9 por cento. Nos anos 1960, foi a Colômbia, com um excedente de importações de 10 por cento. Na Venezuela, o excedente das exportações foi de 36 por cento no primeiro decênio e de 51 no segundo. Não há dúvida de que um excedente das importações sobre as exportações pode significar coisas muito diversas do ponto de vista financeiro. Pode significar simples liquidação de ativos no estrangeiro, particularmente de reservas em divisas do Banco Central. Mas no caso dos países latino-americanos, o excedente é uma clara indicação de que a entrada líquida de capitais está sendo superior ao custo do serviço financeiro desses capitais.

QUADRO 1/18 – Transações correntes da balança de pagamentos (médias anuais em milhões de dólares)

	1950-9				*1960-9*			
	Exportações	*Importações*	*Pagamentos líquidos de juros e dividendos*	*Saldo*[(a)]	*Exportações*	*Importações*	*Pagamentos líquidos de juros e dividendos*	*Saldo*[(a)]
Argentina	1 106	1 208	-19	-127	1 532	1 460	-103	-34
Brasil	1 561	1 644	-135	-228	1 741	1 755	-235	-233
Colômbia	612	578	-30	5	680	750	-81	-148
Chile	450	422	-63	-34	793	806	-138	-144
México	1 108	1 100	-116	-110	1 918	1 994	-355	-436
Peru	309	348	-27	-58	763	750	-100	-81
Venezuela	1 956	1 437	-560	-89	2 558	1 693	-651	-124
América Latina	8 297	7 956	-1 028	-750	11 843	11 260	-1 807	-1 261
América Latina exceto Venezuela	6 341	6 520	- 468	-661	9 286	9 567	-1 156	-1 385

(a) Tidas em conta as doações privadas líquidas.

Fonte: CEPAL, *Tendencias y estructuras de la economía latinoamericana*, B. El Sector Externo (Santiago, 1971), quadro 18.

Se observamos os dados do quadro 2/18, vemos que o movimento autônomo líquido de capitais alcançou nos anos 1950 uma média anual de 832 milhões de dólares. Se se tem em conta que o pagamento líquido de juros e dividendos montou a 1,028 bilhão de dólares (ver quadro 1/18), compreende-se a necessidade de dispor de um saldo positivo na balança comercial. Mais uma vez, se se elimina a Venezuela, obtém-se um resultado inverso, pois a entrada de capitais autônomos (631 milhões de dólares) supera os juros e dividendos remetidos ao exterior (468 milhões de dólares). Nos anos 1950, se se eliminam Venezuela e Chile, nos cinco demais países incluídos nos dois quadros referidos ocorre uma entrada líquida de capitais autônomos superior ao custo do capital estrangeiro. No decênio dos 1960, a entrada líquida de capitais autônomos alcança a média anual de 1,462 bilhão de dólares, e o custo dos capitais estrangeiros, 1,807 bilhão de dólares. Excluída a Venezuela, o saldo positivo é de 368 milhões de dólares por ano. Esse país surge como um exportador líquido de capitais, o que se deve ao fato de que as grandes empresas estrangeiras do setor petroleiro não reinverteram sequer as reservas de depreciação. Nesse segundo decênio a entrada de capitais autônomos também foi inferior ao serviço dos capitais estrangeiros na Argentina e no Peru.

QUADRO 2/18 – Financiamento do desequilíbrio corrente da balança de pagamentos
(médias anuais em milhões de dólares)

	Financiamento líquido total		*Movimento autônomo líquido de capitais*		*Movimento compensatório*		*Erros e omissões*	
	1950-9	*1960-9*	*1950-9*	*1960-9*	*1950-9*	*1960-9*	*1950-9*	*1960-9*
Argentina	127	34	100	88	43	−44	−16	−10
Brasil	228	233	155	300	99	−30	−27	−38
Colômbia	−5	148	32	156	−1	—	−36	−8
Chile	40	144	45	148	1	−2	−2	−1
México	110	436	147	399	−37	−23	—	59
Peru	58	81	61	77	3	18	−5	−14
Venezuela	89	−124	201	−61	−16	−32	−95	−30
América Latina	750	1 261	832	1 462	100	−110	−182	−90
América Latina exceto Venezuela	661	1 385	631	1 523	117	−78	−87	−60

Fonte: A mesma do quadro 1/18, quadro 20.

A entrada modesta ou nula de recursos externos na América Latina no período que estamos considerando contrasta com o crescimento considerável tanto da dívida externa como dos investimentos diretos estrangeiros. Os dados reunidos no quadro 3/18 indicam que a dívida externa se multiplicou por 7,4 entre 1950 e 1968, e o montante dos investimentos diretos estrangeiros, por 2,4 entre 1950 e 1969. Se se exclui a Venezuela, os investimentos diretos estrangeiros acumulados passam de 4,752 bilhões para 13,316 bilhões de dólares, o que significa uma taxa de crescimento anual de 5,6 por cento, a qual é apenas um pouco superior à do PIB latino-americano durante o mesmo período, que alcançou 5,2 por cento. A taxa de crescimento da dívida externa foi, entretanto, duas vezes maior do que esta última. Dos países reunidos no quadro 3/18, apenas no México os investimentos diretos estrangeiros cresceram nos dois decênios referidos com rapidez maior do que o PIB.

QUADRO 3/18 – Investimentos diretos estrangeiros e dívida externa (em milhões de dólares)

	Investimentos diretos estrangeiros acumulados					*Dívida externa pendente*			
				Participação EUA					
	1950	*1969*	*1969/1950*	*1950*	*1969*	*1950*	*1960*	*1968*	*1968/1950*
Argentina	800	1 892	2,37	44,5	65,8	400	1 478	2 221	5,55
Brasil	1 343	3 661	2,73	48,0	45,0	409	1 824	4 310	10,53
Colômbia	423	748	1,76	45,6	91,4	158	377	1 297	8,21
Chile	620	1 022	1,65	87,1	82,8	355	566	1 843	5,19
México	566	3 023	5,34	73,3	54,0	509	1 038	3 048	5,99
Peru	270	1 002	3,71	53,7	70,2	107	268	1 019	9,52
Venezuela	2 630	4 519	1,71	37,8	59,0	—	314	520	—
América Latina	7 382	17 935	2,42	51,5	—	2 213	6 631	16 432	7,42

Fonte: A mesma do quadro 1/18, quadro 22.

Os dados relativos aos investimentos diretos estrangeiros traduzem o valor contábil desses investimentos e não a massa de recursos que efetivamente controlam as empresas estrangeiras. À medida que estas deixam de trabalhar de preferência em serviços públicos e indústrias extrativas para operar no setor manufatureiro e no comércio, passam a ter maior acesso a recursos locais que de uma ou outra forma controlem. A influência das empresas estrangeiras já não se mede em termos do capital registrado como sendo de propriedade estrangeira, e sim em termos do volume de vendas que elas realizam. Infelizmente, estes últimos dados são mais difíceis de ser obtidos. No quadro 4/18 reunimos informações sobre o aumento do valor das vendas das filiais americanas atuando no setor manufatureiro de quatro países da região. Esses dados revelam que, no período 1961-5, as vendas das filiais manufatureiras americanas cresceram, na Argentina e no Brasil, 2,4 vezes mais rapidamente que a produção industrial, no México, 2,3, e na Venezuela, 1,4. Os mesmos dados também revelam que a expansão das vendas das filiais é muito mais regular do que o ritmo de crescimento das economias em que estão inseridas.

QUADRO 4/18 – Crescimento das vendas das filiais americanas no setor manufatureiro e da produção industrial total

	Taxas de crescimento anual das vendas das filiais		*Taxas de crescimento anual da produção industrial*	
	1957-61	*1961-5*	*1957-61*	*1961-5*
Argentina	23,0	13,7	0,5	5,7
Brasil	8,6	4,7	12,5	2,0
México	6,8	16,9	8,4	7,4
Venezuela	8,8	13,2	8,4	9,4

Fonte: CEPAL, *Estudio económico de América Latina*, 1970, vol. II. Estudios Especiales, quadro 29.

A expansão das filiais se apoia essencialmente em recursos conseguidos localmente: reservas de depreciação, lucros retidos, emissões de títulos e empréstimos obtidos no sistema bancário local. Informações disponíveis sobre as filiais americanas revelam que no período 1957-65 a expansão destas foi financiada em quatro quintas partes com recursos obtidos localmente; os recursos obtidos diretamente nos Estados Unidos cobriram apenas 17 por cento dos gastos. Com respeito às filiais manufatureiras, esta porcentagem sobe para 22. Convém acrescentar que as filiais americanas enviaram às matrizes 79 por cento dos lucros obtidos; no setor manufatureiro esta porcentagem cai para 57.[2] O financeiro constitui apenas um lado do problema. O desenvolvimento recente da região, particularmente onde ele assumiu a forma de industrialização, requereu a assimilação de tecnologia moderna, que teria de ser em grande parte importada. É, portanto, no estudo da forma como se organizou o setor manufatureiro e de como se efetuou a transferência da tecnologia moderna que se pode captar o verdadeiro papel da cooperação internacional para o desenvolvimento recente da região.

Como as importações latino-americanas eram majoritariamente constituídas de manufaturas, todo esforço visando a reduzir o coeficiente de importações (participação destas no PIB) teria de assumir a forma de industrialização, isto é, crescimento mais que proporcional do setor manufatureiro. As políticas visando a esse objetivo assumiram muitas formas, e uma delas foi a de atrair, mediante favores especiais, os capitais estrangeiros para o referido setor. Independentemente da existência de tais fatores, ao reduzir-se a capacidade para importar em países como a Argentina, o Brasil ou o México, tornou-se evidente que o desenvolvimento industrial se intensificaria e que uma de suas consequências seria

2. Cf. CEPAL, *Estudio económico de América Latina*, 1970, vol. II, quadros 6 e 11.

a *perda de mercados* para os grupos internacionais que os abasteciam. A única forma de preservar os mercados consistia em descentralizar uma parte da atividade econômica, instalando no país latino-americano usinas de montagem ou de produção parcial dos bens anteriormente importados em sua integralidade. Assim, convergiram duas ordens de fatores: o desejo dos países da região de reduzir o coeficiente de importação pela industrialização e o propósito de grupos internacionais de preservar a posição que possuíam tradicionalmente nos mercados desses países.

O ACESSO À TECNOLOGIA MODERNA

Caberia colocar o seguinte problema: teriam os países latino-americanos conhecido as elevadas taxas de crescimento de seus setores manufatureiros, no período do pós-guerra, caso não houvessem contado com a efetiva cooperação de grupos internacionais, principalmente americanos, com ampla experiência industrial e fácil acesso às fontes de financiamento? Não resta dúvida de que a industrialização, devendo realizar-se em período relativamente curto e em frente extremamente ampla, significava implantar um complexo de atividades produtivas que em outras partes se formara no curso de várias gerações. Quadros técnicos de múltiplas especialidades deviam ser improvisados, e dada a quase ausência de laboratórios, institutos de tecnologia e organizações de consultoria locais, um amplo apoio teria de ser assegurado no exterior a fim de que a multiplicidade de problemas técnicos e econômicos, provocados pela operação de transplante de um sistema industrial, fosse resolvida em tempo adequado. A cooperação internacional, de um jeito ou de outro, viria a realizar-se, pois as fontes da tecnologia estavam no estrangeiro, e o acesso a elas, em muitos casos, era estritamente controlado. A forma principal que assumiu essa cooperação foi a instalação nos países latino-americanos de filiais das empresas que anteriormente abasteciam o mercado, cabendo a estas uma parcela crescente nas atividades produtivas, em função das dificuldades de importação. Assim, a nova industrialização se fez principalmente sob controle estrangeiro e intimamente integrada com as importações. Cada unidade de produção surgida nesse processo possui uma dupla inserção: no conjunto nacional em que se localiza e no conjunto econômico, cuja cabeça é a matriz situada no estrangeiro. Esse duplo parentesco deve ser levado em conta se se pretende explicar o comportamento da unidade em questão. O quadro de direção, por exemplo, inclui, via de regra, dois tipos de pessoas: *a*) as que se caracterizam pelos seus conhecimentos jurídicos ou pelo seu prestígio social e conexões com as instituições locais, e que são recrutadas no país; *b*) as que têm o efetivo controle das decisões técnicas e econômicas, agem como delegados da matriz e quase sempre têm a nacionalidade do país de origem da empresa. Outro aspecto significativo é o do controle acionário. Embora as matrizes sejam, na maioria dos casos, sociedades abertas, com suas ações cotadas em bolsa, as filiais são fechadas, no sentido de que 99 por cento das ações estão, na quase totalidade dos casos, em mãos dos agentes da matriz. A expansão se faz principalmente pela mobilização de recursos locais, sem que isso tenha nenhuma repercussão na estrutura do capital da empresa filial. Tanto o controle das decisões relevantes por elementos do quadro social da matriz como a preservação da estrutura do capital decorrem do esforço visando a conservar a unidade no conjunto econômico multinacional comandado pela matriz, cuja racionalidade econômica é estabelecida no nível do todo, e não da parte. Se o capital de uma filial é dividido com outro grupo, particularmente se este grupo é do país em que ela está localizada, as relações dessa unidade com outras unidades do mesmo conjunto teriam de ser estabelecidas como se se tratasse de empresas autônomas, do contrário as transferências de recursos que estão implícitas em muitas operações entre empresas de um mesmo conjunto poderiam traduzir-se em perda para a matriz. Para que a racionalidade do todo seja também a das partes, é necessário que estas sejam homogêneas, isto é, que o grau de integração das partes no conjunto seja similar.

O comportamento das filiais de indústrias manufatureiras americanas situadas na América Latina revela certos aspectos do novo tipo de dependência externa que ameaça prevalecer na região. O capital controlado pelas matrizes, que em 1950 era de 780 milhões de dólares, alcançou 4,7 bilhões em 1971, o que significa uma taxa de crescimento anual superior a 9 por cento. O grosso desses recursos estava nos três países maiores: México, Brasil e Argentina (ver quadro 5/18).

QUADRO 5/18 – Capitais americanos na indústria manufatureira de países latino-americanos
(milhões de dólares)

	1950	*1965*	*1971*	*1971/1950 (taxa de crescimento anual)*
Argentina	161	617	813	5,05
Brasil	285	722	1 409	4,94
México	133	752	1 272	9,56
Chile	29	39	50	1,72
Colômbia	25	160	256	10,24
Peru	16	79	92	5,75
Venezuela	24	248	516	21,50
América Latina	780	2 741	4 708	6,04

Fonte: *Survey of Current Business*, outubro-novembro de 1972 e números anteriores.

Os dados que vimos de apresentar demonstram que a participação de grupos estrangeiros no desenvolvimento recente da América Latina é muito menos um fenômeno de cooperação financeira que de controle de atividades produtivas por parte de grupos que já vinham abastecendo o mercado com exportações. Dispondo do controle das marcas de fábrica conhecidas do mercado, de facilidades para mobilizar recursos técnicos e de crédito interno e externo, esses grupos ocuparam posições privilegiadas nos mercados em que se dava a onda de substituição de importações. Demais, as empresas estrangeiras contaram quase sempre com facilidades excepcionais criadas pelos governos latino-americanos.[3] Assim, em vários países têm sido concedidos favores cambiais para importação não somente de equipamentos mas também de produtos intermediários, ou componentes de produtos desmontados, às empresas que se comprometem a produzir ou mandar produzir localmente uma fração crescente do produto final. Em outras palavras, o governo adianta recursos a fundo perdido para que a empresa se instale no país. Uma vez instalada, os lucros retidos, os fundos de amortização e os recursos levantados localmente lhe permitirão abrir o caminho da expansão. Numa primeira fase, em razão da escassez provocada no mercado pela insuficiência das importações no período anterior, os lucros tendem a ser sobremodo elevados. Normalizada a oferta, o mercado poderá vir a ser controlado por um ou mais grupos financeiramente fortes, quase sempre ligados aos consórcios internacionais

3. A Instrução nº 113 da Superintendência da Moeda e do Crédito do Brasil, que data de 1953, estabeleceu regime que, na prática, envolve uma discriminação em favor de empresas estrangeiras instaladas no país, *vis-à-vis* das nacionais, concedendo às primeiras um câmbio favorecido para a importação de equipamentos. Essa medida induziu muitas empresas nacionais a ligarem-se a grupos estrangeiros a fim de ter acesso a esse favor.

que tradicionalmente controlavam as importações. A mobilização de recursos no exterior se faz pelo levantamento de empréstimos, muitas vezes com garantia do governo local, que se compromete a assegurar a cobertura cambial das remessas de juros e amortizações. Finalmente, o aluguel de patentes e a assistência técnica chegam a representar tanto para as matrizes como os dividendos enviados.[4]

GRAU DE CONTROLE EXTERNO DA INDÚSTRIA LATINO-AMERICANA

Os dados quantitativos disponíveis são insuficientes para que se tenha uma ideia precisa da importância relativa das filiais de empresas estrangeiras no setor manufatureiro das economias latino-americanas. Um estudo realizado sobre o México no começo dos anos 1960[5] revelou que, das cem maiores empresas operando no país, 56 ou eram totalmente controladas do estrangeiro (39), ou apresentavam forte participação de capital estrangeiro (17). Do restante, 24 eram empresas públicas, e vinte, empresas de capital privado mexicano. Se se tem em conta o volume do faturamento, o setor público aumenta para 36 por cento, em razão da importância relativa do setor petroleiro, que o Estado mexicano controla. Contudo, o declínio maior é o do setor privado nacional, cuja participação desce para 13,5 por cento. Se se observam as quatrocentas maiores empresas, a participação do grupo es-

4. Em 1965-8, os direitos de patente e a assistência técnica das filiais manufatureiras americanas na América Latina representaram 56 por cento dos lucros remetidos. Cf. CEPAL, *Estudio económico de América Latina*, 1970, vol. II, p. 103.

5. Cf. JOSÉ LUÍZ CECEÑA, *Los monopolios en México* (México, 1972).

trangeiro aumenta para 54 por cento, em razão do declínio da parte do setor público para 25 por cento. Deixando de lado o setor público, cuja participação na produção manufatureira é pequena, comprova-se que 77 por cento do faturamento das cem maiores empresas correspondem a grupos controlados do exterior. Considerando-se as quatrocentas maiores empresas, a participação dos grupos de controle estrangeiro ainda é alta, chegando a 70 por cento.

Dados relativos a 1970, com base no cômputo do capital social das 290 maiores empresas manufatureiras do México, revelam que a participação das empresas estrangeiras alcança 45,4 por cento, cabendo às nacionais privadas 41,8 e às estatais 12,8. O controle das empresas estrangeiras é particularmente forte na produção de máquinas não elétricas (87 por cento), máquinas elétricas (82 por cento), borracha (80 por cento), equipamento de transporte (70 por cento) e química (57 por cento). Em 1973 a participação das empresas privadas nacionais havia declinado para 38 por cento, e a das estrangeiras, para 43, enquanto a das estatais crescia para 19 por cento.[6]

Um estudo da estrutura do poder econômico, realizado no Brasil,[7] faz referência a 276 consórcios, cujo capital individual alcançava ou superava, em 1962, 1 bilhão de cruzeiros desse ano. Esse estudo, que inclui apenas as empresas privadas, distribui os consórcios referidos em dois conjuntos: o primeiro constituído pelos grupos com capital igual ou superior a 4 bilhões, e o segundo, com os restantes. O primeiro conjunto compreende 55 consórcios, dos quais 29 são estrangeiros, dois mistos e 24 nacionais.

6. Cf. FERNANDO FAJNZYLBER W. e TRINIDAD MARTINEZ TARRAGO, *Las empresas transnacionales* (mimeografado) (México, 1975), p. 257.

7. Para uma apresentação e análise dos dados dessa pesquisa, ver os artigos de MAURÍCIO VINHAS DE QUEIRÓS, LUCIANO MARTINS, JOSÉ ANTÔNIO PESSOA DE QUEIRÓS e VERA WERNECK na *Revista do Instituto de Ciências Sociais* (Rio de Janeiro, janeiro-dezembro 1965).

Observando mais de perto os dados, nota-se que, dentre os grupos com capital compreendido entre 4 bilhões e 10 bilhões os nacionais eram dezenove, os estrangeiros dezenove (incluindo um misto), e dentre os grupos com capital acima de 10 bilhões, cinco eram nacionais e treze estrangeiros (inclusive um misto). Os 29 grupos estrangeiros controlavam 234 firmas, sendo o capital médio destas 1,3 bilhão de cruzeiros, enquanto os 24 grupos nacionais controlavam 506 firmas com capital médio de 300 milhões. Dos 55 maiores consórcios, 39 atuavam no setor industrial, sendo 23 estrangeiros. Nos setores de bens de consumo duráveis e de capital, atuavam 26 dentre os maiores grupos, sendo dezesseis estrangeiros e oito nacionais. Uma amostra relativa aos grupos menores (capital de 1 bilhão a 4 bilhões) revelou que, dentre os que trabalham no setor industrial, 42 por cento eram estrangeiros, contudo mais da metade dos que atuavam nos subsetores de bens duráveis e de capital era controlada por grupos estrangeiros. Uma observação de conjunto, referente aos 276 grupos, indica que mais da metade dos capitais aplicados na indústria brasileira é controlada por grupos estrangeiros e que esse controle aumenta na medida em que se passa das indústrias tradicionais de bens de consumo corrente para as de bens de consumo duráveis e bens de capital, que são exatamente aquelas em mais rápida expansão. Uma pesquisa realizada em São Paulo[8] veio confirmar indiretamente esse quadro, revelando que a idade média dos equipamentos das fábricas controladas pelos grupos nacionais é sensivelmente maior que a dos equipamentos das fábricas pertencentes a grupos estrangeiros. Um estudo mais atento dos 55 maiores grupos brasileiros põe em evidência que a maioria dos chamados grupos nacionais está de uma ou outra

8. Ver JOSÉ CARLOS PEREIRA, *Estrutura e expansão da indústria em São Paulo* (São Paulo, 1967).

maneira ligada a grupos estrangeiros. Na verdade, apenas nove dentre os 55 grupos não apresentam nenhuma vinculação acionária com interesses estrangeiros.[9] O mais comum é que companhias subsidiárias do grupo brasileiro tenham parte de seu capital controlada por grupos estrangeiros, numa associação que volta e meia se torna indispensável quando se pretende ter acesso a certas técnicas de produção.

Um estudo sobre as cinquenta maiores empresas privadas brasileiras, com base no valor das vendas, revelou que 31 eram estrangeiras. Das dez maiores empresas privadas manufatureiras, nove eram estrangeiras, sendo que o valor das vendas da única nacional era inferior à metade do valor médio das vendas das estrangeiras.[10]

Em um esforço de simplificação, o quadro típico dos países de mais avançada industrialização na região é o seguinte: de um lado, encontra-se um numeroso grupo de empresas nacionais, das quais as mais importantes foram criadas no primeiro quartel do século XX, muitas vezes antes do primeiro conflito mundial. Essas empresas, nascidas na fase em que se expandiam as indústrias têxtil, de alimentos e de materiais de construção, inclusive cimento, continuam dominando tais setores. De outro lado, há um bloco menor de empresas de tamanho maior que a média, fundadas quase todas no segundo quartel do século, e que são filiais de organizações com sede nos grandes países industrializados, principalmente os Estados Unidos. Esse segundo bloco controla, via de regra, as atividades produtivas que se desenvolveram na segunda fase da industrialização, particularmente a metal-mecânica, a química e a de material elétrico. A indústria farmacêutica constitui um caso à parte. Havendo alcançado desenvolvimento

9. Cf. o trabalho de MAURÍCIO VINHAS DE QUEIRÓS, cit.
10. Cf. *Brasil em Exame*, setembro de 1974.

considerável na primeira fase do processo de industrialização regional, quando era controlada por empresas nacionais, passou por verdadeira mutação em período subsequente, quando os antigos laboratórios locais foram deslocados pela concorrência dos novos produtos surgidos do avanço da tecnologia química. Nesse caso, o progresso tecnológico, ao revolucionar a indústria, transferiu o seu controle para consórcios ligados à grande indústria química internacional. Para completar o quadro, convém acrescentar que a empresa latino-americana continua a ser, na grande maioria dos casos, de caráter familial. Não somente o controle do capital é detido por uma família ou pequeno grupo de famílias interligadas, mas também os órgãos de direção são constituídos por elementos dessas famílias, às vezes numa hierarquia de gerações. Mesmo quando existe uma gerência semiprofissionalizada, não se estabeleceu nítida separação entre o controle da propriedade e o sistema de direção da empresa. Assim, concorrem pelo controle das atividades manufatureiras na região dois tipos de empresa, que correspondem a duas fases da evolução do capitalismo: a empresa familial, em que propriedade de capital e direção se confundem, sendo a seleção dos dirigentes realizada em âmbito limitado e em função de relação de parentesco e mesmo de idade, e empresas totalmente institucionalizadas, com direção autônoma e em condições de controlar as assembleias de acionistas, selecionada à base de critérios profissionais.

A situação presente é, evidentemente, de transição. Algumas linhas evolutivas podem ser previstas ou já se manifestam. Determinados grupos nacionais poderão evoluir no sentido da institucionalização, o que pode ser facilitado pela ação do Estado, seja disciplinando a penetração dos grupos estrangeiros, seja apoiando financeiramente grupos nacionais. Os grupos nacionais poderão ligar-se a outros estrangeiros, alienando sua autonomia real. Os grupos estrangeiros, onde quer que penetrem, procuram dominar o controle técnico, comercial e financeiro, a fim de assegurar a eficácia do conjunto supranacional como um todo. A sua fusão com grupos nacionais tende a traduzir-se na transformação dos dirigentes recrutados no país em agentes de relações públicas ou em sua capacitação para a empresa multinacional. Uma terceira linha evolutiva, só concebível no caso de grandes empreendimentos, é a da coprodução em que participam o Estado e grupos internacionais. A participação do Estado, mesmo minoritária, pode influir decisivamente na direção da empresa. Além disso, a participação de grupos internacionais pode assumir, em certos casos, a forma de contratos de administração. No momento presente essas linhas evolutivas se entrecruzam, prevalecendo em geral a segunda, isto é, a da extensão da área de controle dos grupos estrangeiros. Assim, quando apenas começam a ser superadas as formas tradicionais, novas e mais complexas formas de dependência exterior se apresentam, colocando problemas que estão atualmente no centro da política econômica dos países latino-americanos.

19. Em busca da reestruturação da economia internacional

AS EXPORTAÇÕES TRADICIONAIS

No estudo da evolução a longo prazo das economias latino-americanas, nenhum aspecto chama tanto a atenção quanto a imutabilidade do quadro das exportações regionais. Se se deixam de lado uns poucos casos particulares, observa-se que, não obstante as transformações consideráveis ocorridas nas estruturas produtivas de vários países, por toda parte a capacidade para importar continua na dependência das exportações de uns poucos produtos primários que já se exportavam antes de 1929. Ora, conforme já assinalamos, a importância dos produtos primários vem diminuindo e tende a diminuir cada vez mais no quadro da economia mundial e, mais particularmente, no do comércio internacional. Não é de surpreender, portanto, que a participação da região neste último esteja diminuindo, conforme se depreende do quadro 1/19.

Os dados reunidos no quadro 1/19 evidenciam que no período entre 1948 e 1970 o valor das exportações latino-americanas

QUADRO 1/19 – Evolução do comércio internacional no período do pós-guerra

	Período	*Países desenvolvidos capitalistas*	*Países socialistas* [a]	*Países subdesenvolvidos*	*América Latina*	*Mundo*
Taxa média anual de expansão do valor das exportações	1948-70	8,6	10,5	5,3	3,8	8,0
	1960-70	10,1	8,2	7,1	5,6	9,3
	1970-3	14,7	13,8	15,9	12,5	14,7
a) produtos primários	1960-70	7,0	9,2	6,1	5,0	6,3
b) produtos manufaturados	1960-70	11,4	10,1	13,9	18,1	11,2
Participação da região em % das exportações mundiais	1938	65	10	25	7	100
	1948	63	6	30	11	100
	1960	67	12	21	7	100
	1970	72	11	17	5	100
Comércio intrazonal em % das exportações da região	1948	64	44	29	9	—
	1960	70	72	22	8	—
	1970	77	61	19	11	—
Manufaturas em % das exportações da região	1960	64	56	9	3	51
	1970	72	58	17	9	61
Porcentagem das exportações mundiais de manufaturas	1960	83,9	11,2	3,8	0,4	100
	1970	85,0	10,1	4,9	0,7	100

(a) Exclui os países asiáticos.

Fontes: CEPAL, *Estudio económico de América Latina*, 1971, vol. I, quadro 2; *Estudio económico de América Latina*, 1973, vol. I, quadro 2; e *América Latina y la estrategia internacional de desarrollo* 1973, parte II, quadro 13.

cresceu com intensidade menor que a metade da que corresponde ao conjunto do comércio mundial. A participação da região no comércio mundial, que alcançara 11 por cento em 1948, declina em 1960 para 7 por cento, e em 1970 para 5, sendo neste ano inferior ao que fora antes da guerra. No conjunto dos países subdesenvolvidos a América Latina também perdeu terreno: a taxa de crescimento das exportações desses países considerados em conjunto foi, no pós-guerra, de 5,3 por cento, o que corresponde a uma velocidade 40 por cento maior que a das exportações latino-americanas. A causa principal da perda de terreno, neste segundo caso, está na considerável expansão da produção de petróleo em outras áreas do Terceiro Mundo. Basta lembrar que em 1960 mais de um terço do petróleo que trafegava no comércio internacional procedia da Venezuela e que em 1970 a participação desse país não alcançava 10 por cento. Contudo, a causa geral do declínio da posição da América Latina é a transformação do comércio mundial, no qual têm um peso crescente os produtos manufaturados.

A forte expansão do comércio mundial no pós-guerra é essencialmente causa da aceleração do intercâmbio de manufaturas entre países industrializados; estudos econométricos demonstram que a elasticidade da demanda de importações de produtos manufaturados, em função do aumento do PIB, é nesses países duas vezes maior do que a da demanda de importações de matérias-primas.[1] Assim, a simples persistência das estruturas produtivas tradicionais na América Latina acarreta uma perda permanente de terreno no comércio internacional. Explica-se assim que, apesar do considerável aumento das vendas de petróleo, a participação dos países subdesenvolvidos nas importações dos países desenvolvidos tenha declinado de 31 por cento, em 1948, para 24 por cento em 1960 e 18 por cento em 1970.

A segunda causa importante foi a deterioração dos termos de intercâmbio da região. Os dados reunidos no quadro 2/19 revelam que os termos de intercâmbio da região declinaram 23 por cento entre a primeira metade dos anos 1950 e a segunda dos anos 1960. A perda de terreno da região no comércio mundial deveu-

1. Ver UNCTAD, *Review of International Trade and Development*, 1970, p. 10.

-se, em partes aproximadamente iguais, a um crescimento mais lento do volume físico das exportações e ao declínio relativo dos preços de exportação.

QUADRO 2/19 – Evolução dos termos do intercâmbio e do poder de compra das exportações
(em milhões de dólares)

				Índices 1951-5 = 100	
	1951-5	*1966-70*	*1973*	*1966-70*	*1973*
Valor das exportações (média anual)					
a) preços correntes	7 672	12 360	25 925	161	338
b) preços de 1963	6 131	11 422	14 077	186	229
Termos do intercâmbio (1963 = 100)	130	100	—	77	124
Poder de compra das exportações					
a) Efetivo	7 971	11 422	14 077	143	177
b) Com base nos term. do interc. 1951-5	7 971	14 848	14 753	186	185
c) Perdas por piora dos term. do interc.	—	–3 426	–676	—	—

Fonte: CEPAL, *Estudio económico de América Latina*, 1971, vol. I, quadro 10; dados de 1973 calculados com base em informações do *Estudio económico de América Latina*, 1973.

Cabe assinalar que no fim dos anos 1960 e no começo dos 1970 se manifesta uma mudança de tendência, que se deve inicialmente à dinamização das exportações de manufaturas e em seguida à significativa recuperação dos preços relativos dos produtos básicos de exportação. Os dados do quadro 1/19 indicam que o valor das exportações latino-americanas aumentou a uma taxa de 12,5 por cento entre 1970 e 1973; se também se leva em conta a melhora dos termos do intercâmbio, obtém-se a taxa de 14,5, similar à que apresenta o comércio mundial durante o mesmo período.

No decênio dos 1960, as exportações latino-americanas de manufaturas cresceram a uma taxa anual de 18,1 por cento, passando de 269 milhões para 1,428 bilhão de dólares. Este crescimento foi mais intenso que o do comércio mundial de manufaturas e também mais intenso que o das exportações de manufaturas do conjunto dos países subdesenvolvidos (ver quadro 1/19). A tendência é ainda mais significativa na medida em que se acentuou no final do decênio e se manteve no começo dos anos 1970. Entre 1970 e 1973 a taxa de crescimento do valor das manufaturas exportadas foi de 25 por cento; o valor dessas exportações no último ano indicado alcançou 4,745 bilhões de dólares, e sua participação no total continuou a aumentar, não obstante a melhora relativa dos preços dos produtos primários exportados ocorrida nesse período. Como as exportações latino-americanas de manufaturas constituem uma parcela ínfima do total mundial (0,7 por cento em 1970), parece fora de dúvida que sua rápida expansão no período recente reflete a ação de fatores que operam do lado da oferta. Os múltiplos incentivos criados pelos governos dos países de mais avançada industrialização e a orientação mesma das grandes empresas, interessadas em integrar-se internacionalmente, explicam essa modificação das condições da oferta.

Os dados reunidos no quadro 3/19 permitem aprofundar a análise da tendência à degradação dos termos de intercâmbio. Aí estão reunidos os oito dentre os principais produtos de base exportados pela região com os seus preços nominais de exportação e com esses mesmos preços reajustados em função do índice de preços das exportações dos Estados Unidos. Entre 1948-50 e 1960, sete dos oito produtos viram os seus preços reais declinarem. O declínio alcançou 49 por cento no caso do algodão, 40 por cento no caso da lã e 39 no do açúcar. No decênio seguinte continuou o declínio dos preços reais de seis dos produtos referidos, se bem que em 1970 dois deles já tinham preços mais altos que em 1965. O aumento dos preços reais entre 1970 e 1973 foi considerável, pois mais do que triplica no caso da lã e aproximadamente duplica nos casos do açúcar, trigo e petróleo. Contudo, se se compara 1973 com 1948-50, vê-se que a elevação é modesta, fora o cobre, cujo preço é inferior ao de 1965, mas duas vezes mais alto que o do período tomado como base. Se se exclui este produto, o aumento do preço real de seis dos sete alcança em média 12 por cento. O preço real do algodão era, em 1973, 33 por cento inferior ao de 1948-50, mas excedia em 60 por cento o de 1970. Em síntese, não obstante a considerável elevação dos preços nominais entre 1970 e 1973, os termos de intercâmbio do conjunto dos países latino-americanos eram neste último ano 5 por cento mais baixos do que em 1948-50. Ora, a recuperação parece ser efêmera, pois já em 1975 os preços nominais da maioria dos produtos referidos haviam declinado de forma significativa.

Os oito produtos listados, junto com minério de ferro, carne vacum e farinha de peixe, somaram, em 1970, 58,4 por cento das exportações latino-americanas; no começo dos anos 1960, os mesmos produtos contribuíram com 64 por cento dessas exportações. Apenas três dos onze principais produtos de base — cobre, minério de ferro e farinha de peixe — tiveram sua participação no valor total das exportações aumentada durante o período.

O *petróleo* venezuelano, que no imediato pós-guerra contribuía com mais de metade das exportações mundiais desse combustível, teve a sua participação reduzida de forma significativa

QUADRO 3/19 – Evolução dos preços dos principais produtos de exportação da América Latina

	média 1948-50		*1960*		*1965*		*1970*		*1973*	
	A	*B*	*A*	*B*	*A*	*B*	*A*	*B*	*A*	*B*
Açúcar [a, c]	4,46	4,29	3,14	2,60	2,12	1,67	3,76	2,55	9,61	5,34
Cacau [a]	28,8	28,3	26,8	22,2	16,9	13,3	32,3	21,9	61,1	33,0
Café [a]	36,5	35,0	36,6	30,4	44,7	35,2	54,6	37,0	66,5	36,9
Trigo [b]	78,5	75,0	61,4	50,9	59,5	46,8	54,7	37,0	137,8	76,5
Algodão [a]	44,4	42,6	26,3	21,8	26,2	20,6	26,6	18,0	51,9	28,8
Lã [a]	133,2	132,2	94,8	78,7	91,8	72,3	70,4	47,7	276,2 [d]	153,4
Cobre eletrolítico [b]	503,7	448,0	678,8	563,5	1289	1017	1413	957	1781	989
Petróleo [b, e]	2,11	2,03	2,12	1,76	1,89	1,49	1,85	1,25	2,26	2,37

(a) centavos de dólar por libra peso; (b) dólares por toneladas; (c) preços no mercado livre; (d) cotizações da lã australiana tipo 64's; (e) preços médios realizados do petróleo cru e derivados exportados pela Venezuela.

Fontes: CEPAL, *Estudio económico de América Latina*, 1973, vol. I, Anexo estatístico, quadros B, D, E, F, G, H, I, K.

A: preços correntes.

B: preços correntes deflacionados pelo índice de preços de exportação dos Estados Unidos.

pela oferta crescente de crus procedentes do Oriente Médio, do Norte da África e da União Soviética. Razões de várias ordens, tais como o extraordinário rendimento médio dos poços do Oriente Médio, a maior proximidade dessa região com a Europa Ocidental e o Japão, a maior participação financeira que têm os países importadores europeus nas explorações africanas e asiáticas, contribuíram para reduzir a participação venezuelana, que em 1960 já havia baixado a menos de um terço e em 1970 a cerca de um décimo. A esses fatores vieram adicionar-se as restrições impostas pelos Estados Unidos às importações do produto, que afetam principalmente a Venezuela, cujas vendas nesse país se estabilizaram desde fins dos anos 1950. A ação conjugada desses fatores explica por que as exportações venezuelanas, cujo volume cresceu 61 por cento nos anos 1950, aumentaram apenas 25 por cento no decênio seguinte. No começo do decênio dos 1970, em face da elevação dos preços do produto e de um insuficiente aumento das reservas, o governo venezuelano estabeleceu tetos máximos para a produção.

O *café* figura na pauta de exportação de quinze países latino-americanos, sendo a principal fonte de divisas de vários deles. Ao contrário do petróleo, cujo consumo cresce com rapidez e cuja oferta está regulada por um pequeno número de grandes consórcios, o café depende de uma demanda em lento crescimento (estima-se em 2,5 por cento o aumento anual do consumo mundial) e de uma oferta fortemente perturbada por fatores climáticos. Na ausência de um controle dos estoques, os preços do café no mercado mundial são suscetíveis de sofrer fortes flutuações, em função das expectativas de boas e más colheitas, particularmente no Brasil, que contribui com mais de um terço da produção mundial exportável. Por outro lado, o esforço que realizam certos países latino-americanos — principalmente o Brasil e a Colômbia — visando a disciplinar a oferta tem se traduzido em incentivo à produção nos países africanos, o que é tanto mais explicável porque esses países, em razão de seu grande atraso relativo, necessitam por todos os meios aumentar sua capacidade de pagamento no exterior. Assim, entre 1948-52 e 1962-3 a produção africana multiplicou-se por 2,8, enquanto a latino-americana crescia apenas 12 por cento. Dessa forma, a América Latina viu sua participação nos mercados mundiais declinar de mais de quatro quintos, no começo dos anos 1950, para dois terços na segunda metade dos 1960, quando se conseguiu uma relativa estabilidade graças ao acordo do café assinado em 1962. Esse deslocamento do produto latino-americano observou-se não apenas na Europa Ocidental — onde a associação das ex-colônias francesas ao Mercado Comum lhes conferiu uma situação privilegiada — mas também nos Estados Unidos, onde a indústria de café solúvel tem dado preferência aos cafés de qualidade inferior (tipo robusta), originários da África, em razão de seus preços mais baixos. Essa situação colocou o Brasil em face da seguinte disjuntiva: oferecer no mercado a totalidade de sua colheita, provocando a baixa dos preços em prejuízo próprio e de todos os demais produtores, ou tentar disciplinar a oferta tendo em conta o lento crescimento da demanda. A segunda solução implicaria incorrer nos custos de financiamento dos estoques e favorecer a penetração progressiva dos cafés de baixa qualidade, cuja produção encontra facilidades para expandir-se na África. A rápida expansão da indústria do café solúvel tornou a segunda solução impraticável, pois ela acarretaria a substituição do produto brasileiro pelo de origem africana. A solução tentada no Brasil para esse problema orientou-se no sentido da criação de uma indústria local de cafés solúveis com vistas à exportação, baseada no aproveitamento dos cafés verdes de inferior qualidade retirados ao mercado mundial. Por esse meio indireto se pretende concorrer dentro dos países importadores com os cafés de inferior qualidade de procedência africana.

Em 1972, no momento da negociação da renovação do acordo do café, que compromete produtores e consumidores, os países produtores levantaram o problema de elevação dos preços indicadores (que servem de base para ajustar as cotas de exportação) em razão da desvalorização do dólar. As dificuldades surgidas levaram os países produtores a operar por conta própria, no sentido de regulação da oferta e financiamento dos estoques. Demais, os principais países exportadores decidiram criar uma empresa multinacional de comercialização do produto, visando a liberar-se dos grandes consórcios dos países consumidores, que tradicionalmente controlam o comércio do produto.

À parte o petróleo e o café, que representaram conjuntamente, em 1970, 31 por cento das exportações da região, os demais produtos contribuem com parcelas relativamente pequenas para o valor total. Os dez produtos agropecuários seguintes mais importantes contribuem, juntos, com menos de uma quinta parte, e os seis produtos minerais seguintes elevaram sua participação de 9,3, em 1961-5, para 13,3 em 1970. No que respeita aos principais produtos originários de zonas de clima temperado — trigo, carnes e lã —, o declínio da participação latino-americana no mercado mundial reflete principalmente a redução dos excedentes exportáveis da Argentina, em face de um crescimento lento da produção e de forte aumento do consumo interno. Esse declínio se concretizou nos anos 1950, sem que no decênio seguinte tenha havido recuperação das posições perdidas. Entre 1950 e 1960, a participação da região nas exportações mundiais de trigo declinou de 16 para 9 por cento; nas de carne, de 27 para 17; e nas de lã, de 19 para 14. Nos anos 1960 manteve-se a mesma tendência, sendo o volume físico das exportações dos três produtos inferior ao realizado nos anos 1950.

O *algodão*, exportado principalmente pelo México, Brasil, países centro-americanos, Colômbia e Peru, ocupa um lugar especial no mercado mundial de produtos agrícolas em razão do peso relativo das exportações dos Estados Unidos. Por um lado, a disciplina imposta ao escoamento da safra americana contribui para manter os preços em níveis relativamente estáveis; por outro, a forte concorrência das fibras sintéticas desencoraja a elevação dos preços acima de certos níveis. Se bem que o crescimento da demanda seja relativamente lento, os países latino-americanos conseguiram aumentar sua participação nas exportações mundiais de 13 por cento, em 1950, para 15 em 1960 e 20 por cento em 1970-3. A elevação de preços do começo dos anos 1970, após uma depressão de vinte anos, foi em parte causada pelo encarecimento relativo das fibras sintéticas.

O *cacau*, cujos principais exportadores são o Brasil, o Equador e a República Dominicana, singulariza-se entre os grandes produtos básicos de origem agrícola pelo crescimento relativamente intenso de sua demanda, que vem aumentando nos últimos dois decênios a uma taxa anual de 4,5 por cento. A participação da região no comércio mundial declinou de um quarto para um quinto nos anos 1960. Sendo, como o café, um produto principalmente produzido para exportação e por países subdesenvolvidos, portanto financeiramente fracos, o cacau está sujeito a fortes flutuações de preços em função da expectativa da colheita.

Em 1972, após dezesseis anos de difíceis negociações, foi assinado um convênio sobre o cacau em linhas similares às do acordo do café, firmado um decênio antes. Esse convênio compromete os principais países exportadores e consumidores e objetiva manter os preços entre 23 e 32 centavos de dólar por libra. Adotou-se um sistema de cotas de exportação, com base nos níveis máximos de produção a partir de 1964-5, e se criou uma reserva de estabilização.

O *açúcar*, que figura nas exportações de todos os países da região, à exceção do Chile e do Uruguai, constitui o exemplo clássico da enorme distância entre o grau de organização alcançado pelos mercados nacionais e o de desorganização que continua a prevalecer no mercado mundial de produtos básicos. Grandes importadores, como os Estados Unidos e a União Soviética, que são igualmente grandes produtores, permitem acesso aos seus próprios mercados, a partir de cotas predeterminadas a clientes privilegiados, fora do mercado mundial. Este, recebendo os excedentes que não conseguem penetrar em nenhum mercado organizado, está submetido a fortes flutuações, e seus preços tendem a situar-se em níveis muito inferiores aos que prevalecem nos mercados internos. A eliminação de Cuba, no começo dos anos 1960, do privilegiado mercado estadunidense pôs em evidência a grande elasticidade da oferta de açúcar que existe nos países latino-americanos em geral. Assim, entre 1959 e 1960 as exportações cubanas para os Estados Unidos diminuíram de 2,9 milhões para 1,9 milhão de toneladas, o que foi compensado no mesmo período por um aumento conjunto das exportações totais de Brasil, México, Peru e República Dominicana de 1,9 milhão para 2,9 milhões, sendo que 90 por cento desse incremento se dirigiu aos Estados Unidos. A participação latino-americana no comércio internacional de açúcar subiu de 43 por cento, em 1950, para 49 em 1960, declinando ligeiramente para 46 por cento em 1970. No presente decênio, não obstante as modificações de direção provocadas pelo fechamento do mercado norte-americano ao açúcar cubano, a situação não se alterou de forma significativa.

Se se exclui Cuba, cuja participação nas exportações da região alcançou 66 por cento em 1970, as vendas latino-americanas no exterior montaram nesse ano a 3,602 milhões de toneladas. No começo dos anos 1970 ocorreu forte expansão das vendas fora dos Estados Unidos, aumentando a parte do mercado livre de 22 para 53 por cento do total. Esta expansão deveu-se exclusivamente ao aumento das exportações brasileiras, que passaram de 1,130 milhão para 2,638 milhões de toneladas entre 1970 e 1972. As exportações de açúcar no mercado livre foram reguladas por um acordo que vigorou de 1969 a 1973. Sua renovação tropeçou em obstáculos similares aos que referimos no caso do café.

Os *produtos pesqueiros* peruanos constituem a inovação de mais relevo ocorrida nas exportações latino-americanas no período do pós-guerra. Representando mais de um quarto das exportações do Peru, na segunda metade dos anos 1960 eles se colocaram entre os dez produtos mais importantes das exportações da região. A base dessa indústria são os ricos cardumes de *anchovetas* que, graças à corrente de Humboldt, se acumulam nas costas peruanas praticamente durante todo o ano. Tradicionalmente, através da extração do guano o Peru explorava suas *anchovetas*, pois sua extraordinária abundância é a causa da migração periódica dos pássaros que produzem o guano. O temor de interromper essas migrações serviu por muito tempo como argumento contra a exploração direta dos cardumes. Ao se tomar conhecimento da abundância destes, instalou-se uma indústria que, pelo seu rápido desenvolvimento, constitui mais uma ilustração da prontidão com que tende a crescer um setor produtivo na América Latina toda vez que se apresentam condições prováveis de demanda. A produção peruana de farinha de peixe, que em 1956 era de 31 mil toneladas, em 1962 alcançaria 1,12 milhão de toneladas, e em 1970 o ponto máximo, 2,2534 milhões de toneladas, o que foi possível graças à pesca de 12,277 milhões de toneladas de *anchovetas*. Essa extraordinária expansão, que colocou o Peru em primeiro lugar no mundo como produtor de peixe, se explica pela facilidade com que é praticada a pesca da *anchoveta*, cujos cardumes, próximos ao litoral, são cercados em redes que se fecham por baixo e bombeados para um barco. Em um cerco é possível recolher 150 toneladas ou mais, o que, via de regra, constitui a carga de um barco. Nos momentos de maior abundância, uma embarcação média pode fazer duas ou mais viagens em um dia. No porto, as *anchovetas* são bombeadas diretamente para a fábrica, que delas extrai um óleo a ser utilizado na produção de margarina e outras gorduras alimentícias, e transforma os resíduos em uma farinha de alto teor de proteína, amplamente utilizada na produção de alimentos para galinhas e porcos. Os custos relativamente baixos da proteína obtida das *anchovetas* peruanas asseguram a essa indústria uma posição firme nos mercados mundiais. Sua expansão, entretanto, encontrou limite na disponibilidade de peixe. Os cardumes próximos ao litoral tenderam a desaparecer, e o rendimento da indústria, a declinar, exigindo maiores investimentos e levando à concentração das empresas, o que tem facilitado a penetração de consórcios estrangeiros. A exemplo do ocorrido em vários outros setores ligados às exportações na região, a fase de expansão rápida e lucros fáceis foi seguida por outra de crise e consolidação, durante a qual grupos estrangeiros financeiramente mais sólidos passam a controlar a indústria, ao mesmo tempo que elevam o seu padrão técnico. A fase de grande expansão se encerrou em 1964, época em que o Peru já controlava 40 por cento da oferta mundial de farinha de peixe.[2]

Um inverno anormal em 1972 e a chegada da corrente quente El Niño provocaram queda brutal na produção de *anchovetas*, cujos bancos reproduziram cerca de 4 milhões de toneladas em começos de 1973, contra os 20 milhões em um ano normal. Com

2. Ver GERALD ELLICOT, "The fishing industry of Peru", in CLAUDIO VÉLIZ (ed.), *Latin America and the Caribbean: A handbook*, cit.

objetivo de proteger a espécie, o governo peruano determinou a suspensão da pesca durante algum tempo, razão pela qual a produção de farinha de peixe se reduziu a 4,4 milhões de toneladas, em 1972, e a 1,8 milhão em 1973. O governo peruano criou a EPCHAP (Empresa Pública de Comercialización de Harina e Aceite de Pescado), à qual cabe a responsabilidade da comercialização da farinha e do óleo de peixe, e em 1973 a PESCAPERU, empresa pública que detém o monopólio das atividades de pesca e indústria da pesca, e que assumiu o ativo de cerca de cinquenta empresas privadas expropriadas nesse ano. Dos ativos expropriados, 37 por cento pertenciam a grupos estrangeiros. O conjunto da indústria compreendia, em 1973, 97 usinas e 1486 barcos de pesca, empregando 27 mil pessoas.

O *turismo mexicano* merece igualmente uma referência como um dos poucos itens formadores da capacidade latino-americana para importar que mostrou evolução favorável em todo o período do pós-guerra. Consideramos aqui não somente os gastos dos turistas propriamente ditos, isto é, aqueles que permanecem mais de 48 horas no país, mas também o chamado comércio fronteiriço. Com efeito, este dificilmente poderia ser considerado uma exportação, porquanto não está submetido às restrições que nos Estados Unidos pesam sobre as exportações. As receitas mexicanas percebidas pelo turismo, concebido neste sentido amplo, figuram, depois do petróleo e do café, como o principal fator gerador de capacidade para importar na região. Mais ainda, seu peso relativo tem aumentado firmemente: em 1948-50 correspondiam a 3 por cento do valor das exportações latino-americanas, e em 1965-7 essa proporção já alcançava 9 por cento. Durante o período o valor em dólares das exportações mexicanas se multiplicou por 2,4, e o das receitas de turismo por quatro. Em 1967 estas alcançaram 959 milhões de dólares, correspondendo a 83 por cento do valor das exportações. Essa proporção fora de 46 por cento em 1950-3 e de 68 por cento em 1960-3. As receitas do turismo não somente têm crescido com maior intensidade que as exportações mexicanas, como têm demonstrado ser mais estáveis, pois são uma função da renda disponível para consumo nos Estados Unidos, cujas flutuações a curto prazo são bem menores que as das importações desse país, particularmente as das importações de produtos primários, de preços sabidamente instáveis. Por último, cabe assinalar que a participação do México nos gastos de turismo efetuados pela população americana apresentou, no período do pós-guerra, uma tendência ascendente, que se acentuou com a eliminação de Cuba do circuito e como consequência das medidas tomadas pelo governo dos Estados Unidos visando a desencorajar o turismo para a Europa.

OS COMPROMISSOS FINANCEIROS EXTERNOS

Até começos dos anos 1970, a capacidade para importar dos países latino-americanos cresceu, de maneira geral, em função do comportamento da demanda internacional dos produtos básicos. No período compreendido entre 1951-5 e 1973, a taxa média de crescimento anual da capacidade para importar do conjunto da região foi de 3 por cento, o que corresponde ao aumento demográfico. Demais, o rápido crescimento dos compromissos financeiros externos criou uma limitação adicional dessa capacidade para importar. Assim, enquanto em 1950-4 o serviço da dívida externa absorvia 7,2 por cento do valor das exportações de bens e serviços, em 1965-9 essa porcentagem ascendia a 23,8; no mesmo período, o serviço das inversões privadas subia de 11,3 para 13,2 por cento do valor das exportações.[3] Essa situação inclinou-

3. CEPAL, *América Latina y la estrategia internacional de desarrollo*, segunda parte, p. 189.

-se ao agravamento na segunda metade dos anos 1960 em razão da elevação das taxas de juros nos mercados internacionais. O simples refinanciamento das dívidas contraídas anteriormente, em razão do aumento do custo do dinheiro, acarretou crescimento dos encargos financeiros. Mesmo as mais cautelosas projeções das prováveis tendências da expansão das exportações e das novas entradas de capitais autônomos deixam antever uma agravação da situação de pagamentos internacionais.

Em face da insuficiência dos financiamentos oficiais e das condições que muitas vezes os acompanham, os países da região passaram a apelar crescentemente para empréstimos privados. No fim do decênio dos 1960, estes já representavam 50 por cento dos recursos financeiros entrados na região, contra 30 por cento para o conjunto dos países subdesenvolvidos.[4]

O quadro que vimos de esboçar não deixa dúvida sobre o fato de que a região vem sofrendo uma insuficiência de capacidade para importar, com graves repercussões em seu desenvolvimento, e isso tem induzido a uma consideração de conjunto dos problemas do comércio exterior regional.[5] Debates em torno dessa questão ocorreram em instituições internacionais, particularmente na CEPAL, e permitiram que se definissem certas linhas de política a longo prazo. Estas vêm orientando os governos da região num esforço comum junto com outros países subdesenvolvidos, em vista de uma reestruturação da economia internacional. As três Conferências das Nações Unidas para o Comércio e o Desenvolvimento — celebrada a primeira em Genebra em 1964, a segunda em Nova Delhi em 1968 e a terceira em Santiago do Chile em 1972 — são em grande parte uma consequência

4. Idem, p. 188.

5. Para uma apreciação de conjunto do problema, ver CEPAL, *América Latina y la política comercial internacional* (1967).

da tomada de consciência, na área latino-americana, dessa questão. E o pequeno progresso realizado nessas conferências seguramente não foi estranho ao fato de que nas demais áreas do Terceiro Mundo a insuficiência estrutural da capacidade para importar ainda não alcançara a gravidade que já se manifestava na maioria dos países latino-americanos.

BUSCA DE UMA ESTRATÉGIA GLOBAL

Modificação significativa e irreversível nas relações econômicas internacionais — capaz de tornar mais equitativa a distribuição dos frutos do progresso tecnológico entre países desenvolvidos e subdesenvolvidos e de criar condições para um mais rápido crescimento econômico destes — somente será conseguida mediante esforço prolongado e numa multiplicidade de frentes. As medidas que vêm sendo propostas com mais frequência na América Latina dizem respeito às seguintes frentes:[6] *a*) comércio internacional de produtos de base; *b*) comércio internacional de manufaturas; *c*) fluxos financeiros; *d*) transportes internacionais; e *e*) relações econômicas entre países subdesenvolvidos. O último item será objeto de atenção no próximo capítulo, no qual trataremos do tema da integração regional.

Os *produtos de base* constituem a primeira preocupação pelo fato de que para a grande maioria dos países são praticamente a única fonte — e seguramente continuarão por muito tempo a ser

6. Para uma exposição ordenada das teses latino-americanas visando à reordenação da economia internacional, ver principalmente os dois documentos da CEPAL, *América Latina y la Conferencia de las Naciones Unidas sobre Comercio y Desarrollo* (1964) e *América Latina y el segundo período de sesiones de la UNCTAD* (1967). Ver também RAÚL PREBISCH, *Nueva política comercial para el desarrollo* (México, 1964).

a fonte principal — de meios de pagamento externo da região. Os preços desses produtos, em razão da desorganização de seus mercados, apresentam uma taxa média de flutuações anuais de cerca de 20 por cento, o que, na falta de uma grande liquidez internacional, torna impraticável toda programação econômica. Demais, tais produtos, na ausência de uma disciplina internacional de sua oferta, verão seus preços declinarem a longo prazo, acarretando uma transferência de renda dos países exportadores para os importadores, como comprova a longa experiência do passado. Sugere-se que a abordagem desse problema seja feita produto por produto e que se tenha em conta a situação particular de cada país. Algumas diretrizes básicas têm sido avançadas:

1. Fixação de taxa máxima de autossuficiência nos países desenvolvidos. Como a produção interna desses países se beneficia de um nível de preços estável e relativamente alto, recomenda-se que a proteção seja planificada de forma que as importações provenientes dos países do Terceiro Mundo tenham uma participação assegurada. Assim, os países do Mercado Comum Europeu já são autossuficientes em carne de vaca em 85 por cento, em cereais (excetuado o trigo) em 66 por cento, e quanto ao açúcar, em 97 por cento. Se se definissem coeficientes de autossuficiência, as importações cresceriam com a demanda e seriam objeto de previsão a médio prazo. A partir de uma previsão aproximada da demanda, a prazo médio, a oferta poderia ser programada no quadro de exportadores.

2. Acesso livre aos mercados dos países desenvolvidos para os produtos de base que nestes não são produzidos. A eliminação das tarifas de importação, dos impostos internos discriminatórios, de restrições quantitativas e outras de ordem administrativa permitiria uma elevação do consumo e desestimularia os sucedâneos. Via de regra, como a oferta dos países subdesenvolvidos é inelástica, os referidos impostos tendem a deprimir os preços internacionais, particularmente quando existem sucedâneos. Dessa forma, o resultado final é uma transferência de renda do país subdesenvolvido produtor para o governo do país desenvolvido importador.

3. Financiamento internacional de estoques destinados a disciplinar a oferta dos produtos de base. Este aspecto é particularmente importante no caso de produções sujeitas a fortes flutuações decorrentes da ação de fatores climáticos. O financiamento desses estoques acarreta elevado encargo financeiro, que em muitos casos está fora do alcance do país produtor. Demais, a estabilização dos preços também traz benefícios para os países consumidores.

As exportações de produtos de base, mesmo intensificadas, não poderão solucionar o problema da asfixia externa das economias latino-americanas. O acesso aos mercados de *produtos manufaturados e semimanufaturados* constitui o segundo e mais importante objetivo do esforço contemplado na estratégia referida. Se os países subdesenvolvidos ficaram à margem da grande expansão do comércio internacional ocorrida no pós-guerra, foi exatamente porque as suas exportações de manufaturas contribuíram com uma participação insignificante nesse total. Assim, entre 1960 e 1970, as exportações mundiais de manufaturas aumentaram em 124 bilhões de dólares, enquanto as do Terceiro Mundo cresciam em 6,7 bilhões, e as da América Latina, em 1,2 bilhão. Visando a modificar essa situação, formulou-se uma estratégia baseada na criação de um *sistema de preferências* em favor das manufaturas e semimanufaturas exportadas pelos países subdesenvolvidos, com as seguintes características: *a*) *generalidade*; *b*) *não reciprocidade*; e *c*) *não discriminação*. No fundo, o que se pretende é que seja concedido livre acesso — eliminação de tarifas alfandegárias e de restrições de outro tipo às importações — aos mercados dos países desenvolvidos para produtos manufaturados e semimanufaturados provenientes dos países subdesenvolvidos, sem que isso implique reciprocidade. O mecanismo da concessão pode assumir várias formas, tais como a fixação de uma lista de produtos excluídos da concessão, ou a de uma lista com os produtos que entram no sistema de preferências, ou ainda o estabelecimento de cotas de certos produtos, que fixem limites máximos às importações dentro do sistema de preferências. A justificação do sistema de preferências assenta em que o aumento das exportações de manufaturas dos países subdesenvolvidos para os desenvolvidos acarreta automaticamente uma expansão das importações de outras manufaturas em sentido inverso. Com efeito, todo aumento de renda em um país subdesenvolvido que não esteja submetido a restrições de balança de pagamentos acarreta outro aumento de renda nos países desenvolvidos, ao passo que a recíproca não é verdadeira. Demais, como o novo intercâmbio implicaria transferência de recursos, nos países desenvolvidos, de indústrias convencionais para outras de tecnologia mais avançada, o estímulo que estes receberiam se concentraria nos setores de vanguarda. Evidentemente, essa transferência de recursos requer reajustamentos estruturais. A transição, portanto, deve ser programada e escalonada no tempo.

O problema do *financiamento internacional* constitui a terceira frente de ação. Já fizemos referências ao financiamento dos estoques dos produtos de base. Ao lado deste, reivindicam-se *financiamentos compensatórios* ou *complementares*, cujo objetivo seria ajudar os países subdesenvolvidos em dificuldades de balança de pagamentos decorrentes de baixas bruscas nos preços de exportação ou de deterioração nos termos do intercâmbio. O objetivo desse tipo de financiamento é evitar a propagação interna dos desequilíbrios externos, sem o que não é possível programar o desenvolvimento. Por último, coloca-se o problema dos financiamentos a longo prazo de projetos específicos de desenvolvimento. A insuficiência desse tipo de financiamento leva os países subdesenvolvidos a utilizar créditos bancários de elevados custos e condições de amortização onerosas.

Cabe ainda referir a frente dos *transportes marítimos*. Estes, na forma como atualmente estão organizados, discriminam os produtos não tradicionais provenientes dos países subdesenvolvidos, representando muitas vezes obstáculo dificilmente transponível à abertura de novas linhas de comércio.

Muitos dos pontos da estratégia a que nos referimos acima, cuja concepção coube à UNCTAD, foram levados à prática entre o fim dos anos 1960 e o começo dos anos 1970, sendo os seus frutos modestos e reconhecidamente insuficientes. É o caso, por exemplo, do *sistema de preferências*, aceito por numerosos países industrializados. Além disso, a instabilidade monetária internacional exigiu a reformulação dos acordos de produtos de base. Por fim, a nova orientação adotada pelos países produtores e exportadores de petróleo, assim como a tomada de consciência da progressiva exaustão das reservas dos recursos não renováveis, abriu para os países subdesenvolvidos novos horizontes e colocou toda uma problemática nova, à qual nos referiremos no capítulo final.

QUADRO 4/19 – Participação de países selecionados no valor das exportações latino-americanas
(em %)

	1960	*1967*	*1973*
Venezuela	30,1	23,6	18,3
Brasil	16,0	15,3	21,4
Argentina	13,7	13,9	11,4
México	9,6	11,1	14,9
Chile	6,2	8,4	4,7
Peru	5,5	7,1	4,2
Colômbia	5,9	4,7	5,1
Outros países	13,0	15,9	20,0

Fonte: CEPAL, *Estudio económico de América Latina*, 1967 e 1973.

PARTE SETE

AS RELAÇÕES INTRARREGIONAIS

20. O processo de integração na América Central

O QUADRO INSTITUCIONAL

A exportação de produtos primários constitui para muitos países latino-americanos, conforme vimos em capítulos anteriores, o ponto de partida de um primeiro processo de industrialização. A indução externa de transformações estruturais internas de maior envergadura dependeu, entretanto, da ação concomitante de outros fatores tais como a importância relativa do fluxo de salários pagos, o grau de controle interno da atividade exportadora, a política fiscal, a existência de imigração recente de origem europeia em volume significativo etc. Dentre estes fatores de ação concomitante é provável que nenhum tenha sido tão importante quanto o *tamanho* do país, entendendo-se como tal, em primeiro lugar, a dimensão demográfica relativa e, em segundo, a base de recursos naturais. Assim, com respeito aos cinco países da América Central, cujas populações, em 1950, em pouco superavam a média de 1,5 milhão de habitantes, pode-se dizer que a principal causa de seu atraso relativo estava ligada a suas reduzidas dimensões.

O istmo centro-americano, à exceção do atual território do Panamá — parte integrante do vice-reinado de Nova Granada que permaneceu com a Colômbia, da qual se separaria em 1903 com apoio dos Estados Unidos, para formar a República do Panamá —, era governado, na época colonial, da capitania da Guatemala, e ao separar-se da Espanha, em 1821, constituiu-se numa república federativa.[1]

Essa república não resistiria à ação das forças centrífugas desencadeadas durante as lutas de independência, vindo a fragmentar-se em cinco Estados nacionais dezessete anos depois. A economia de exportação, baseada principalmente na banana, no café e no cacau, vincularia cada um dos cinco países ao exterior — primeiramente à Inglaterra e logo em seguida aos Estados Unidos —, isolando-os uns dos outros. Contudo, perdurou na região a consciência de ter formado um todo no passado, sendo natural que com frequência se pensasse que a solução de muitos dos problemas do presente requeria, de alguma forma, a reconstituição desse todo. Em período recente, a discussão dos problemas do desenvolvimento permitiu deslocar essa ideia do plano político — em que ela, parecendo irrealizável, se configurava como um mito — para o terreno econômico. Contudo, não seria fácil explicar a rapidez com que avançou o movimento integracionista durante todo um decênio sem ter em conta essas raízes históricas. Quando se começava a admitir que esse movimento alcançara o ponto de

1. Um ano após a separação da Espanha, isto é, em 1822, a região centro-americana foi integrada no México. Um ano depois, rompia com a nova Metrópole e proclamava a independência, fundando as Províncias Unidas, logo transformadas em Federação Centro-americana, que, não resistindo às guerras intestinas, desapareceu em 1838. Um novo esforço visando a criar uma confederação, no decênio seguinte, também fracassou. Em 1885, o ditador guatemalteco J. R. Barrios tentou pela força, igualmente sem êxito, criar uma República da América Central.

irreversibilidade, o conflito entre El Salvador e Honduras, ocorrido em julho de 1969, provocou a paralisação dos órgãos superiores do processo integracionista e levantou sérias dúvidas.

O atual movimento integracionista tem o seu ponto de partida em uma resolução dos governos dos cinco países tomada no quarto período de sessões da CEPAL, que ocorreu na Cidade do México em 1951.[2] Nessa resolução, os cinco governos, representados ou assessorados por economistas que haviam trabalhado juntos em instituições internacionais, expressavam o seu "interesse em desenvolver a produção agrícola e industrial e os sistemas de transportes dos seus respectivos países, de forma que promova a integração de suas economias e a formação de mercados mais amplos mediante o intercâmbio de seus produtos, a coordenação de seus planos de fomento e a criação de empresas em que todos ou alguns de tais países tenham interesse". No mesmo ano, foi instituído o Comitê de Cooperação Econômica do Istmo, bem como a Organização dos Estados Centro-americanos (ODECA). O movimento integracionista se desdobraria, a partir de então, em duas frentes que se reforçariam mutuamente: a criação de instituições que permitissem dar continuidade ao processo e a liberação progressiva do intercâmbio comercial entre os países. No que se refere à coordenação das políticas nacionais de desenvolvimento, entretanto, pouco ou nenhum progresso seria feito.

A partir de 1951, distintos países assinam acordos bilaterais de livre-comércio relativos a listas de produtos específicos; Salvador-Nicarágua, e Salvador-Guatemala, no ano referido; Costa Rica-Salvador, em 1953; Guatemala-Costa Rica, em 1955; Gua-

2. Ver o estudo da CEPAL, "Contribución a la política de integración económica de América Latina", incluído em *Hacia la integración acelerada de América Latina* (México, 1965); da mesma organização, *Evolución de la integración económica en Centroamérica* (1966) e *El Mercado Común Centroamericano y sus problemas recientes* (1971).

temala-Honduras, em 1956; Salvador-Honduras, em 1957. Em 1958, foi assinado o Tratado Multilateral de Livre-Comércio e Integração Econômica Centro-americana, que fundiu todas as listas dos acordos anteriores e abriu o caminho para a multilateralidade. Conjuntamente, foi assinado o Convênio sobre o Regime de Indústrias Centro-americanas de Integração, que traduz o propósito de caminhar para a criação de uma nova estrutura produtiva, superando o objetivo limitado de criação de uma zona de livre-comércio. Este último acordo suscitou fortes reações, particularmente do governo dos Estados Unidos, que a ele atribui o propósito de criação de empresas com apoio estatal e exclusividade do mercado regional. Efetivamente, o convênio pretende assegurar garantia de mercado na região a indústrias, classificadas como de "integração", que sejam de interesse para vários países e requeiram, para expandir-se, a totalidade ou uma grande parte do mercado. No ano seguinte ao do tratado assina-se o Convênio Centro-americano sobre Equiparação de Impostos de Importação, com vistas à coordenação das políticas nesse setor fundamental, o que permite caminhar para uma barreira alfandegária uniforme. Finalmente, em 1960, se dá o passo decisivo no sentido de transformar a Zona de Livre-Comércio, em processo de constituição, em uma autêntica comunidade econômica. A prática das listas permissivas é substituída pela norma geral, segundo a qual "os produtos naturais oriundos dos territórios das partes contratantes e os manufaturados nelas gozam de livre-comércio imediato". Por outro lado, amplia-se o quadro da circulação de bens para incluir o movimento de fatores, garantindo "a livre circulação de pessoas, bens e capitais entre seus territórios sem mais limitações que as estabelecidas para os nacionais" do próprio país. O novo Tratado de Associação Econômica foi inicialmente assinado pela Guatemala, El Salvador e Honduras, seguindo-se Nicarágua e, em 1962, Costa Rica. Também em 1962 é assinado o Convênio Centro-

-americano de Incentivos Fiscais ao Desenvolvimento Industrial. Assim, em cerca de um decênio se haviam lançado as bases para a estruturação de um espaço econômico formado pelas cinco economias nacionais, com mobilidade de bens e de fatores, e unidade de tarifa aduaneira face ao resto do mundo.

O movimento não se limitou, entretanto, a uma simples liberação de fluxos econômicos e financeiros entre os países. Paralelamente, foram criadas instituições de vários tipos, todas ligadas à ideia de formação de um espaço econômico unificado. Em 1954 foi criada a Escola de Administração Pública da América Central (ESAPAC), com sede em São José de Costa Rica, e no ano seguinte o Instituto Centro-americano de Pesquisa e Tecnologia Industrial (ICAITI), situado na Cidade da Guatemala. Em 1960, o Tratado Geral deu origem ao Banco Centro-americano de Integração Econômica, bem como ao Conselho Econômico Centro-americano (constituído pelos ministros de Economia), ao Conselho Executivo e à Secretaria Permanente de Integração Econômica Centro-americana (SIECA). Também foi instituído um Conselho Monetário, que reúne os dirigentes dos bancos centrais. Em 1967 foi criada a Escola Centro-americana de Capacitação Têxtil.

Por último, cabe assinalar que se procedeu a um esforço considerável para interligar a região, definindo uma rede básica de estradas cuja construção mereceu prioridade, e se encetou a interligação dos sistemas de transmissão de energia elétrica.

RESULTADOS ALCANÇADOS E PERSPECTIVAS

O resultado prático do esforço de integração, até onde ele pode ser aferido pelos fluxos comerciais, foi considerável. O valor do comércio intrazonal, que era de 33 milhões de dólares em

1960, alcançou 299 milhões em 1970, e sua participação no total das exportações passou de 7,6 para 27,3 por cento (ver quadro 1/20). Essa significativa expansão realizou-se sem nenhum prejuízo das linhas tradicionais de exportação para fora da zona, pois tais exportações são formadas por um pequeno número de produtos de reduzido mercado local e que são praticamente os mesmos em todos os países. Com efeito, o comércio intrazonal é formado principalmente de artigos manufaturados, cuja participação no total passou de 48 para 79 por cento entre 1960 e 1970. Contudo, observa-se uma perda de velocidade na expansão do intercâmbio intrazonal. Na primeira metade dos anos 1960, o valor desse intercâmbio se multiplica por 4,1, e na segunda, por 2,2. A perda de velocidade se manifestou antes do conflito de 1969.

QUADRO 1/20 – América Central: evolução das exportações e do comércio intrazonal
(milhões de dólares)

	1960	*1963*	*1965*	*1968*	*1970*
Exportações tradicionais					
Algodão	36,7	104,6	144,4	122,7	87,1
Banana	66,3	70,1	84,7	136,4	145,9
Café	212,0	229,8	282,9	270,7	346,7
Total das exportações para o resto do mundo	397,3	524,0	636,2	693	797,1
Exportações intrazonais	32,7	66,2	136,0	258,3	299,4
Total geral	430,0	590,2	772,2	951,3	1096,5
% do intrazonal no total	7,6	11,2	17,6	27,2	27,3

Fonte: INTAL, *El proceso de integración en América Latina 1968-71* (Buenos Aires, 1972), quadros VII-2 e VII-3.

Se se observam os dados macroeconômicos, constata-se que a região conheceu, de fato, marcada intensificação de seu desenvolvimento no período que se sucedeu à assinatura do tratado de integração. A taxa de crescimento anual do PIB, que no decênio dos 1950 fora de 4,5 por cento, alcançou no decênio seguinte 5,6 (ver quadros 2/20 e 3/20). Simultaneamente ocorreu uma diversificação significativa das estruturas produtivas, pois a participação do setor industrial no PIB, que era de 13,2 por cento em 1960, alcançou 17,5 por cento em 1970.

QUADRO 2/20 – Países da América Central: evolução do PIB a partir de 1950

	PIB a custo de fatores [a] *(1960)*	*Taxas médias anuais de crescimento do PIB (%)*				
		1950-5	*1955-60*	*1960-5*	*1965-9*	*1969-70*
Guatemala	971	2,3	5,3	5,3	5,2	5,1
El Salvador	521	4,5	4,8	6,9	4,8	4,3
Honduras	342	2,0	4,7	4,7	6,0	4,0
Nicarágua	344	8,4	2,3	9,1	4,4	4,6
Costa Rica	404	8,3	6,0	6,6	7,1	7,5
América Central	2 584	4,3	4,8	6,2	5,4	5,1

(a) Em milhões de dólares.

Fonte: CEPAL, *El Mercado Común Centroamericano y sus problemas recientes* (Santiago, 1971).

QUADRO 3/20 – Países da América Central: evolução do PIB per capita

	1960	*1970*	*Taxa média anual de crescimento (%)*
	(em dólares de 1960)		
Guatemala	257	330	2,5
El Salvador	270	336	2,2
Honduras	203	240	1,7
Nicarágua	250	356	3,6
Costa Rica	368	489	2,9
América Central	257	330	2,5

Fonte: A mesma do quadro 1/20.

O processo de integração, ao unir os pequenos países centro-americanos em um mercado de dimensões similares às do existente no Peru e com um coeficiente de importação relativamente elevado — cerca de 17 por cento em 1960 —, criou condições para que se iniciasse a industrialização em linhas semelhantes às que haviam conhecido, em períodos anteriores, todos os países da região de dimensões econômicas equivalentes. A taxa de crescimento anual da produção manufatureira, que fora de 6,0 por cento entre 1950 e 1960, alcançou 8,7 entre 1960 e 1970. Demais, as chamadas indústrias tradicionais viram sua participação no valor da produção diminuir de 87 por cento em 1960 para 73 por cento em 1967.[3] Contudo, não se pode afirmar que o rápido crescimento ocorrido na região, no decênio dos 1960, tenha como causa única o processo de integração, pois as exportações para o resto do mundo se expandiram com relativa intensidade durante esse período, permitindo uma pequena elevação do coeficiente de importações, mesmo não considerado o comércio intrazonal. Se a integração pôde realizar-se com relativa facilidade, foi, aparentemente, porque a capacidade para importar, face ao resto do mundo, se manteve em rápido crescimento. O declínio das exportações destinadas a terceiros países, na segunda metade dos anos 1960, repercutiu na taxa de crescimento do PIB regional, a qual declinou de 6,2 no primeiro quinquênio dos 1960, para 5,3 no segundo.[4] A experiência do fim do decênio dos 1960 veio evidenciar que o processo de integração em nada reduziu a dependência em que se encontram as economias centro-americanas de suas exportações tradicionais. Uma baixa das exportações de algodão ou uma queda nos preços do café, como ocorrido em 1967, tem repercussão

3. Cf. Instituto para la Integración de América Latina (INTAL). *El proceso de integración en América Latina, 1968-71* (Buenos Aires, 1972), quadro VII-5.
4. Cf. *El Mercado Común Centroamericano y sus problemas recientes*, cit., p. 80.

ampliada no setor público, com redução imediata dos investimentos financiados pelos governos. Os investimentos ligados à integração não seriam suficientes para compensar a ação depressiva dos fatores indicados. A carga tributária continuou em nível muito baixo, havendo passado de 9,4 por cento do PIB regional em 1960 para 10,1 em 1970. Assim, a possibilidade de ação compensatória dos governos, em face de um declínio das exportações para terceiros países, continua a ser quase nula, ou a depender exclusivamente do endividamento externo.

A industrialização da América Central, no correr do período considerado, teve como causas básicas o crescimento do setor exportador tradicional e a ampliação do mercado graças à integração. Esta apoiou-se simultaneamente na união aduaneira e em medidas positivas de criação de uma infraestrutura comum e de incentivos aos investimentos de interesse regional. Não se trata, portanto, de um processo de substituição de importações decorrente de tensões no setor exportador tradicional, o qual implica crescimento do setor manufatureiro com declínio simultâneo do coeficiente de importação de produtos industriais. Sob vários aspectos, essa industrialização se assemelha à ocorrida na Argentina e no Brasil antes de 1929. A maior complexidade que aparenta decorre de um maior número de iniciativas e de maior apoio dos poderes públicos, bem como de uma presença mais ampla de capital e técnica estrangeiros. O grau de industrialização alcançado no decênio dos 1960 abriu à região a possibilidade de passar a uma segunda fase, que tanto poderia assumir a forma do modelo clássico latino-americano de substituição de importações como apoiar-se num planejamento do desenvolvimento regional. Em um ou outro caso, a região deveria caminhar para uma integração ainda maior dos centros de decisão nos planos monetários, cambial e fiscal. A passagem a essa segunda fase, entretanto, foi interrompida pelo conflito de 1969. É possível que esse conflito tenha frustrado uma rápida passagem ao modelo clássico de substituição, que, ao se iniciar, tendeu a agravar as desigualdades entre países e entre regiões urbanas e rurais. Em países como o Brasil e o México, a industrialização baseada na substituição de importações tendeu a concentrar a renda e a agravar as disparidades regionais preexistentes. Na América Central o mesmo modelo de integração teria que gerar tensões entre os Estados, inviabilizando o projeto de integração.

21. A ALALC e o Grupo Andino

O TRATADO DE MONTEVIDÉU E SEU FUNCIONAMENTO

Os países mais meridionais da América Latina — Argentina, Brasil, Chile e Uruguai — alimentaram entre si, tradicionalmente, um intercâmbio comercial de importância relativamente grande, constituído de produtos primários. O grosso desse intercâmbio se efetivava entre a Argentina e o Brasil, limitando-se, da parte argentina, praticamente ao trigo, e da parte brasileira, geralmente deficitária, a produtos tropicais — café e cacau — e madeiras. No correr da última grande guerra as dificuldades de abastecimento externo deram um impulso significativo a esse intercâmbio, aumentando a Argentina suas importações procedentes do Brasil e intensificando seu comércio com os demais países. As dificuldades de balança de pagamentos, manifestadas a partir de 1948, levaram a uma intensificação do bilateralismo, e sob esse marco o comércio entre os países referidos pôde continuar a desenvolver-se. Assim, em 1950, o intercâmbio entre os quatro países indicados representava 9,2 por cento de seu comércio exterior total, e em 1953 já alcançava 12,2 por cento. Desde meados do decênio dos 1950, sob pressão do FMI, realizou-se um esforço de liberalização e multilateralização na Argentina e no Chile e, em seguida, no Brasil, o que ocasionou sensível declínio desse comércio, suscitando preocupação na região. O bilateralismo desempenhava, até certo ponto, o papel de um protecionismo em uma área ampliada, e se podia admitir, dadas as características das economias nacionais em questão, que seu desaparecimento acarretaria redução do nível de atividade. De fato, como os países não desejavam incorrer em déficit em seu intercâmbio mútuo, a fim de não ter que saldá-lo em moeda conversível, e como os financiamentos a curto prazo se faziam também com linhas de crédito obtidas nos grandes centros financeiros, surgiram sérios problemas de pagamentos, o que levava uns e outros a buscar o equilíbrio no plano bilateral em níveis mais baixos do que o obtido quando esse intercâmbio não tinha repercussões multilaterais.

A situação que acabamos de expor levou os quatro países mais interessados — Argentina, Brasil, Chile e Uruguai — a encetar negociações com vistas a acertar esquemas de pagamento e recuperar os níveis anteriores do intercâmbio, se possível através da criação de uma zona de livre-comércio compatível com outros compromissos internacionais. Esse movimento, se bem que modesto em seus objetivos, foi rapidamente reforçado por uma linha de ideias que se vinha desenvolvendo na CEPAL praticamente desde a sua criação, em 1948. Com efeito, no seu relatório de 1949, redigido por Raúl Prebisch, chamava-se a atenção para as limitações intrínsecas de uma industrialização restringida a mercados nacionais latino-americanos isolados uns dos outros. O problema se colocava na época aos países que já haviam superado as primeiras fases da industrialização. À medida que se passava das indústrias leves para as pesadas, das de bens de consumo não duráveis para as de bens de consumo duráveis, e que se dava início à produção de equipamentos, o problema das dimensões do mercado adquiria importância crescente. A partir da metade dos anos 1950, em vários estudos relacionados com a industrialização regional, com a localização das indústrias de base, assim como nas análises explicativas das baixas nas taxas de crescimento econômico observadas na Argentina e no Chile, deu-se maior ênfase à barreira que as reduzidas dimensões dos mercados nacionais tendiam a opor ao processo de industrialização. Tais considerações, repetidas à saciedade nas reuniões da CEPAL e em outras instituições internacionais atuando na região, não chegaram a ter consequências práticas mas contribuíram para criar o clima psicológico que levaria à criação de uma zona de livre-comércio em 1960.[1]

O Tratado de Montevidéu, que criou a Associação Latino-americana de Livre-Comércio (ALALC), foi assinado em fevereiro de 1960 pelos quatro países anteriormente referidos mais México, Peru e Paraguai. Logo em seguida, Colômbia e Equador deram a sua adesão, e, posteriormente, Venezuela e Bolívia. Dessa forma, em 1968 a ALALC compreendia todos os países da América do Sul e o México. O Tratado de Montevidéu está duplamente concebido dentro do espírito do GATT: pelo seu objetivo, que é liberalizar o intercâmbio na área e não propriamente formar uma

1. Ver o estudo da CEPAL, *Contribución a la política de integración económica de América Latina*, cit., e também Instituto Interamericano de Estudios Jurídicos Internacionales, *Instrumentos relativos a la integración económica en América Latina* (Washington, 1964). Para uma apreciação de conjunto, ver também M. S. WIONCZEK e outros, *Integración de América Latina: experiencias y perspectivas* (México, 1964), VICTOR L. URQUIDI, *Teoría, realidad y posibilidad de la ALALC en la integración económica latinoamericana* (México, 1966), JOSÉ MARIA ARAGÃO, "La teoría económica y el processo de integración de América Latina", in *Integración* nº 2 (Buenos Aires, 1968), e INTAL, *El proceso de integración en América Latina 1968-71*, cit.

união aduaneira, e pelos seus processos operacionais, que consistem em negociações bilaterais produto por produto, excluindo os esquemas de liberalização automática e linear que caracterizaram o desenvolvimento da Associação de Livre-Comércio Europeia e a Comunidade Econômica Europeia. Essa consideração é importante, pois indica que o referido tratado constitui muito mais uma resposta a problemas limitados surgidos em torno do comércio dos países meridionais do que propriamente uma abertura no sentido de estruturar em bases novas as relações econômicas entre os países da região.

Dois métodos de trabalho estão previstos no tratado para promover a liberalização do comércio dentro da zona. O primeiro consiste em negociações anuais, efetuadas entre dois países, e relativas a produtos específicos, das quais devem resultar concessões que beneficiem todos os membros da associação. Tais concessões, feitas anualmente, devem representar pelo menos 8 por cento da média ponderada da tarifa do país em questão, face aos demais países do mundo. Na primeira negociação foram feitas 3240 concessões, e na segunda, 4347, contudo o número declinou consideravelmente a partir do terceiro ano. Da terceira à sexta negociação, ocorrida esta em 1967, foram feitas 1831 concessões, às quais se adicionaram, entre 1968 e 1973, 1572 novas concessões. O resultado dessas concessões dá lugar à formação da *lista nacional*, que indica o conjunto das reduções aduaneiras concedidas por um país aos demais membros da associação. Mas essas listas não representam um compromisso permanente, o que explica que tantas concessões tenham sido feitas na primeira fase. Os países conservam a liberdade tanto de anular uma concessão como de limitar-se a ampliar outras já feitas. O segundo método consiste em transferir das listas nacionais produtos que se incorporam a uma *lista comum*. Com este fim deveriam realizar-se negociações a cada três anos. A lista comum apresenta duas características: é irreversível, e os produtos nela incluídos deveriam ser objeto de livre-comércio na zona até 1973.

As concessões que formam as listas nacionais, dada a sua precariedade, não podem senão ter uma significação limitada do ponto de vista da criação de novas atividades econômicas. Em razão disso, atribuiu-se, desde o início, um papel particular à *lista comum*, a ser estabelecida a cada três anos e devendo adicionar em cada período de negociação 25 por cento do valor das transações comerciais efetuadas entre os países-membros. A primeira *lista comum*, negociada em 1964, incluiu 180 produtos, que representavam cerca de 25 por cento da média do comércio entre os membros da associação no período 1960-2. Contudo, se se observa mais de perto essa lista comum, nota-se que ela está essencialmente integrada por produtos primários, que formam tradicionalmente o comércio da região. Essa primeira lista comum demonstrou, portanto, ser destituída de alcance prático. A segunda lista comum, negociada em 1967, revelou-se de muito mais difícil elaboração, pois já não seria fácil formá-la sem incluir uma quantidade significativa de produtos industriais, ou um produto como o petróleo, cujo comércio suscita problemas particulares. As longas e infrutuosas negociações em torno da segunda lista comum vieram pôr em evidência que os países signatários do Tratado de Montevidéu não tinham em vista propriamente modificar as bases em que se efetuava tradicionalmente o seu intercâmbio comercial. A observação parece ser particularmente verdadeira com respeito à Argentina e ao Brasil, cujo comércio mútuo continua a constituir o grosso do intercâmbio regional. Em 1969 foi introduzida uma modificação no Tratado de Montevidéu, reduzindo de 8 para 2,9 por cento as concessões anuais e transferindo de 1973 para 1980 a data da realização da zona de livre-comércio.

Além das negociações por produtos, o Tratado de Montevidéu estabelece o princípio dos *acordos setoriais*, ditos de complementaridade, cujo objetivo seria favorecer uma coordenação no nível da produção. A ideia foi facilitar uma articulação entre produtores, que poderiam distribuir entre si tarefas complementares, beneficiando-se assim de um mercado maior. Na ausência de um planejamento capaz de estabelecer as prioridades de cada país, os entendimentos setoriais ficaram na dependência de iniciativas de grupos privados, particularmente dos grupos internacionais que já atuavam nos distintos países da região. Ainda assim, foi exíguo o progresso realizado nessa direção. Nos primeiros seis anos de vigência do tratado, haviam sido assinados apenas quatro acordos de complementação: máquinas para trabalho estatístico (Argentina, Chile e Uruguai), válvulas eletrônicas (Argentina, Brasil, México, Chile e Uruguai), aparelhos de uso doméstico (Brasil e Uruguai) e alguns produtos de indústrias eletrônicas e de comunicações elétricas (Brasil e Uruguai). Os produtos incluídos nesses acordos representam menos de 0,5 por cento do comércio entre os países da associação. Em dezembro de 1967, foi firmado o primeiro acordo de complementação de alguma importância, entre todos os países, e incluindo 125 produtos químicos, cujo comércio intrazonal ascendeu nesse ano a 28 milhões de dólares. Até 1973, vinte acordos haviam sido assinados, mas fora eliminada a cláusula da nação mais favorecida, e as concessões já não são transferíveis à lista comum.

Por último, o tratado considera a situação particular dos países com um atraso relativo: Bolívia, Equador e Paraguai. Estes países devem tão somente garantir uma reciprocidade parcial e recebem concessões não extensíveis aos membros de maior desenvolvimento. Posteriormente foi reconhecida, para fins de discriminação nas concessões, uma diferença entre os três países maiores — Argentina, Brasil e México — e os de dimensão intermediária, chamados *países de mercados insuficientes*. O Uruguai, embora fosse um dos países de mais alta renda per capita da região, em razão de suas características particulares foi incluído no grupo dos países chamados de *atraso relativo*.

Os resultados práticos da ALALC foram modestos. Os países que tradicionalmente possuíam um comércio significativo entre si viram esse comércio recuperar os níveis anteriores e mesmo superá-los. Outros países, tais como México e Colômbia, cujo intercâmbio intrazonal fora sempre insignificante, conheceram uma certa expansão em suas exportações. Se consideramos em conjunto os nove países que formaram a associação desde a sua fase inicial, isto é, se se excluem Venezuela e Bolívia, o comércio intrazonal alcançou 635 milhões de dólares em 1965, contra 321 milhões em 1959-61 e 508 milhões em 1953-5. Entretanto, a partir de 1965 a evolução desse comércio passou a ser irregular, tanto nos países de intercâmbio tradicional como nos que nele ingressaram estimulados pelo tratado, evidenciando que o mecanismo criado por este não lograra um impacto significativo nas economias regionais. No período 1961-8, a taxa de crescimento das exportações intrazonais foi de 9 por cento, enquanto as exportações totais aumentavam a uma taxa de 4,9 por cento. A participação das exportações intrazonais no total alcançou, em 1968, 11,2 por cento, dobrando praticamente a participação de 1961, que fora de 6 por cento. Contudo, estava-se apenas voltando ao nível médio de 1953-5, de 11,7 por cento. Não obstante a entrada de outros países no comércio intrazonal, este último nível não será superado até inícios do decênio dos 1970. Se se deixa de lado a Venezuela, cujas exportações se limitam praticamente ao petróleo, que não foi objeto de nenhuma negociação, constata-se que a Argentina e o Brasil continuam a contribuir com mais de 60 por cento das exportações intrazonais. Em 1961 a participação da Argentina foi de 34 por cento, e a do Brasil, de 30 por cento; em 1972 a participação desses países foi de 33 e 28 por cento, respectivamente. Do lado das importações, a participação dos referidos países foi menor: 26 por cento a do Brasil e 24 a da Argentina, em 1972.

QUADRO 1/21 – Evolução do intercâmbio entre os países da ALALC (valor FOB das exportações em milhões de dólares)

	1953-5	*1959-61*	*1965*	*1970*
Argentina	205	133	247	366
Brasil	133	86	202	303
Colômbia	3	5	20	53
Chile	59	35	56	152
Equador	9	7	13	17
México	5	6	44	93
Paraguai	13	9	17	24
Peru	50	37	62	65
Uruguai	29	4	16	29
Total	508	321	671	1702

Nota: A ALALC foi criada pelo Tratado de Montevidéu, em 1960. Em 1966 aderiu a ela a Venezuela, e em 1967, a Bolívia. As exportações bolivianas para os países da área alcançaram, em 1970, 20 milhões de dólares, e as venezuelanas, 137 milhões.

Fonte: CEPAL, *Elementos para elaboración de una política de desarrollo con integración para América Latina* (Santiago, 1969), e INTAL, *El proceso de integración en América Latina* 1968-71.

NOVA ORIENTAÇÃO SUB-REGIONAL

Consequência da insignificância dos resultados produzidos pela ALALC foi a busca de um novo caminho por meio de uma sub-regionalização. O movimento foi sobretudo inspirado pelo Chile, seguramente o país da região em que as dimensões do mercado interno constituem mais obviamente um freio ao prosseguimento do processo de industrialização. Conscientes dos problemas que coloca um projeto de integração em que figuram economias de dimensões tão distintas, como são, de um lado, Brasil, Argentina e México, e de outro os demais membros da associação, os países de tamanho médio procuraram aproximar-se numa tentativa de integração sub-regional. Como esses países são todos ligados pela cordilheira dos Andes — Chile, Peru, Colômbia e Venezuela —, a nova associação tornou-se conhecida como Grupo Andino.[2] A adesão do Equador e da Bolívia veio mais cabalmente justificar a designação. O objetivo declarado é simplesmente preparar a integração do conjunto latino-americano, mas não resta dúvida de que o Grupo Andino tendeu a adquirir consistência interna. A estratégia que está na base da estruturação do Grupo Andino é distinta da que inspirou a criação da ALALC. Tem-se em vista uma liberalização automática e irreversível do comércio, particularmente dos produtos que não se produzem atualmente em nenhum dos países da sub-região, simultaneamente com a uniformização da tarifa face a terceiros países, isto é, objetiva-se a criação de uma união aduaneira. Antes mesmo de que se formalizassem tais acordos, foi criada a Corporación Andina de Fomento, com sede em Caracas, com a responsabilidade de "impulsionar o processo de integração regional [...] mediante a criação de empresas de produção e serviços e a ampliação, modernização ou conversão das existentes". A nova instituição, o primeiro órgão financeiro multinacional totalmente latino-americano, tendeu a adquirir importância com o aumento das disponibilidades financeiras da Venezuela, em 1973.

À semelhança do Mercado Comum Centro-americano, o Grupo Andino parte de uma situação de inexistência quase total de comércio entre os países-membros. Contudo, já existe uma infraestrutura de transportes relativamente desenvolvida, posto

2. A Venezuela participou das reuniões preparatórias que levaram à criação do Grupo Andino, mas não assinou o Acordo de Cartagena, que veio a ser o instrumento fundamental do novo projeto de integração sub-regional. Assinaram esse acordo, em maio de 1969, Bolívia, Chile, Colômbia, Equador e Peru. A adesão da Venezuela somente se formalizaria em fevereiro de 1973. Contudo este último país participou desde o início da Corporación Andina de Fomento.

que todos os países estão interligados pelas linhas marítimas que servem o comércio exterior tradicional da região. Algumas iniciativas foram tomadas para articular as frotas marítimas e uma linha aérea de carga conjunta foi iniciada. Além disso, diferentemente do que ocorria com os países centro-americanos, no momento de iniciar a integração, os do Grupo Andino — pelo menos os quatro maiores, representando 84 por cento dos 66 milhões de habitantes com que contava a sub-região em 1970 — se encontravam em fase relativamente avançada de um processo de industrialização apoiado na substituição de importações. Contudo, como os sistemas industriais nacionais ainda não alcançaram um elevado grau de integração interna, como já era o caso em 1961 dos três países maiores, é de admitir que as resistências à complementação entre eles venham a ser menores. A política integracionista do Grupo Andino se apoia num esforço de desarmamento tarifário automático, num projeto de unificação da tarifa aduaneira com respeito a terceiros países (os dois objetivos deverão ser alcançados até fins dos anos 1970), na implantação de uma planificação coordenada, na construção de uma infraestrutura física visando a integração, num esforço financeiro comum em benefício dos países de menor desenvolvimento relativo e numa política comum face aos capitais estrangeiros. Um tratamento especial está previsto para a Bolívia e o Equador. Um dos aspectos mais originais e pioneiros da política integracionista do Grupo Andino é o regime comum de tratamento das inversões estrangeiras, conhecido como Resolução 24 da Comissão do Acordo de Cartagena, que entrou em vigor em julho de 1971.[3] Essa resolução delimita os setores em que se admite a participação dos capitais estrangeiros e estabelece normas para que o controle de todas as

3. O texto integral está publicado em *Derecho de la integración* (Buenos Aires, abril de 1971).

empresas passe, em prazos determinados, para mãos nacionais. As vantagens do programa de integração só beneficiam as empresas controladas por grupos estrangeiros se elas aceitarem sua conversão ao controle nacional nos prazos estabelecidos pela Resolução 24.

PERSPECTIVAS DO MOVIMENTO "INTEGRACIONISTA"

A formação de um mercado comum regional constitui hoje um objetivo declarado de política econômica de todos os governos latino-americanos. Essa ideia-força, que seguramente desempenhará papel fundamental no desenvolvimento da região nos próximos decênios, difundiu-se rapidamente no passado recente como reflexo da percepção de que pequenos países isolados não poderão fazer face aos crescentes problemas colocados pelo subdesenvolvimento. A experiência recente já demonstrou, entretanto, a enorme complexidade da tarefa e a esterilidade dos estereótipos convencionais na abordagem do problema. Os esquemas que se limitam à *liberalização do comércio*, na tradição das zonas de livre-comércio e mesmo de uniões aduaneiras, podem ter importância em situações particulares, como foi o caso dos países centro-americanos, que se caracterizavam por um grau de desenvolvimento similar e abordavam a primeira fase da industrialização. Tratando-se de países que já avançaram muito na industrialização, com orientação preferencialmente autárquica, como são os casos da Argentina e do Brasil, e de países com grandes disparidades em seus graus de desenvolvimento, esses esquemas em si mesmos são de escassa valia. Em realidade, ao criarem situações privilegiadas para os consórcios internacionais, que estão em condições de planificar a expansão própria em escala regional, tais sistemas podem conduzir a formas de "integração" que prescindem de centros nacionais de decisão ou tendem a esvaziá-los. Admite-se, presentemente, como mais ou menos evidente que, longe de ser uma simples questão de liberalização de comércio, o verdadeiro problema consiste em promover a criação progressiva de um *sistema econômico regional*, o que não será tarefa pequena, em razão da orientação anterior do desenvolvimento, das disparidades dos níveis atuais de desenvolvimento, dos riscos de agravamento da concentração geográfica tanto das atividades econômicas como da apropriação dos frutos do desenvolvimento, da considerável autonomia com que atuam na região poderosos consórcios internacionais que controlam não somente atividades de exportação tradicionais mas também grande parte do setor manufatureiro moderno, das divergências entre as políticas nacionais no que respeita à exploração de recursos naturais, da ineficácia dos Estados nacionais no controle e orientação dos processos econômicos e de outros fatores de não menor importância.

Em síntese, o problema é muito menos de formação de um espaço econômico unificado, mediante uma mobilidade progressiva de produtos e fatores de produção — o que só seria praticável se as economias nacionais houvessem alcançado um grau de homogeneidade estrutural muito maior e atingido níveis de desenvolvimento similares —, do que de reorientação do desenvolvimento no plano nacional, no sentido de uma articulação crescente das economias nacionais em um todo coerente. As uniões aduaneiras e as zonas de livre-comércio são um fruto tardio da ideologia do *laissez-faire*, ao passo que o tipo de integração que poderá beneficiar as economias latino-americanas pressupõe um avanço considerável no planejamento em nível nacional. Os centros de decisão mais importantes, aqueles que são de natureza política e estão capacitados para interpretar as aspirações das coletividades, continuarão a existir por muito tempo no plano nacional. É de esperar, contudo, que a chamada "integração" econômica, hoje simples instrumento da política de desenvolvimento dos governos nacionais, ponha em marcha um processo evolutivo das estruturas políticas, o que, por outro lado, corresponde a uma exigência das relações internacionais. A necessidade de definir de forma mais realista as suas relações com os grandes polos de poder do mundo atual, particularmente os Estados Unidos, está contribuindo para que os latino-americanos valorizem o que têm em comum e caminhem para a definição de um projeto regional que condicionará de forma cada vez mais perceptível a evolução sociopolítica no plano nacional. Essa evolução requer, a fim de que se possam vencer as naturais suspicácias de países com uma longa história de dependência exterior, uma clara definição dos objetivos do desenvolvimento no plano nacional. A partir desses objetivos é que seria possível identificar os setores de atividade em que os benefícios da integração — decorrentes de economias de escala de produção e de vantagens locacionais de várias ordens, ou fenômenos de conglomeração — são indiscutíveis e podem ser captados e partilhados entre o conjunto das partes interessadas. Cabe, portanto, admitir que os progressos do chamado movimento "integracionista" continuarão a ser lentos, e as decepções nesse terreno, frequentes, enquanto o planejamento econômico não se transformar num instrumento eficaz de política no plano nacional.[4]

4. Uma defesa vigorosa das teses integracionistas encontra-se nas proposições aos presidentes latino-americanos apresentadas conjuntamente, em resposta a uma carta do presidente Frei, do Chile, por quatro então dirigentes de órgãos internacionais atuando na região: José Antonio Mayobre (CEPAL), Felipe Herrera (BID), Carlos Sanz de Santamaría (Aliança para o Progresso) e Raúl Prebisch (Instituto Latinoamericano de Planificación Económica y Social). Esse documento está incluído em *Hacia la integración acelerada de América Latina*, cit. Para uma colocação distinta do problema, ver C. FURTADO, *Um projeto para o Brasil*, cit.

PARTE OITO

POLÍTICAS DE RECONSTRUÇÃO ESTRUTURAL

22. Ensaios de planejamento econômico

AS BASES METODOLÓGICAS

A *vulnerabilidade externa*, reflexo das flutuações dos preços dos produtos primários de exportação nos mercados internacionais, levou vários governos latino-americanos a assumir responsabilidades crescentes no plano econômico, mesmo antes da crise de 1929. Vimos como a necessidade de disciplinar a oferta de café obrigou o governo brasileiro a assumir vultosos encargos financeiros, com amplas repercussões nos planos monetário e fiscal, e como, nos anos 1930, esses encargos tomaram a forma de uma política de tipo compensatório de profundas consequências para a evolução subsequente da economia nacional. Também chamamos a atenção para a complexidade das práticas cambiais desenvolvidas na Argentina no decênio da Grande Depressão, surgidas do propósito de reduzir os efeitos internos da instabilidade externa, e assinalamos o aspecto positivo que tomou a reação chilena nesse mesmo período: maior apropriação dos recursos criados pelo setor exportador (controlado por grupos estrangeiros) e concentração dos mesmos, através de uma instituição pública criada para esse fim, em setores estratégicos, com vistas a diversificar as estruturas produtivas.

De maneira geral, o período que se segue à crise de 1929, e que se prolonga até o fim do conflito mundial, caracteriza-se por um desenvolvimento com base nos mercados internos nacionais, que Raúl Prebisch chamaria "desenvolvimento para dentro", em contraste com o desenvolvimento para fora do período anterior, baseado em crescente participação no sistema tradicional de divisão internacional do trabalho. Ao cabo de algum tempo, essa reorientação do desenvolvimento colocou diretamente o problema de reconversão e ampliação das infraestruturas. Não só os sistemas de transportes precisavam na maioria dos casos ser reconstruídos em bases distintas, mas também a necessidade de uma oferta mais abundante de energia elétrica surgia como inadiável. Isso ocorria quando a cooperação financeira internacional, em suas formas tradicionais, havia praticamente desaparecido. Em alguns países, como a Argentina e o Brasil, os governos foram levados a adquirir, de grupos estrangeiros, as estradas de ferro e outras instalações infraestruturais, em muitos casos tornadas obsoletas pela não reposição do equipamento a partir de 1929 e pela própria reorientação do desenvolvimento.

A necessidade de reconstruir e ampliar as infraestruturas econômicas e o propósito de submeter a alguma disciplina o setor externo estão na base dos primeiros ensaios de *programação* econômica surgidos no imediato pós-guerra. Tratava-se, essencialmente, de programas de obras e de esquemas de financiamento nos setores de transporte e energia elétrica. O financiamento interno era obtido, via de regra, mediante um imposto sobre o consumo dos combustíveis líquidos e uma taxa adicionada às tarifas de energia elétrica. Como esses investimentos requeriam uma margem elevada de cobertura em divisas, particularmente no setor de energia, colocava-se o problema de seu impacto a médio prazo na balança de pagamentos. A previsão de um tal impacto exigia um estudo prospectivo da capacidade para importar e da margem desta disponível para atender ao serviço dos novos compromissos financeiros. As novas instituições de crédito, principalmente o Banco Mundial, passaram a exigir essas análises prospectivas, que em geral demonstravam as fortes limitações impostas pela capacidade para importar ao desenvolvimento dos países da região. As considerações em torno desse problema permitiram uma percepção mais clara da natureza do processo de desenvolvimento que ocorria na região, particularmente do papel que nele vinha exercendo a substituição de importações.

A partir de 1949, os estudos de conjunto que realizou a CEPAL sobre o desenvolvimento da região abriram perspectiva para uma compreensão melhor da natureza da dependência externa, que se traduzia na deterioração a longo prazo dos termos do intercâmbio e da especificidade da industrialização baseada na substituição de importações. A partir dessas análises já não cabia admitir como hipótese de trabalho a possibilidade de reversão a uma situação em que as exportações de produtos primários desempenhavam o papel de principal centro propulsor do desenvolvimento regional. Por outro lado, tornava-se evidente que toda tentativa de incremento do volume dos investimentos teria repercussões adversas no plano da balança de pagamentos, porquanto as inversões tinham um elevado conteúdo de importações e, via de regra, se importavam os bens de consumo de demanda mais elástica ao aumento da renda. Se o desenvolvimento requeria, nessa fase, uma redução do coeficiente de importações, era necessário ter em conta que tal redução não se faria espontaneamente de forma ordenada. Ora, a ordenação da substituição de importações exigia uma análise prospectiva do processo de desenvolvimento em seu conjunto.

Assim, as ideias da CEPAL sobre programação econômica têm como origem a preocupação de ordenar o processo de substituição de importações, base da industrialização e do desenvolvimento dos maiores países da região a partir da crise do setor externo.[1] Constitui, portanto, uma linha autônoma na evolução das ideias sobre planejamento econômico, porquanto se afasta não somente da planificação socialista — surgida do propósito de modificar o conjunto da estrutura econômica e da necessidade de coordenar as decisões de investimento num sistema em que o consumidor perde grande parte de sua autonomia — como também da que houve na Europa Ocidental, e que teve como ponto de partida seja a preocupação de coordenar programas setoriais, seja a de alcançar o pleno emprego da mão de obra.

A metodologia elaborada pela CEPAL, e que passou a ser amplamente utilizada na região, tem como base um *diagnóstico*

1. O primeiro estudo da CEPAL que coloca de forma explícita o problema do planejamento é o ensaio *Problemas teóricos y prácticos del crecimiento económico*, apresentado na conferência de maio de 1951. O último capítulo desse estudo intitula-se "Discusión preliminar acerca de los elementos de un programa de desarrollo económico". Contudo, não aborda os aspectos metodológicos da técnica de programação. Estes serão amplamente expostos em estudo apresentado na conferência de 1953 sob o título *Introducción a la técnica de programación*. A versão completa desse estudo circulou apenas em forma mimeografada, mas uma versão reduzida do mesmo foi publicada em 1955 como tomo primeiro da série *Análisis y proyecciones del desarrollo económico*. A criação em 1962, por iniciativa da própria CEPAL, do Instituto Latino-americano de Planificação Econômica e Social (ILPES) permitiu maior sistematização dos estudos sobre planificação e a publicação de uma série de obras que refletem a orientação básica a que fizemos referência. Ver ILPES: *Discusiones sobre planificación* (México, 1966), GONZALO MARTNER, *Planificación y presupuesto por programas* (México, 1967), HÉCTOR SOZA VALDERRAMA, *Planificación del desarrollo industrial* (México, 1966). Estas duas últimas obras são recompilações de cursos proferidos no ILPES. Para uma apreciação de conjunto das ideias da CEPAL, ver o estudo preparado pela secretaria técnica dessa instituição, *La CEPAL y el análisis del desarrollo latinoamericano* (1968).

da economia nacional em questão e um conjunto de projeções macroeconômicas apoiadas essencialmente em hipóteses sobre a evolução da relação produto-capital e das elasticidade-rendas das demandas de produtos finais. Reconhecendo que o capital é o fator estratégico no desenvolvimento das economias da região, em razão de sua escassez relativa, procura-se medir a produtividade desse fator no conjunto da economia nacional e nos distintos setores da atividade produtiva.[2] A partir dos dados sobre relação produto-capital e de esquemas de relações interindustriais, se formulam sistemas de projeções que permitem antecipar a insuficiência estrutural da capacidade para importar, ou da poupança privada interna, ou da receita fiscal, em função de distintas hipóteses de crescimento do PIB, das exportações e de seus preços relativos, bem como de estimativas da elasticidade-renda dos principais itens de consumo. Trata-se, portanto, de uma análise prospectiva que permite definir as condições de equilíbrio interno e externo, dadas certas metas de desenvolvimento.

GRAU DE EFICÁCIA DAS PROJEÇÕES

As análises efetuadas com base na metodologia da CEPAL puseram em evidência, desde a primeira metade do decênio dos 1950, a necessidade de aprofundar o processo de industrialização em países como Brasil e Argentina, se se pretendia prosseguir com o desenvolvimento. O *programa de metas* executado no Brasil na segunda metade do decênio foi diretamente inspirado nesse tipo

2. Essa hipótese de base não exclui o reconhecimento de que a mão de obra qualificada, inclusive os quadros superiores, constitui outro fator cuja escassez é igualmente grande. Admite-se, entretanto, que a melhora do fator humano somente pode ser alcançada mediante um investimento, estando igualmente na dependência da disponibilidade de capital.

de diagnóstico.[3] A realização desse programa permitiu ao Brasil ampliar de forma significativa o seu sistema industrial, em condições de evolução adversa do setor exportador. Essa experiência serviu igualmente para evidenciar a gravidade dos problemas criados pela execução de programas de médio prazo sem efetiva conexão com políticas de curto prazo. O agravamento da pressão inflacionária e o endividamento externo foram as contrapartidas do êxito considerável obtido na consecução das metas físicas que se haviam definido para o setor industrial.

Em 1961, os governos latino-americanos reconheceram, na Carta de Punta del Este,[4] que a planificação era o instrumento básico da política de desenvolvimento a ser seguida na região. Por essa época, os problemas de balança de pagamentos tinham se agravado consideravelmente na maioria dos países da região e a mobilização de recursos externos se fazia cada vez mais difícil. Via-se no planejamento um meio de disciplinar a ação dos governos e de explicitar a necessidade de certas reformas, particularmente de tipo fiscal, que se afiguravam indispensáveis ao desenvolvimento em razão das crescentes responsabilidades assumidas pelos governos. Os planos elaborados a partir de então contêm um diagnóstico geral, um estudo prospectivo relativamente detalhado do setor externo, um conjunto de projeções sob a forma

3. Na elaboração do programa de metas utilizaram-se amplamente estudos preliminares realizados por uma missão da CEPAL junto ao Banco Nacional de Desenvolvimento Econômico, publicados em 1955 sob o título *Análise e projeções da economia brasileira* e posteriormente incluídos como vol. II na série citada *Análisis y proyecciones del desarrollo económico.*

4. Na Conferência de Punta del Este, da qual surgiu a Aliança para o Progresso — política concebida pelo presidente Kennedy para criar um clima de melhor compreensão e mais efetiva cooperação entre os Estados Unidos e os países latino-americanos —, os países da região declararam formalmente que, no prazo de dezoito meses, submeteriam suas respectivas políticas econômicas a um planejamento que deveria incluir algumas reformas de base, como a fiscal e a agrária.

de metas globais e setoriais, objetivos vagos de política social e uma identificação, em geral pouco precisa, das modificações estruturais requeridas para que sejam alcançadas as metas sem excessivos desequilíbrios econômicos e tensões sociais. Contudo, os referidos planos somente entram em detalhes e descem ao nível da operacionalidade com respeito aos investimentos públicos e à necessidade de mobilização de recursos externos. Nestes dois setores houve um avanço ponderável na formulação das políticas governamentais. Assim, com respeito aos investimentos públicos, não só se conseguiu obter maior coerência em função de objetivos a mais longo prazo, mas também se avançou consideravelmente nas técnicas de elaboração dos projetos individuais e na regularização do fluxo financeiro durante a execução dos mesmos. Os dados reunidos no quadro 1/22 permitem comparar metas estabelecidas em alguns planos com a evolução efetiva das respectivas economias.

À exceção do México, nos países incluídos no quadro a seguir as exportações cresceram menos do que haviam previsto os planificadores. Da mesma forma, e o México constitui mais uma vez exceção, a produção agropecuária cresceu menos do que estava previsto nos planos. Em geral, esses dois setores atuaram, na região, como variáveis independentes, limitando-se os planejadores a *prever* o seu comportamento. No caso das exportações isso ocorre em razão do caráter aleatório do comércio internacional de produtos primários, particularmente quando o país em questão depende da exportação de uns poucos produtos; e no caso do setor agropecuário, em razão da rigidez que o caracteriza na região, tornando-o insensível aos instrumentos de política que os governos latino-americanos utilizam. Na Colômbia e no Chile, as inversões totais se mantiveram em níveis mais baixos do que o previsto, enquanto as importações se expandiram mais do que os planejadores consideravam desejável.

QUADRO 1/22 – Metas estabelecidas em planos de desenvolvimento e taxas reais de crescimento em países selecionados

	PIB	*Produção agropecuária*	*Produção industrial*	*Importações*	*Inversão*	*Exportações*
Colômbia						
Plano (1959-64)	5,7	4,1	8,6	7,2	12,9	4,2
Real (1959-64)	4,7	2,2	6,1	10,3	5,4	2,3
Chile						
Plano (1960-5)	4,8	3,7	5,0	6,6	12,0	5,5
Real (1960-5)	4,1	2,0	6,2	7,0	10,1	4,6
México						
Plano (1962-5)	5,4	4,5	6,9	8,8	8,6	4,8
Real (1962-5)	7,3	4,4	10,1	9,3	12,4	5,4
Venezuela						
Plano (1963-6)	7,6	7,9	12,0	2,2	—	4,6
Real (1963-6)	6,0	6,9	9,0	1,7	8,8	1,7

Fonte: CEPAL, *Boletín económico de América Latina*, outubro de 1967.

Uma análise mesmo superficial dos dados apresentados indica que as possibilidades de planejamento são maiores ali onde as receitas do setor exportador são mais estáveis e, portanto, de mais fácil previsão, como ocorre no México, graças ao turismo e à diversidade de suas exportações. No caso da Venezuela, devido à relativa estabilidade dos preços do petróleo, admitia-se que o fluxo de renda e a capacidade para importar criados por esse setor seriam de previsão mais ou menos fácil. O fracasso do planejamento indicado revela insuficiência de informações, nessa época, sobre a política das companhias petrolíferas. Na maioria dos países da região, entretanto, somente progressos substanciais na organização dos mercados mundiais permitirão que se realizem projeções razoáveis do setor exportador. Na ausência de um mínimo de viabilidade dessas projeções, ou de esquemas financeiros compensatórios internacionais, as possibilidades de planejamento, partindo das técnicas atualmente utilizadas, encontrarão sérias limitações, que se adicionam às impostas pela rigidez do setor agropecuário.

As experiências de planejamento do pós-guerra serviram para testar a capacidade dos governos da região como agentes ordenadores dos processos econômicos e promotores do desenvolvimento. Houve progressos significativos na racionalização dos investimentos públicos, tanto pela introdução sistemática de projeções a médio e longo prazos como pela utilização de orçamentos-programas. Quanto à orientação dos investimentos industriais privados, também se realizaram progressos meritórios. A instalação de bancos de desenvolvimento ou instituições congêneres e uma complexa legislação criadora de *incentivos* deram aos governos meios para influir nas decisões dos investidores privados ou suprir a insuficiência destes, pelo menos nos setores considerados estratégicos para a consecução das metas estabelecidas nos planos. Ainda assim, os avanços no sentido de um planejamento eficaz foram modestos, não obstante os êxitos iniciais obtidos, como no caso do programa de metas brasileiro e em ensaios de ordenação dos investimentos públicos em vários países. As causas principais desse lento avanço decorrem de três ordens de fatores: *a*) as flutuações a curto prazo do setor externo e as dificuldades para aumentar a capacidade para importar; *b*) a rigidez do setor agropecuário; e *c*) a insuficiência do setor público como mobilizador de recursos. Já fizemos referência à primeira ordem de fatores, e a segunda será abordada mais detidamente no capítulo seguinte.

A INELASTICIDADE DO SETOR FISCAL

À medida que os governos latino-americanos foram assumindo maiores responsabilidades no plano econômico, foi notória a necessidade de ampliar a captação de recursos pelos canais do setor público, seja aumentando a carga fiscal, seja apelando para o crédito. A adoção de planos de desenvolvimento implicava, quase necessariamente, maior esforço de formação de capital, isto é, uma elevação da taxa de investimento, e um crescimento mais que proporcional daqueles investimentos que visam a modificar a estrutura produtiva e são de longa maturação.

Os dados reunidos no quadro 2/22 indicam que no conjunto da região, bem como nos sete países de maior expressão econômica, houve aumento da carga tributária, que se elevou de 14,4 para 17,2 por cento no correr dos anos 1960. Contudo esse aumento foi insignificante na Argentina, no México e na Venezuela. Em 1969-70, a carga tributária da Argentina foi de 15 por cento do PIB, inferior à média latino-americana, se bem que a renda per capita argentina tenha mais que dobrado nesses anos a média regional. A Venezuela, cuja renda per capita também era em 1969-70 duas vezes maior que a média da região, apresentou então uma carga tributária de 19,3 por cento, portanto algo superior à média regional, que alcançou 17,2. Contudo, se se elimina a receita derivada da exploração do petróleo, recurso não renovável, a carga tributária venezuelana desce para 4,3 por cento, correspondendo a um quarto da média latino-americana. A carga tributária no México manteve-se praticamente estacionária no decênio dos 1960, o que elevou a dependência dos gastos públicos, com respeito a outras fontes de financiamento, de 46 para 54 por cento nesse período. A totalidade das inversões públicas e um terço dos gastos correntes do governo mexicano são financiados com recursos de origem não tributária, essencialmente crédito interno e externo. Também na Argentina e no Chile a receita tributária tem sido insuficiente para cobrir os gastos correntes do governo, situação esta que se reproduz no conjunto da região tanto no começo como no final do decênio referido.

QUADRO 2/22 – Indicadores da evolução do gasto público e da carga tributária

	gasto total/ PIB [(a)]	*inversão pública/PIB*	*inversão pública/ inversão total*	*carga tributária* [(b)]
Argentina				
1960-1	21,4	5,3	24,5	14,2
1969-70	25,2	7,9	40,7	15,0
Brasil				
1960-1	25,3	6,7	39,2	20,1
1969-70	33,3	9,0	52,0	27,0
Colômbia				
1960-1	11,2	3,4	16,7	10,4
1969-70	17,3	6,7	34,4	13,4
Chile				
1960-1	29,3	6,8	38,0	16,5
1969-70	34,6	9,0	55,9	21,8
México				
1960-1	16,7	5,7	34,3	9,1
1969-70	21,9	6,8	34,7	10,1
Peru				
1960-1	15,9	3,0	16,6	13,7
1969-70	18,9	3,6	21,2	17,0
Venezuela				
1960-1	22,2	6,7	39,0	18,3
1969-70	24,7	6,7	34,9	19,3
América Latina				
1960-1	20,7	5,6	29,1	14,4
1969-70	25,7	7,3	36,3	17,2

(a) O gasto total compreende os gastos correntes do governo e a inversão pública bruta fixa total; PIB a preços de mercado.

(b) Receita tributária como porcentagem do PIB a preços de mercado; os dados se referem a 1960 e 1970.

Fonte: CEPAL, *América Latina y la estrategia internacional de desarrollo; primera evaluación regional* (Santiago, 1973), primeira parte, p. 192.

Em síntese, no conjunto da América Latina e na maioria dos países que a formam, considerados individualmente, o sistema tributário não chega a produzir os recursos necessários para cobrir os gastos operacionais dos Estados. No período que estamos considerando, a insuficiência do sistema fiscal se agravou, o que se deve essencialmente ao caráter regressivo da carga tributária. Em cinco dos sete países reunidos no quadro 3/22, a participação dos impostos indiretos na arrecadação tributária elevou-se entre 1960 e 1970.

QUADRO 3/22 – Indicadores da evolução da estrutura tributária (porcentagens da arrecadação total)

	Impostos diretos	*Impostos indiretos*	*Impostos sobre o comércio exterior*
Argentina			
1960	30,6	40,5	28,9
1970	31,6	52,1	16,2
Brasil			
1960	32,2	56,7	11,1
1970	28,5	64,8	6,7
Colômbia			
1960	37,3	38,9	23,8
1970	35,2	46,6	18,2
Chile			
1960	22,4	43,3	34,4
1970	23,9	45,8	30,4
México			
1960	37,6	34,5	27,8
1970	51,1	35,7	13,2
Peru			
1960	21,4	43,2	35,4
1970	27,3	42,3	30,4
Venezuela			
1960	10,0	8,2	81,8
1970	14,2	8,2	77,6

Fonte: A mesma do quadro 2/22, p. 403.

Essa dependência dos impostos indiretos em economias de renda altamente concentrada traduz-se em inelasticidade dos sistemas fiscais. Já fizemos referência a essa rigidez como um dos focos estruturais de pressão inflacionária. A tendência ao endividamento externo e o lento avanço na ordenação dos investimentos também têm nela uma de suas causas principais.

23. As reformas agrárias

AS RAÍZES DOS MOVIMENTOS AGRARISTAS

Os ensaios de planejamento econômico realizados nos países latino-americanos, não obstante a modéstia de seus objetivos, serviram para evidenciar os obstáculos de maior profundidade que se antepõem ao desenvolvimento na região. Ao definir metas e identificar os agentes de cujas decisões dependeria a consecução dessas metas, os programadores abriram a discussão em torno das motivações dos agentes e dos meios que seria necessário mobilizar para interferir no comportamento daqueles que tomam decisões relevantes. Logo se percebeu que projetar a expansão de um sistema econômico mediante simples extrapolações teria limitado alcance e que um planejamento que se apoiasse apenas nos padrões tradicionais de comportamento dos agentes seria insuficiente para assegurar a consecução mesmo de metas modestas. Requeria-se um estudo aprofundado dos elementos estruturais que delimitam o campo de opção dos agentes para poder identificar os fatores que freiam o processo de desenvolvimento. Assim, o quadro da análise foi sendo imperceptivelmente ampliado, à medida que se procedia à melhor identificação dos agentes pertinentes e que estes eram observados no seu próprio contexto. Dessa forma, começou-se a avançar no conhecimento das estruturas reais, o que muitas vezes exigia desbordar do quadro convencional da análise econômica.

O enfoque estruturalista do processo de desenvolvimento tenderia a colocar em primeiro plano os problemas agrários, que até recentemente haviam merecido pouca atenção dos economistas, cujo interesse se concentrara no estudo da industrialização. Admitia-se, implicitamente, na linha da experiência clássica europeia, que o setor industrial, ao expandir-se, acarretaria a transformação do conjunto das estruturas tradicionais. À medida que os obstáculos à industrialização se acumularam e que esta mostrou-se menos eficaz do que se havia esperado como fator de transformação das estruturas tradicionais, todo um horizonte de novas preocupações se abriu. Estudos de campo das atuais estruturas agrárias, como os referidos no capítulo 7, foram promovidos em diversos países, ao mesmo tempo que se submetia a uma análise mais sistemática a evolução histórica e as mutações recentes dessas estruturas. As grandes reformas agrárias, que constituem os ensaios mais relevantes de transformação das estruturas econômicas e sociais na região, também passaram a ser estudadas com particular interesse, e esse estudo permitiu ver mais nitidamente as relações entre os sistemas de produção e a ordenação sociopolítica.

O sistema de produção agrícola que existe atualmente na América Latina tem como unidade básica o grande domínio rural: a *fazenda*,[1] originariamente dedicada à pecuária e à produ-

1. A designação *fazenda* aplicava-se inicialmente, tanto no Brasil como na América espanhola (*hacienda*), às propriedades dedicadas à pecuária. No Brasil, a designação tendeu a generalizar-se. Nos países de língua espanhola são muitas

ção agrícola para consumo na região, ou a *plantação*, originariamente dedicada a produzir para exportar. Conforme já observamos, o grande domínio traduzia uma descentralização do sistema de poder: o proprietário da terra dispunha dos meios necessários para enquadrar a população em um sistema de produção capaz de gerar um excedente, utilizado localmente ou exportado. A fazenda, entretanto, não se instalou no vazio. Nas regiões mais importantes da América espanhola — o México e o altiplano andino — havia uma densa população indígena estruturada em comunidades sedentárias, cuja organização social estava intimamente ligada à utilização comunitária da terra. Em seu esforço de autopreservação, essas *comunidades* aferraram-se às formas tradicionais de utilização da terra. No período colonial, os espanhóis, que eram pouco numerosos, preferiram reforçar as *comunidades* para delas extrair um excedente sob a forma de produção agrícola ou de serviços. Nesse sentido orientou-se a legislação espanhola e exerceu-se a ação das ordens religiosas. Nas regiões onde a população era menos densa ou onde sua estruturação social estava menos ligada à forma de utilização da terra, as *comunidades* tenderam a desaparecer, sendo os seus membros sobreviventes absorvidos pelas fazendas, quando não passaram a viver isoladamente nas proximidades delas ou dos centros administrativos em que residiam as autoridades metropolitanas civis ou religiosas.

Nas regiões onde a agricultura orientou-se desde o início para a exportação, a *fazenda* assumiu a forma de empresa agrícola, muitas vezes utilizando mão de obra escrava importada da

---

as designações que tomam as grandes propriedades. A designação *plantação* é de origem inglesa, e no sentido de grande exploração agrícola não é utilizada na América Latina. Para simplificar, reteremos apenas a designação *fazenda*, com referência a todo grande domínio agrícola, isto é, com a dupla conotação de unidade de produção agrícola e de forma de organização social.

África, como ocorreu no Brasil e em grande parte da região caribenha. A empresa agrícola, em razão de sua maior capitalização e dependência de mercados exteriores mais instáveis, conheceu prolongados períodos de crise, chegando, em certos casos, a desarticular-se ou a transformar-se em pequenas unidades produtivas, dedicadas principalmente a atividades de subsistência. Seja como for, ali onde se constituíram empresas agrícolas, ou plantações, surgiram também produtores agrícolas isolados, ou pequenos plantadores, seja porque a grande empresa altamente especializada criava, ela mesma, um mercado para produtos agrícolas de consumo local, seja porque nem sempre ela estava em condições de absorver o crescimento vegetativo da mão de obra livre que empregava, ou ainda porque em certas fases de dificuldades financeiras ela dispensava parte da mão de obra que havia atraído. Assim, o pequeno plantador, ponto de partida da futura massa de minifundistas, tem na região duas origens diversas: de um lado estão elementos de antigas comunidades que se desorganizaram, e que passaram a trabalhar individualmente um pequeno pedaço de terra para sobreviver, ao mesmo tempo que dedicavam o melhor de seus dias à fazenda; de outro estão elementos formados indiretamente pela grande agricultura comercial, tanto em sua fase de expansão como em seus períodos de desagregação. Esses pequenos plantadores, nas regiões de terras abundantes, desempenharam muitas vezes o papel de elemento pioneiro, abrindo novas áreas ao cultivo e introduzindo culturas comerciais. Entretanto, como sua técnica era rudimentar, onde as terras eram escassas ou estavam sob controle das fazendas o crescimento vegetativo obrigou-os a dividir a terra, conduzindo-os a um equilíbrio malthusiano com o meio.

Em síntese, pode-se dizer que, se bem que a fazenda tenha sido o elemento básico da organização agrícola da região, em nenhuma parte ela existiu só. Simplificando ao extremo, podemos grupar as distintas áreas da região em três tipos: áreas em que a fazenda coexistiu principalmente com a *comunidade*, áreas em que a fazenda coexistiu principalmente com a pequena unidade de produção, e áreas em que a fazenda foi praticamente eliminada. Este último caso é excepcional e existiu apenas no Haiti, onde a luta pela independência política se tornou uma revolta contra a escravidão. A eliminação da escravidão assumiu a forma de liquidação do regime de organização agrícola baseado na grande plantação, razão pela qual a pequena unidade veio a ser praticamente o único modo de organização da produção. As áreas em que a fazenda coexistiu principalmente com a comunidade foram aquelas em que a população indígena era relativamente densa, permanecendo os espanhóis e assimilados como minoria. Por último, a coexistência da fazenda com a pequena unidade produtiva ocorreu em geral onde as terras eram relativamente abundantes e onde a agricultura, desde a sua origem, teve caráter comercial.

As regiões em que a fazenda coexistiu com a *comunidade* são exatamente aquelas em que as tensões agrárias se avolumaram e em que surgiram os movimentos agraristas que constituem o marco mais significativo da evolução latino-americana no século XX. Essa coexistência teve várias formas. Em um extremo temos a fazenda que se instala à parte, criando oportunidade de trabalho para alguns membros da comunidade, mas que pouco interfere na organização desta. No outro extremo temos a fazenda que *ocupa* várias comunidades e passa a exercer sobre elas uma rígida tutela. É na evolução dessas relações fazenda-*comunidade* que se podem perceber as raízes das grandes tensões sociais que dariam origem às reformas agrárias do México e da Bolívia.

A REFORMA AGRÁRIA MEXICANA

No México as relações entre fazenda e *comunidade* foram afetadas pelo movimento da Reforma, na metade do século XIX, e pela intensificação do desenvolvimento econômico no último quartel desse século. A expansão das fazendas na região central do país traduziu-se em apropriação das terras das comunidades e no confinamento destas em terras de qualidade inferior. Ora, essa expropriação e esse confinamento levavam, de alguma forma, muitas comunidades a cerrar mais as suas fileiras e aguçavam a antinomia entre elas e o poder constituído, exercido através da fazenda. Convencidos de que o progresso pressupunha a vigência plena do regime da propriedade privada e de que os indígenas somente se *libertariam* se fossem destruídas as instituições arcaicas que os mantinham fossilizados, os liberais mexicanos provocaram, conforme vimos no capítulo 7, a transferência para mãos privadas das terras públicas que vinham sendo utilizadas pelas comunidades e a transferência para o uso privado dos membros dessas comunidades das terras que lhes pertenciam comunitariamente. Muitas concessões de terras desse período foram feitas a estrangeiros, que iniciavam frequentemente projetos de irrigação e introduziam novas técnicas agrícolas, aumentando assim o contraste entre a própria riqueza e a extrema miséria das comunidades, confinadas nas piores terras. Tal situação provocou revoltas, que levaram muitos fazendeiros a instaurar, com cobertura do poder central, um sistema brutal de repressão. Na base da revolução agrária mexicana estão esses dois fatores: a existência da comunidade e mesmo uma intensificação de seus vínculos de solidariedade interna, devido às circunstâncias indicadas, e a forte expansão da agricultura comercial, que exigiu a expulsão das comunidades de grande parte das melhores terras disponíveis.[2] Se

2. Entre 1877 e 1907, a produção agrícola mexicana destinada à exportação aumentou a uma taxa média anual de 6,45 por cento, passando de 4 a 20 por cento do total. Essa expansão se realizou com sacrifício parcial da produção destinada ao consumo local. A produção de milho, base da alimentação da população do país, reduziu-se de 52 por cento do total para 33 por cento. Em termos

não existissem os vínculos comunitários, muito provavelmente parte dessa população teria emigrado para outras regiões, particularmente em direção ao sul, onde novas terras continuavam a ser incorporadas à agricultura mediante técnicas rudimentares.[3]

A Revolução Mexicana, iniciada em 1910, abriu a porta à recuperação pelas comunidades das terras de que haviam sido privadas. Surgiu, assim, um movimento social espontâneo e irreversível que modificaria profundamente os rumos de um movimento político cujos líderes urbanos não pareciam ambicionar mais que a instauração de uma democracia de inspiração liberal. A nova Constituição, ao incorporar os princípios que haviam inspirado os líderes agraristas, assentou as bases de um processo de mudança social que marcaria o México contemporâneo. No momento em que se iniciou o processo revolucionário, havia no México de 8 mil a 9 mil grandes domínios que tinham praticamente o controle de todas as terras de melhor qualidade do país. Ao lado desses domínios e nas terras de inferior qualidade, e muitas vezes em exíguas porções, vegetavam de 4 mil a 5 mil comunidades indígenas. A fazenda estava em plena expansão tanto no sul como no norte do país, e na região central já se implantara em todas as melhores terras.[4]

Os três decênios que antecederam a Revolução foram um período de expansão da fazenda, que se apresentava como uma

---

per capita, o declínio da produção de milho foi de 49 por cento. Dessa forma, a ampliação do excedente agrícola se realizava com efetivo sacrifício da população rural. Para os dados, ver LEOPOLDO SOLÍS M., "Hacia un análisis a largo plazo del desarrollo económico de México", in *Demografía y Economía*, vol. I, nº 1 (México, 1967).

3. Ver sobre este ponto HENRI ENJALBERT, "Réforme agraire et production agricole au Mexique (1910-1965)", in *Les problèmes agraires des Amériques Latines*, cit.

4. Cf. RODOLFO STAVENHAGEN, "Aspectos sociales de la estructura agraria en México", in *Les problèmes agraires des Amériques Latines*, cit.

instituição capaz de incorporar novas áreas ao cultivo, introduzir novas culturas, progredir no plano da técnica e capitalizar. Contudo, a fazenda não estava em condições de proporcionar à massa rural emprego em quantidade adequada e monopolizava as melhores terras. A raiz do problema era, portanto, de natureza social. A reforma agrária mexicana visaria essencialmente a dar solução a esse problema social, o que explica a instituição do sistema *ejidal*.

A consciência de que as comunidades indígenas haviam sido espoliadas de suas melhores terras contribuiu para a popularidade das ideias agraristas nos meios esclarecidos urbanos. No sul, onde o esbulho de terras comunais se efetivara em larga escala, surgiu desde 1911 o primeiro plano de reforma agrária patrocinado por Emiliano Zapata. Em 1915 foi estatuída por decreto a restituição das terras usurpadas, e em 1917 a nova Constituição incorporou, no artigo 27, o princípio da reforma agrária. Ora, ocorre que na prática o problema não era apenas de "restituição de terras, bosques e águas" às comunidades que estavam em condições de provar que haviam sido privadas desses bens. A partir do momento em que se levantou o problema da terra (desde 1912 grupos de camponeses armados sob a liderança de Zapata passaram a ocupar as terras), o movimento reivindicatório tendeu a estender-se. A massa de *peones* que habitavam nas fazendas e de camponeses sem terra que de uma ou outra forma viviam na dependência das fazendas, sem pertencer a comunidades indígenas, incorporou-se ao movimento da reforma agrária. A instituição do *ejido* foi criada para solucionar o problema desses camponeses sem condições de provar que "eram proprietários" de terras e que haviam sido esbulhados. Ainda assim, a lei estabeleceu que para reivindicar terra o camponês deve integrar um "núcleo de população", mesmo que sua incorporação a este date apenas de seis meses. Mais precisamente: é o núcleo de população, como tal reconhecido pelo Estado, que recebe as terras como propriedade, a qual não pode, segundo os termos da lei, "*en ningun caso ni en forma alguna enajenarse, cederse, transmitirse, arrendarse, hipotecarse o gravarse, en todo o en parte*". A propriedade *ejidal* é, portanto, um regime jurídico particular. Os "núcleos de população *ejidal*" permanecem sob tutela do Estado. A lei estabelece que os *ejidos* podem ser explorados de forma individual (concedendo-se a cada *ejidatario* uma parcela de terra) ou coletiva; contudo, "a exploração coletiva de todo um *ejido* só pode ser concedida ou revogada pelo presidente da República" (artigo 130 da Lei Federal de Reforma Agrária).

A parcela *ejidal* tendeu a transformar-se na unidade efetiva de exploração. Se bem que não possa ser alienada ou gravada, ela pode ser deixada em sucessão à viúva, a um filho ou a um dependente. As mulheres *ejidatarias* não perdem sua parcela em caso de matrimônio com outro *ejidatario*. Assim, a terra se vincula à comunidade, que frequentemente dispõe de outros bens (terras de pastagem, reserva florestal etc.) de uso coletivo. A vida social tende, portanto, a estruturar-se em torno de interesses comuns, em contraste com o regime anterior de tutela exercida pelos grandes proprietários de terra. O *ejido* veio a constituir uma célula da organização social, e a partir da criação da Confederación Nacional Campesina, no governo de Cárdenas, vinculou-se ao poder central como um dos pilares do partido que o controla. Isso não significa que a massa camponesa se tenha transformado em agente ativo do sistema de poder. O vazio deixado pelos antigos latifundiários foi ocupado por grupos urbanos, que têm na massa *ejidataria* um simples ponto de apoio.

A reforma agrária mexicana constitui complexo processo social, cuja execução irregular se prolonga até o presente.[5] A dis-

5. Uma apresentação de conjunto do processo da reforma agrária mexicana e uma descrição de suas instituições encontra-se em MOISES T. DE LA PEÑA, *Mito y realidad de la reforma agraria en México* (México, 1964).

tribuição de terras à massa camponesa teve como consequência, particularmente na zona central, o desmembramento das fazendas. Ora, no mais das vezes estas constituíam unidades integradas, cujos recursos de solo, de pastos, de bosques e de água eram complementares, o que permitia alcançar certo nível de produtividade e rentabilidade. O desmembramento e a utilização das terras em pequenas parcelas com técnica rudimentar teriam que acarretar baixa de produtividade e redução dos excedentes antes postos à disposição das populações urbanas. Era natural, portanto, que surgissem reações de várias ordens. Assim, no período que se estende de 1920 a 1935, a distribuição de terras foi lenta e em importantes áreas praticamente inexistente. Por outro lado, cedo prevaleceu o princípio de que a reforma agrária só alcançaria os seus objetivos se conseguisse, simultaneamente, incorporar novas áreas ao cultivo e ampliar as áreas irrigadas. Desde 1926, criou-se uma comissão governamental, a ser transformada em ministério, com a incumbência de estudar e promover a realização de grandes obras de irrigação. Também se procurou encaminhar para certas regiões do norte, que, embora semiáridas comportam culturas não irrigadas, parte da pressão exercida por aqueles que exigiam terra. As grandes fazendas de gado podiam ceder parte de suas terras sem afetar a rentabilidade. Mais ainda: a nova legislação agrária facultava ao fazendeiro preservar o núcleo de sua fazenda, com duzentos a trezentos hectares de terras, ou cem, tratando-se de terras irrigadas. Essa chamada "pequena propriedade", com acesso a crédito abundante, transformou-se rapidamente na viga mestra da agricultura do país.

O governo de Lázaro Cárdenas abriria nova e decisiva fase no processo da reforma agrária. Entre 1935 e 1940 Cárdenas transformou em *ejidos*, compreendendo 808 271 beneficiários, 17,6 milhões de hectares, ao passo que, de 1916 a 1934, apenas 7,7 milhões de hectares haviam sido distribuídos. A intensificação do processo pôs em evidência uma série de pontos fracos do novo sistema agrícola que se vinha criando no país. Os *ejidos* eram, em geral, de tamanho insuficiente, o que levava à transformação dos *ejidatarios* em microfundistas. Como a reforma se fazia em resposta às reivindicações de populações que habitavam num raio de até sete quilômetros da fazenda a expropriar, a massa de reivindicantes era, frequentemente, muito superior às terras disponíveis. A situação se agravara nesse período com o regresso de grande número de *braceiros* (emigrantes temporários) devolvidos ao país pela crise econômica nos Estados Unidos. Nos três governos que se seguem ao de Cárdenas, isto é, até 1958, modifica-se a orientação da política agrária: reduz-se consideravelmente a distribuição de terras e amplia-se a dimensão permitida da "pequena propriedade".[6] Durante esse período, consideráveis investimentos foram realizados para expandir as áreas de cultivo em grandes perímetros de irrigação no norte do país. Metade das novas terras incorporadas ao cultivo foi destinada à formação de *ejidos*, e a outra metade foi vendida a proprietários privados, em lotes de trinta a sessenta hectares, chegando mesmo a cem hectares. Os *ejidatarios*, por seu lado, receberam lotes de quatro a seis hectares. Essa orientação seria acerbamente criticada pelos agraristas, o que determinou uma mudança de orientação no governo Lopes Mateus (1958-64), visando a reservar para a formação de *ejidos* as terras abertas ao cultivo irrigado mediante investimentos públicos.

6. A lei agrária atual estabelece que "*son inafectables por concepto de dotación, ampliación o creación de nuevos centros de población las pequeñas propiedades que estén en explotación y que no excedan de las superficies siguientes*": cem hectares de terras regadas, duzentos de terras não regadas, 150 hectares regados, dedicados à cultura do algodão, trezentos hectares sem irrigação, dedicados a certas culturas comerciais, inclusive cana-de-açúcar e café, e a terra necessária para manter até quinhentas cabeças de gado maior (artigo 249).

Uma apreciação de conjunto da reforma agrária mexicana não é tarefa fácil. O objetivo central, que era eliminar a pesada tutela exercida pelas fazendas sobre a população camponesa e dar acesso à terra ao maior número possível de pessoas, foi parcialmente alcançado. O sistema *ejidal* resultou ser um meio eficaz para empregar, e assim reter nos campos, um excedente estrutural de população que de outra forma não encontraria emprego nem na agricultura nem nas zonas urbanas. Essa retenção de população na agricultura provocou em certas áreas baixa de produtividade da mão de obra. Em algumas regiões, não apenas a produtividade da mão de obra baixou, mas também a dos recursos naturais, reduzindo-se a produção global.[7] A fazenda constituíra um mecanismo de capitalização, sendo de admitir que o seu desaparecimento levasse a uma redução da formação de capital na agricultura. Isto não ocorreu porque as propriedades privadas (de até trezentos hectares), em que na maioria dos casos se transformaram as fazendas, foram amplamente beneficiadas com crédito público e privado. Essa transformação permitiu que surgisse um tipo de empresa agrícola mais bem capacitada para a utilização de seus recursos de terra e água do que as antigas fazendas.

O sistema *ejidal* tem sido objeto de prolongada controvérsia, que em parte resulta da ambiguidade que tem acompanhado a execução da reforma agrária mexicana. Os objetivos sociais permanecem no primeiro plano da retórica oficial, mas desde 1940 a política agrícola persegue sistematicamente o objetivo de ampliação do excedente agrícola que se extrai para consumo urbano ou exportação. A estratégia do "crescimento a qualquer preço" levou a um abandono progressivo das considerações de ordem

7. Sobre este ponto, ver a síntese de RAMON FERNÁNDEZ Y FERNÁNDEZ, "La reforma agraria mexicana: Una gran experiencia", in *Les problèmes agraires des Amériques Latines*, cit.

social.[8] A crítica ao sistema *ejidal* é feita de dois ângulos. O primeiro focaliza certas deformações que resultam em grande parte de como vem sendo executada a política: insuficiência de terras levando ao minifundismo, arrendamento disfarçado das parcelas etc. O outro focaliza a suposta inviabilidade de um sistema que, não sendo uma forma coletiva de exploração da terra, tampouco é um regime de propriedade privada. O *ejidatario* não seria senão um minifundista que não dispõe sequer da propriedade de sua parcela: não pode ampliá-la nem vendê-la. Se as condições não favorecem a exploração da parcela, toda solução alternativa está excluída, o que o obriga a buscar uma saída fora da lei.

A experiência dos *ejidos* coletivos, iniciada com entusiasmo na época de Cárdenas, é de limitada significação, em razão da evolução subsequente que tiveram, devendo enfrentar um clima de desestímulo e mesmo hostilidade. Muitos desses *ejidos* — no total foram constituídos algumas centenas — se beneficiaram de terras de boa qualidade dedicadas a culturas comerciais, o que lhes permitiu sobreviver e mesmo apresentar resultados econômicos relativamente favoráveis.[9] Parece fora de dúvida que a exploração coletiva da terra permite mais facilmente absorver o excedente de mão de obra, integrando a atividade agrícola a outras complementares. Os *ejidos* coletivos que mais êxito tiveram foram exatamente aqueles que dispunham de terras de boa qualidade, que vinham sendo utilizadas em culturas comerciais, e cuja rentabilidade permitia levar adiante a capitalização e criar novas formas de emprego. A dificuldade maior era organizar a produção ali onde as terras eram insuficientes e as culturas deviam

8. Cf. JESÚS PUENTE LEYVA, "Recursos y crecimiento del sector agropecuario en México, 1930-1967". *El Trimestre Económico*, nº 150, abril-junho 1971.

9. Para uma análise dos distintos aspectos do problema, ver S. ECKSTEIN, *El ejido colectivo en México* (México, 1966).

ser de subsistência. A capitalização neste último caso dependia do crédito, isto é, de recursos que deviam ser inicialmente buscados em outra parte. A política adotada consistiu em dirigir os recursos canalizados pelo crédito, que eram escassos, para as propriedades privadas, nas quais a relação terra/homem era mais favorável. Assim foi possível maximizar um excedente agrícola posto à disposição das populações urbanas ou exportado.

A parcela a ser distribuída aos *ejidatarios* foi inicialmente fixada em quatro hectares. Por meio de dispositivos legais se tentou posteriormente ampliar esse tamanho para vinte hectares de terras de cultura seca e dez no caso de terras irrigadas (artigo 220 da Lei Agrária). Mas por esse meio não se consegue aumentar a quantidade de terras a repartir, e sim a lista de espera dentro dos próprios núcleos de população *ejidal*. Em certas regiões a parcela não alcança um hectare, e sua extensão média atual é de apenas 6,5 hectares.[10]

A controvérsia em torno da execução da reforma agrária e o temor natural, que muitos exageravam e exploravam, de que a difusão do sistema *ejidal* viesse a paralisar a capitalização no setor agrícola e tornar o país dependente da importação de alimentos — o que aliás chegou a ocorrer nos anos 1930 — contribuíram para reforçar as preocupações com a produção. As obras de irrigação e outros elementos da infraestrutura agrícola passaram a absorver grande parte dos recursos públicos. Assim, o número de hectares irrigados pelo governo, que era de apenas 25 mil em 1930 e de 265 mil em 1940, alcançaria 2,221 milhões em 1960. No mesmo período a área irrigada com recursos privados decli-

10. Para uma apreciação de conjunto do papel do *ejido* na evolução social do México no último meio século, ver FRANÇOIS CHEVALIER, "The *ejido* and political stability in México", in *The politics of conformity in Latin America*, dirigido por CLAUDIO VÉLIZ (Londres, 1967).

nou em mais de 300 mil hectares. Por outro lado, foi instituída uma rede de bancos oficiais especializados em atender ao setor agrícola.[11]

Também merecem referência os reflexos da reforma agrária no próprio funcionamento do Estado mexicano. A fazenda tradicional, como instrumento de controle das populações rurais, constituía um dos principais elementos do sistema de poder em que se apoiava o Estado. A possibilidade de levar adiante uma política de industrialização de maior profundidade foi cerceada durante muito tempo pelos interesses rurais, temerosos da elevação dos preços das manufaturas importadas. O desaparecimento desse grupo de pressão permitiu que o Estado mexicano se empenhasse em uma política de industrialização que seria seguida, desde os anos 1920, sem titubeios. A reforma que introduziu Cárdenas no partido que controla a vida política no país, dando-lhe uma importante base no setor rural, o transformou em fator de estabilização do sistema político, porquanto pode ser mobilizado pelo próprio aparelho do Estado.

Segundo o último recenseamento, existiam no México, em 1960, cerca de 20 mil *ejidos*, nos quais estavam associadas aproximadamente 1,5 milhão de pessoas ativas, representando um quarto da força de trabalho agrícola do país. Um pouco mais de um quinto dessa força de trabalho (22 por cento) era formado por proprietários, dos quais dois terços eram pequenos proprietários que possuíam cinco hectares ou menos. Os restantes 53 por cento eram trabalhadores agrícolas sem terra. Entre 1950 e 1960, a posição relativa dos *ejidatarios* havia declinado, bem como a dos pequenos proprietários, enquanto aumentava a importância relativa dos proprietários médios e grandes e, principalmente, a dos assalariados, que subiu de 46 para 53 por cento.

11. JESÚS PUENTE LEYVA, cit., quadro III.

Quando se observa a estrutura agrária mexicana atual, após meio século de execução da reforma agrária, o que mais surpreende é a persistência da concentração da propriedade no setor não *ejidal*. De acordo com o censo de 1960, nesse ano 47,5 por cento das explorações agrícolas estavam no setor privado, ao qual correspondiam 57 por cento das terras cultiváveis, 69 por cento das terras regadas, 69 por cento do capital. Demais, o setor privado absorveu 91,4 por cento dos fertilizantes e contribuiu com 59 por cento da produção agrícola. Dentro desse setor, o grau de concentração é considerável, pois 66,8 por cento das explorações, todas tendo cinco hectares de extensão ou menos, representavam apenas 1,1 por cento da superfície explorada e 10,8 por cento das terras de cultura. As explorações de mais de duzentos hectares, representando apenas 3,8 por cento do total, controlavam 86,8 por cento da área total e 52 por cento das terras de cultura. Se se divide a agricultura mexicana em três grupos — minifundistas privados, propriedades privadas médias e grandes, e *ejidatarios* —, constata-se que os dois primeiros grupos ocupam aproximadamente a mesma quantidade de mão de obra (27 e 28 por cento, respectivamente), se bem que ao primeiro grupo correspondem 5 por cento das terras de cultura, e ao segundo, 52 por cento. Os minifundistas, por sua vez, contribuem com 5 por cento da produção agrícola, e os demais produtores privados, com 54 por cento. Dessa forma, o valor da produção por hectare não é muito distinto entre os dois setores, mas o valor da produção por pessoa ocupada é de apenas 8 por cento nos minifúndios, relativamente ao outro setor.

Se se considera a estrutura agrária mexicana englobando o sistema *ejidal*, isto é, considerando cada parcela do *ejidatario* como uma exploração autônoma, constata-se que as diferenças não são significativas com respeito aos países da América Latina que mantêm as velhas estruturas agrárias. Com efeito, os minifúndios, privados e *ejidais*, representaram em 1960 84,2 por cento das explorações, cifra similar à da Guatemala, que apresentamos no capítulo 7, ou seja, 88,4 por cento. As explorações médias e grandes representaram na Guatemala 2,1 por cento e no México 3,2 por cento do total; com respeito à área cultivável, a porcentagem na Guatemala é de 72,3 e no México de 42,8; e com respeito ao valor da produção, 57 e 54,3 por cento, respectivamente. A relação entre o valor da produção da unidade multifamiliar grande e o do minifúndio foi no México de 260, que é inferior aos 399 que indicamos no capítulo 7 para a Guatemala, mas superior às relações observadas nos demais países ali referidos.

A análise dos dados acima põe em evidência que as extraordinárias disparidades de produtividade da mão de obra, observadas na agricultura mexicana, são essencialmente um reflexo do *monto* de capital invertido por pessoa ocupada e das distintas técnicas que correspondem aos diversos níveis de acumulação de capital. Assim, as diferenças de tamanho e de tipos de exploração não parecem constituir causa fundamental das disparidades.[12] O valor médio da produção agrícola por unidade de terra cultivada é muito próximo nos três tipos de exploração que acima referimos: o minifúndio privado coloca-se 11 por cento acima da média nacional; o *ejido*, 5 por cento abaixo; e a propriedade privada média e grande, 3 por cento acima.

Observando em conjunto o período 1930-60, vê-se que a força de trabalho agrícola passou de 3,6 para 6,3 milhões de pessoas, e a área cultivada por trabalhador, de 1,98 para 2,17 hectares; demais, a superfície irrigada por trabalhador subiu de 0,467 para 0,554 hectares. O considerável aumento da produção ocorrido durante esse período tem sido atribuído em partes iguais à expansão da área cultivada e ao incremento do rendimento por

12. Cf. JESÚS PUENTE LEYVA, cit., e também S. ECKSTEIN, cit., pp. 113 e ss.

unidade de área. Assim, fator decisivo para o aumento da produção foi o considerável esforço de capitalização devido em grande medida ao Estado. Ora, há ampla evidência de que os investimentos realizaram-se fundamentalmente em benefício das propriedades privadas médias e grandes. Como a produção por hectare não é maior nesse grupo de explorações do que nos outros dois, cabe deduzir que a consequência principal dessa orientação dos investimentos foi aumentar o diferencial na produtividade do trabalho a favor daquele setor. Com efeito: em 1960 a produtividade do trabalho no setor privado de explorações médias e grandes era sete vezes maior do que no setor *ejidal* e 12,6 vezes maior do que no minifúndio privado. Pode-se conjecturar sobre qual teria sido o resultado, do ponto de vista do crescimento da produção, de uma orientação dos investimentos menos desfavorável aos outros dois setores. Nada assegura que o resultado teria sido negativo, pois conforme já observamos a produção por hectare é similar nos três tipos de exploração. O que se pode admitir como provável é que essa diferente orientação dos investimentos ter-se-ia traduzido numa distribuição da renda muito menos concentrada no setor agrícola, portanto numa redução do excedente que vem sendo extraído da massa camponesa em benefício de outros grupos sociais.

A reforma agrária mexicana eliminou efetivamente o latifúndio como estrutura básica de enquadramento da massa camponesa. Essa função passou a ser exercida diretamente pelo Estado, que — mediante a desapropriação de terras, a criação de *ejidos*, o controle da forma de organização destes (coletivos ou divididos em dotações familiares), a tutela que sobre eles exerce por intermédio de uma instituição de crédito especializada, e finalmente por meio dos investimentos públicos e da assistência técnica — vem assegurando a expansão da produção e a formação de um considerável excedente, cuja utilização escapa ao controle da população camponesa. Este objetivo somente pôde ser alcançado porque o custo da mão de obra na agricultura foi mantido extremamente baixo, o que por seu lado é um reflexo do lento crescimento da produtividade do trabalho nos minifúndios privados ou *ejidais*, onde a capitalização é nula, a técnica, rudimentar, e a mão de obra, mesmo quando usada intensivamente, permanece subutilizada.

A REFORMA AGRÁRIA BOLIVIANA

Na Bolívia ocorreu a segunda grande tentativa de modificação de estruturas sociais que conheceu a América Latina no século XX. Ela se diferencia da mexicana em vários aspectos, se bem que seu ponto de partida seja o mesmo: o conflito entre a *comunidade* e a fazenda. À diferença do que ocorria no México porfirista, a agricultura boliviana não estava em expansão quando eclodiu a revolução de 1952, que abriria o caminho à reforma agrária. Conforme vimos, a fazenda mexicana estava em plena ofensiva e demonstrava ser um instrumento de capitalização e de expansão da fronteira agrícola do país. O quadro geral na Bolívia era distinto, refletindo o menor desenvolvimento que tivera a economia do país em seu conjunto. A *comunidade indígena*, que mantém os vínculos aglutinantes do *ayllu* tradicional, conservava em 1952 e ainda conserva hoje considerável importância na estrutura social boliviana. Os dados do censo de 1950 revelaram a existência no país de 3779 comunidades indígenas, grupando cerca de 1 milhão de pessoas. Mesmo que esses dados tenham sido contestados,[13] há pouca dúvida de que essa forma tradicio-

13. Cf. HENRI GUMBAU, "Les changements de structure à la suite de la réforme bolivienne", in *Les problèmes agraires des Amériques Latines*, cit.

nal de organização social fosse a predominante na Bolívia no momento da reforma agrária. Essas comunidades sofreram certa evolução no sentido do predomínio do trabalho individual da terra, reduzindo-se a importância das parcelas chamadas comunais. A penetração da fazenda fora menor que em outros países e também assumira uma fisionomia distinta daquela que caracterizava a situação mexicana às vésperas da revolução. Estima-se que existiam no país, em 1950, cerca de 8 mil fazendas, das quais cerca de 6 mil possuíam mais de quinhentos hectares e onde trabalhavam aproximadamente 200 mil famílias indígenas. Quanto aos pequenos proprietários, o seu número não superaria os 50 mil, no ano referido, o que indica o papel secundário desse tipo de organização agrícola no quadro boliviano.

A fazenda boliviana, quase sem exceção, era muito menos uma empresa buscando apoderar-se das terras da *comunidade*, a fim de implantar um novo sistema de produção apoiado em técnicas modernas e visando a maximizar o lucro, que uma organização semifeudal que visava a apropriar-se diretamente de uma parcela do que produzia a *comunidade*. Ela parasitava uma ou várias comunidades, que passavam a ser consideradas como *cativas* da fazenda. Dessa forma, a comunidade era preservada como quadro de organização social, com suas autoridades próprias *tradicionais*, mas se modificavam as suas relações com a terra. Uma parte desta era adjudicada em parcelas individuais a cada família, e o que fora a terra comunal, ou algo correspondente, passava a ser terra cultivada diretamente para o fazendeiro. O trabalhador dividia o tempo entre a sua parcela individual e as terras da fazenda, dedicando a esta de três a cinco dias por semana, exatamente como no sistema da *corvée* da Europa medieval. A comunidade indígena, tutelada pela fazenda, era mantida em extremo isolamento, reduzindo-se ao mínimo o fluxo monetário interno e fomentando-se a atividade artesanal de autossubsistência. Os vínculos com o mundo exterior, econômicos ou políticos, se realizavam por intermédio da fazenda. Contudo o aspecto mais importante estava na mudança das relações com a terra, as quais, conforme já observamos, são inseparáveis da forma de organização comunitária. Como coexistiam *comunidades livres* e *comunidades cativas*, a situação destas últimas era apontada como uma forma de degradação social, independentemente das condições materiais de vida de umas e outras. O conflito aberto da fazenda com a *comunidade*, decorrente de expulsão de membros desta de suas terras por fazendeiros com pretensões *progressistas*, existiu apenas em casos excepcionais. Mas esses casos viriam a ter importância no processo da reforma agrária, pois os elementos expulsos, habitando em grande parte nas cidades, alcançaram uma consciência mais lúcida da espoliação de que era vítima a população indígena. Assim, não era a *comunidade*, espoliada e acuada em terras pobres, que se revoltava, e sim elementos que dela se afastavam para inserir-se na vida urbana, e que ocasionalmente viriam a conflitar com os *comuneros* que haviam permanecido na fazenda, no momento da repartição das terras.[14]

A reforma agrária boliviana teve como objetivo eliminar a exploração da *comunidade* pela fazenda, o que se pretendeu fazer liquidando esta última ali onde ela era essencialmente um instrumento de exploração da população indígena, isto é, onde era qualificada de *latifúndio*. Onde a fazenda foi classificada como propriedade média ou *empresa agrícola*, a desapropriação limitou-se às terras que superavam os limites estabelecidos na lei, e que variavam conforme a natureza da atividade agrícola. O resultado imediato da reforma foi a transformação em pequenas propriedades, quase sempre minifúndios, das parcelas em que

14. Ver o trabalho de ARTURO URQUIDI MORALES, "Las comunidades indígenas y su perspectiva histórica", cit.

dentro das fazendas trabalhavam as famílias indígenas para autossustentação. Pretendeu-se conservar como propriedade coletiva as terras antes trabalhadas para o fazendeiro. O objetivo era não só *liberar* a comunidade, mas também preservá-la como quadro de organização social. Os seus membros, que passavam a ser pequenos proprietários, conservariam entre si o vínculo da propriedade comum de uma parte das terras.[15]

A execução da reforma agrária foi em grande parte realizada sob a direção de *sindicatos* rurais, organizados dentro das fazendas sob supervisão política urbana. O MNR (Movimento Nacional Revolucionário), que promoveu a revolução de 1952, era um movimento político de bases estritamente urbanas e mineiras. Contudo, ao deslocar a estrutura tradicional de poder, ele enfraqueceu consideravelmente o sistema de controle social constituído pelas fazendas. Incorporando o movimento espontâneo de liberação das *comunidades* ao processo revolucionário, o MNR deu-lhe um peso que de outra forma ele não teria, em um país em que cerca de 80 por cento da população vivia nos campos. Um decênio depois de iniciada a reforma, o governo havia adjudicado, na região do altiplano, cerca de 200 mil títulos de propriedade de terra, o que significa que praticamente a totalidade das famílias que viviam nas antigas fazendas se transformara em agricultores independentes.

Da mesma forma que no México a ideia de organizar coletivamente o trabalho no *ejido* foi sendo posta de lado, na Bolívia o propósito de conservar uma parte das terras da antiga fazenda para trabalho e usufruto coletivo foi sendo perdido de vista. Em primeiro lugar, para evitar que as parcelas individuais fossem demasiado pequenas, em muitos casos a *terra coletiva* foi reduzi-

15. Para uma análise de conjunto da reforma agrária boliviana, ver HENRI GUMBAU, "Les changements de structure à la suite de la réforme bolivienne", cit.

da a pouca coisa. Convém não esquecer que na antiga fazenda essas terras nem sempre justificavam uma organização comercial, sendo o sistema de propriedade mais um mecanismo de extração de um excedente da *comunidade* indígena que de organização da produção agrícola. Na ausência de investimentos de alguma significação, a única forma de melhorar as condições de vida da comunidade era permitir que ela retivesse a totalidade do que produzia. No México, conforme vimos, a eliminação da fazenda significou muitas vezes uma utilização menos eficaz dos recursos naturais. Na Bolívia, onde as comunidades já estavam dentro da fazenda e continuaram a trabalhar com as técnicas anteriores, esse problema não apresentou a mesma gravidade. Ocorreu, entretanto, uma redução do excedente disponível para as populações urbanas, o que resultaria inevitável sempre que se pretendesse melhorar os padrões de consumo da massa que vivia dentro das fazendas. A reforma agrária teve, portanto, uma dupla consequência: modificou a distribuição da renda em favor da massa rural e permitiu que as comunidades, antes prisioneiras das fazendas, recuperassem sua autonomia. Por meio dos sindicatos rurais, essas comunidades se articulariam com a vida política do país. A multiplicação do número de escolas rurais (antes proibidas nas fazendas), construídas e mantidas pelas próprias *comunidades*, constitui uma indicação de que os contatos desta com o mundo exterior começaram a dar frutos.

A eliminação da tutela que exerciam as fazendas sobre as *comunidades*, a transformação dos membros destas em pequenos proprietários, o contato destes com o mundo exterior criaram condições para que a população rural do altiplano começasse a romper o imobilismo cultural e geográfico em que vivia há séculos. Davam-se, assim, passos decisivos para a formação de uma autêntica sociedade civil nacional na Bolívia. Essa maior mobilidade da população poderá ter importantes repercussões no plano econômico, pois a Bolívia é um país de terras abundantes e população extremamente mal distribuída. Tanto a *comunidade* indígena livre como o sistema semifeudal instaurado pelas fazendas operavam no sentido de reter o homem nas regiões de antigo povoamento, que são a do altiplano e a dos vales. A reforma agrária, colocando de forma direta o problema de escassez de excedentes agrícolas para as zonas urbanas, pôs em primeiro plano a necessidade de abertura de novas terras, o que pressupõe maior mobilidade da população do que a tradicionalmente existente no país. A fim de facilitar essa mobilidade, importantes investimentos infraestruturais tiveram de ser realizados nos anos subsequentes. Uma estrada moderna entre Cochabamba e Santa Cruz foi construída, e facilidades de várias ordens foram criadas para estimular a colonização de novas terras. Uma nova estrutura agrária, cujo perfil ainda não está totalmente definido, vem se formando na chamada zona de *llanos tropicais* e de *yungas*. Grandes consórcios estruturados em forma de cooperativas e modernas empresas capitalistas estão promovendo nessas regiões culturas comerciais tais como as de cana-de-açúcar, café, algodão e arroz.

A reforma agrária boliviana constituiu um esforço de destruição de velhas estruturas sociais e representa, seguramente, o passo mais importante dado, desde a independência, no sentido da formação de uma sociedade boliviana autenticamente nacional. A antiga fazenda operava como estrutura de enquadramento de grande parte da população camponesa, que dessa forma era submetida a um duro regime de trabalho em condições totalmente insuficientes de alimentação. Os primeiros efeitos da reforma agrária teriam que ser de descompressão, isto é, de afrouxamento das normas de trabalho. As condições de alimentação da população rural muito provavelmente melhoraram, ao mesmo tempo que se reduzia a produtividade e ainda mais o excedente extraído da agricultura. Entre 1952 e 1957 a produção agrícola declinou 13 por cento; no quinquênio subsequente houve uma recuperação, o que permitiu que um decênio depois de iniciada a reforma agrária o nível de produção de 1952 fosse restabelecido. No decênio subsequente (1962-72), a produção agrícola alcançou uma taxa de crescimento médio anual de 3,4 por cento, correspondendo a 1 por cento por habitante. Mas é provável que as condições de vida da população camponesa tenham melhorado mais do que deixem ver essas cifras. A participação do setor agropecuário no PIB declinou de 31 para 20 por cento, entre 1952 e 1972, feito o cômputo a preços constantes. Por outro lado, o valor da produção por pessoa ativa no setor agropecuário não superava, em 1972, um quarto do valor correspondente à média de todos os setores produtivos. Cabe, portanto, inferir que grande parte da massa camponesa continua integrada numa economia de subsistência e em nada se beneficia da elevação de produtividade em outras atividades. A eliminação da fazenda reduziu o grau de exploração da massa camponesa e melhorou as condições de trabalho, mas também reduziu o grau de integração do setor agropecuário nos circuitos comerciais e na divisão social do trabalho, o que responde pelo aumento da diferença de produtividade entre este setor e o conjunto da economia. Não há dúvida de que as comunidades rurais, após tantos séculos de tutela e regime de servidão, não estavam preparadas para aproveitar as oportunidades que decorriam da mudança nas estruturas de dominação. Mas também é certo que o Estado boliviano não se preparou para fornecer os recursos financeiros e técnicos necessários para que se elevasse a produtividade agrícola. Tampouco estava o Estado boliviano preparado para promover com êxito a criação de uma nova agricultura, diferenciada da tradicional, capaz de produzir os excedentes necessários à expansão urbana, na linha da experiência mexicana. Em síntese: vinte anos depois de realizada a reforma agrária, continuava de pé o problema de dotar o país de uma agricultura capaz de satisfazer as necessidades básicas do desenvolvimento.

A REFORMA AGRÁRIA PERUANA

À semelhança da Bolívia, o Peru é um país onde a massa da população rural continua integrada, em graus diversos, em comunidades indígenas. Até que ponto essas comunidades descendem diretamente do *ayllu* pré-colonial ou são em grande parte uma criação do sistema de dominação espanhol é problema que não nos interessa diretamente.[16] O censo de 1940 classificou 4600 aldeias como comunidades indígenas, e pela metade dos anos 1960 estimava-se que dois terços da força de trabalho agrícola eram membros dessas comunidades.[17] Mas, à diferença da Bolívia, a agricultura peruana conheceu importantes transformações a partir da segunda metade do século XIX; houve intensa penetração da forma capitalista de produção, em certas áreas, com considerável elevação de produtividade e assimilação de técnicas modernas. A especificidade do Peru, quando comparamos sua evolução com a do México, está em que a penetração do capitalismo contribuiu muito menos para criar ou aguçar o conflito entre a fazenda e a comunidade indígena; essa penetração assumiu principalmente a forma de criação de uma agricultura paralela à tradicional, na qual vivem em simbiose fazenda e comunidade indígena.

O Peru compreende três áreas agrícolas com características ecológicas, sociais e econômicas diversas. Pela metade do decênio dos 1960, a força de trabalho agrícola do país alcançava

16. Uma apresentação da controvérsia em torno desse tema se encontra em FERNANDO FUENZALIDA VOLLMAR, "La estructura de la comunidad de indígenas tradicional", in *El campesino en el Peru* (Lima, 1970).
17. Cf. FERNANDO FUENZALIDA VOLLMAR, cit.

1,719 milhão de pessoas, das quais 16 por cento se encontravam na região da *costa*, 71 por cento na *sierra* e 13 por cento na *selva*. Ora, a produtividade do trabalho era na *costa* mais de quatro vezes superior à da *sierra* e quase três vezes superior à da *selva*.[18] O quadro que prevalecia na *sierra* não era muito distinto do que descrevemos para a Bolívia de antes da reforma agrária. A massa rural se dividia entre *comuneros* e *índios de fazenda*, uns e outros retirando sua subsistência de uma exígua parcela de terra. Com o crescimento da população, muitos *comuneros* tenderam a emigrar para a *costa* e mais recentemente para a *selva*. *Os índios de fazenda* pagavam a renda da parcela individual sob a forma de dias de trabalho agrícola ou em serviços ligados à fazenda, tais como construção de estradas (*faena*), transporte (*propio*), trabalho doméstico (*pongo*).[19] Dessa forma, a fazenda da *sierra* é essencialmente de tipo tradicional, vivendo de extração de um excedente de uma massa rural que se faz mais abundante à medida que as melhores terras são ocupadas. Só excepcionalmente e em período relativamente recente surgiram na *sierra* fazendeiros interessados em *modernizar* o campo, ou seja, em privar a massa de trabalhadores das terras que tradicionalmente utilizavam para uso próprio. As fazendas modernizadoras e efetivamente orientadas para a agricultura comercial surgiriam na *costa* e nos vales do contraforte amazônico, áreas de características ecológicas muito distintas das da *sierra* e que não haviam atraído as populações indígenas integradas em comunidades.

Em síntese: se bem que a massa da população tenha permanecido na *sierra* — zona de solos pobres submetida a crescente pressão demográfica —, o desenvolvimento agrícola do país se

18. Cf. ESTEVAM STRAUSS, *Reestructuración del espacio económico latinoamericano* (mimeografado, ILPES, 1969).

19. Cf. HUGO BLANCO, *Land or death* (Nova York, 1972), p. 29.

realizou essencialmente nas duas zonas periféricas. São as relações particulares que se formam entre a zona de agricultura tradicional que funciona como reservatório de mão de obra e os vales periféricos que dão especificidade à evolução rural no Peru. Nos vales costeiros, a instabilidade da economia açucareira vinculada aos mercados internacionais levaria a uma grande concentração da propriedade da terra e a um crescente controle das atividades agroindustriais por interesses estrangeiros.[20] As relações de trabalho assumem forma estritamente capitalista, e emerge na massa assalariada um movimento sindical vigoroso, sem paralelo no mundo rural latino-americano. Nos vales tributários do Amazonas — zona de transição entre o altiplano e a Amazônia propriamente dita — o desenvolvimento é mais recente e se faz principalmente à base de culturas permanentes, tais como café, cacau e frutas. À diferença da *costa*, que se desenvolve numa época em que a pressão sobre a terra na *sierra* era muito menor,[21] na *selva* se conjuga a abundância de terras com uma oferta de mão de obra elástica, o que permitiu que se transplantassem relações de trabalho similares às da agricultura tradicional. O controle da propriedade da terra por uma minoria possibilitou que a própria terra fosse utilizada para pagar a mão de obra, à semelhança do que ocorria na *sierra*. Contudo, a maior abundância de terras e a melhor qualidade destas permitiram que a massa trabalhadora desfrutasse um nível de renda mais alto e que muitos trabalhadores contratassem mão de obra nas suas parcelas. Por outro lado, dada a natureza das culturas, grande parte da massa trabalhadora

20. No momento da reforma agrária, em 1969, dois terços dos capitais investidos nos complexos agroindustriais costeiros eram estrangeiros. Ver dados por empresa em ALFREDO BARNECHEA, "Pomalca: Informe urgente", *Participación*, dezembro 1973.

21. Numa primeira fase, a costa teve que apelar para mão de obra importada da Ásia em regime de semisservidão.

não se fixa na região, descendo da *sierra* tão somente na época da colheita. A precariedade das relações de trabalho, o rígido controle do acesso à terra, o desamparo de populações que perdiam os vínculos com suas antigas comunidades levaram a fortes tensões sociais, com ocupações de terras e *brotes* de ação armada. A orientação tomada pela reforma agrária peruana não seria fácil de explicar sem ter em conta o envolvimento das forças armadas do país na repressão a esses *brotes* de ação armada.

A lei de reforma agrária peruana, decretada a 24 de junho de 1969 pelo governo militar que se instalara no ano anterior, pretende ser um instrumento de transformação das estruturas econômicas, sociais e políticas do país. Sem dúvida, ela constitui importante passo no sentido da integração da sociedade civil peruana, até recentemente marcada por uma estratificação que se aproximava do sistema de castas, e da modificação das bases do sistema de poder que controla o Estado peruano. O traço mais saliente dessa reforma consistiu na expropriação total dos complexos agroindustriais da *costa* e sua transformação progressiva em cooperativas. Como os salários pagos neste setor eram muito mais altos (em alguns casos até cinco vezes mais altos) que a renda de um camponês na *sierra*, e grande parte dos investimentos é de caráter industrial e não agrícola, parece fora de dúvida que o objetivo da expropriação foi mais político do que econômico ou social. Na *sierra* e na franja da *selva*, o objetivo principal da reforma consiste em eliminar as formas de exploração da mão de obra remanescentes da era colonial, na extinção do minifúndio e no fortalecimento e introdução de novas formas de organização coletiva do trabalho agrícola, tais como a *comunidade de camponeses* e a *sociedade de interesse social*. A propriedade privada é conservada, quando a terra é trabalhada diretamente pelo seu dono, a título individual ou de chefe de empresa, mas sua dimensão máxima é limitada. Na *costa* essa dimensão máxima chega a 150 hectares irrigados e trezentos não irrigados; nas outras regiões o tamanho máximo permitido vai de quinze a 55 hectares irrigados e de trinta a 110 não irrigados. Em todos os casos essas superfícies podem ser aumentadas de um terço se se pagam salários superiores em pelo menos 10 por cento ao mínimo legal. Deverá desaparecer toda exploração agrícola de menos de três hectares e toda aquela que não assegure uma renda (equivalente a um mínimo estabelecido) para cada região.

A reforma agrária vem sendo executada metodicamente, por zonas, sob estrito controle das autoridades. As terras adjudicadas o são de preferência aos camponeses que as trabalhavam, mas na grande maioria dos casos esses camponeses são enquadrados em organizações coletivas. Das terras expropriadas até fins de 1973, pouco mais de 1,5 milhão de hectares foram distribuídos a *sociedades agrícolas de interesse social*, cabendo a cada uma delas em média mais de 50 mil hectares; mais 1,5 milhão de hectares foram distribuídos a cooperativas, cuja dotação média é de 4500 hectares; 365 mil hectares foram entregues a 83 *comunidades*; e 124 mil hectares, apenas, a indivíduos isolados, cabendo a estes últimos uma média de sete hectares por família.[22] À diferença das outras grandes reformas agrárias latino-americanas, o nível da produção agrícola não foi afetado negativamente. No plano social seus efeitos terão certamente sido amplos, se bem que não se disponha de informação precisa para aferi-los. Contudo, as regiões onde as condições de vida da população eram relativamente melhores foram as mais beneficiadas. É provável que a diferença de nível de vida entre os trabalhadores da *costa* e os camponeses da *sierra* tenha aumentado, e na própria *costa* entre os membros das cooperativas e os demais trabalhadores, e também entre membros de distintas cooperativas, em razão da disparidade

22. Cf. CEPAL, *Estudio económico de América Latina*, 1973, quadro 160.

nas dotações de terra e água. O problema da elevação do nível de vida da massa camponesa que se concentra na *sierra* continua de pé, à espera de que se criem condições para a transferência em maior escala de populações para os vales tributários do Amazonas.

O perfil da agricultura peruana pós-reforma agrária ainda não se definiu. Parece fora de dúvida que se insiste em favorecer a organização de grandes unidades de exploração, mantendo-as fora do controle do capital privado. Cabe portanto admitir que a evolução peruana se afaste da linha que veio a predominar no México e na Bolívia, onde os camponeses liberados do latifúndio se transformaram em minifundistas e reserva de mão de obra para um setor privado em que se concentram os investimentos. Mas esse afastamento só se consolidará se as cooperativas e as sociedades agrárias de interesse social tiverem êxito na dupla tarefa de melhorar as condições de vida da massa rural e criar o excedente de produtos agrícolas de que necessita o país para desenvolver-se.

A REFORMA AGRÁRIA CHILENA

O caso chileno se presta mais que qualquer outro ao estudo da natureza e do alcance das reformas agrárias latino-americanas, tanto porque no Chile a reforma agrária foi metodicamente planejada e exaustivamente executada como porque existe abundante informação sobre a estrutura agrária do país antes e depois dos esforços reformadores. À diferença dos casos que estudamos anteriormente, a agricultura chilena não era a principal fonte de emprego do país no momento da reforma agrária: em 1970 apenas 22 por cento da população ativa encontrava emprego nesse setor, que contribuía com apenas 8 por cento para a formação do PIB. Demais, o Estado não dependia principalmente da agricultura para extração de um excedente, nem o país dependia desse setor para geração de capacidade para importar. De tudo isso resultava certa margem de manobra que permitia considerar a reforma agrária sem excessivos temores, o que explica que se tenha formado no país um consenso e que a reforma agrária se tenha realizado com base numa lei votada por um governo democraticamente eleito.

Uma primeira lei de reforma agrária foi promulgada em 1962 por um governo conservador, reflexo da crescente preocupação com a incapacidade da agricultura para criar os excedentes agrícolas requeridos pela urbanização. Nos dois decênios anteriores a produção agrícola havia aumentado menos do que a população do país, o que se traduzia em crescente necessidade de importar alimentos; por outro lado, o nível de vida da população camponesa era muito baixo e declinava relativamente à média nacional. Estimava-se que um terço da população agrícola era desempregado, ao mesmo tempo que existiam no país terras não utilizadas e inclusive terras regadas subutilizadas. Em síntese: havia amplo desperdício de recursos de mão de obra e de terras, ao mesmo tempo que o país dependia crescentemente da importação de alimentos e as condições de vida no campo se degradavam em termos relativos. A evidência desses fatos permitiu que se formasse um amplo consenso em torno da necessidade de reconstruir a estrutura agrária do país. Contudo, se bem que a agricultura contribuísse com menos de 10 por cento para formação do produto nacional, a classe de grandes proprietários de terras continuava a exercer uma influência considerável no sistema de poder. Com efeito: a lei de 1962 foi uma simples manobra diversionista, um compromisso formal no quadro da Aliança para o Progresso.

Os objetivos da reforma agrária do governo democrata cristão, definidos em 1965, foram muito mais ambiciosos: *a*) conceder terras a milhares de camponeses; *b*) aumentar a produção agrícola; *c*) elevar a renda e o nível de vida dos camponeses;

d) obter a participação ativa da massa camponesa na sociedade nacional.[23] A lei finalmente aprovada em julho de 1967 autorizou a expropriação das propriedades mal exploradas ou controladas por sociedades anônimas, mas também das terras acima de certa superfície máxima, que varia em função da qualidade dos solos mas deve sempre equivaler a oitenta hectares de terras irrigadas e de boa qualidade nas proximidades de Santiago. A indenização seria feita, na grande maioria dos casos, na base de 10 por cento do valor calculado em função dos impostos pagos, à vista, e o restante em bônus resgatáveis em 25 anos e rendendo 6 por cento de juros; 75 por cento do valor desses bônus se reajustam com o índice do custo de vida. As terras expropriadas são adjudicadas àqueles que as trabalham, mas a lei previu um regime de exploração provisório, que duraria de três a cinco anos, durante o qual a gestão seria assegurada conjuntamente pelo Estado e pelos camponeses com residência na propriedade. Este regime provisório, que se denominou *asentamiento*, resultou de um compromisso entre os que desejavam dividir imediatamente a terra com os trabalhadores e aqueles que, temendo as consequências negativas dessa divisão sobre a produtividade, desejavam que se instaurasse uma ou outra forma de exploração coletiva da terra. No fim do período transitório os camponeses deveriam decidir por eles mesmos que regime de exploração seria adotado de forma permanente.

O governo democrata cristão expropriou, entre 1965 e 1970, 1408 propriedades, com uma superfície de 3 563 554 hectares, sendo 290 mil irrigados. O governo da Unidade Popular desapropriou, entre janeiro de 1971 e junho de 1972, 3282 propriedades com uma superfície de 5 296 756 hectares, sendo 371 mil irrigados. Os dados do quadro 1/23 permitem comparar a estru-

23. Cf. SOLON L. BARRACLOUGH, "Reforma agrária: historia y perspectivas", in *Cuadernos de la Realidad Nacional* (Santiago, março de 1971).

tura agrária do país depois de executada a reforma com a que existia antes.

QUADRO 1/23 – Estrutura agrária do Chile antes e depois da reforma

Estratos em HRB (*)	*Explorações* (%)		*Superfície em HRB*	
	1965	*1972*	*1965*	*1972*
Menos de 5	81,4	79,3	9,7	9,7
5-20	11,5	11,3	12,7	13,0
20-40	3,0	3,3	9,5	11,6
40-60	1,3	2,5	7,1	14,5
60-80	0,8	1,6	5,7	12,8
Mais de 80	2,0	0,1	55,3	2,9
Setor reformado	0,0	1,9	0,0	35,5

(*) Hectare de rego básico, unidade de medida correspondente a um hectare de terras irrigadas nas proximidades de Santiago.

Fonte: S. BARRACLOUGH e J. A. FERNÁNDEZ, *Diagnóstico de la reforma agraria chilena* (México, 1974), p. 38.

A chamada grande propriedade — mais de oitenta HRB — compreendia, antes da reforma, 4876 explorações que absorviam mais de 55 por cento da superfície, sendo esta medida em unidades homogêneas. Após a reforma havia menos de duzentas unidades desse tipo, correspondendo a menos de 3 por cento da superfície, o que constitui prova cabal de que a estrutura agrária foi *efetivamente transformada* dentro dos limites estabelecidos pela lei de 1967. Essa transformação foi feita em parte por iniciativa dos proprietários, que se aproveitaram do longo período de debates sobre a lei, no Congresso, para parcialmente dividir suas explorações agrícolas. Com efeito, o número relativo das propriedades de sessenta a oitenta HRB dobrou, e a superfície ocupada por elas mais do que dobrou; o mesmo ocorreu com as propriedades entre quarenta e sessenta HRB, e em menor escala com as de vinte a quarenta HRB. Da aplicação da lei resultou o *setor reformado*, ao qual correspondem 35,5 por cento da superfície. O número relativamente reduzido de unidades de exploração desse setor (1,9 por cento do total) decorre de que a forma definitiva de exploração ainda não havia sido decidida. Os trabalhadores efetivamente beneficiados pela reforma (que eram residentes nas propriedades) somavam cerca de 75 mil em 1972, correspondendo a 11 por cento da força de trabalho agrícola.

As propriedades expropriadas no governo da democracia cristã deram lugar à criação de 628 *asentamientos*, o que resultou em concentrar os benefícios da reforma naqueles trabalhadores residentes nas propriedades. Eles conservaram as suas *parcelas* individuais e se beneficiaram de *avanços* do Estado, que lhes asseguravam uma renda mínima independentemente dos resultados da exploração. No governo da Unidade Popular (1970-3), foram criados 27 Centros de Produção (empresas estatais), 150 Centros de Reforma Agrária (grandes unidades de exploração coletiva), 921 Comitês Camponeses (variante de *asentamiento*) e 318 *asentamientos*. Aplicando uma mesma lei, os dois governos deram orientação muito diversa à reforma agrária. No primeiro caso se procurou formar uma classe de pequenos proprietários dotados de unidades economicamente viáveis; no segundo se deu ênfase à integração dos camponeses em unidades de exploração coletiva. Contudo, o problema fundamental esteve menos na forma de exploração a adotar no setor reformado do que no número de pessoas que deveriam beneficiar-se da reforma. Na prática, os camponeses lutaram sempre para conservar a *parcela* individual que desfrutavam no regime anterior, o que reduzia a quantidade de terras a serem utilizadas coletivamente; em segundo lugar, lutavam para evitar a incorporação permanente às unidades reformadas dos trabalhadores temporários, permanecendo estes como uma classe explorada. A criação dos Centros de Reforma Agrária foi um esforço para contornar essas dificuldades, mas na prática tendeu a prevalecer a forma de exploração que concentrava os benefícios da reforma nas mãos da minoria formada pelos antigos residentes das propriedades expropriadas.

Se observamos em conjunto a estrutura agrária chilena pós-reforma, distinguimos claramente três setores: um primeiro constituído pelos antigos minifúndios e pequenas propriedades, ao qual correspondem 22,7 por cento da área (em HRB); um segundo formado pelas propriedades privadas médias e o remanescente das grandes, ao qual correspondem 41,8 por cento da área; e um terceiro formado pelo setor reformado, que compreende 33,5 por cento da área. Em 1972, o primeiro setor contribuiu com 28 por cento da produção e absorveu 55 por cento da mão de obra; o segundo contribuiu com 45 por cento da produção e absorveu 25 por cento da mão de obra; e o terceiro contribuiu com 27 por cento da produção e absorveu 20 por cento de mão de obra.[24] A partir desses dados e considerando o primeiro setor (I) como ponto de referência, podemos obter os seguintes indicadores:

	I	II	III
Valor da produção por HRB	100	68	62
Emprego por HRB	100	24	23
Valor da produção por unidade de emprego	100	180	135

Se comparamos os setores II e III, constatamos que a reforma aparentemente não reduziu de forma sensível a produtividade por unidade de área, mas tampouco aumentou a capacidade de absorção de mão de obra por unidade de superfície. A diferença na produtividade do trabalho resulta em grande parte do fato de que o setor privado pôde conservar os equipamentos e ser

24. Dados básicos de S. L. BARRACLOUGH e J. A. FERNÁNDEZ, cit., *passim*.

flexível, apresentando um grau de capitalização maior que o do setor reformado. Como o custo da mão de obra empregada no setor II continuará influenciado pelas condições de vida da massa da população que permanece nos minifúndios do setor I, sendo necessariamente muito inferior à renda dos camponeses que integram o setor reformado, é de admitir que o excedente por pessoa empregada continue a ser substancial no setor II. À semelhança do ocorrido no México, este setor tenderá a atrair o crédito e outras facilidades, pois de seu *dinamismo* dependerá a criação dos excedentes requeridos pela população urbana.

A reforma agrária chilena liquidou praticamente com o latifundismo e dotou o país de um amplo setor de propriedades de tamanho médio, o que seguramente terá efeitos positivos sobre a utilização dos recursos de terra e de água. Por outro lado, ela beneficiou uma fração (entre 10 e 12 por cento) da massa camponesa, que provavelmente se incorporará a essa *classe média rural*, cuja constituição parece ter sido o principal objetivo dos democratas cristãos, que conceberam a lei de 1967. Contudo, o problema do minifundismo e do subemprego rural permanece inteiro. À diferença do Peru e da Bolívia, onde existem terras a serem ocupadas no contraforte oriental dos Andes, no Chile a ampliação da superfície agrícola depende de custosos investimentos em irrigação ou correção de solos. Assim, a reforma agrária pôde ser uma condição necessária, mas não foi suficiente para ampliar o emprego no campo e elevar o nível de vida da massa da população rural. Como os investimentos agrícolas nesse país não são um simples problema de utilização de mão de obra subempregada, como é o caso da abertura de novas terras em países com uma fronteira agrícola em expansão, as decisões sobre tais investimentos requerem a consideração de outras formas de criação de emprego e/ou geração de capacidade para importar. Os objetivos sociais da reforma agrária não poderiam ser alcançados fora de uma reestruturação global da economia e da sociedade chilenas. O governo da Unidade Popular parece ter compreendido o problema, mas sobre ele ainda se estava longe de haver formado um consenso no Chile.

24. Aspectos econômicos da Revolução Cubana

SINGULARIDADE DA ECONOMIA CUBANA TRADICIONAL

Cuba apresenta certo número de singularidades que merecem destaque, num estudo de conjunto do quadro latino-americano. Como Porto Rico, a ilha permaneceu sob tutela espanhola até os albores do século XX, prolongando-se o período colonial quase um século mais que nas outras áreas latino-americanas. A reação espanhola à luta do povo cubano por sua independência criou transtornos ao comércio dos Estados Unidos, cujo governo valeu-se do fato como pretexto para apossar-se do que restava do velho império espanhol nas Américas e na Ásia. Dessa forma, o Estado nacional cubano nasceu sob regime de ocupação de tropas norte-americanas, que até o presente não terminou totalmente — o governo americano mantém uma base no território cubano — e que, até 1934, podia ser estendida a toda a ilha a qualquer momento, "no interesse do povo de Cuba", ao arbítrio do presidente dos Estados Unidos, conforme ficara estabelecido na famosa "emenda Platt". O atraso de quase um século no processo de formação do Estado nacional e as circunstâncias particulares que marcaram o seu surgimento sob a tutela de um poderoso vizinho singularizam o processo cubano no quadro regional. Essa singularidade, entretanto, vai muito mais longe e tem suas raízes na evolução econômica da ilha no quadro da região antilhana.

As ilhas do Caribe foram inicialmente utilizadas pelos espanhóis como bases de defesa das linhas de comunicação com a terra firme. A população indígena, de culturas rudimentares, foi praticamente eliminada, implantando-se nas ilhas maiores uma pecuária extensiva que abastecia as frotas metropolitanas. A partir do século XVII, as ilhas menores foram ocupadas por franceses e ingleses, com o objetivo de nelas estabelecer bases para assaltar o continente. Visando a uma ocasional penetração mais profunda no império espanhol, ingleses e franceses fomentaram a colonização branca das ilhas que ocupavam, dando origem a comunidades de pequenos plantadores que combinavam culturas de subsistência com o plantio do fumo e do índigo que comercializavam. Essas comunidades, que tinham para as metrópoles um valor político, pois constituíam milícias potenciais[1] a serem mobilizadas contra o rico império espanhol, sofreram profundas transformações desde fins do século XVII, quando nelas se introduz a cultura da cana-de-açúcar, por iniciativa dos holandeses, que se retiravam do Nordeste brasileiro. Com efeito, são os interesses holandeses que fomentam a produção de açúcar nas Antilhas, financiando as instalações e a importação de escravos, proporcionando assistência técnica e assegurando mercados para o escoamento da produção. O açúcar trouxe para as ilhas, que antes viviam em extrema pobreza, uma fase de grande prosperidade. Mas a prosperidade

1. Cf. LEÓN VIGNOLES, "Les Antilles françaises sous l'ancien régime", *Revue d'Histoire Economique et Sociale*, 1928.

teve o seu preço: o *facies* social das ilhas se modificou profundamente. Os colonos brancos emigraram ou se transformaram em pequenos plantadores marginalizados nas piores terras, ao mesmo tempo que surgiam grandes plantações de cana trabalhadas por escravos importados da África e controladas por um pequeno número de ricos proprietários ou sociedades cujos acionistas se encontravam na Metrópole. Esse processo pôde ser observado com nitidez na ilha de Barbados, onde, entre 1643 e 1677, o número de proprietários agrícolas diminuiu de 11,2 mil para 745, ao mesmo tempo em que a população escrava crescia de 5680 para 82 023.[2]

Enquanto as Antilhas francesas e inglesas transformavam-se em grandes plantações de cana-de-açúcar densamente povoadas de contingentes de origem africana, Cuba permanecia como simples área de exploração pecuária extensiva e de pequenos plantadores de fumo com baixa densidade demográfica. A situação se explica pelo fato de que a Espanha era, ela mesma, produtora de açúcar, e o comércio internacional desse produto era quase totalmente controlado pelos holandeses. Assim, não obstante fosse o açúcar o mais importante produto agrícola do comércio internacional por mais de dois séculos, as colônias espanholas limitavam-se a produzi-lo para uso local. Na primeira metade do século XIX importantes modificações ocorreram na economia antilhana. A guerra de libertação do Haiti (1791-1804) acarretou a total destruição da economia de exportação de uma colônia que na época era o maior produtor mundial de café e um dos maiores produtores de açúcar. A abolição da escravatura, efetuada nas colônias inglesas em 1832 e nas francesas em 1848, ainda que não tenha tido consequências importantes para as condições de vida da população negra, produziu mudanças na estrutura agrária. Onde

2. Cf. V. T. HARLOW, *A history of Barbados* (Oxford, 1926), p. 310.

existiam terras disponíveis, ainda que de qualidade inferior, elas foram ocupadas pelos antigos escravos, que nelas procuraram estabelecer-se como pequenos produtores independentes, transformando-se em minifundistas de autossubsistência, à semelhança do que havia ocorrido no Haiti. Entretanto, dado que as terras eram, em geral, escassas ou controladas pelos proprietários das grandes plantações, tendeu a prevalecer um sistema pelo qual os antigos escravos deveriam combinar o trabalho em uma agricultura de subsistência (em pequenos pedaços de terra que tinham), com tarefas de assalariados nas plantações quando a estas convinha. Também cabe referir o advento do açúcar de beterraba, surgido na época das guerras napoleônicas, que deslocaria o produto antilhano graças à proteção de que goza em importantes mercados europeus. A esses fatores, que vieram modificar o quadro da economia antilhana, deve-se adicionar a expansão considerável do mercado dos Estados Unidos, que, em razão da proximidade geográfica, se afigurava como o escoadouro natural para os excedentes exportáveis da região.

A expansão da produção açucareira cubana faz-se desde o século XIX com vistas ao mercado norte-americano, não ligado por pacto comercial com as demais Antilhas.[3] Assim, importantes vínculos comerciais e financeiros se estabeleceram entre a ilha e os Estados Unidos ainda no período colonial.[4] As lutas contra a dominação espanhola, que se intensificaram a partir de 1868, criaram uma situação de insegurança para os grandes proprietários ligados à Metrópole, o que facilitou a penetração dos interesses americanos. A partir de 1901, com a eliminação do poder espanhol e a ocupação militar americana, a qual, com interrupções,

3. Ver, para os dados sobre as exportações cubanas de açúcar no século XIX, RAMIRO GUERRA Y SÁNCHEZ, *Azúcar y población en las Antillas* (Havana, 1944).

4. Cf. JULIO LE RIVEREND, *Historia económica de Cuba* (Barcelona, 1972), pp. 205-6.

se prolongou até 1908, consolidou-se e ampliou-se a penetração de grupos econômicos dos Estados Unidos, ao mesmo tempo que se transformava toda a economia da ilha. Assim, num período de dois decênios — entre 1901 e 1920 — a produção de açúcar passou de 1,5 milhão para 5 milhões de toneladas, enquanto a ilha atravessava profundas transformações em suas estruturas econômicas. As plantações de cana cresceram de forma considerável, e mais ainda as terras sob o controle dos grupos açucareiros, em grande parte estrangeiros. Os pequenos plantadores ficaram reduzidos às áreas de produção de fumo ou a terras nos contrafortes das montanhas. Quase toda a população rural foi transformada em trabalhadores das plantações de cana, e a escassez de mão de obra determinou a formação de um fluxo imigratório, principalmente originário das ilhas vizinhas.[5]

Uma comparação das distintas formas que assumiu a economia açucareira nas Antilhas ajuda-nos a identificar certos aspectos particulares da economia cubana pré-revolucionária. Simplificando, pode-se afirmar que houve na região três tipos de economia açucareira. No primeiro, que sobreviveu em Cuba até fins do século XIX, prevalecia o trabalho escravo; no segundo, uma combinação de assalariado rural com minifundismo de subsistência; e no terceiro predominava o trabalho assalariado. O sistema escravista, que se caracterizava pela elevada rigidez dos custos de produção — todos os custos eram fixos, pois não havia diferença entre investimento em equipamento e em força de trabalho —, era parte de uma economia totalmente integrada no comércio exterior. O sistema introduzido nas Antilhas inglesas e francesas, após a abolição da escravatura, trouxe um importante elemento de flexibilidade, pois a mão de obra se pagava a si mesma, parcialmente, por meio das culturas de subsistência. Essa maior flexi-

5. Cf. RAMIRO GUERRA Y SÁNCHEZ, cit.

bilidade de custos permitiu que a cultura açucareira sobrevivesse em várias ilhas, não obstante o empobrecimento dos solos e as dificuldades criadas pelo advento da beterraba e a consequente maior instabilidade dos preços. O terceiro sistema firmou-se em Cuba no século XIX e generalizou-se na ilha uma vez liquidados os resquícios da escravidão.[6] Dada a abundância de terras da ilha, que podiam ser utilizadas de forma semiextensiva, foi possível pagar salários suficientemente altos para compensar a sazonalidade do emprego da grande maioria da mão de obra. Assim surgiu na ilha um numeroso proletariado rural que permanecia ocioso grande parte do ano. Esta situação refletia, por um lado, a alta rentabilidade da indústria e, por outro, o custo relativamente baixo da mão de obra, em decorrência de condições históricas e da afluência de imigrantes originários de regiões coloniais ou semicoloniais. Era essa uma situação particular, pois a alta rentabilidade das empresas açucareiras também se fundara num tipo particular de integração com a economia dos Estados Unidos, cujos aspectos negativos se manifestarão no futuro, quando a economia açucareira já não estará em condições de absorver o crescimento da mão de obra. A partir de então, torna-se evidente que a indústria açucareira cubana depende, para competir, da disponibilidade de mão de obra barata, ou seja, da quase inexistência de formas alternativas de emprego. A evolução da indústria açucareira de Porto Rico, cuja integração com a economia dos Estados Unidos obedeceu a um esquema diverso, permite captar a significação desse ponto. A possibilidade deixada à mão de obra de emigrar para os Estados Unidos e, no bojo da industrialização, a criação de fontes alternativas de emprego dentro da própria ilha foram sérios obstáculos à indústria açucareira,

6. A servidão temporária de trabalhadores asiáticos foi introduzida em Cuba em fins do século XIX, sem contudo alcançar relevância como relação de trabalho e fonte de mão de obra.

cuja produção não alcançava os níveis que lhe propiciava a cota fixada pelo governo dos Estados Unidos. Apesar de um considerável aumento de produtividade da mão de obra — o número de trabalhadores nas plantações de cana diminuiu de 124 mil para 49 mil entre 1934 e 1959 —, a produção açucareira porto-riquenha declinou no período do pós-guerra.[7]

O ciclo de expansão da economia cubana, baseado nas exportações de açúcar, encerrou-se na primeira metade dos anos 1920. Essa expansão foi acompanhada de aumento do coeficiente de exportação e de integração crescente na economia dos Estados Unidos. A indústria açucareira chegou a contribuir com 30 por cento do produto interno e com 80 por cento das exportações. A situação da economia cubana nesse período era, em certos aspectos, similar à da economia venezuelana nos anos 1950, com a diferença de que os preços do petróleo são excepcionalmente estáveis nos mercados internacionais, e os do açúcar eram nessa época, como continuaram a ser até o presente, de extrema instabilidade. Assim, nos anos que se seguiram imediatamente à Primeira Guerra Mundial, os preços do açúcar aumentaram até alcançar 22 centavos de dólar por libra, para no começo dos anos 1920 baixar até quatro centavos. A crise que ocorreu então revelou a fragilidade do sistema econômico que se criara no país, cuja atividade econômica passou a depender de forma crescente de grupos financeiros estadunidenses. A rede bancária existente em Cuba foi em grande parte absorvida por bancos estrangeiros, e a própria existência de um sistema monetário autônomo tornou-se praticamente inviável. Cuba se abrigara em um sistema de tarifas preferenciais para exportar o seu açúcar para os Estados Unidos, de forma semelhante à preferência de que gozavam as

7. Cf. RAFAEL PICÓ, *Puerto Rico: Planificación y acción* (San Juan de Puerto Rico, 1962).

Pequenas Antilhas em suas exportações para as respectivas metrópoles. O Tratado Comercial de Reciprocidade, de 1903, que reduziu as tarifas americanas para o açúcar cubano, assegurou uma situação privilegiada para os produtos dos Estados Unidos no mercado da ilha. O sistema funcionava como uma aproximação de zona de livre-comércio, permitindo a especialização em função das aptidões produtivas de cada país. Na prática, resultava que Cuba tinha aptidão para produzir *um só* produto, e os Estados Unidos, centenas ou milhares. Demais, os produtos estadunidenses tinham os seus preços formados no mercado dos Estados Unidos e em média não flutuariam mais que o nível de preços de atacado nesse país, ao passo que os preços do açúcar eram formados no mercado internacional (situação anterior à fixação da cota) em função dos excedentes de produção de que dispunham inúmeros países que produziam principalmente para o próprio mercado interno. Para fazer face às flutuações da demanda externa, os produtores de açúcar mantinham em reserva grandes quantidades de terra; assim, a terra tendeu a ser permanentemente subutilizada, e o seu rendimento, negligenciado.

Os problemas trazidos pelo desarmamento tarifário face aos Estados Unidos possivelmente teriam sido de menor gravidade se o país dispusesse de um sistema monetário autônomo, condição mínima para levar adiante uma política de defesa do nível da renda interna. Os bancos, predominantemente estrangeiros, operavam com elevado coeficiente de liquidez e mantinham grande parte de suas reservas em divisas. Assim, uma queda no valor das exportações podia provocar desemprego sem, contudo, acarretar problemas graves de balança de pagamentos. Configurava-se, dessa forma, uma situação totalmente distinta da que prevalecia nos demais países da região, onde uma contração do valor das exportações se refletia de forma ampliada na balança de pagamentos, obrigando à desvalorização cambial e criando, de modo indireto, um mecanismo de proteção similar a uma elevação de tarifas aduaneiras. A economia cubana operava como se todo o seu meio circulante fosse constituído de divisas estrangeiras, ao mesmo tempo que o sistema bancário gozava de uma liquidez de 50 por cento. Em síntese, nesse período inexistia no país o mínimo de autonomia de decisões requerido para que se iniciassem os processos formadores de um sistema econômico nacional.

A reação contra o quadro que vimos de esboçar se iniciou na segunda metade dos anos 1920 e conduziu, em 1927, a uma modificação na lei de tarifas, o que constitui o ponto de partida do primeiro esforço visando a diversificar a economia cubana. Tem início nessa fase um começo de industrialização, semelhante ao que haviam conhecido outros países latino-americanos, desde fins do século anterior, ao impulso da expansão das exportações. Mas apenas se iniciava o processo, abriu-se a crise de 1929, que assumiu dimensões catastróficas em Cuba, em razão da inexistência total de mecanismos de defesa. Os preços do açúcar, em face das medidas protecionistas anunciadas nos Estados Unidos, desceram a níveis inconcebíveis — o ponto mais baixo, atingido em 1932, correspondia a 2,5 por cento do ponto mais alto, alcançado no decênio anterior —, o que levou à paralisia de grande parte das atividades econômicas no país, cujo índice de desemprego dificilmente terá sido igualado em qualquer outro país.

Não dispondo de um começo de industrialização, Cuba não estava em condições de reagir em face da crise, como o fizeram os demais países da região que possuíam um nível de renda per capita ou um mercado interno de dimensões similares aos seus. Em outras palavras, não se haviam reunido as condições mínimas para que tivesse início o processo de substituição de importações. Não se pode afirmar de forma categórica que, caso a industrialização cubana tivesse se iniciado um decênio antes, a evolução do país teria seguido, na época da Depressão, linhas similares às que prevaleceram nos países de maior desenvolvimento da região. Nenhum desses países estava tão intimamente ligado a uma economia dominante a ponto de não dispor de um sistema monetário autônomo, como era o caso de Cuba. A industrialização substitutiva se fez, nessa época, mediante inflação e controle de câmbios, o que não seria fácil conceber em um país cujo sistema bancário era controlado do exterior. Contudo, a crise veio a ser um teste decisivo, e é significativo da influência considerável dos interesses estrangeiros no país o fato de que se tenha procurado uma saída na direção de maior integração com a economia dos Estados Unidos.

Em 1934, o governo dos Estados Unidos, no quadro da política de boa vizinhança do presidente F. D. Roosevelt, revogou a "emenda Platt". Mantinha-se a base militar de Guantánamo; contudo, eliminava-se o fundamento jurídico da tutela que sobre o Estado cubano exercia o governo dos Estados Unidos desde a derrocada do poder espanhol. Nesse mesmo ano são dados passos no sentido de aumentar a integração da economia cubana com a dos Estados Unidos, em bases que a experiência já indicara serem inviáveis. Em face da onda de protecionismo formada nos Estados Unidos durante a crise — a qual levaria a reduzir as importações de açúcar cubano em favor da produção interna, inclusive as de Porto Rico e Havaí —, os interesses cubanos reivindicaram uma *cota* no mercado americano, que seria fixada em 28 por cento pela Lei Costingan-Jones, de 1934. Essa cota significava uma garantia de mercado, mas era substancialmente inferior à participação que obtivera o açúcar cubano no passado. Por outro lado, ela criava uma nova forma de dependência: o açúcar cubano, exportado dentro da cota, o seria aos preços do mercado interno americano, substancialmente mais altos e mais estáveis que os que prevaleciam no mercado internacional. Em outras palavras, Cuba passava a abrigar-se na política do governo dos

Estados Unidos, visando a organizar o mercado interno de produtos agrícolas e a defender o nível de renda real dos agricultores do país. No mesmo ano em que a legislação americana estendeu a Cuba parte dos benefícios da política do *New Deal*, o governo cubano assinou um acordo comercial complementar de desarmamento tarifário, aumentando a margem de preferência e ampliando a lista de produtos beneficiados, em favor dos exportadores norte-americanos.

No momento em que o Estado cubano dava um passo decisivo para sua consolidação, com a eliminação da "emenda Platt", a economia cubana tornava-se mais dependente e menos viável. Fechava-se a porta à industrialização — nesse período chegou-se a desmontar usinas instaladas recentemente para venda do equipamento a outros países da região que haviam intensificado sua industrialização — em benefício de uma consolidação da economia açucareira num quadro que implicava a estagnação desta. As diretrizes implícitas nessa política econômica somente teriam uma base racional se Cuba devesse encaminhar-se para uma integração crescente com os Estados Unidos, em um quadro similar ao que prevaleceria em Porto Rico a partir dos anos 1940. A estagnação do setor açucareiro significava subutilização considerável de recursos de terra, mão de obra e capital. Estes recursos não podiam ser utilizados em Cuba, em razão da forte concorrência das importações provenientes dos Estados Unidos. A solução porto-riquenha consistiu em subsídio, dado pelo próprio governo americano, aos investimentos realizados na ilha, ao mesmo tempo que se facilitava a absorção pelos Estados Unidos do excedente de mão de obra. Com efeito, em um quarto de século a população porto-riquenha na Metrópole veio a ser tão importante quanto a que permaneceu na ilha.

Em Cuba, onde a evolução política vinha se realizando no sentido de consolidação de um Estado nacional soberano, as diretrizes adotadas no começo dos anos 1930 levariam, necessariamente, a um impasse no plano econômico. O setor exportador, do qual dependiam todas as demais atividades econômicas, permaneceu estacionário entre o decênio dos 1920 e o dos 1950, enquanto a população do país duplicava. A economia tendeu a adaptar-se a condições de permanente subemprego da mão de obra, o que deu lugar a um fortalecimento das organizações sindicais orientadas para a defesa da estabilidade no trabalho. Os recursos de capital formados no país tenderam a emigrar, sendo extremamente baixa a taxa de investimento da economia cubana. Parte dos recursos disponíveis orientou-se para a aquisição de terras, que eram transformadas em latifúndios pecuários de baixíssima produtividade. Assim, Cuba configurou-se como uma economia que mantinha em permanência um elevado coeficiente de desemprego, exportava capitais e subutilizava as terras agrícolas.

Nos anos que se seguiram ao segundo conflito mundial, a economia cubana foi objeto de estudos sistemáticos por parte de economistas do país e de instituições internacionais, e que chamaram a atenção para a sua irracionalidade intrínseca. Tem início, então, um esforço visando a dotar o Estado cubano de maiores meios de ação, particularmente no plano monetário. Criaram-se nessa época o Banco Nacional de Cuba e outras instituições orientadas para a promoção do desenvolvimento. A partir de 1952, o governo, através do Banco Nacional, passou a interferir diretamente na comercialização do açúcar, retirando do mercado os estoque invendáveis, à semelhança da política que adotara o Brasil com respeito ao café desde início do século XX. O objetivo dessa política era, por um lado, evitar que as flutuações da safra, motivadas por fatores climáticos, refletissem nos preços do mercado mundial e, por outro, reduzir o impacto das flutuações da renda do setor exportador no conjunto da economia nacional. Demais desse esforço de orientação do setor exportador, o governo cubano fomentou investimentos em setores agropecuários e manufatureiros, visando a substituir importações. Estima-se em 250 milhões de dólares os investimentos em capital fixo realizados na indústria manufatureira entre 1954 e 1958, grande parte dos quais foi financiada pelo Estado. Desse total, 68 milhões foram invertidos em refinarias de petróleo e 17 milhões em indústrias químicas. A indústria do papel, à base do bagaço de cana, começou a desenvolver-se nessa época.[8] Não obstante a modificação de orientação do governo cubano que vimos de assinalar, a taxa de crescimento anual do PIB entre 1948 e 1958 foi de 1 por cento per capita, enquanto para o conjunto da região essa taxa se aproximou de 2 por cento. Cabe acrescentar que o esforço realizado pelo poder público para financiar os investimentos do setor privado, nos anos 1950, teve como contrapartida um aumento considerável da dívida pública e um declínio não menos considerável das reservas de ouro e divisas. Cuba se aproximava de uma situação crítica que teria levado o governo seja a recuar para reconstituir as suas reservas de câmbio, à custa de agravamento do desemprego, seja a dar passos decisivos adiante, no sentido da liquidação do sistema de favores e de acordos de reciprocidade que submetiam a economia da ilha a uma meia integração com a economia dos Estados Unidos, em condições que tendiam a aumentar a distância entre os níveis de vida das respectivas populações.

A FASE REDISTRIBUTIVA DA REVOLUÇÃO

A revolução de 1959 precipitou os acontecimentos e encaminhou o país para a segunda alternativa de forma espetacular.

8. Para uma análise retrospectiva do desenvolvimento da indústria cubana, ver "El desarrollo industrial de Cuba", documento apresentado pelo governo cubano no Simpósio Latino-americano de Industrialização, organizado pela CEPAL em março de 1966.

A reação dos Estados Unidos e o bloqueio econômico subsequente imposto à ilha pelo governo de Washington, e também o apoio que o governo de Cuba recebeu da União Soviética e de outros países socialistas, deram aos acontecimentos uma velocidade inusitada, o que veio modificar em sua essência mesma o quadro de opções decorrente da evolução anterior. A revolução de 1959 deve ser compreendida como parte do processo de formação do Estado nacional cubano — processo iniciado com a luta de libertação contra o poder espanhol. Contudo, o rumo tomado por essa revolução não pode ser entendido sem se ter em conta que o ato final desse processo de libertação se fazia contra os Estados Unidos no momento crítico em que o equilíbrio termonuclear exigia uma rígida demarcação de zonas de influência entre as duas superpotências. Assim, as circunstâncias internacionais que envolveram a Revolução Cubana viriam a desempenhar papel decisivo no rumo que ela tomaria.

Do ponto de vista econômico, a evolução de Cuba a partir da revolução compreende dois períodos. O primeiro está marcado por uma política visando a modificar a estrutura de poder e a distribuição da renda, enquanto o segundo se caracteriza por um grande esforço no sentido da reconstrução do conjunto da estrutura econômica do país.

O primeiro ato importante da revolução, no plano econômico, foi a promulgação de uma lei de reforma agrária que se distinguia de outras que conhecera a América Latina porque não se propunha a dividir a terra. O limite máximo da propriedade agrícola era estabelecido em trinta *caballerías* (402,6 hectares), sendo todas as demais terras expropriadas. Se as terras já estavam divididas e vinham sendo trabalhadas por arrendatários ou meeiros, estes as recebiam em lotes de cinco *caballerías*, ou seja, 67 hectares. Se a propriedade estava organizada como uma unidade de exploração econômica, conservava-se essa unidade, passando a administração a uma cooperativa ou granja do Estado. A reforma conservou inicialmente as propriedades médias, entre cinco e trinta *caballerías*, que foram eliminadas pela segunda lei agrária de 1963. A reforma consistiu essencialmente em eliminar a renda da terra antes paga por cerca de 100 mil pequenos plantadores e em transferir para o Estado, representado por uma poderosa instituição para esse fim criada (Instituto Nacional da Reforma Agrária — INRA), o controle de todas as propriedades médias e grandes, anteriormente administradas como empresas agrícolas. Os pequenos agricultores independentes, novos e antigos, foram reunidos na Associação Nacional de Agricultores (ANA), e conjuntamente possuem cerca de 7,2 milhões de hectares. As propriedades médias e grandes controladas pelo INRA somam cerca de 11,4 milhões de hectares, distribuídos em aproximadamente 1500 unidades autônomas.[9]

Além da reforma agrária, outras medidas contribuíram para modificar o perfil de distribuição da renda.[10] Assim, em março de 1959 os aluguéis urbanos foram reduzidos entre 30 e 50 por cento, ao mesmo tempo que os salários dos trabalhadores urbanos e rurais eram elevados. Os gastos do governo em serviços sociais (principalmente saúde, educação e habitação) subiram de 390 milhões de dólares para 1,321 bilhão. Estimativas conservadoras levam a admitir que, como resultado das várias medidas tomadas entre 1959 e 1961, pelo menos 15 por cento da renda nacional cubana foi transferida dos grupos proprietários para a massa trabalhadora. Assim, a Revolução Cubana se aproximava mais, em

9. Para uma apresentação completa da reforma agrária cubana, ver MICHEL GUTELMAN, *L'agriculture socialisée à Cuba* (Paris, 1967), RENÉ DUMONT, *Cuba, socialisme et développement* (Paris, 1964) e também JULIO LE RIVEREND, "Conclusiones sobre la reforma agraria en Cuba", in *Les problèmes agraires des Amériques Latines*, cit.

10. Cf. CEPAL, *Estudio económico de América Latina*, 1963.

sua fase inicial, da ideologia socialista clássica, de espírito distributivista, que do socialismo desenvolvimentista que prevaleceu nos países da Europa Oriental. As transferências de renda, neste segundo caso, foram feitas para o Estado, com vistas a elevar a taxa de capitalização.

A explicação da orientação inicialmente adotada pela Revolução Cubana está, possivelmente, em que seus dirigentes haviam sido influenciados por estudos da economia do país realizados no período anterior, os quais punham em relevo a existência de ampla capacidade produtiva não utilizada, em razão da insuficiência de demanda efetiva e de uma extrema desigualdade na distribuição da renda. Admitia-se que uma política orientada nesse sentido proporcionaria um rápido crescimento do produto e, ao mesmo tempo, criaria, a médio prazo, problemas de balança de pagamentos. Estes abririam a porta a um controle efetivo do setor externo da economia, o que levaria o Estado cubano a colocar sobre outras bases as relações econômicas do país com os Estados Unidos. Com efeito, a margem de capacidade ociosa no setor industrial era ampla. A CEPAL estimou que, nos principais ramos da indústria, incluindo-se a têxtil, essa margem alcançava 60 por cento em 1959. Explica-se, assim, que nos dois primeiros anos que se seguiram à revolução o produto interno tenha crescido de forma a absorver grande parte do incremento da demanda monetária causada pela elevação dos salários.[11] E não só no setor manufatureiro a oferta era elástica a curto prazo. A produção de açúcar alcançou em 1961 nível que no passado só fora superado uma vez; entre 1958 e 1962 a produção de arroz passou de 163 mil toneladas para 300 mil; a de tomate, de 44 mil para

11. Para uma apresentação dessa primeira fase da revolução, do ponto de vista econômico, ver DUDLEY SEERS (e outros), *Cuba: The economic and social revolution* (Londres, 1964).

116 mil; a de milho, de 134 mil para 257 mil; e a de feijão, de 33 mil para 78 mil.[12]

Em uma economia de estrutura pouco diferenciada como a cubana, toda tentativa de elevação do ritmo de crescimento acarretaria, de imediato, séria pressão sobre a balança de pagamentos. Assim, era de esperar que o setor externo em pouco tempo se transformasse no ponto nevrálgico em que se decidiria o futuro da Revolução Cubana. Passaram para o primeiro plano os problemas de controle de câmbio, racionamento de divisas, busca de novos mercados para os excedentes de açúcar e linhas de crédito para financiar as importações de equipamentos, cujo volume deveria aumentar rapidamente. Ora, as desapropriações de terras, em grande parte de propriedade de cidadãos americanos, haviam dado origem nos Estados Unidos a um poderoso grupo de pressão disposto a dificultar toda forma de cooperação pública ou privada dos Estados Unidos com o governo revolucionário cubano. Este procuraria diversificar as fontes de suas importações, e seria em torno da compra de petróleo cru na União Soviética, a ser tratado em refinaria de propriedade americana, que se originaria o incidente que, como bola de neve, levaria o governo cubano a expropriar todas as propriedades de cidadãos americanos na ilha, cujo valor superava o bilhão de dólares.

Qualquer que tenha sido a orientação original dos dirigentes cubanos, não resta dúvida de que, a partir da ruptura das relações econômicas com os Estados Unidos, o campo que lhes restava para manobrar era dramaticamente estreito. A economia cubana, em razão de sua proximidade do mercado norte-americano, operava tradicionalmente com estoques reduzidos, o que era uma vantagem não negligenciável. Esgotados esses estoques,

12. Cf. MICHEL GUTELMAN, cit.

a obtenção de peças sobressalentes tornou-se na maioria dos casos um problema de difícil solução. A integração com economias centralmente planificadas requeria modificações nestas e uma conversão das estruturas econômicas cubanas que exigiria tempo considerável, durante o qual os problemas de abastecimento interno não seriam de pequena monta. A gravidade desses problemas aparentemente não foi percebida desde o início, admitindo-se que um esforço no sentido da substituição de importações, tanto no setor agrícola como no industrial, poderia aliviar a pressão sobre a balança de pagamentos em prazo relativamente curto. Essa orientação levou a multiplicar as iniciativas no setor agrícola — o país no período pré-revolucionário dependia amplamente da importação de alimentos — e a importar equipamentos industriais em escala considerável. As consequências foram extremamente negativas: a produtividade no setor agrícola baixou, e o desvio de fatores do setor açucareiro começou a afetar a única fonte de capacidade para importar de que dispunha o país; quanto ao setor industrial, logo se evidenciou que durante muito tempo ele dependeria pesadamente de produtos intermediários importados.

Além dos problemas assinalados, cabe ter em conta a rapidez com que fora modificada toda a estrutura da economia do país. Criou-se um círculo vicioso pelo qual o governo passou a submeter a um controle direto todas as decisões econômicas, sem que para isso estivesse técnica ou administrativamente preparado. As empresas agrícolas de tamanho médio e grande passaram a ser administradas pelo Estado, exatamente quando emigrava do país grande parte dos quadros técnicos que antes trabalhavam na agricultura. O setor industrial passou igualmente em sua totalidade para o controle direto do Estado, ao mesmo tempo que a maioria dos administradores e engenheiros industriais com experiência deixava o país. A estrutura do setor industrial foi estabelecida a partir de ministérios — da Indústria, da Indústria Alimentícia, da Indústria Açucareira, da Construção — e de órgãos centrais autônomos, como o Instituto Nacional da Pesca e a Empresa Cubana do Fumo. Esses ministérios ou órgãos autônomos controlam *empresas*, que, por sua vez, reúnem *estabelecimentos*. Em geral, as empresas administram de dez a 25 fábricas. Em 1964, 172 fábricas respondiam por 70 por cento do valor da produção e 49 por cento do emprego no setor manufatureiro.[13]

Devido à pouca diferenciação do setor industrial — a estrutura do sistema industrial cubano em 1964 era similar à dos países centro-americanos — e ao pequeno desenvolvimento das fontes de matérias-primas locais, tanto agrícolas como minerais, o conteúdo de importações do produto industrial era muito elevado. Assim, para aumentar de um dólar a produção da indústria de alimentos, excluído o açúcar, fazia-se necessário importar insumos diretos e indiretos no montante de trinta centavos. Na indústria têxtil, a importação era de 22 centavos, na química de 34, na metal-mecânica de 43 etc.[14]

A FASE DE RECONSTRUÇÃO DO SETOR EXTERNO

A partir de 1963-4 define-se a nova linha de política econômica do período revolucionário. O déficit na balança comercial alcançara, em 1963, 323 milhões de dólares, correspondendo a 37 por cento do valor das importações e a aproximadamente 10 por cento do produto interno. A produção de açúcar, que havia alcançado 6,767 milhões de toneladas em 1961, ou seja, 1 milhão de toneladas acima da média do decênio anterior, declinou para 4,815 milhões de toneladas em 1962 e 3,821 milhões em 1963.

13. *El desarrollo industrial de Cuba*, cit.

14. Idem.

Fatores de ordem climática explicam parcialmente esse declínio, mas não resta dúvida de que a razão principal foi a redução da área cultivada, com o desvio em certos casos das melhores terras, e a insuficiência de mão de obra na época da colheita. A experiência cubana desse período evidenciou claramente que, para a transformação da estrutura econômica de um país subdesenvolvido, não é suficiente dispor de uma estrutura de poder capacitada para aumentar o esforço de capitalização; não menos necessário é dispor de certa margem de capacidade para importar, sem o que a assimilação do progresso tecnológico será insuficiente. Mesmo se Cuba tivesse dedicado à capitalização os recursos que retirou à classe proprietária no começo da revolução — da mesma forma que os países da Europa Oriental encaminharam para a capitalização os recursos subtraídos ao setor agrícola —, a possibilidade de transformar a estrutura econômica ficaria na dependência da capacidade para importar, pelo simples fato de que a faculdade para *transformar* recursos de uma economia subdesenvolvida e não industrializada é extremamente limitada. Ora, a Revolução Cubana começara por redistribuir a renda com vistas a elevar o nível do consumo da grande massa da população, o que significou não apenas que a taxa de investimento não se elevaria, mas também que a capacidade para importar liberada pela redução do consumo das classes ricas seria absorvida pela importação de bens de consumo de uso geral, ou de produtos intermediários e matérias-primas para produzi-los no país. Com efeito, o valor das importações subiu de 638 milhões de dólares em 1960 para 867 milhões em 1963 e 1,015 bilhão em 1964, sendo todo o incremento financiado com ajuda externa, quase integralmente proporcionada pela União Soviética. O coeficiente de importações deve ter superado em 1964 os 30 por cento, nível que, a partir de 1930, somente foi alcançado na região pela Venezuela.

A nova diretriz definida a partir de 1963-4 visava essencialmente à recuperação da capacidade para importar mediante a exploração sistemática das vantagens comparativas que tem o país na produção de açúcar e de outros itens da agropecuária. Assim, Cuba retornou à linha básica de sua evolução econômica em um novo contexto. A União Soviética comprometeu-se a aumentar as suas importações de açúcar cubano de 2,1 milhões de toneladas, em 1964, para 5 milhões em 1970. O problema dos preços não parece apresentar dificuldades extraordinárias, pois, mesmo pagando preços bem mais altos que os do mercado internacional nesse período, a União Soviética realizaria uma economia considerável, porquanto o custo do açúcar produzido internamente é bem superior.[15] Em outras palavras, o preço pago poderia ser o dobro do que prevalecia no mercado internacional e corresponder a um terço dos custos de produção interna. Esse exemplo evidencia as vantagens que podem resultar de uma organização dos mercados internacionais. Satisfazendo o incremento de seu consumo de açúcar com importações cubanas, a União Soviética estaria em condições de reduzir os preços internos do produto e proporcionar a Cuba um mercado estável a médio prazo para suas exportações. No correr dos anos 1960, o governo cubano fixou como objetivo básico alcançar uma produção de 10 milhões de toneladas de açúcar no fim do decênio, o que significaria um aumento de 50 por cento com respeito à produção de 1961. Para alcançar esse objetivo, aumentou-se consideravelmente a área cultivada. Contudo, os resultados obtidos estiveram muito abaixo do esperado, pois baixaram de forma sensível os rendimentos por hectare e também o rendimento em sacarose da cana. Cuba enfrenta problemas de insuficiência de água, disputada por outros cultivos. As possibilidades de expandir a produção açucareira na

15. Cf. RENÉ DUMONT, cit.

ilha encontram limites econômicos decorrentes da disponibilidade de água e do custo relativo dos adubos. É evidente que, à medida que se eleve o nível técnico de toda a agricultura do país, tais limites podem ser modificados. Contudo, cabe ter em conta que as vantagens relativas da produção canavieira refletem em boa parte o baixo nível da capitalização no conjunto da economia e a abundância de uma mão de obra relativamente barata. A modificação desses dados básicos terá, necessariamente, reflexos sobre as atuais vantagens comparativas do açúcar.

Outras linhas de exportação vêm merecendo atenção do governo cubano nos anos recentes. A pecuária surge aí em primeiro plano, admitindo-se que os seus rendimentos poderão ser substancialmente elevados. O rebanho vacum cresceu de 6,2 milhões de cabeças, em 1963, para 7,1 milhões em 1970. O níquel, cuja exploração envolve problemas tecnológicos particulares, mas que conta com reservas consideráveis, vem proporcionando uma linha de exportações de importância crescente. O café e os cítricos estão sendo plantados ou replantados com vistas à exportação, mas com resultados irregulares.

Em consequência das novas diretrizes adotadas, a superfície dedicada a inúmeras culturas — milho, algodão, oleaginosas, arroz — foi reduzida. O arroz, que concorre seriamente com a cana pela água de irrigação, viu sua produção declinar de 237 mil toneladas para 97 mil entre 1963-4 e 1967-8. Em face da impossibilidade de continuar aumentando as importações, o sistema de racionamento teve de ser generalizado. Por outro lado, para fazer face aos investimentos requeridos pelo plano de expansão da capacidade para importar, todo o programa industrial, concebido na primeira fase da revolução e voltado para a substituição de importações, teve de ser modificado, o que implicou o abandono de inúmeros projetos cujos equipamentos já haviam sido importados. O esforço de industrialização foi reduzido e reorientado no sentido de reforçar a economia agrícola e de aproveitar as economias externas por ela criadas. Assim, os setores industriais de mais alta prioridade passaram a ser o de fertilizantes químicos — nitrogenados e fosfatados — e o de implementos agrícolas. A seu lado aparecem as indústrias que processam a produção agropecuária, particularmente a de produtos lácteos e a de sucos cítricos, ambas parcialmente orientadas para a exportação, e a da pesca, cuja produção cresceu de 35,6 mil toneladas para 80 mil entre 1963 e 1969. Outra linha prioritária é a de materiais de construção. Os investimentos na indústria do cimento permitiram elevar sua capacidade de produção de 800 mil toneladas para 2,2 milhões no correr dos anos 1960.

Assim, a nova política econômica visou essencialmente à recuperação e à ampliação da produção açucareira, com vistas a dotar o país de uma base de capacidade para importar que lhe proporcione margem de manobra para transformar as estruturas econômicas. Já fizemos referência ao fato de que os resultados obtidos foram modestos: a safra de 1970 situou-se em 8,533 milhões de toneladas,[16] apenas 26 por cento acima da safra de 1961. Demais, os custos de produção médios cresceram consideravelmente, o que forçou nova reorientação da política econômica. Entre 1971 e 1974, a produção tendeu a estabilizar-se em torno de 5,5 milhões de toneladas, ao mesmo tempo que um maior esforço era realizado nas culturas destinadas a abastecer o mercado interno. Assim, já em 1971, a produção de arroz alcançava 326 mil toneladas, superando o ponto mais alto, atingido em 1964, em 38 por cento. Em geral, a produção de alimentos — inclusive a de proteínas de origem animal — aumentou sensivelmente no começo dos anos 1970, depois de ter permanecido estagnada em todo o quinquênio anterior.

16. CEPAL, *Estudio económico de América Latina*, 1973, primeira parte, quadro 27.

Durante toda a segunda metade dos anos 1960, a economia cubana funcionou com forte desequilíbrio externo. Em 1968-9 o valor médio das exportações foi de 658 milhões de dólares, contra 1,128 bilhão das importações, o que significa que 42 por cento das importações tiveram de ser financiadas com crédito externo, concedido em sua quase totalidade pela União Soviética. Contudo, em 1970 a entrada de recursos externos se reduziu à metade do que fora no ano anterior, mas na primeira metade dos anos 1970 a situação melhorou consideravelmente, graças à elevação do preço do açúcar no mercado livre. As exportações de açúcar para a União Soviética, que haviam representado 45 por cento do total em 1970, declinaram para 31 e 26 por cento nos dois anos seguintes, o que permitiu a Cuba beneficiar-se da elevação dos preços no mercado livre, que mais que triplicaram nesse período. A forte elevação dos preços do açúcar no mercado livre em 1973-4 não é uma garantia de que os preços relativos desse produto se manterão altos no futuro, e as dificuldades encontradas para renegociar o acordo do açúcar em 1973 constituem clara indicação nesse sentido. O fato de que a economia cubana continue a depender essencialmente desse produto para gerar capacidade de importação é indicação clara de que o seu grau de vulnerabilidade externa permanece elevado.

A economia cubana pareceu tatear em busca de um caminho próprio até fins dos anos 1960.[17] Os ideais socialistas de seus dirigentes, cujos objetivos igualitaristas se explicitaram no grande esforço para melhorar rapidamente as condições de vida das massas, constituem o fator condicionante básico de todo o processo econômico. As grandes vitórias obtidas na elevação do nível

17. Uma síntese da evolução recente da economia cubana (até começos de 1967) encontra-se em ROBIN BLACKBURN, "The economics of the Cuban Revolution", in *Latin America and the Caribbean: A handbook*, cit.

educacional das massas e na melhoria de suas condições de saúde, bem como na mobilização do povo e sua integração no processo político, demonstraram a capacidade dos líderes revolucionários. O problema econômico fundamental continuava, entretanto, de pé: quando poderia o país contar com um sistema produtivo capaz de proporcionar um fluxo crescente de bens e serviços, de forma que a população cubana tivesse acesso aos frutos da revolução tecnológica que se processa em escala mundial? Os planos em execução na segunda metade dos anos 1960 correspondiam a uma fase intermediária: visavam a recuperar a capacidade de importação reduzindo a dependência de ajuda externa, que, em certo período, foi condição de sobrevivência. Nos anos 1970 teve início nova fase, com ênfase na proposta de elevação significativa da produtividade do trabalho no conjunto das atividades ligadas ao abastecimento do país. O rápido aumento da produção observado no período referido veio comprovar que parte substancial dos investimentos realizados nos anos 1960, tanto na agricultura como na indústria, permaneceria subutilizada. A adoção de uma política de incentivos mais realista traduziu-se em rápida elevação da produtividade do trabalho, graças à utilização dessa margem de capacidade subutilizada. Além disso, a consequente ampliação da oferta permitiu absorver parte do excesso de liquidez que surgira nas mãos dos consumidores desde começos do período revolucionário, o que por seu lado ampliou a oferta de mão de obra. Assim, o crescimento do produto foi acompanhado de redução de seu custo social.

Convém não esquecer que o setor agrícola inclui cerca de 150 mil pequenos produtores, em grande parte responsáveis pelo abastecimento do mercado interno. Assim, em 1965, 69 por cento dos legumes, 68 por cento das frutas, 58 por cento dos tubérculos, 40 por cento do leite e 32 por cento do arroz provinham do setor privado. Não obstante 43 por cento das terras pertencerem a esse setor, ele não havia sido integrado no planejamento agrícola, que, por ser muito rígido, não se adaptava a unidades produtivas que somente podem responder a incentivos de ordem econômica. As decisões anunciadas em janeiro de 1968 no sentido de suprimir o sistema de contratos entre o Estado e os pequenos produtores (que deveriam entregar a sua produção excedente aos armazéns públicos, independentemente da fixação de preços,[18] recebendo os insumos de forma idêntica) pareciam indicar que se caminhava para uma coletivização total do setor agrícola, o que não é empresa fácil, como se sabe da experiência de outros países socialistas. Essa fase de tateio tendeu a prolongar-se pelo fato de que em Cuba foi particularmente vivo o conflito filosófico que se encontra na raiz das revoluções socialistas: um conflito entre os que supõem que a liberação do homem (a destruição das estruturas sociais e psicológicas que inibem ou deformam sua criatividade) deve preceder a busca da eficácia econômica e os que afirmam que nenhuma vitória no plano humano será duradoura se não se ampliar substancialmente, desde o início, a base material da sociedade. Esta segunda corrente prevaleceu finalmente no começo do decênio dos 1970.

18. Cf. HENRI DENIS, "Le socialisme cubain à la recherche d'un modèle économique", *Le Monde*, 10 de janeiro de 1968.

25. Problemas atuais e perspectivas

Após século e meio de separação de suas antigas metrópoles europeias, os países latino-americanos ainda apresentam, individual ou conjuntamente, um perfil não totalmente definido, encontrando-se cada sub-região em fase distinta de um processo de homogeneização cultural, de modernização social e política e de um desenvolvimento econômico em muitos aspectos sui generis. As instituições que formaram o substrato da sociedade colonial — a fazenda, a comunidade indígena tutelada e a empresa agrícola de exportação — persistiram sem modificações na fase subsequente e serviram de suporte à formação dos Estados nacionais. O desenvolvimento econômico, insignificante nos três séculos anteriores, ocorre a partir da metade do século XIX, assumindo a forma de inserção no sistema de divisão internacional do trabalho que emerge da Revolução Industrial. Esse desenvolvimento econômico consistiu, até começos do século XX, em utilizar extensivamente recursos disponíveis de terras e mão de obra para especializar-se na exportação de produtos primários, o que requereu, muitas vezes, importantes investimentos infraestruturais, via de regra financiados do estrangeiro. Assim, a penetração da tecnologia moderna se fez de preferência na infraestrutura, e não nas atividades diretamente produtivas.

A modernização das infraestruturas proporcionou economias de aglomeração que favoreceriam as populações urbanas, as quais começaram a crescer a partir do último quartel do século XIX, como reflexo da expansão do setor externo e da consolidação definitiva dos Estados nacionais. Com a urbanização, intensifica-se a transplantação dos padrões de consumo, privados e públicos, dos países de civilização de base industrial. Dessa forma, a modernização se faz pela adoção de produtos acabados e pela transplantação de formas de comportamento na *utilização* do produto, e não pela assimilação da tecnologia moderna ligada aos processos produtivos. A adoção de padrões de consumo público superiores, particularmente no setor de saúde pública, terá importantes repercussões no plano demográfico. As taxas de mortalidade declinam persistentemente, até alcançar índices similares aos de países de níveis de vida muito mais altos. As taxas de natalidade, por sua vez, se manterão em níveis excepcionalmente elevados, porquanto as condições de vida da grande maioria da população não serão afetadas pelo desenvolvimento em muitos de seus aspectos fundamentais. A formação de grandes núcleos urbanos que modificam os processos de formação de capital, particularmente quanto às técnicas de construção, e a elevação do nível de vida de uma parte da população põem em marcha o processo de industrialização. Este se abrirá em várias direções e ganhará profundidade, como resultado das tensões estruturais causadas pela crise do setor exportador.

Posto que o desenvolvimento econômico tem como fundamento a assimilação de progresso tecnológico no nível dos processos produtivos, convém observar deste ângulo particular o processo latino-americano. Assinalamos que na fase de expansão das exportações de produtos primários a penetração da tecnologia moderna se fazia quase exclusivamente no setor infraestrutural. Nas economias exportadoras de produtos minerais, o isolamento geográfico do setor exportador impedia que o progresso tecnológico que nele ocorresse tivesse efeitos significativos no conjunto da economia. No caso das economias exportadoras de produtos agropecuários, fosse porque as vantagens comparativas se baseavam no uso extensivo dos recursos, fosse porque a organização agrária não propiciava a capitalização, a experiência demonstrou que a assimilação de novas técnicas seria lenta ou inexistente. Ao processo de industrialização coube o papel de abrir as portas à assimilação da tecnologia moderna em uma ampla frente. Em uma simplificação, poderia se dizer que na América Latina a assimilação do progresso técnico se fez inicialmente no nível do consumo e que somente a partir da industrialização se pôde a rigor falar de assimilação do progresso técnico no nível das formas de produção. Essa disparidade não podia deixar, entretanto, de criar problemas, sendo exatamente nesse ponto que o desenvolvimento econômico assume peculiaridades próprias na região. A transplantação de uma tecnologia já em fase de alta complexidade daria origem a um novo tipo de dualismo entre unidades produtivas de tecnologia moderna e altamente capitalizadas e setores produtivos de técnicas tradicionais e baixo nível de capitalização, e esse dualismo se sobrepõe ao anterior entre o setor de economia de mercado e o setor de economia de subsistência.

A industrialização latino-americana ainda se encontrava em seus primórdios quando se abriu para a economia internacional uma fase de importantes transformações. O sistema tradicional de divisão internacional do trabalho, baseado no intercâmbio de matérias-primas por manufaturas, entra em declínio, e tem início a descentralização da atividade industrial em escala mundial sob o controle de grandes empresas criadoras ou controladoras do progresso técnico, na forma de novos produtos e de novos processos produtivos. Na América Latina esse processo assume principalmente a forma de controle progressivo das atividades manufatureiras locais, nos setores em que é mais rápido o progresso tecnológico, por grandes empresas cujas sedes se encontram, na grande maioria dos casos, nos Estados Unidos. O processo de transmissão do progresso tecnológico, antes implícito na exportação de equipamentos intercambiados por matérias-primas, tendeu a se traduzir pela descentralização internacional dos grandes grupos industriais. Essa nova forma de irradiação da tecnologia veio agravar certas deformações surgidas no período anterior. Como o progresso técnico significa elevação da dotação de capital por pessoa empregada — o que reflete as condições particulares dos países na vanguarda do processo de acumulação, que criam as novas técnicas —, a assimilação desse progresso tende a provocar sérias distorções estruturais, particularmente se não é acompanhada de aumento significativo do produto global ou se acarreta participação crescente na renda de fatores que criam um fluxo de pagamentos a serem realizados no exterior. Nos países em que existe um excedente estrutural de mão de obra, sendo a taxa de salário um reflexo das condições de vida das massas de população, e não do grau de assimilação do progresso técnico, os frutos dos incrementos de produtividade tendem a concentrar-se em mãos dos proprietários e empresários. Daí as descontinuidades no perfil da demanda formada por um amplo grupo cujo consumo não se diversifica, crescendo vegetativamente, e por uma minoria de demanda altamente dinâmica, qualitativa e quantitativamente.

Forma-se, assim, um quadro no qual a difusão do progresso técnico é lenta, e em que o acesso aos frutos dos incrementos de produtividade é restrito, permanecendo grandes massas de população marginalizadas. Mesmo nos países em que mais regular e intenso tem sido o desenvolvimento, como é o caso do México, uma grande parte da população permanece sem acesso aos seus frutos, ampliando-se dia a dia a distância que a separa dos grupos de rendas média e alta. A população marginalizada dos campos, constituída de minifundistas e trabalhadores agrícolas sazonais, apresenta condições extremas de subalimentação e uma expectativa de vida muito inferior à média nacional. Nas zonas urbanas, o fenômeno da marginalização torna-se mais visível nas precárias condições habitacionais.

Se observamos a evolução da economia latino-americana no pós-guerra, identificamos facilmente três períodos: o primeiro, que se estende até fins dos anos 1950, caracteriza-se por uma aceleração do crescimento; o segundo, que vai até fins do decênio seguinte, apresenta nítida redução das taxas de crescimento; e o terceiro, que se inicia em torno de 1968, assinala-se por nova intensificação do processo de crescimento. Pouca dúvida pode haver de que os principais fatores determinantes dessas tendências foram de origem externa. Nos dois primeiros períodos o fator decisivo foi o comportamento dos termos do intercâmbio, que melhoraram substancialmente na primeira metade dos anos 1950 e declinaram acentuadamente no primeiro quinquênio dos 1960. No terceiro período, o comportamento dos termos do intercâmbio continuou a desempenhar papel importante, ao qual se adicionou a intensificação do influxo de recursos externos. Estes, que se vinham mantendo num nível estável de 1,5 bilhão de dólares entre 1961 e 1967, elevaram-se até atingir 3,6 bilhões em 1971 e 5 bilhões em 1972 e 1973. Este último valor correspondeu a mais de um quinto do montante das importações de bens realizadas pela região. Em interação com esses fatores externos, ocorre o processo de industrialização: nos dois primeiros períodos, estritamente sob a forma de substituição de importações; no terceiro, dando continuidade ao processo substitutivo e orientando-se para a exportação de manufaturas. O processo de industrialização coincide com um crescente controle das atividades produtivas ligadas aos mercados internos por grupos estrangeiros.

No começo dos anos 1960, sob o impacto da Revolução Cubana e da perda de velocidade do crescimento em países como Chile, Argentina e Brasil, intensificou-se o debate sobre o significado real do desenvolvimento econômico que está ocorrendo na região. Tendeu a generalizar-se a consciência do alto custo social desse desenvolvimento, da inviabilidade de difusão de seus frutos entre amplas camadas da população e da crescente dependência externa no que respeita à operação do sistema produtivo e à orientação desse desenvolvimento. Desviam-se, então, as preocupações das *técnicas de programação econômica* para as *estratégias de desenvolvimento integrado econômico-social*. Multiplicam-se os *estilos* e *modelos* de desenvolvimento, uns mais preocupados com a maximização das taxas de crescimento, outros com o fortalecimento do controle nacional dos sistemas produtivos, e outros com a obtenção de uma mais ampla difusão dos frutos do desenvolvimento. Assim, no Brasil, a tônica foi posta na obtenção de altas taxas de crescimento do PIB; no Peru, no fortalecimento do poder nacional, encarnado pelo Estado, diante dos grupos estrangeiros e da oligarquia local, que tradicionalmente controlavam o sistema econômico; e no Chile da Unidade Popular, na democratização da riqueza nacional.

O próprio êxito da experiência brasileira contribuiu para desnudar o fundo do problema, expondo a ambiguidade do conceito de desenvolvimento, entendido como reprodução de padrões culturais transplantados de sociedades muito mais ricas. A concentração da renda e o enorme desperdício de recursos, que surgiram como sequelas do crescimento econômico *à outrance* contribuíram para reforçar a opinião daqueles que consideram necessário enquadrar o desenvolvimento num projeto social mais amplo, se se pretende efetivamente eliminar o subdesenvolvimento em seus aspectos mais antissociais. Por outro lado, a brutal interrupção da experiência chilena chamou mais uma vez a atenção para a estreiteza do campo de manobra dos reformadores sociais da região, submetidos a enormes pressões internas e externas.

A análise econômica constitui apenas uma primeira aproximação ao estudo de complexos processos históricos como o que atualmente está em curso na América Latina. Não se deve esquecer que o que ocorre na região continua a refletir a ação de variáveis exógenas, porquanto a região depende da exportação de matérias-primas e da importação de tecnologia. Demais, a parte mais moderna de seu setor industrial está integrada em consórcios transnacionais que operam apoiados em grande poder financeiro e escudados em não menor poder político. Por outro lado, a diversidade de fatores internos, entre países em diversas fases de desenvolvimento econômico e de homogeneização cultural, reduz a muito pouco o alcance de todo ensaio de previsão de tendências. Não há dúvida de que as possibilidades de desenvolvimento apoiado na exportação de matérias-primas e na industrialização "substitutiva de importações" já alcançaram seu limite, pelo menos no que se refere aos países de maior dimensão, assim como o quadro institucional herdado do período colonial ou constituído imediatamente após a separação das metrópoles parece ter esgotado suas possibilidades de adaptação às exigências do desenvolvimento. Compreende-se, portanto, que os problemas ligados à reconstrução estrutural tenham passado ao primeiro plano. O debate se orienta mais e mais para os meios a serem utilizados numa reconstrução estrutural cujas linhas básicas vão se definindo com crescente nitidez. Faremos, em seguida, referência a alguns dos pontos mais relevantes do temário que vem sendo debatido na região.

1. Reinserção das economias regionais nas linhas em expansão da economia internacional. A organização dos mercados dos produtos de base, de forma a assegurar relativa estabilidade de seus preços, e a possibilidade de previsão da demanda a médio prazo constituem preocupação generalizada. O esforço para consecução desse objetivo está contribuindo para a formação de uma frente comum dos países da região e para um entendimento mais amplo com os demais países do Terceiro Mundo. A definição de uma política comercial comum dos países produtores de produtos básicos e matérias-primas em geral, face aos países altamente industrializados, contribuiu para estreitar os laços entre os países da região e para aumentar o seu peso nas negociações com os Estados Unidos, o Mercado Comum Europeu, a União Soviética e o Japão.

2. Reformulação das relações econômicas com os Estados Unidos. A evolução dessas relações indica que a região vem se transformando em fonte de divisas que os Estados Unidos utilizam para cobrir parcialmente o seu déficit da balança de pagamentos com outras regiões do mundo. A participação da América Latina nas importações estadunidenses vem declinando persistentemente, havendo baixado de cerca de um terço, em começos dos anos 1950, para um quarto em fins desse decênio e para 12 por cento em 1970. O saldo comercial negativo da região foi, em 1970, de 1,399 milhão de dólares, contra 831 milhões como média anual no período 1966-70 e 266 milhões em 1961-5. Se se tem em conta que, em 1970, o serviço dos capitais privados americanos custou à região 1,693 bilhão de dólares, compreende-se a magnitude do desequilíbrio, que terá se agravado proximamente, pois as exportações americanas para a região aumentaram de 5,7 bilhões para 15,1 bilhões de dólares entre 1970 e 1974.

3. Reformulação das relações com os grandes consórcios internacionais. Já observamos que os setores mais dinâmicos da economia latino-americana vêm sendo progressivamente controlados por consórcios internacionais. Demais dos problemas ligados à orientação geral do desenvolvimento, à escolha de técnicas de produção e à aplicação de recursos em pesquisas dentro da região, coloca-se a questão da apropriação por grupos estrangeiros de parte considerável dos frutos do aumento de produtividade. Dadas as posições oligopolísticas que ocupam e a política de preços administrados que aplicam, as empresas transnacionais estão em condições de programar a sua expansão à base de autofinanciamento, completado quando necessário com apelos ao sistema bancário local. Com efeito, em economias caracterizadas por um considerável excedente estrutural de mão de obra, como é a regra na região, as empresas que possuem posição dominante no mercado estão em condições privilegiadas para reter a totalidade dos frutos do incremento de produtividade criados pelo avanço da tecnologia e pelas economias externas de que se beneficiam. As repercussões sobre a balança de pagamentos são óbvias, o que por si só pode pôr em marcha forças capazes de frear o desenvolvimento. É este um problema de excepcional complexidade, pois a sua solução não deverá ser obtida à custa de uma obstrução dos canais que transmitem o progresso tecnológico. Ainda que o debate em torno da questão se encontre em sua fase preliminar, tudo indica que a solução terá de ser buscada na criação de novas formas de empresas, que permitam a cooperação de grupos estrangeiros com organizações nacionais atuando segundo planos que subordinem a assimilação das novas técnicas a objetivos sociais claramente definidos.

O encaminhamento de uma solução para estes e outros problemas ligados às relações com o exterior não é concebível sem que haja um esforço paralelo de reconstrução das estruturas internas e sem que se criem novas formas de cooperação dentro da região. Nesta segunda página da agenda, caberia destacar os itens seguintes:

A. *Reconstrução das estruturas econômicas com vistas a intensificar a assimilação da tecnologia moderna em todos os setores produtivos.* Na maioria dos países, a intensificação do progresso técnico no setor agropecuário constitui presentemente necessidade inelutável a fim de interromper o processo de erosão dos solos e de destruição de outros recursos não renováveis, de dinamizar a oferta agrícola e de melhor repartir a riqueza nacional. Cabe repetir que esses objetivos somente serão alcançados no quadro de um esforço de reconstrução social mais amplo que as reformas agrárias que se vêm praticando na região.

B. Formulação de políticas de emprego capazes de pôr termo ao atual processo de crescente marginalização social. A penetração da tecnologia moderna numa economia subdesenvolvida, no quadro do *laissez-faire*, cria ou agrava um tipo de dualismo no plano social que vem sendo chamado de marginalização. Este problema é amplamente conhecido. Não terá ele solução fora de uma política encaminhada para impedir que o sistema de mercado provoque a destruição de formas de emprego que não podem ser substituídas. O debate em torno dessa questão está levando a uma cabal reformulação das ideias sobre desenvolvimento que vinham prevalecendo na região.

C. Aparelhamento do setor público. Para assumir responsabilidades crescentes na promoção do desenvolvimento, o Estado necessita passar por profundas modificações. Novas formas de organização que permitem conciliar padrões adequados de eficiência com a coerência de propósitos inerente à ação pública já estão se desenvolvendo na região. A criação de empresas públicas com atuação em setores estratégicos, do ponto de vista da promoção do desenvolvimento ou da defesa dos interesses coletivos, vem se realizando com crescente êxito. Mas a criação de instrumentos de ação internacional e de controle das empresas estrangeiras avança lentamente.

D. A conquista de um mínimo de autonomia tecnológica. Dadas as particularidades dos recursos naturais da região, principalmente no que se refere às áreas tropicais e subtropicais, e em razão de aspectos sui generis de sua economia, o desenvolvimento da América Latina requer um esforço crescente em pesquisa tecnológica e na ciência básica necessária para que essa pesquisa se consolide e frutifique. O esforço terá de realizar-se quase exclusivamente por meio do setor público, ou em instituições universitárias financiadas pelo setor público, porquanto o controle de grande parte do setor privado por grupos estrangeiros tende a colocar as empresas na dependência de centros de pesquisa situados fora da região.

E. Cooperação no plano regional. Grande parte dos problemas anteriormente referidos só poderá ser adequadamente abordada no quadro de uma efetiva cooperação regional. Uma tal cooperação, por sua vez, pressupõe a existência de estruturas nacionais viáveis do ponto de vista do desenvolvimento. Em outras palavras: a reconstrução das estruturas, o aparelhamento dos Estados para comandar os processos internos de desenvolvimento e a obtenção de formas de maior cooperação em nível regional são problemas interdependentes, cujas soluções só poderão ser alcançadas por aproximações, mediante esforços paralelos. Nas condições atuais de inadequação das estruturas internas e dependência externa, a *integração* levaria a região a um novo impasse no subdesenvolvimento, ao mesmo tempo que se esvaziariam ainda mais os atuais centros nacionais de decisão. Em razão das consideráveis disparidades nos níveis de desenvolvimento de hoje e da magnitude do esforço de reconstrução estrutural interno a enfrentar, tudo leva a crer que o processo integracionista continuará avançando com lentidão e sujeito a graves reveses, como o ocorrido na América Central no final dos anos 1960. Contudo, novas formas de cooperação dentro da região poderão ser alcançadas, tanto no que respeita à ação internacional como no que se refere à solução de problemas comuns e à cooperação financeira. A política comum dos países do Grupo Andino face às firmas estrangeiras é exemplo marcante das novas formas de cooperação que estão surgindo.

Quiçá em nenhuma outra região do Terceiro Mundo o debate sobre o *desenvolvimento* tenha ocupado tanto os espíritos no correr do último quarto de século. Também em nenhuma outra parte tem sido tão difícil justificar a extrema precariedade das condições de vida de grandes massas de população em face da abundância de recursos naturais e dos êxitos apregoados das políticas de desenvolvimento. A experiência desses anos pôs em evidência, por trás das similitudes superficiais, uma grande diversidade de situações históricas, o que leva a crer que a luta efetiva contra o subdesenvolvimento continuará a assumir uma multiplicidade de formas. O denominador comum parece ser a consciência de que o *laissez-faire* no quadro da dependência leva necessariamente à agravação das disparidades sociais, e de que os trabalhos de reconstrução estrutural implicam um esforço político bem mais árduo do que se havia pensado anteriormente. Ao otimismo fácil que nos anos 1950 havia levado ao *desenvolvimentismo*, sucederam as apreensões, as impaciências e as frustrações do decênio seguinte. Ao iniciar-se o último quarto do século XX, o horizonte continua cheio de perplexidades e incertezas, mas parece fora de dúvida que a tutela das velhas elites conclui o seu ocaso e que os povos da região começam a participar da invenção da própria história.

Índice de quadros

Bibliografia

1. DOCUMENTOS DA ORGANIZAÇÃO DAS NAÇÕES UNIDAS (ONU)

CEPAL. Comissão Econômica para a América Latina.

América Latina y la estrategia internacional de desarrollo, ONU, 1973.

América Latina y los problemas actuales de la energía, ONU, 1974.

América Latina y la política comercial internacional, ONU (E/CN. 12/773), 1967.

Analyses and projections of economic development, ONU (E/CN. 12/363), 1955.

La CEPAL y el análisis del desarrollo latinoamericano, ONU (E/CN. 12/AC. 61/10), 1968.

Contribución a la política de integración económica de América Latina, ONU (E/CN. 12/728), 1965; também incluído em CEPAL, *Hacia la integración acelerada de América Latina*.

El desarrollo agrícola en América Latina, ONU, 1969.

El desequilibrio externo en el desarrollo económico latinoamericano: El caso de México, ONU (E/CN. 12/428), 1957.

Las economías de escala en plantas siderúrgicas, ONU, 1967.

The economic development of Latin America in the post-war period, ONU, 1964.

Economic Bulletin for Latin America, ONU, mensal.

Economic Survey of Latin America, ONU, anual, 1949, 1963, 1965, 1966, 1967, 1970, 1971, 1973.

Elementos para elaboración de una política de desarrollo con integración para América Latina, ONU, 1969.

Estudio sobre la distribución del ingreso en América Latina, ONU, 1967.
Evolución de la integración económica en Centroamérica, ONU, 1966.
Hacia la integración acelerada de América Latina, México, 1967.
La industria petroquímica en América Latina, vol. I de CEPAL, *El proceso de industrialización en América Latina.*
La industria química latinoamericana en 1962-64, ONU (E/CN. 12/756), 1966.
La industria textil en América Latina, XII: *Informe regional*, ONU, 1968.
Integración, sector externo y desarrollo económico de América Latina, 1966.
An introduction to the technique of programming, ONU, 1953; também abreviado como vol. I de CEPAL, *Analyses and projections.*
Latin America and the second session of UNCTAD, ONU (E/CN. 12/803), 1968.
Latin America and the UN Conference on Trade and Development, ONU (E/CN. 12/693), 1964.
Latin American Symposium on Industrialization, ONU, março de 1966.
Las máquinas-herramientas en el Brasil, ONU (E/CN. 12/633), 1962.
Las máquinas-herramientas en la Argentina, ONU (ST. ECLA/conf. 23/L 18), 1966.
El Mercado Común Centroamericano y sus problemas recientes, ONU, 1971.
Notas sobre la economía y el desarrollo de América Latina, ONU, 1973.
Los nuevos precios del petroleo y la industria eléctrica en América Latina, ONU, 1974.
El proceso de industrialización en América Latina, ONU (E/CN. 12/716 rev. I), 1966.
El proceso de industrialización en América Latina en los primeros años del segundo decenio para el desarrollo, ONU, 1974.
El segundo decenio de las Naciones Unidas para el desarrollo, ONU, 1969.
Tendencias y estructuras de la economía latinoamericana, ONU, 1971.
Theoretical and practical problems of economic growth, ONU (E/CN.12/221), 1951.
CEPAL e Banco Nacional de Desenvolvimento Econômico. *Análise e projeções da economia brasileira. II. O desenvolvimento econômico do Brasil.* E/CN. 12/ 364/ Rev. 1, 1956.
A evolução recente da economia brasileira, Rio de Janeiro, 1967.
CEPAL, FAO E BID. *El uso de fertilizantes en América Latina*, 1966.
ONU. FAO. *Prospects for agriculture*, 1972.
ONU. *Monthly Bulletin of Statistics: December 1967*, Nova York, julho de 1968.
Yearbook of International Trade Statistics, Nova York, 1964.

2. OUTRAS OBRAS

ABREU, J. Capistrano de. *Capítulos de história colonial*, 5ª ed., Rio de Janeiro, 1934.

ARAGÃO, José Maria. "La teoría económica y el proceso de integración de América Latina", *Integración*, nº 2, Buenos Aires, 1968.

ARCILA FARIAS, Eduardo. *Reformas económicas del siglo XVIII en Nueva España*, México, 1974.

BAER, Werner. "The inflation controversy in Latin America: A survey", *Latin American Research Review*, II, nº 2, 1967.

BAER, Werner, e MANESCHI, Andrea. *Import-substitution, stagnation and structural change: An interpretation of the Brazilian case* (mimeografado), 1968.

Banco Interamericano de Desenvolvimento (BID). MONTAGUE YUDELMAN (ed.), *Agricultural development in Latin America: Current status and prospects*, 1966.

BARNECHEA, Alfredo. "Pomalca: Informe urgente", *Participación*, dezembro de 1973.

BARRACLOUGH, Solon L. "Reforma agrária: Historia y perspectivas", *Cuadernos de la Realidad Nacional*, Santiago, março de 1971.

BARRACLOUGH, Solon L., e FERNANDEZ, J. A. *Diagnóstico de la reforma agraria chilena*, México, 1974.

BARRACLOUGH, Solon L., e DOMIKE, Arthur L. "La estructura agraria en siete paises de América Latina", *El Trimestre Económico*, abril-junho de 1966.

BLACKBURN, Robin. "The economics of the Cuban Revolution", in CLAUDIO VÉLIZ (ed.), *Latin America and the Caribbean: A handbook*, Londres, 1968.

BLANCO, Hugo. *Land or death*, Nova York, 1972.

BOXER, C. R. *The golden age of Brazil, 1695-1750: Growing pains of a colonial society*, Berkeley, University of California Press, 1962.

BRADING, D. A. *Miners and merchants in Bourbon Mexico, 1763-1810*, Cambridge University Press, 1971.

BRADING, D. A., e CROSS, Harry E. "Colonial silver mining: Mexico and Peru", *The Hispanic American Historical Review*, vol. LII, nº 4, novembro de 1972.

BUNJE, Alejandro. *Riqueza y renta de la Argentina*, Buenos Aires, 1917.

CAMACHO, Hugo Dario Montiel. *La explotación del petróleo en Venezuela y la capitalización nacional*, México, 1967.

CECEÑA, José Luis. *Los monopolios en México*, México, 1962.

Centre National de la Recherche Scientifique. *Colloques Internationaux: Paris 11-16 Octobre, 1965: Les problèmes agraires des Amériques Latines*, Paris, 1967.

Centro Latinoamericano de Demografía. *Boletín Demográfico*, julho de 1972.

CHAUNU, Pierre. *L'Amerique et les Amériques*, Paris, 1964.

CHEVALIER, François. "The *ejido* and political stability in Mexico", in CLAUDIO VÉLIZ (ed.), *The politics of conformity in Latin America*, Londres, 1967.

_____. "La expansión de la gran propriedad en el Alto Peru en el siglo XX", *Comunidades*, Madri, maio-agosto de 1968.

CHILE. Universidad de Chile. Oficina de Planificación. *Antecedentes y Informaciones*, agosto de 1973.

CHONCHOL, Jacques. "Land tenure and development in Latin America", in CLAUDIO VÉLIZ (ed.), *Obstacles to change in Latin America*, Londres, 1965.

Comité Interamericano de Desarrollo Agrícola (CIDA). *Tenencia de la tierra y desarrollo socio-económico del sector agrícola*, Washington, União Panamericana, 1965-6.

Consejo Latinoamericano de Ciencias Sociales. *La historia económica en América Latina*, México, 1972.

CORTÉS CONDE, R. "Problemas del crecimiento industrial, 1870-1914", in TORCUATO S. DI TELLA e outros, *Argentina, sociedad de masas*, Eudeba, Buenos Aires, 1965.

COSÍO VILLEGAS, Daniel. *História moderna de México*, VII: *El porfiriato: Vida económica*, México, 1965.

_____. *El sistema político mexicano*, México, 1972.

CUMBERLAND, Charles C. "The Díaz regime as background for the revolution", in LEWIS HANKE (ed.) *History of Latin American civilization*, 2 vols., Boston, 1967.

CUNNINGHAM, W. *The growth of modern industry and commerce: Modern times*, parte I, Cambridge University Press, 1921.

DELAVAUD, Collin e outros. *L'Amérique Latine: Approche géographique genérale et régionale*, Paris, 1973.

DENIS, Henri. "Le socialisme cubain à la recherche d'un modèle economique", *Le Monde*, 10 de janeiro de 1968.

DÍAZ-ALEJANDRO, Carlos F. "El Grupo Andino en el proceso de integración latinoamericano", *Estudios Internacionales*, julho-setembro de 1960.

_____. *Essays on the economic history of the Argentine Republic*, Yale University Press, 1970.

_____. "An interpretation of Argentine economic growth since 1930", *Journal of Development Studies*, outubro de 1966 e janeiro de 1967.

DONGHI, Tulio Halperin. *Historia contemporánea de América Latina*, Madri, 1969.

DUMONT, René. *Cuba, socialisme et développement*, Paris, Éditions du Seuil, 1964.

ECKSTEIN, S. *El ejido colectivo en México*, México, 1966.

ELLICOT, Gerald. "The fishing industry of Peru", in CLAUDIO VÉLIZ (ed.), *Latin America and the Caribbean: A handbook*, Londres, 1968.

ENJALBERT, Henri. "Réforme agraire et production agricole au Mexique (1910-1965)", in Centre National de la Recherche Scientifique, *Les problèmes agraires des Amériques Latines*.

FERNANDEZ Y FERNANDEZ, Ramón. "La reforma agraria mexicana: Una gran experiencia", in Centre National de la Recherche Scientifique, *Les problèmes agraires des Amériques Latines*.

FERRER, Aldo. *La economía argentina*, México, Fondo de Cultura Económica, 1963.

FUENZALIDA VOLLMAR, Fernando. "La estructura de la comunidad de indígenas tradicional", in *El campesino en el Peru*, Lima, 1970.

FURTADO, Celso. *Análise do "modelo" brasileiro*, Rio de Janeiro, Civilização Brasileira, 1972.

_____. "El desequilibrio externo en las economías subdesarrolladas", *El Trimestre Económico*, vol. XXV, nº 98, abril-junho de 1958.

_____. *Formação econômica do Brasil*, São Paulo, Companhia das Letras, 2007 (1ª ed. Rio de Janeiro, 1959).

_____. *Subdesenvolvimento e estagnação na América Latina*, Rio de Janeiro, Civilização Brasileira, 1967.

_____. *Teoria e política do desenvolvimento econômico*, São Paulo, Companhia Editora Nacional, 1967.

_____. *Um projeto para o Brasil*, Rio de Janeiro, Saga, 1968.

GERMANI, Gino. *Política y sociedad en una época de transición*, Buenos Aires, ed. Paidos, 1962.

GONZALEZ CASANOVA, Pablo. *La democracia en México*, México, 1965.

Governo de Cuba. "El desarollo industrial de Cuba", in ECLA, *Latin American Symposium on Industrialization.*

GRUNWALD, Joseph. "The 'structuralist' school on price stabilisation and economic development: The Chilean case", in A. HIRSCHMAN (ed.), *Latin American Issues*, Nova York, 1961.

GUERRA Y SANCHEZ, Ramiro. *Azúcar y población en las Antillas*, Havana, 1944. Edição em inglês: *Sugar and society in the Caribbean: An economic history of Cuban agriculture*, New Haven, Yale University Press, 1964.

GUMBAU, Henri. "Les changements de structure à la suite de la reforme bolivienne", in Centre National de la Recherche Scientifique, *Les problèmes agraires des Amériques Latines*, Paris, 1967.

GUTELMAN, Michel. *L'agriculture socialisée à Cuba*, Paris, Maspero, 1967.

HAMILTON, E. J. *American treasure and the price revolution in Spain, 1501-1650*, Nova York, 1934.

HANKE, Lewis. "The imperial city of Potosí: Boom town supreme", in LEWIS HANKE (ed.) *History of Latin American civilization*, 2 vols., Boston, 1967.

HARLOW, V. T. *A history of Barbados*, Oxford, 1926.

HUMPHREYS, Robert A. *Latin American history: A guide to the literature in English*, Londres, Oxford, 1960.

Instituto Brasileiro de Geografia e Estatística. *Anuário Estatístico do Brasil — Quadros retrospectivos, 1939-40.*

Instituto Interamericano de Estudios Jurídicos Internacionales. *Instrumentos relativos a la integración económica en América Latina*, Washington, 1964.

Instituto Interamericano de Estadística, *América en cifras*, 1965, 1972.

Instituto Latinoamericano de Planificación Económica y Social. *Discusiones sobre planificación*, México, 1966.

Instituto para la Integración de América Latina. *El proceso de integración en América Latina: 1968-71*, Buenos Aires, 1972.

JARA, Alvaro. *Problemas y métodos de la historia económica hispanoamericana*, 2ª ed., Caracas, Universidad Central de Venezuela, 1969.

_____. *Guerre et societé au Chili*, tradução de Jacques Lafayette, Paris, 1961.

_____. *Tres ensaios sobre economía minera hispanoamericana*, Santiago, 1966.

KEITH, Robert G. "Origen del sistema de hacienda", in *La hacienda, la comunidad y el campesino en el Peru* (Instituto de Estudios Peruanos. Coleção Peru Problemas nº 3), Lima, 1970.

KINDLEBERGER, C. P. *Foreign trade and the national economy*, Yale University Press, 1962.

KLAREN, Peter. *La formación de las haciendas azucareras y los orígenes del APRA*, Lima, 1970.

KUZNETS, Simon. *Modern economic growth*, Yale University Press, 1966.

LA PEÑA, Moises T. de. *Mito y realidad de la reforma agraria en México*, México, 1964.

LAMBERT, Jacques. *Amérique Latine: Structures sociales et institutions politiques*, Paris, 1963, 2ª ed., 1968.

LARRALDE, W. "Primeiros ensaios de reforma agraria em Venezuela", in Centre National de la Recherche Scientifique, *Les problèmes agraires des Amériques Latines.*

LE RIVEREND, Julio. "Conclusiones sobre la reforma agraria en Cuba", in Centre National de la Recherche Scientifique, *Les problèmes agraires des Amériques Latines.*

_____. *Historia económica de Cuba*, Barcelona, 1972.

MANESCHI, Andrea. *Aspectos quantitativos do setor público do Brasil de 1939 a 1970*, São Paulo, Instituto de Pesquisas Econômicas/ USP, 1970.

MARTNER, Gonzalo. *Planificación y presupuesto por programas*, México, 1967.

MELLAFE, Rolando. "Problemas demográficos e história colonial hispano-americana", in *Temas de história económica hispanoamericana*, Paris, 1965.

MILLER PAIVA, RUY e outros. *Setor agrícola do Brasil: Comportamento econômico, problemas e possibilidades*, São Paulo, 1973.

MONBEIG, Pierre. *Pionniers et planteurs de São Paulo*, Paris, 1952.

NAVARRETE, Ifigenia N. de. *La distribución del ingreso en el desarrollo económico de México*, México, Instituto de Investigaciones Económicas, 1960.

NOVOA MONREAL, Eduardo. *La batalla por el cobre*, Santiago, 1972.

NOYOLA VÁZQUEZ, Juan. "El desarrollo económico y la inflación en México y otros países latinoamericanos", *Investigación Económica*, XVI, nº 4, México, 1965.

NURKSE, Ragnar. "Trade theory and development policy", in H. ELLIS (ed.), *Economic development for Latin America*, International Economic Association Conference 1957, Londres, Macmillan, 1961.

OLIVEIRA, Julio. "La teoría no monetaria de la inflación", *El Trimestre Económico*, janeiro-março de 1960.

Organização Pan-americana da Saúde. *Proyecciones Cuadrienales*, Ministerios de Salud, 1972-5.

Panorama Económico, Santiago, julho de 1969.

PEREIRA, José C. *Estrutura e expansão de indústria em São Paulo*, São Paulo, 1967.

PICÓ, Rafael. *Puerto Rico: Planificación y acción*, San Juan de Puerto Rico, 1962.

PINTO SANTA CRUZ, Aníbal. *Chile, un caso de desarrollo frustrado*, Santiago, ed. Universitaria, 1962.

_____. "Estabilidad y desarrollo", *El Trimestre Económico*, janeiro-março de 1960.

PINTO SANTA CRUZ, Anibal, e DI FILIPPO, Armando. "Notas sobre la estrategia de la distribución y la redistribución del ingreso en América Latina", *El Trimestre Económico*, abril-junho de 1974.

POBLETE TRONCOSO, Moisés. *La reforma agraria en América Latina*, Santiago, Bello, 1961.

PREBISCH, Raúl. "El falso dilema entre desarrollo económico y estabilidad monetaria", *Boletín Económico de América Latina*, março de 1961.

_____. *Nueva política comercial para el desarrollo*, México, Fondo de Cultura Económica, 1964.

PUENTE LEYVA, Jesús. "Recursos y crecimiento del sector agropecuario en México, 1930-1967", *El Trimestre Económico*, abril-junho de 1971.

PUIGGRÓS, Rodolfo. *História económica del Río de la Plata*, 3ª ed., Buenos Aires, s.d.

REYNOLDS, Clark Winston. *Essays on the Chilean economy*, 1965.

SEERS, Dudley. "Inflación y crecimiento: Resumen de la experiencia latinoamericana", in *Boletín Económico de América Latina*, fevereiro de 1962.

SEERS, Dudley, e outros. *Cuba: The economic and social revolution*, Londres, 1964.

SÉRGIO, António. *Breve interpretação da história de Portugal*, Lisboa, 1972.

SILVA HERZOG, Jesús. *Historia de la expropiación de las empresas petroleras*, México, 1964.

SOLÍS, M. Leopoldo. "Hacia un análisis general a largo plazo del desarrollo económico de México", in Colégio de México, *Demografía y Economía*, I, nº 1, México, 1967.

SOTELO, Ignacio. *Sociología de América Latina*, Madri, 1972.

SOZA VALDERRAMA, Héctor. *Planificación del desarrollo industrial*, México, 1966.

STAVENHAGEN, Rodolfo. "Aspectos sociales de la estrutura agraria en México", in Centre National de la Recherche Scientifique, *Les problèmes agraires des Amériques Latines*.

_____. *Sept thèses erronées sur l'Amerique Latine*, Paris, 1973. Publicado em português como "Sete teses equivocadas sobre a América Latina", in *Sociologia do desenvolvimento*, Rio de Janeiro, Zahar, 1967.

STEIN, Stanley J. *The Brazilian cotton manufacture: Textile enterprise in an underdeveloped area, 1850-1950*, Harvard University Press, 1957.

STRAUSS, Estevam. *Reestructuración del espacio económico latinoamericano* (mimeografado), Instituto Latinoamericano de Planificación Económica y Social, 1969.

SUNKEL, Osvaldo. "La inflación chilena: Un enfoque heterodoxo", *El Trimestre Económico*, outubro-dezembro de 1958.

TAMAGNA, Frank. *Central banking in Latin America*, México, 1965.

TAPIÉ, Victor-L. *Histoire de l'Amérique Latine au XIXe siècle*, Paris, 1945.

TAVARES, Maria da Conceição. *Da substituição de importações ao capitalismo financeiro*, Rio de Janeiro, Zahar, 1972.

URQUIDI, Victor L. *Teoría, realidad y posibilidad de la ALALC en la integración económica latinoamericana*, México, 1966.

_____. *Viabilidad económica de América Latina*, México, 1962.

_____. *The challenge of development in Latin America*, tradução de Marjorie M. Urquidi, Londres, Pall Mall Press, 1964.

URQUIDI MORALES, A. "Las comunidades indígenas y su perspectiva histórica", in Centre National de la Recherche Scientifique, *Les problèmes agraires des Amériques Latines*, Paris, 1967.

VÉLIZ, Claudio (ed.). *Latin America and the Caribbean: A handbook*, Londres, 1968.

_____. *Obstacles to change in Latin America*, Londres, 1965.

_____. *The politics of conformity in Latin America*, Londres, 1967.

VICENS VIVES, Jaime. *Bibliografía histórica de España y Hispanoamérica*, Barcelona, 1953.

VIGNOLES, Léon. "Les Antilles françaises sous l'ancien régime", *Revue d'Histoire Economique et Sociale*, 1928.

VILLA MARTINEZ, Rosa Olivia. *Inflación y desarrollo: El enfoque estructuralista* (tese), Universidad Nacional Autónoma de México, 1966.

VILLANUEVA, Javier. *The inflationary process in Argentina, 1943-1960* (mimeografado), Buenos Aires, 1964.

WATTERS, R. F. *Shifting cultivation in Latin America*, FAO, 1971.

WHITAKER, Arthur P. "The failure of the Huancavelica mercury mine", in LEWIS HANKE (ed.), *History of Latin American cultivation*, 2 vols., Boston, 1967.

WIONCZEK, Miguel S. "Central banking", in CLAUDIO VÉLIZ (ed.), *Latin America and the Caribbean: A handbook*, Londres, 1968.

WIONCZEK, M. S. e outros. *Latin American economic integration*, Nova York, Praeger, 1966.

YATES, P. L. *Forty years of foreign trade*, Londres, Allen and Unwin, 1959.

ZAVALA, Silvio. *Las instituciones jurídicas en la conquista de América*, Madri, 1935.

Fortuna crítica

1. *THE ECONOMIST*[1]

Este livro de 250 páginas de sólida informação factual, escrito por um economista para economistas, torna-se uma leitura surpreendentemente aceitável para não especialistas à procura de uma introdução geral à economia da América Latina. Sendo a taxa de natalidade neste subcontinente cerca de quatro vezes mais alta que a da Europa, aí está certamente um tema que merece atenção. O enfoque do professor Furtado é altamente profissional. Ele guia o leitor com profundidade acadêmica, desde uma análise preliminar das raízes históricas das instituições econômicas e sociais da América Latina, passando pelo período da revolução industrial, até um estudo mais detalhado de determinados aspectos como comércio exterior, integração regional, reforma agrária e reestruturações para o futuro. No capítulo final ele fala de seus prognósticos para o futuro da economia global da América Latina: "É perfeitamente possível que o caminho que venha a escolher a história seja distinto". Ninguém poderia ser mais cauteloso do que isso.

1. 9 abr. 1971.

2. *THE JOURNAL OF DEVELOPING AREAS*, WERNER BAER[2]

Celso Furtado escreveu um livro extremamente útil. Em relativamente poucas páginas, consegue transmitir os principais traços do atraso econômico latino-americano, e os problemas que as várias estratégias de desenvolvimento criaram. Embora Furtado não pretenda oferecer um estudo exaustivo, ele investiga as questões mais importantes, oferece inúmeras e novas intuições, e apresenta dados estatísticos suficientes para dar credibilidade a seus argumentos. É especialmente digno de nota que Furtado sublinhe tanto as semelhanças como as diferenças prevalecentes em várias partes da região. Torna-se assim evidente que a América Latina é um lugar muito mais complexo e interessante do que às vezes aparenta, e que generalizações e modelos simples são obrigatoriamente enganosos. (As críticas de Furtado aos modelos simplistas foram anotadas em meu ensaio "Furtado on Development", publicado em *The Journal of Developing Areas* de janeiro de 1969.)

O livro se inicia com uma breve análise da evolução histórica das economias latino-americanas em que Furtado descreve os diferentes padrões demográficos que surgiram em várias partes da região e compara os papéis das tradições burocráticas centralizadas da Espanha com o Estado empreendedor português, descrevendo as respectivas instituições administrativas da América hispânica e do Brasil. Ademais, ele revela como organizações socioeconômicas diferiram em várias partes da América Latina, dependendo dos tipos de populações submetidas e dos variados usos econômicos feitos das colônias. Finalmente, apresenta um pequeno quadro panorâmico do primeiro século de independência política durante o qual a região adquiriu uma relação de nova dependência econômica com o mundo exterior. Na apreciação de conjunto do desenvolvimento da região no século XX, Furtado justapõe inteligentemente dados econômicos e indicadores sociais, de modo a se ter uma visão mais balanceada da modernização que ocorreu.

O estudo das diferentes estratégias de industrialização é mais informativo. Furtado argumenta de modo convincente que a efetiva industrialização por substituição de importações só podia ocorrer ali onde a industrialização induzida pela exportação já criara uma infraestrutura e onde existia "um núcleo significativo de indústrias de bens de consumo corrente. De maneira geral,

2. Resenha de *Economic Development of Latin America: a Survey from Colonial Times to the Cuban Revolution* (Cambridge University Press, 1970), in *The Journal of Developing Areas*. Nashville: College of Business, Tennessee State University, v. 6, n. 1, pp. 95-8, out. 1971.

essas indústrias permitem uma utilização mais intensiva dos equipamentos e outras instalações, mediante a adição de um ou dois turnos suplementares de trabalho. Assim, torna-se possível aumentar a oferta sem investimentos prévios em capital fixo, isto é, sem importar equipamentos adicionais".

As inflações monetárias em muitos países da América Latina são vistas como o resultado de tensões estruturais — tensões que diferem de país para país. Em alguns, surgem principalmente da inelasticidade da oferta de alimentos; em outros, decorrem da inadequação da infraestrutura que serve à economia que se industrializa e dos sistemas fiscais arcaicos, inadequados para financiar as crescentes obrigações dos governos. Embora Furtado seja obviamente um estruturalista, ele é muito consciente de que em cada país há diferentes combinações de pressões institucionais que produzem inflação. Mas independentemente das origens estruturais, "a rapidez com que se propaga a pressão inflacionária reflete a aptidão dos distintos grupos sociais para defender sua participação na renda social e a eficácia com que os setores público e privado defendem as posições respectivas no processo de captação dos recursos disponíveis".

A inaptidão de muitos para entender a natureza estrutural das inflações latino-americanas é atribuída à indevida atenção prestada ao mecanismo de propagação, isto é, à "tolerância excessiva do sistema bancário com o setor privado ou no abuso dos déficits orçamentários". Isso resultou no fracasso da percepção de que estes últimos eram "quase sempre *respostas* a pressões mais profundas, ou melhor, refletiam um esforço de adaptação no quadro de um processo mais complexo, cujos ingredientes principais eram as rigidezes estruturais e o propósito de prosseguir com uma política de desenvolvimento".

A razão pela qual o México não sofreu inflação é atribuída em parte ao efetivo sistema político unipartidário, que deu continuidade ali onde "os mecanismos de propagação estão submetidos a controle, o que explica que a distribuição da renda se modifique sem que o nível de preços seja afetado". Furtado também percebe que a outra razão do sucesso do México em evitar a inflação se deve à sua melhor posição vis-à-vis dos Estados Unidos, pois pode poupar divisas graças ao turismo e outras exportações, e também à sua grande flexibilidade agrícola decorrente da produção das terras irrigadas no norte, e à sua indústria do petróleo, que "não somente criou uma fonte importante de recursos para investimento, mas também permitiu levar adiante uma política de baixos preços de combustíveis, com repercussão favorável nos custos industriais".

Os capítulos que descrevem as forças que determinam o grau de dependência externa são extremamente sugestivos. A maneira como os governos aumentaram o controle direto e indireto sobre sua participação no lucro dos principais produtos de exportação, e suas tentativas de influenciar os mercados internacionais desses produtos, é descrito em detalhes. Por outro lado, a confiança no capital estrangeiro direcionado para as indústrias substitutivas de importação introduziu um novo tipo de dependência, posto que a estrutura industrial resultante era controlada por agentes que tomavam as decisões no estrangeiro. Furtado também aponta para o problema dos empresários locais obrigados a competir com os nomes de marcas internacionais, e o fato de que novos recursos trazidos por companhias estrangeiras diminuem no correr do tempo, à medida que a expansão é financiada pelo reinvestimento e pelos empréstimos locais. Além disso, as crescentes remessas de lucros de empresas estrangeiras aumentarão os pagamentos de serviços, que já são altos devido aos pagamentos de juros e amortizações da dívida externa, comendo ainda mais as receitas de exportação e aumentando assim a pressão sobre o balanço de pagamentos. A confiança nas joint ventures seria uma forma de resolver os potenciais conflitos.

No capítulo das tentativas latino-americanas de integração econômica, Furtado pinta um quadro pessimista para o futuro próximo, posto que essa integração requereria uma harmonização de instrumentos de política que não são factíveis nas atuais circunstâncias. Ele vê os vários esforços de planejamento como um resultado da influência da CEPAL e como requisitos exigidos por instituições financeiras internacionais. Os planos são usualmente exercícios para construir modelos macroeconômicos objetivando projeções. Finalmente, descobriu-se de modo geral que as "as possibilidades de planejamento são maiores ali onde as receitas do setor exportador são mais estáveis e, portanto, de mais fácil previsão". Entretanto, Furtado não é completamente cínico, já que ele sente que "houve progressos significativos na racionalização dos investimentos públicos, tanto pela introdução sistemática de projeções a médio e longo prazos como pela utilização de orçamentos-programas. Quanto à orientação dos investimentos industriais privados, também se realizaram progressos meritórios".

Também considero muito útil o curto capítulo de Furtado sobre as reformas agrárias. Em suas detalhadas descrições das experiências mexicana, boliviana e chilena, ele chega à interessante conclusão de que "tanto a reforma agrária mexicana como a boliviana são uma consequência do dualismo fazenda-comunidade, dualismo esse que evoluiu de forma distinta nos dois países, mas que sempre se traduziria em tensões sociais. O problema agrário apresenta características distintas naqueles países ou regiões em que, dispersada a comunidade, a fazenda convive com pequenos plantadores isolados". Nesse último caso, "inexistindo qualquer organização social que se anteponha nas zonas rurais ao poder da classe de grandes proprietários, a estrutura agrária somente se transforma em motivo de preocupação quando a insuficiência crônica da oferta de produtos agrícolas transforma-se em freio ao desenvolvimento das atividades urbanas".

Uma boa parte do capítulo especial sobre Cuba é dedicada à história econômica da ilha; ele fornece um útil contexto para se interpretar o comportamento do regime de Fidel Castro. Furtado aponta que, no período revolucionário inicial de Cuba, foram enfatizados a redistribuição da renda e um nível de consumo mais alto para as massas. Isso difere dos caminhos iniciais dos regimes socialistas em outros lugares. Níveis mais altos de consumo eram possíveis por causa da ampla capacidade produtiva não utilizada, que existia no final dos anos 1950. O autor também mostra que a tentativa inicial de um grande esforço de substituição de importações na indústria e na agricultura foi um erro: "As consequências foram extremamente negativas: a produtividade no setor agrícola baixou, e o desvio de fatores do setor açucareiro começou a afetar a única fonte de capacidade para importar de que dispunha o país; quanto ao setor industrial, logo se evidenciou que durante muito tempo ele dependeria pesadamente de produtos intermediários importados". Assim, "a experiência cubana desse período evidenciou claramente que, para a transformação da estrutura econômica de um país subdesenvolvido, não é suficiente dispor de uma estrutura de poder capacitada para aumentar o esforço de capitalização; não menos necessário é dispor de certa margem de capacidade para importar, sem o que a assimilação do progresso tecnológico será insuficiente". A política depois de 1964 visou sobretudo recuperar a capacidade para importar, isto é, aumentar a produção açucareira e desenvolver outros produtos agrícolas a fim de salvar as divisas. A avaliação final de Furtado é que "as grandes vitórias obtidas na elevação do nível educacional das massas e na melhoria de suas condições de saúde, bem como na mobilização do povo e sua integração no processo político, demonstraram a capacidade dos líderes revolucionários. O problema econômico fundamental continuava, entretanto, de pé: quando poderia o país contar com um sistema produtivo capaz de proporcionar um fluxo crescente de bens e serviços, de forma que a população cubana tivesse acesso aos frutos da revolução tecnológica que se processa em escala mundial?".

Os problemas apresentados e as muitas questões levantadas sobre os vários aspectos do processo de desenvolvimento na América Latina deveriam tornar este livro uma ajuda útil para o ensino do desenvolvimento da América Latina.

3. *ANNALES DE GÉOGRAPHIE*, JACQUELINE BEAUJEU-GARNIER[3]

O recente livro de Celso Furtado, dedicado ao estudo do desenvolvimento econômico dos países latino-americanos, é uma obra notável. O propósito do autor é, de fato, não só analisar e descrever a evolução e as características da economia latino-americana, mas sobretudo explicar suas vicissitudes. Sua demonstração repousa na oposição, no contraponto, poderia se dizer, entre as fases de desenvolvimento e de regressão do comércio internacional e no contragolpe registrado pelas economias em vias de crescimento dos países latino-americanos.

Assim, "no período que se inicia com a Primeira Guerra Mundial e que assume suas características definitivamente com a crise de 1929, o sistema tradicional de divisão internacional do trabalho desempenha um papel de importância declinante. A demanda internacional de produtos primários perde o seu dinamismo, como reflexo da própria evolução das estruturas dos países industrializados". Esse declínio das exportações mundiais teve consequências tanto mais importantes na medida em que se acompanhou de uma transformação no movimento internacional dos capitais, o que "agravou consideravelmente a situação dos países exportadores de produtos primários": como todo o setor moderno das economias latino-americanas estava ligado ao comércio exterior, a deterioração deste repercutiu duramente nessas economias que estavam se transformando. O autor mostra as consequências, país por país, e fornece alguns critérios do grau de desenvolvimento dos Estados considerados. Em seguida, examina as características das estruturas agrárias, a repartição e a utilização da renda social, e as fraquezas do sistema monetário.

Sua demonstração retoma grande força a partir da quarta parte, quando ele passa ao estudo das características do processo de industrialização: a primeira fase da industrialização nos países latino-americanos consistiu "na instalação de um núcleo de indústrias de bens de consumo corrente — tecidos, produtos de couro, alimentos elaborados, confecções — que se tornavam viáveis em razão do crescimento da renda disponível para consumo sob o impulso da expansão das exportações". Portanto, tratava-se, não da diversificação de um sistema de produção industrial, "e sim da adição de unidades similares em certos setores de atividade industrial". O desenvolvimento dessas indústrias de substituição

3. "L'évolution économique de l'Amérique latine", in *Annales de Géographie*. Paris: Armand Colin, v. 81, n. 448, pp. 779-80, 1972. Resenha à edição francesa: *L'Amérique latine* (Sirey, 1970).

de importações gerou um ciclo de inflação, e como o modelo de exportação que prevaleceu na América Latina permitia ao desenvolvimento fazer-se com um mínimo de mudanças das estruturas econômicas, seguiu-se igualmente um clima de resistência às mudanças no plano social. Assiste-se, assim, a um desenvolvimento da indústria em condições muito especiais que, longe de conseguir gerar um processo de desenvolvimento contínuo, bloqueia o sistema e cria nele profundos desequilíbrios. No entanto, a indústria manufatureira representa atualmente 23% do produto interno bruto da região e ocupa 14% da mão de obra. Celso Furtado estuda então os diferentes setores industriais e dá exemplos, notadamente o do Brasil, que tem "uma grande significação para a América Latina pelo fato de que ocorre no país de maior população e que reúne uma base de recursos naturais extremamente favorável e uma classe empresarial reconhecidamente dinâmica".

Por fim, e é o terceiro aspecto deste livro, quais as relações internacionais e inter-regionais que foram desenvolvidas por essas mudanças nos equilíbrios econômicos internos? Ainda aqui, o autor procede por exemplos sucessivos e insiste nas novas formas da dependência externa decorrente dos investimentos estrangeiros na América Latina. Depois de ter diminuído durante os dois decênios que se seguiram à crise de 1929, estes voltaram a ter grande importância desde 1950, passando de uma média anual de 117 milhões de dólares de 1950 a 1954 a uma média de 1,022 bilhão entre 1960 e 1963, sob a forma de entradas brutas de capital, sem contar as outras formas de investimentos ou de infiltrações financeiras. Nesse contexto, os países da América Latina fazem todos os esforços possíveis para tentar encontrar soluções: planejamento econômico? Reforma agrária? Experiência da revolução cubana? No entanto, as tendências atuais e as perspectivas ainda restam difíceis a definir; a diminuição das taxas de crescimento observadas no período do pós-guerra é um fato preocupante e se acompanha de graves tensões sociais, ligando fortemente as perspectivas econômicas e as perspectivas políticas. Segue-se a necessidade de novas opções: a definição de uma política comercial comum face ao resto do mundo, uma nova formulação das relações econômicas com os Estados Unidos e com os grandes consórcios internacionais, uma cooperação no plano regional, e a reintegração de Cuba na economia geral da América Latina. É evidente que todo atraso torna a possibilidade de solução cada vez mais difícil: "Em outras palavras, o custo do imobilismo social será cada vez mais alto para os que dele se beneficiam".

Os geógrafos que lerem este volume não só enriquecerão seus conhecimentos sobre a evolução interna da economia latino-americana, como aprenderão a perceber com mais nitidez as relações entre os fatos internacionais e as economias nacionais, e adquirirão outra dimensão dos problemas do desenvolvimento.

4. *THE HISPANIC AMERICAN HISTORICAL REVIEW*, THOMAS E. SKIDMORE[4]

O subtítulo deste importante livro é impreciso. Mais do que um "estudo" de história econômica, Furtado oferece um manual das economias do século XX dos maiores países latino-americanos — Argentina, México, Brasil, Chile, com um capítulo separado sobre Cuba e menor atenção à Colômbia e ao Peru. O autor é um convicto "estruturalista" da escola da CEPAL, e acredita que os obstáculos institucionais tiveram importância primordial na América Latina para conformar o desenvolvimento econômico latino-americano. Sua análise é baseada nos dogmas familiares aos estruturalistas — inflação explicada por "rigidez estrutural", taxas de crescimento em declínio atribuídas ao "esgotamento" da industrialização por substituição de importações, e "dependência" descrita como inerente em economias com alto coeficiente de comércio exterior. Apesar da onda de pesquisas recentes na América Latina feitas de perspectivas não estruturalistas, Furtado segue praticamente sem mudança as visões que ele expôs há mais de dez anos. Evidência ou teoria contrária são raramente discutidas.

Furtado também apresenta seu argumento de que o choque da Depressão causou a mudança mais básica na direção do desenvolvimento do século XX na América Latina, movendo-o no sentido da industrialização "para dentro". Em trabalhos anteriores ele aplicou essa interpretação ao caso brasileiro, a qual sofreu extensiva revisão nas mãos de Nathaniel Leff, Carlos Peláez e Albert Fishlow. Furtado distingue "fases" sucessivas de industrialização, culminando com o estágio capital-intensivo que deixa intocadas as "massas marginalizadas".

Os "padrões das estruturas tradicionais" que Furtado acredita terem enfraquecido as economias latino-americanas são habilmente descritos: sistemas agrários arcaicos, distribuição de renda extremamente desigual, e comércio exterior e sistemas monetários projetados para beneficiar as economias desenvolvidas. A dependência externa agora assumiu "novas formas" na medida em que o acesso à tecnologia tornou-se mais crucial e os investidores estrangeiros conquistaram maiores participações na capacidade industrial dentro da América Latina. O breve reexame das tentativas anteriores de "políticas estruturais

4. Resenha de *Economic Development of Latin America: A Survey from Colonial Times to the Cuban Revolution*, in *The Hispanic American Historical Review*. Durhan: Duke University Press, v. 52, n. 1, pp. 131-2, fev. 1972.

de reconstrução" (reforma agrária e planejamento econômico governamental) e integração regional surgem para oferecer alguma esperança para o futuro.

Este livro terá valor pedagógico apenas para o estudante ousado o suficiente para questionar as suposições do autor e o emprego das evidências. Qual é a *correlação* entre o coeficiente de comércio exterior e o crescimento econômico? Qual é a *evidência* da elasticidade da produção agrícola? Por que tão pouca discussão sobre as pressões políticas que afetaram decisões sobre as finanças públicas? Em suma, o leitor deve se perguntar se a confiança exclusiva nas teses da CEPAL oferece uma moldura analítica satisfatória para entender a história econômica do século XX na América Latina.

5. *REVUE ÉCONOMIQUE*, DENIS-CLAIR LAMBERT[5]

Professor já há alguns anos na Universidade de Paris, o economista brasileiro Celso Furtado contribuirá, sem a menor dúvida, para reabilitar a economia do desenvolvimento, num período em que os economistas de língua francesa parecem sobretudo solicitados pelos problemas econômicos das sociedades opulentas. Já devemos ao autor duas obras importantes, em língua francesa, que tratam da análise do subdesenvolvimento: a primeira, publicada nas coleções do ISEA em 1966, *Développement et sous-développement* (Paris, PUF, 1966), e a segunda, muito recente, *Théorie du développement économique* (PUF, 1970).

L'Amérique latine, seguindo os objetivos da coleção Politiques Économiques, é a análise mais ampla das forças e fraquezas da América Latina, tanto do ângulo econômico e social como do ângulo político. A obra é dividida em oito partes. De início o autor situa, numa perspectiva histórica, os traços característicos herdados do período colonial e as preferências estruturais do século XIX. O autor sublinha, com razão, o papel profundamente desequilibrante da crise de 1929, pois costuma-se esquecer o choque, ocorrido em sentido contrário, da crise das economias industriais. A interpretação da desaceleração do período de crescimento dos anos 1960 (cap. 5) será estudada à luz de duas formas complementares de bloqueio. A primeira, de origem muito antiga, são as estruturas tradicionais e imóveis: as da agricultura (embora os regimes agrários

5. Resenha de dois livros de Celso Furtado publicados no mesmo ano: *L'Amérique Latine* (Sirey, 1970) e *Les États-Unis et le sous-développement de l'Amérique Latine* (Calmann-Lévy, 1970), in *Revue Économique*. Paris: Sciences Po University Press, v. 23, n. 2, pp. 334-9, mar. 1972.

sejam diversos, sua inadaptação leva a uma certa uniformidade); depois, as estruturas de repartição — gerando as descontinuidades da demanda —, e por fim as das instituições monetárias e cambiais, em que estão fortemente enraizadas as tradições inflacionistas. Outra fonte de bloqueio é de origem muito mais recente na América Latina, já que se formou durante o processo de industrialização. Furtado lembra aqui as análises dos economistas da CEPAL sobre a desaceleração do crescimento industrial durante as novas substituições de importação. Mas mostra também como a inflação estrutural está profundamente ligada ao surgimento dos limites da substituição. As últimas partes da obra tratam, evidentemente, dos constrangimentos externos. A dependência externa segue seu curso, em suas formas tradicionais, mas o autor já há muito sublinha a importância crescente em relação aos capitais estrangeiros, à tecnologia mais sofisticada e, sobretudo, às implantações das firmas multinacionais. O processo de integração regional pode, sem dúvida, fornecer, pela associação, a certos países da América Latina um poder compensatório novo; mas é apenas um poder limitado. A experiência dos novos agrupamentos regionais é analisada com dados recentes. A obra termina com um balanço das políticas estruturais, de um lado as tentativas de planejamento — muitas vezes decepcionantes — e de outro as reformas agrárias. É claramente o problema agrário, em especial a análise da reforma cubana, que mais chamará atenção. Todavia, convém ler atentamente o autor, pois se ele não contesta a urgência das reformas agrárias, delas não espera necessariamente um milagre econômico. Assim, essa análise global, muito fartamente documentada, permite ao leitor francês não só tomar conhecimento das mudanças econômicas e sociais da América Latina, como também se familiarizar com análises econômicas raramente acessíveis em língua francesa. Pode-se, porém, lamentar que a bibliografia proposta faça pouca menção a trabalhos em língua francesa. [...][6]

Através dessas duas obras parece-nos oportuno situar a posição do autor diante de um debate que ele não aborda diretamente. As análises do subdesenvolvimento tendem hoje a se opor, por simplificações, em duas explicações monistas: bloqueios internos ou bloqueios externos. Para muitos economistas e sociólogos, com frequência adeptos da corrente estruturalista, as raízes profundas do subdesenvolvimento na América Latina vêm da justaposição de estruturas pré-industriais e industriais. A partir daí, a dualidade de estruturas econômicas e sociais, de origem interna, fundamenta o subdesenvolvimento. No oposto, a interpretação marxista-leninista do imperialismo e da evolução estrutural do

6. No trecho suprimido, o resenhista comenta o outro livro de Celso Furtado referido na nota de rodapé anterior.

capitalismo internacional fundamenta a causa original do subdesenvolvimento na penetração do capitalismo internacional em economias primárias. Foi assim que, notadamente, Gunder Frank e Rodolfo Stavenhagen denunciaram a tese do dualismo como sendo um erro, um engano. Assim sendo, é forte a tentação de reduzir toda crítica da dominação externa às teses de inspiração marxista-leninista. Parece-nos evidente que as análises de Furtado não podem ser reduzidas a esse determinismo. A dominação externa, origem primeira do subdesenvolvimento, leva a tratar de forma bem ligeira a história pré-hispânica e até mesmo a história colonial. Em particular, em todos os países onde existe um fundo de população indígena, as situações agrárias são muito profundamente marcadas por tensões sociais, que são anteriores à chegada do capitalismo. Há um vínculo, muitas vezes verificado, entre o fato de as elites tradicionais, em economias voltadas para o exterior, terem colaborado com o movimento "de extroversão" e o fato de, mais tarde, terem acolhido os fluxos de capitais da nova dominação. É este um vínculo de interdependência, que mostra que a "colonização interna" pode se apoiar na "colonização externa", e não necessariamente que haja a relação inversa, segundo a qual as "oligarquias" locais seriam apenas um subproduto do imperialismo. Se a dominação externa sofrida pela América Latina se desagregasse e desaparecesse, acaso o subdesenvolvimento desapareceria? Ou seja, desapareceriam os limites da substituição de importações, o desemprego disfarçado, a inflação estrutural, a falta de eficiência das técnicas de política econômica, ou sobretudo de planejamento? Deixaremos ao leitor a missão de responder a essas perguntas.

6. *JOURNAL OF LATIN AMERICAN STUDIES*, KEITH GRIFFIN[7]

Celso Furtado sempre pintou com pincel largo, e neste livro ele o faz, numa imensa tela que se estende desde o rio Grande até o estreito de Magalhães, de Cristóvão Colombo a Fidel Castro. Só um homem audacioso tentaria em trezentas páginas sintetizar quinhentos anos de história econômica de um ou mais países, e só um economista eminente chegaria perto de ser, nessa tarefa, bem-sucedido.

Seu ponto de partida é a observação de que "mais que em qualquer outra área de significação mundial, é na América Latina que os obstáculos ao desen-

7. Keith Griffin, Magdalen College, Oxford. Resenha de *La economía latinoamericana: Una síntesis desde la conquista ibérica hasta la revolución cubana* (Santiago do Chile: Editorial Universitaria, 1969), in *Journal of Latin American Studies*. Nova York: Cambridge University Press, v. 4, n. 1, pp. 158-9, mai. 1972.

volvimento são principalmente de natureza institucional". Isso o coloca diretamente na escola "estruturalista" dos economistas latino-americanos e lhe fornece um tema em torno do qual organizar seu material. O livro consiste em 25 capítulos curtos reunidos em oito partes. Em quase todos uma característica estrutural da economia é examinada e colocada em seu contexto histórico. São empregadas estatísticas descritivas mas não é ensaiada nenhuma análise quantitativa desse tipo associada à "nova história econômica". Embora Furtado não o formule exatamente dessa maneira, muito da história econômica da América Latina pode ser interpretada em termos de monopolização dos fatores de produção: o monopólio da mão de obra escassa durante o início do período colonial, por meio do sistema de *encomienda* na América espanhola e da escravidão no Brasil; a concentração da propriedade da terra em *latifundia* e plantações; a dependência externa, surgindo hoje da necessidade de importar tecnologia das nações industriais. Essas características estruturais afetam a distribuição da renda e, portanto, o padrão da demanda, a composição da produção industrial, o papel da região na divisão internacional do trabalho e, finalmente, a taxa de crescimento.

A política de desenvolvimento é concebida em termos de mudanças estruturais. Capítulos separados são dedicados ao Mercado Comum Centro-americano, à ALALC e ao Grupo Andino, ao planejamento econômico, às reformas agrárias e à Revolução Cubana. Nenhuma dessas tentativas de transformar a economia foi totalmente bem-sucedida, mas o autor argumenta, convincentemente, que cada uma delas contribuiu de algum modo para resolver os problemas da região. Furtado comenta a tendência de declínio da taxa de crescimento da América Latina, mas escolhe terminar com uma nota de otimismo: "As forças que atualmente oferecem mais resistência à reconstrução estrutural estão em declínio". Esta é uma notável afirmação de um economista brasileiro no exílio em Paris. Esperemos que esteja certo.

7. *BREVE HISTORIA ECONÓMICA DE AMÉRICA LATINA*, PELEGRÍN TORRAS[8]

Celso Furtado, o conhecido economista brasileiro, hoje exilado, autor de diversas obras em que estudou a situação de subdesenvolvimento da América Latina e suas causas e expôs a política que considera possível para solucioná-

8. Pelegrín Torras, historiador cubano, prefaciou *Breve historia económica de América Latina*, de Celso Furtado (Ed. Guairas, 1972).

-las, atribuiu ao presente livro "o duplo propósito de ajudar o estudioso de fora da área a formar uma ideia do perfil econômico do conjunto da região e de contribuir para ampliar a perspectiva dos estudos de desenvolvimento dentro de cada país latino-americano".

Sem dúvida, a obra logra os dois objetivos. Nela se oferece um material de grande valor, não só para os economistas e especialistas em história econômica mas também para os historiadores em geral e para todos nós que nos interessamos em aprofundar o conhecimento do processo histórico que conduziu nosso continente à situação crítica atual, o que nos permite compreender cabalmente a necessidade de soluções revolucionárias. Não é essa a conclusão a que chega Furtado em seu estudo do processo percorrido pela economia latino-americana desde a conquista ibérica até a Revolução Cubana, não obstante que de sua análise se derive legitimamente a necessidade de uma revolução que transforme de modo radical a estrutura econômico-social obsoleta que impede o desenvolvimento da América Latina e ponha fim para sempre à dependência neocolonial que a sustenta.

Isto não é casual. Isto não obedece unicamente aos objetivos fixados na obra, já que inclusive seu capítulo final trata das "Tendências atuais e perspectivas", mas principalmente ao fato de que Celso Furtado milita no campo dos economistas que, com uma postura progressista, veem a solução preferivelmente nas reformas e não na revolução.

Isso limita suas valiosas análises, particularmente no aspecto das conclusões, mas também no juízo de alguns fatos e situações cujo aspecto político não se pode ignorar, embora se trate de uma análise essencialmente econômica. Um exemplo disso é a análise que se faz no capítulo 24 da obra que apresentamos, sobre a política praticada pelo Estado cubano a partir de 1934, que levou a uma maior dependência econômica dos Estados Unidos, e sua comparação com o caso de Porto Rico. "As diretrizes implícitas nessa política econômica [que se inicia em 1934] somente teriam uma base racional se Cuba devesse encaminhar-se para uma integração crescente com os Estados Unidos, em um quadro similar ao que prevaleceria em Porto Rico a partir dos anos 1940. A estagnação do setor açucareiro significava subutilização considerável de recursos de terra, mão de obra e capital. Esses recursos não podiam ser utilizados em Cuba, em razão da forte concorrência das importações provenientes dos Estados Unidos. A solução porto-riquenha consistiu em subsídio, dado pelo próprio governo americano, aos investimentos realizados na ilha, ao mesmo tempo que se facilitava a absorção pelos Estados Unidos do excedente de mão de obra. Com efeito, em um quarto de século a população porto-riquenha na metrópole veio a ser tão importante quanto a que permaneceu na ilha."

Como se pode apreciar, uma análise nitidamente econômica, que faz abstração absoluta do político, leva o autor a concluir que o racional, no caso de Cuba, teria sido — na oportunidade da política econômica que comenta — a integração completa, isto é, como colônia, aos Estados Unidos, posto que não era outra — e é — a situação de Porto Rico.

Um juízo com o qual, evidentemente, não se pode estar de acordo.

Não obstante essas limitações, a obra de Celso Furtado, como outras suas, contribui para um maior conhecimento da problemática da América Latina. Vejamos os aspectos que consideramos os mais interessantes.

Um primeiro aspecto que nos interessa destacar é a evidência que se extrai, da leitura da obra, da unidade essencial da América Latina e da existência, dentro dessa unidade, de diferenças importantes entre suas regiões e países. Assim, no capítulo 7, evidencia-se que a estrutura agrária é um dos fatores fundamentais, do ponto de vista econômico, da unidade essencial da América Latina. Assim como o é, apontamos nós, em grau ainda maior, a dependência econômica, particularmente do imperialismo norte-americano.

Por outro lado, precisam-se no capítulo 4 as diferentes consequências da agricultura de zona temperada e tropical e a dependência de minerais. A esse respeito, o autor assinala que "nesse processo de inserção configuraram-se três tipos de economia exportadora de produtos primários: a) economia exportadora de produtos agrícolas de clima temperado, b) economia exportadora de produtos agrícolas tropicais, e c) economia exportadora de produtos minerais. Em cada um deles, o comércio exterior contribuiu para moldar uma estrutura econômica particular, cujas características devem ser tidas em conta no estudo de sua evolução subsequente".

Essas diferenças entre regiões e países, dentro da unidade essencial da América Latina, expressada em seu idioma majoritariamente comum, em sua história também comum em boa medida e em fatores econômicos e políticos similares, alguns dos quais já assinalamos, é importante tê-las em conta para não cair em generalizações mecânicas e para não esquecer tampouco que os problemas dos países latino-americanos não podem ser analisados isoladamente, sem se ter em conta a situação da região como um todo.

Outro aspecto interessante é a análise que faz o autor das relações econômicas internacionais da América Latina (capítulo 5), que permite apreciar as seguintes questões importantes:

As consequências negativas para os países subdesenvolvidos da situação de dependência que caracteriza sua integração na economia internacional, as quais se manifestaram plenamente durante a grande crise de 1929-33, que resultou ser mais grave para a América Latina por ser maior sua integração que a de outras regiões subdesenvolvidas.

A situação relativa de inferioridade dos países latino-americanos produtores de gêneros tropicais e de minerais face aos de zona temperada, como a

Argentina, perante a crise de 1929-33, assim como os fatores determinantes de tal situação.

Os dados que provam a seriedade das consequências para a América Latina da crise de 1929-33.

Um terceiro aspecto que estimamos importante é a análise que se faz no capítulo 7 da estrutura agrária típica da América Latina, de que deriva a falta absoluta de justificação para a sobrevivência dos latifúndios. Conclusão que se complementa com os dados estatísticos que se expõem no capítulo 14 e que evidenciam o atraso da agricultura latino-americana e sua incapacidade, com a atual estrutura, para satisfazer o incremento da demanda necessário para enfrentar o crescimento demográfico.

Outro aspecto interessante se refere à utilização que fazem os imperialistas — particularmente os norte-americanos na América Latina — da dependência econômica para aumentar sua exploração. São particularmente ilustrativos os casos do petróleo no México e do cobre no Chile, expostos no capítulo 17. No México, a produção de petróleo baixou a partir da segunda metade dos anos 1920 e particularmente de 1930. "Admite-se", assinala Furtado, "que uma das razões desse declínio foi a forma predatória que assumiu a exploração em sua fase inicial. Contudo, a razão principal muito provavelmente esteve na expansão da produção venezuelana." Nesta, o petróleo era produzido por menor custo que na mexicana, razão pela qual o interesse dos monopólios petroleiros ianques se deslocou para a Venezuela, sacrificando o México. No segundo caso, isto é, no do cobre chileno, uma tonelada produzida pelas pequenas empresas nacionais representava tanto para o país como quatro toneladas oriundas de companhias estrangeiras. Esse caso salienta o que significa a exploração dos recursos naturais dos países dependentes pelas empresas estrangeiras.

No que respeita o financiamento externo, do qual se trata no capítulo 18, embora subestime no começo suas consequências negativas para nossos países, o autor expõe corretamente o objetivo real de tais investimentos na indústria, particularmente os norte-americanos, que não é outro senão o controle do mercado interno. Na última parte do capítulo analisa, com dados dos países de maior desenvolvimento relativo, o controle crescente da indústria pelo capital estrangeiro, principalmente norte-americano. São interessantes os dados do Brasil referentes ao falso caráter nacional de muitas empresas que aparecem como tais. Um dado importante que falta é o de quanto desses investimentos estrangeiros corresponde a compras de empresas já existentes, as quais nada acrescentam à capacidade produtiva da indústria, ao passo que agravam o processo de desnacionalização.

No que se refere especificamente ao desenvolvimento, Furtado expõe e analisa aspectos e experiências interessantes como as seguintes:

Os fatores essenciais que provocam o processo inflacionário na política de desenvolvimento, que consiste na substituição de importações, de que trata no capítulo 12.

A importância que tem no desenvolvimento um alto coeficiente de importações para mudar a estrutura nos países que realizaram essa mudança só a partir dos anos 1950, análise que se ilustra no capítulo 13 com quadros estatísticos da evolução econômica durante a década 1950-60 e dos anos 1960--65 dos países latino-americanos que em geral têm maior desenvolvimento econômico relativo.

O desenvolvimento da América Latina não é capaz de autossustentar-se uma vez finalizado o processo das possíveis substituições de importações, e isso constitui um indício do declínio no ritmo de crescimento da produção industrial de Brasil e Argentina, que se analisa no capítulo 16.

Evidentemente, um fator constitutivo disso é a insuficiência do mercado interno como consequência do baixo poder aquisitivo de grande parte da população, conforme ilustra especialmente o caso do Brasil, ou o sacrifício do setor agropecuário em benefício do desenvolvimento industrial — em vez de promover o desenvolvimento como base para liberar mão de obra e incrementar o mercado interno de modo efetivo, como na Argentina. Isso pode explicar que em países como Peru, Colômbia e Venezuela os representantes reformistas ou revolucionários (caso do Peru) da burguesia ou das classes médias compreendam a necessidade das mudanças estruturais profundas na agricultura.

Mas também há que levar em conta, a nosso ver, outro fator limitante: a descapitalização determinada pela grande penetração de capital estrangeiro, principalmente norte-americano, e sua apropriação crescente das indústrias nacionais nos países relativamente mais desenvolvidos da América Latina.

No que se refere às exportações, no capítulo 19 se expõem, com dados irrefutáveis, a crise que sofrem as exportações latino-americanas, assim como, em termos concretos e precisos, as linhas fundamentais das políticas que advogam os países latino-americanos para solucionar essa crise. É interessante, como exemplo de quão implacável é a exploração imperialista, o caso do café solúvel no Brasil; um esforço para encontrar solução para a crise nas exportações desse produto mediante a industrialização de parte dele chocou-se de imediato com a oposição dos imperialistas ianques, embora isso beneficiasse os consumidores norte-americanos, contribuindo para a redução dos preços do café solúvel.

Interessante também é o caso da pesca no Peru como ilustração do controle que os investidores estrangeiros buscam de qualquer setor produtivo em expansão. Embora, como se sabe, essa situação tenha mudado ou esteja mudando no que se refere ao Peru, pela firme política de defesa dos recursos nacionais promovida pelo governo do presidente Velasco Alvarado.

Outro problema importante que se analisa nessa obra de Furtado, nos capítulos 20 e 21, é o da integração econômica, pois ele estuda as três principais manifestações desse processo na América Latina: o Mercado Comum Centro-americano (MCCA), a Associação Latino-americana de Livre-Comércio (ALALC) e o Pacto Andino.

No que respeita ao MCCA, é interessante a constatação que faz Furtado, com base nos fatos que analisa, de que não mudou a dependência da região de suas exportações tradicionais. Há uma alusão à participação maior de capital estrangeiro do que na Argentina e Brasil durante a primeira etapa da industrialização, mas não se analisa até que ponto o MCCA beneficiou, de preferência, os investidores ianques. Sobre a ALALC, ele faz uma análise exata e simples de suas características e limitações, assim como da autonomia de que gozam dentro da integração os monopólios estrangeiros que aí se encravaram. No que toca o Grupo Andino, analisa brevemente os traços importantes que o distinguem da ALALC e as características econômicas dos países que o integram, e que explicam sua constituição. Teria sido importante a análise do incremento dos investimentos norte-americanos nas indústrias a partir do processo integracionista.

Há outros aspectos de interesse na obra que comentamos, como por exemplo a valiosa análise que faz dos *ejidos* mexicanos: suas insuficiências econômicas e seu resultado social de atenuar o impacto produzido pela incapacidade para garantir trabalho aos camponeses. Os dados que cita de 1960 provam ao menos que a reforma agrária mexicana não resolveu a situação de miséria do camponês e do trabalhador agrícola, agravando-se inclusive a dos *ejiditarios*. Há que esclarecer que não é a propriedade média de 300 hectares que predomina, mas o minifúndio e a grande propriedade.

Comentário à parte merece o capítulo 24, dedicado a Cuba. Na parte histórica cometem-se erros, alguns de significado político. Entre estes últimos há um que é particularmente importante.

Tal erro se refere à revogação da emenda Platt, fato apresentado de forma que parece ser fruto unicamente da política de Roosevelt. "Em 1934", expõe Furtado, "o governo dos Estados Unidos, no quadro da política de boa vizinhança do presidente F. D. Roosevelt, revogou a emenda Platt..." Há que esclarecer dois fatores determinantes nessa decisão: a luta revolucionária do povo de Cuba, expressa na derrocada da tirania machadista em agosto de 1933, e o domínio que os monopólios ianques já tinham alcançado dos principais ramos da economia de Cuba, assim como de seu comércio exterior, o que possibilitava aos Estados Unidos intervirem e decidirem na política cubana sem necessidade da emenda Platt, que, sim, foi um instrumento político indispensável para nossa pátria se independentizar da Espanha.

Da mesma forma, no capítulo dá-se uma ideia errônea do Tratado de

Reciprocidade Comercial de 1903, ao dizer que "o sistema funcionava como uma aproximação de zona de livre-comércio". Na realidade, como se sabe, por esse tratado Cuba concedeu aos Estados Unidos um tratamento preferencial de 20% para grande parte de suas exportações (em relação às de outros países) dirigidas ao nosso mercado, e em troca só recebia uma preferência similar para o açúcar, o tabaco, o rum e uma dúzia de produtos. Esse tratado foi o complemento econômico da emenda Platt, que possibilitou aos Estados Unidos controlar a maior parte de nossas exportações, resultando num exemplo de tratado desigual.

Tampouco é exato que entre 1901 e 1920 "os pequenos plantadores ficaram reduzidos às áreas de produção de fumo ou a terras nos contrafortes das montanhas", pois não se podem ignorar os pequenos colonos cultivadores de cana-de-açúcar, que ainda constituem parte apreciável dos camponeses privados agrupados na ANAP.

Passando ao período revolucionário, não é correto julgar o marco internacional da Revolução Cubana — que antes ele considera acertadamente como ápice do processo iniciado com as lutas independentistas do século passado — como o de uma rígida demarcação de zonas de influência entre as duas superpotências, segundo se deduz do seguinte parágrafo:

"Contudo, o rumo tomado por essa revolução não pode ser entendido sem se ter em conta que o ato final desse processo de libertação se fazia contra os Estados Unidos no momento crítico em que o equilíbrio termonuclear exigia uma rígida demarcação de zonas de influência entre as duas superpotências. Assim, as circunstâncias internacionais que envolveram a Revolução Cubana viriam a desempenhar papel decisivo no rumo que ela tomaria".

Embora seja certo que as circunstâncias internacionais desempenharam importante papel no rumo seguido, conquanto não o decisivo, não é certo apresentar essas circunstâncias como uma "rígida demarcação de zonas de influência entre as duas superpotências". A divisão em zonas de influência é característica da política colonial ou neocolonial das potências imperialistas. Não cabe, por isso, aplicá-la à União Soviética. Como tampouco a Cuba, plenamente independente desde o triunfo da revolução.

As características fundamentais da situação internacional em que triunfa a Revolução Cubana são outras: existência de um campo socialista que pôs fim para sempre ao domínio mundial do capitalismo; crescimento impetuoso do movimento de libertação nacional nos países oprimidos, que afundou o colonialismo em sua crise definitiva; aumento das contradições interimperialistas ao diminuir a dependência em que tinham ficado as outras potências em relação aos Estados Unidos ao terminar a Segunda Guerra Mundial, um dos fatores essenciais que impediu Washington de impor um bloqueio total dos países capitalistas a Cuba.

Particularmente importante é a primeira característica, que determina que já não se pode falar da época histórica do imperialismo, e sim da época de transição do capitalismo para o socialismo. O imperialismo, em especial o norte-americano, ainda é capaz de fazer muito dano, mas cada dia é mais incapaz de determinar o curso dos acontecimentos históricos. Justamente, o triunfo da Revolução Cubana e, com ela, o estabelecimento do primeiro país socialista na América a apenas 90 milhas dos Estados Unidos, seu avanço e consolidação frente às agressões de toda espécie dos imperialistas ianques, são a demonstração mais decisiva da nova época histórica que vive a humanidade. Disso é testemunha a própria situação da América Latina, em que os processos revolucionários em desenvolvimento no Chile e no Peru, definidamente socialista o primeiro, são expressão da crise cada dia mais profunda que confronta a política do imperialismo norte-americano em nosso continente.

Graças a essas novas circunstâncias, especialmente as duas citadas primeiro, a Revolução Cubana pôde contar com a ajuda e a solidariedade necessárias para ir adiante, rumo ao socialismo, por meio da luta heroica de nosso povo sob a firme direção do comandante Fidel Castro, luta que foi o fator decisivo no desenvolvimento de nossa Revolução.

Há outras afirmações nesse capítulo dedicado a Cuba que requereriam precisão, embora as assinaladas sejam as que estimamos de maior importância. Mas consideramos oportuno referir-nos à apreciação que Furtado faz sobre a situação do mercado açucareiro ao tratar da política de Cuba nesse campo, e que o leva a fazer a afirmação categórica de que como consequência dessa situação "os atuais preços (em 1969), bem inferiores aos custos de produção em Cuba, continuarão *indefinidamente deprimidos* (sublinhado nosso), o que significa deterioração dos termos de intercâmbio cubanos". A recuperação dos preços depois de entrar em vigor o Convênio Internacional Açucareiro, mesmo se no futuro baixarem, prova a fragilidade ocasional das previsões econômicas absolutas, embora se trate de um economista cuja autoridade é bem conhecida.

No capítulo final, como já apontamos, Celso Furtado trata das perspectivas. De início, é de destacar o estudo que faz das soluções recomendadas para a reintegração de Cuba na economia regional. Quanto às perspectivas, salienta o ponto crítico a que chegou a América Latina, assim como a exploração a que está submetida pelo imperialismo norte-americano, embora não mencione este nem sequer pelo nome em todo o livro. No conjunto, do ponto de vista da teoria econômica abstrata, parecem corretas dentro de um marco capitalista, embora ainda assim irrealizáveis sem mudanças revolucionárias. Mas são estas as que Furtado não concretiza em sua valiosa obra, pelas razões que já explicamos. E justamente, é na revolução que os povos de nosso continente têm a solução para seus graves problemas. Porque, como diria nosso líder máximo, o companheiro

Fidel Castro, na conferência de imprensa que ofereceu aos jornalistas estrangeiros em Santiago de Chile:

"Mas nós consideramos que este continente tem em seu ventre uma criatura que se chama revolução, que vem a caminho, e que inexoravelmente — por lei biológica, por lei social, por lei da história — tem de nascer. E nascerá de uma forma ou de outra: o parto será institucional, num hospital, ou será numa casa — serão ilustres médicos ou será a parteira quem recolherá a criatura — mas de todas as maneiras haverá parto".

Créditos das imagens e dos textos de apêndice

Capas das edições estrangeiras: Arquivo Rosa Freire d'Aguiar

Todos os esforços foram feitos para localizar os detentores de direitos sobre os textos que compõem a fortuna crítica. Nem sempre isso foi possível. Teremos prazer em conceder os devidos créditos, caso se manifestem.

Índice remissivo

5ª EDIÇÃO [2019]

ESTA OBRA FOI COMPOSTA EM MINION PELA PÁGINA VIVA E IMPRESSA PELA UMLIVRO EM PROCESSO DE IMPRESSÃO SOB DEMANDA SOBRE PAPEL PÓLEN SOFT DA SUZANO S.A. PARA A EDITORA SCHWARCZ A PARTIR DE OUTUBRO DE 2019

FSC
www.fsc.org
MISTO
Papel produzido a partir de fontes responsáveis
FSC® C128038

A marca FSC® é a garantia de que a madeira utilizada na fabricação do papel deste livro provém de florestas que foram gerenciadas de maneira ambientalmente correta, socialmente justa e economicamente viável, além de outras fontes de origem controlada.